论语语境

曹书文 编著

中国经济出版社
CHINA ECONOMIC PUBLISHING HOUSE
·北京·

图书在版编目（CIP）数据

论语语境 / 曹书文编著. --北京 : 中国经济出版社，2022.6

ISBN 978-7-5136-6950-4

Ⅰ. ①论… Ⅱ. ①曹… Ⅲ. ①儒家 ②《论语》-研究
Ⅳ. ①B222.25

中国版本图书馆 CIP 数据核字（2022）第 094551 号

封面题字　骆承烈
责任编辑　丁　楠
责任印制　马小宾
封面设计　任燕飞

出版发行　中国经济出版社
印 刷 者　北京科信印刷有限公司
经 销 者　各地新华书店
开　　本　710mm×1000mm　1/16
印　　张　23.25
字　　数　320 千字
版　　次　2022 年 6 月第 1 版
印　　次　2022 年 6 月第 1 次
定　　价　88.00 元
广告经营许可证　京西工商广字第 8179 号

中国经济出版社 **网址** www.economyph.com **社址** 北京市东城区安定门外大街 58 号 **邮编** 100011
本版图书如存在印装质量问题，请与本社销售中心联系调换（联系电话：010-57512564）

序

马克思历史唯物主义认为，历史事物（制度、思想、人物、事件等）都是在一定的历史条件下产生发展的。人们考虑和判断任何事物都要从其产生和赖以发展的具体历史条件出发。总之，认识与评价历史事物，应以具体的时间、地点、条件为依据。

语境是研究语言文学的一个术语，是一个人说话或写文章时周围的环境，也就是“时间、地点、条件”。本书从语境的角度对《论语》进行重新审视，将文字另行安排。这种对传统经典独辟蹊径的研究，显然是一种有益的创见。

《论语》是两千多年前的儒家经典，是记述孔子及其弟子言行最集中、最权威的作品。古代各种作品均文风简约，却也言简意深，用精练的文字表达精确、深邃的含意，因此在语境的反应上就不够充分。《论语》一书更体现了这一特点。

《论语》的作者是谁？古往今来有七八种说法，比较一致的说法是孔子的后学所为，比较合理的说法是曾子组织其弟子多方搜集资料后编纂而成。曾子是孔子的嫡传弟子，他总结出孔子的一贯之道是“忠恕”二字。孔子一生在研究社会、研究人的学问，曾子在这方面有所继承且表现突出。曾子所作的《孝经》《大学》，正体现了孔子教诲做人的学问。曾子比孔子小四十六岁，他的学生一般比他小二三十岁，也就是说曾子派出去搜集资料的学生一般比孔子小六七十岁。当时孔子及其年长的弟子已经作古，所以对孔子年龄较大的弟子（冉耕、闵损等）搜集的资料较少，对孔子年龄较小的弟子（子游、子夏等）搜集到的资料较多。其中，对曾子的言行不但搜集较多，还多为尊称。

古今学习注释、研讨《论语》者多有着明确的目的：古人为了“修身、齐家”，然后“治国、平天下”；今人为了学习古代文化等。因此，人们在注释或解释《论语》时常常会加上些个人观点。每个人都在社会中生活，都有自己的政治立场，对《论语》的解释也有所不同，这就要认真辨析，找到语句应该出现的语境。

例如，《论语·阳货篇》中孔子说“唯女子与小人为难养也”，批孔者认为孔子将女子与小人连到一起，是轻视妇女。孔子能无缘无故说出这句话吗？此说一定有所指。有人分析当时齐国向鲁定公赠送 80 位舞女和 120 匹文马，孔子认为鲁定公如收下，便会迷恋酒色，享乐误事，此话是针对当时极力促使鲁定公收下礼物的季孙氏和 80 位舞女的；有人认为“女子”“小人”是针对当时能左右卫国国事的宠姬南子及帮助她做坏事的宦者弥子瑕而言；还有人认为“女”应指“汝”，“汝子”是指自己的学生，但一向与学生关系密切、爱护学生的孔子，能说出“你们这些学生和小人一样难养”吗？人们应该找到某章某节的语境，随意解释却不应该。

本书对《论语》的每一章节先列原文，予以“注释”，再详细找出此话的“语境”，每章后以“按语”的形式表达新颖观点，不但事情交代得清晰合理，也有作者独立思考的创见。附录的几个统计表，更体现了作者细致入微研讨与归纳的匠心。

本书对《论语》的全面研讨是主动的、自觉的，也是当今学者对《论语》研究的一番有益尝试，值得肯定与赞扬。

国际儒学联合会顾问联络委员会委员

102 集文化片《演说论语》创意、改编兼总顾问

曲阜师范大学资深教授

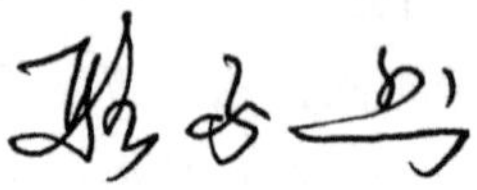

庚子秋于孔子故里

前言

《论语》常被误读，盖缺乏语境焉。

关于语境，中外语言学家曾有过种种论述。“语境”这一概念最早由波兰语言学家马林诺夫斯基（Malinowski）于1923年提出，他将语境分为“文化语境”和“情景语境”。“文化语境”指说话人生活于其中的社会文化背景，“情景语境”指言语行为发生时的具体情景。他得出结论：“如果没有语境，就没有意义。”英国语言学家弗斯接受了马林诺夫斯基的主张并明确了“情景上下文”定义，把语境分为语言内部结构因素构成的上下文和外部情景上下文。之后，韩礼德把语境分为语言语境和非语言语境，把语境因素归为三个组成部分：场境、交际者和方式。在中国，早在20世纪30年代，陈望道在其《修辞学发凡》中提到“情境”。著名语言学家张志公按内容又把语境分为现实的语言环境和广义的语言环境。综上所述，语境就是指使用语言的环境。语境可以是一篇文章的上下文；可以是文章的时间、地点、历史背景；也可以是对话人的身份背景、对话人之间的关系等；还可以是语言交际活动中经济、社会、文化、风俗等因素。语境分为语言语境和语言外语境，而语言外语境又可以分为情景语境和文化语境。语境是理解语义最可靠的依据，因为它是客观实在，不因政治权力、阶层关系和主观意愿而改变。

《论语》语境指说话人所处的社会环境和场面情境。社会环境包括礼乐制度、政治生态、社会风气、乡党民俗等，场面情境包括时间、说话人、受话人、地点、事件、缘由等，这些都可统称为语境因素。如果把这些因素还原出来，那么，理解原文就容易多了，起码不会有太大的偏离，这即为编写此书之初衷。孔子的话本来是有语境的，但一经编成语录体的《论语》语境就被剥离了，据笔者统计，《论语》全书512章（杨伯峻本）中仅有53章从字面可见语境（见附录），其余大部分看不到语境，只是孤立的只言片语，这样就不可避免地会产生歧义。程树德《论语集释》：“《论语》所记夫子之言，在当时皆有根因，今虽不可得见，要当默识之尔。”清代陈澧《东塾读书记》：

“皇《疏》所载又一通者甚多，可见当日说《论语》者竞为别解。然有甚不通者。”可见，别解《论语》自古有之。钱穆先生也说：“《论语》文辞简约，异解遂滋。”（《论语新解》）当下人心浮躁，读书不求甚解，望文生义者不在少数，臆解奇说不绝于耳，不当引用频见报端，严重影响着经典的正确传播和科学阐释。目前市面流通的版本大多是原文、译文、注释，很少有语境因素的介绍。语境具有一个独特的功能，即制约语义、排除歧义。因此，探求语境对理解《论语》本义尤为必要。史料浩繁，笔者不揣浅陋，以历代有代表性的《论语》注为主，查阅了《论语集解》《论语义疏》《论语注疏》《论语集注》《论语正义》《论语集释》《论语译注》《论语新解》等注本，以及有相关语境记载的古籍文献，尽力探求《论语》章句的发生时间、社会环境、说话场景等语境因素，希望能为大家的学习提供一点参考。

一、本书由来

写这部书的缘由有两个。

第一，现实中常有误读。随着国学的普及和深入，人们在讲话或写作时常爱引用《论语》，反映出人们对文化经典的崇尚和人文素养的提高，但有些引用往往有失准确。

如在欢迎外宾的致辞中常说“有朋自远方来，不亦乐乎”？（《学而 · 1》）

很多人认为“朋”就是“朋友”，不晓得原义是“弟子”。从下列文献中得到证实：“定公五年，鲁自大夫以下，皆僭离于正道，故孔子不仕，退而修诗、书、礼乐，弟子弥众，至自远方，莫不受业焉。”（《史记 · 孔子世家》）

在读“知之为知之，不知为不知，是知也”（《为政 · 17》）时，很多人将五个“知”都读成了阴平，说明对意思还没有理解。这是教导学生端正学习态度的一句话，前四个“知”是“懂得、明白”的意思，读阴平，最后一个“知”是“智慧，明智”的意思，应读去声。这句话是孔子针对拜师之初的子路说的。文献如下：

《荀子》云：“子路盛服见孔子，孔子曰云云。子路趋而出，改服而入，盖犹若也。孔子曰：‘志之！吾语汝。奋于言者华，奋于行者伐，色知而有能者，小人也。故君子知之曰知之，不知曰不知，言之要也。能之曰能之，不能曰不能，行之至也。言要则知，行至则仁。既知且仁，父恶有不足矣哉！’”据《荀子》，是此章所言在子路初见夫子时。（《论语正义》）

还有“古之学者为己，今之学者为人”（《论语 · 宪问》）意思是说古代的学者修养自己的学问道德，现在的学者装饰自己为了给别人看。有些人把“为己”理解成了“为了自己”，意思就满拧了，“为己”是“修为自己”，

“为”作动词用，读阳平，这句话是孔子对时风不古的慨叹之语。

至于“三思而后行”（《公冶长·20》）、“言必信，行必果”（《子路·20》）原义与今义反差就更大了，那是批评人的话，只不过今义已约定俗成。

第二，教学中受到鼓舞。2016 年 12 月，笔者利用八个周末的上午在张家口市国学研究会察哈尔文化城、金鼎社区两个国学大讲堂讲《孔子生平与论语语境》，听众不时提问，互动探讨，个别没听上的还索要课件，这对一个授课者而言不得不说是一个鼓舞，于是就萌生了整理语境的想法，让更多人受益。2017 年 5 月，市国学研究会组织会员参观孔庙，笔者有幸拜访了我国著名孔学研究专家、曲阜师范大学资深教授骆承烈先生，并聆听了骆老在孔庙的现场讲解。话间，我谈了自己的想法，骆老欣然首肯，并说他也在按照历史线索对《论语》进行编写，不久我就收到了骆老寄来的新书《孔子故里解论语》。骆老的鼓励让我的想法更坚定了。

二、语境内容

本书分上下编。上编为完整语境，共 355 章，主要包括礼乐制度、政治生态、社会风气、乡党民俗以及时间、说话人、受话人、地点、事件、缘由等，按年代分为创办私学、出仕鲁国、周游列国、自卫返鲁、孔子卒后五个阶段；下编为不完整语境，共 119 章，主要是时间不确切的一些章句，按《论语》原文篇章排序。全书共录入《论语》原文 474 章。内容有三：一是概况，在孔子年谱的基础上充实了一些史料；二是语境，引述历代有影响的注本及有关书籍；三是按语，根据章句语境或解读，或阐发，或议论，以帮助读者加深理解，共 102 章。下面重点介绍语境内容，举例介绍六种情况：

1. 礼乐制度

孺悲欲见孔子，孔子辞以疾。将命者出户，取瑟而歌，使之闻之。（《阳货·20》）

礼，士无介绍不相见。孺悲欲见孔子，不由其道，故辞以疾。（《戴氏注论语小疏》）

阳货欲见孔子，孔子不见，归孔子豚。孔子时其亡也，而往拜之。遇诸涂。谓孔子曰：“来！予与尔言。”曰：“怀其宝而迷其邦，可谓仁乎？”曰：“不可。好从事而亟失时，可谓知乎？”曰：“不可。日月逝矣，岁不我与。”孔子曰：“诺；吾将仕矣。”（《阳货·1》）

礼，得敌已以下饷，但于己家拜饷而已。胜己以上见饷，先既拜于己家，明日又往饷者之室也。（《论语义疏》）

乡人饮酒，杖者出，斯出矣。(《乡党·13》)

《礼记·乡饮酒义》："六十者坐，五十者立侍，以听政役。"《礼记·王制》："礼，六十杖于乡。"(《戴氏注论语小疏》)

由此可见当时文物，举动皆依礼而行。

2. 社会状况

或曰："雍也仁而不佞。"子曰："焉用佞？御人以口给，屡憎于人。不知其仁，焉用佞？"(《公冶长·5》)

仲弓德行中人，行必先人，言必后人，或者以为仁而不佞者。当时尚佞，见雍不佞，故深惜之。(《论语正义》)

仲弓为人重厚简默，而时人以佞为贤，故美其优于德而病其短于才也。(《论语集注》)

子曰："奢则不孙，俭则固。与其不孙也，宁固。"(《述而·36》)

当时行礼过奢，失恭让之道，故言无宁过俭，以矫文家之敝。(《戴氏注论语小疏》)

孔子曰："禄之去公室五世矣，政逮于大夫四世矣，故夫三桓之子孙微矣。"(《季氏·3》)

于时孔子见其数将尔，知季氏必亡，故发斯言也。季文子初得政，至武子、悼子、平子四世，是孔子时所见，故云四世。大夫执政五世必失，而季氏已四世，故三桓子孙转以弱也。初三家皆豪滥，至尔时并衰，故云"微"也。(《论语义疏》)

3. 历史事件

孔子谓季氏："八佾舞于庭，是可忍也，孰不可忍也。"(《八佾·1》)

鲁以周公故受王者礼乐，有八佾之舞。季桓子僭于其家庙舞之，故孔子讥之。(《论语集解》)

齐景公问政于孔子。孔子对曰："君君，臣臣，父父，子子。"公曰："善哉！信如君不君，臣不臣，父不父，子不子，虽有粟，吾得而食诸？"(《颜渊·11》)

鲁昭公末年，孔子适齐。是时景公失政，而大夫陈氏厚施于国，景公又多内嬖，而不立太子，其君臣父子之间皆失其道，故夫子告之以此。(《论语集注》)

子见南子，子路不说。夫子矢之曰："予所否者，天厌之！天厌之！"(《雍也·28》)

孔子至卫，南子请见，孔子辞谢，不得已而见之。盖古者仕于其国，有

见其小君之礼。而子路以夫子见其淫乱之人为辱，故不悦。(《论语集注》)

4. 具体场景

樊迟从游于舞雩之下，曰："敢问崇德，修慝，辨惑。"子曰："善哉问！先事后得，非崇德与？攻其恶，无攻人之恶，非修慝与？一朝之忿，忘其身，以及其亲，非惑与？"(《颜渊·21》)

《春秋》昭二十五年，"秋，七月，上辛，大雩。季辛，又雩"。《传》曰："又雩者，非雩也，聚众以逐季氏也。"樊迟从游，有感昭公孙齐之事，因以发问。先勤求贤者，任之以政，乃能得民。昭公不用子家驹，失民失政，以致出奔，是不能崇德也。子家驹言："诸侯僭于天子，大夫僭于诸侯，久矣。"公曰："吾何僭乎哉？"是攻人之恶，不知攻其恶也。昭公不从其言，终弑之而败焉，走之齐。是不忍一时之忿，忘身以及宗庙，惑之甚也。时哀公亦欲去三家，故微其词以危其事。(《戴氏注论语小疏》)

或问禘之说。子曰："不知也；知其说者之于天下也，其如示诸斯乎！"指其掌。(《八佾·11》)

或人问孔子，禘祭之礼其说何如？孔子答言，不知禘礼之说。答以不知者，为鲁讳。讳国恶，礼也。时鲁跻僖公，乱昭穆，说之则彰国之恶，故但言不知也。孔子既答或人以不知禘礼之说，若不更说，恐或人以为己实不知，无以明其讳国恶，且恐后世以为禘祭之礼，圣人不知，而致废绝，更为或人言此也。言我知禘礼之说者，于天下之事中，其如指示于此掌中之物，言其易了也。当时孔子举一手伸掌，以一手指之，以示或人，曰："其如示诸斯乎！"弟子等恐人不知示诸斯谓指示何等物，故著此一句，言是时夫子指其掌也。(邢昺《疏》)

原壤夷俟。子曰："幼而不孙弟，长而无述焉，老而不死，是为贼。"以杖叩其胫。(《宪问·43》)

原壤，鲁人，孔子故旧。原壤闻孔子来，乃申两足，箕踞以待孔子也。(邢昺《疏》)

5. 答疑时人

子曰："吾有知乎哉？无知也。有鄙夫问于我，空空如也。我叩其两端而竭焉。"(《子罕·8》)

夫子应问不穷，当时之人，遂谓夫子无所不知，故此谦言"无知"也。此鄙夫来问夫子，其意甚诚恳，故曰"空空如"。因鄙夫力不能问，故反问而详告之也。(《论语正义》)

子曰："若圣与仁，则吾岂敢？抑为之不厌，诲人不倦，则可谓云尔已

矣。”公西华曰：“正唯弟子不能学也。”（《述而·34》）

盖当时有称孔子圣且仁者，故为此谦辞。（《论语新解》）

互乡难与言，童子见，门人惑。子曰：“与其进也，不与其退也，唯何甚？人洁己以进，与其洁也，不保其往也。”（《述而·29》）

郑曰：“互乡，乡名也。其乡人言语自专，不达时宜，而有童子来见孔子，门人怪孔子见之。”（《论语集解》）其人习于不善，难与言善，疑夫子不当见之也。（《论语集注》）

6. 修史而发

子曰：“夏礼，吾能言之，杞不足徵也；殷礼，吾能言之，宋不足徵也。文献不足故也。足，则吾能徵之矣。”（《八佾·9》）

周室既微，载籍残缺，仲尼思存前圣之业，乃称曰“夏礼吾能言之”云云。据《汉志》，是夫子此言，因修《春秋》而发，《春秋》亦本周礼也。戴氏望《论语注》云：“周衰，杞为徐、莒所协，而变于夷。宋三世内娶，皆非其国之故。孔子伤其不用贤，以致去礼，故言俱不足征以叹之。”（《论语正义》）

子曰：“盖有不知而作之者，我无是也。多闻，择其善者而从之；多见而识之；知之次也。”（《述而·28》）

此言作《春秋》也。于所传闻世、所闻世，兼采列国史文，取足张法以加王心；于所见世，识其行事而已。《传》曰：“《春秋》何以始乎隐？祖之所逮闻也。所见异辞，所闻异辞，所传闻异辞。”（《戴氏注论语小疏》）

类似这样的章句还有不少，或品评人物或引用哲理，都有迹象看出是在晚年整理古籍时所说。

三、语境作用

1. 开拓新的认知

子张问行。子曰：“言忠信，行笃敬，虽蛮貊之邦，行矣。言不忠信，行不笃敬，虽州里，行乎哉？立则见其参于前也，在舆则见其倚于衡也，夫然后行。”子张书诸绅。（《卫灵公·6》）

此问发生在何时？鲁哀公六年陈蔡之难时，孔子六十三岁，子张十五岁。《史记》中有两处记载：《史记·仲尼弟子列传》说：“颛孙师，陈人，字子张，少孔子四十八岁。……他日从在陈、蔡间，困，问行。”《史记·弟子传》说：“子张从在陈、蔡间，因问行。孔子曰‘言忠信’。”子张少孔子四十八岁，因而有人推测子张是在孔子自卫返鲁后从师的，清儒刘宝楠作了考证，

结论是："是此问亦在绝粮时。"同时也指出："翟氏灏《考异》以子张时年少为疑，过矣。"(《论语正义》)

子曰："由！知德者鲜矣。"(《卫灵公·4》)

子曰："岁寒，然后知松柏之后凋也。"(《子罕·28》)

也在陈蔡之难时。考据如下："王肃曰：'君子固穷，而子路愠见，故谓之少于知德者也。'按如注意，则孔子此语为问绝粮而发之也。"(《论语义疏》)清人翟灏《四书考异》云："《庄子·让王篇》：'天寒既至，霜雪既降，吾是以知松柏之茂也。陈、蔡之隘，于丘其幸乎！'乃子厄陈、蔡时，谓子路之言。"(《论语正义》)

再如，对宰予昼寝的理解。

宰予昼寝。子曰："朽木不可雕也；粪土之墙不可杇也；于予与何诛？"子曰："始吾于人也，听其言而信其行；今吾于人也，听其言而观其行。于予与改是。"(《公冶长·10》)

传统意义认为，宰予学习不用功，白天睡觉，遭到孔子批评，以此警示其他弟子。清朝今文经学家戴望从一个新的角度阐释了当时的语境：朽木，腐朽之木。粪土，秽土。二者以喻世乱不可为治。宰我伤道不行，故假昼寝以自晦其明。夫子意谓天下虽乱，吾心自治，君子乐天知命，虽毁弃，何伤乎？(《戴氏注论语小疏》)

戴氏的解读拓展了我们的理解宽度。其实，孔子的弟子宰予非常优秀，善于独立思考，提问刁钻而又敢于与老师辩论，孔子还把他列为言语科首位，可见他的才学是得到孔子肯定的。

关于孔子"入太庙"的记载，《论语》中出现了两次：

子入太庙，每事问。或曰："孰谓鄹人之子知礼乎？入太庙，每事问。"子闻之，曰："是礼也。"(《八佾·15》)

"入太庙，每事问。"(《乡党·21》)

有人说是重出，有人说是各有所记，史上众说不一。下列文献是合理可考的：

孔子初仕之年，虽无明据，然郯子之朝，孔子年二十八，为贫而仕，亦其时也，且能自通于国君，则非庶人可知。孔子之受职，盖前此矣。故次之于委吏乘田之后。入庙助祭，其位尊于委吏、乘田矣，以鄹人之子呼圣人，则非年之高、位之尊可知也。(《洙泗考信录》)

阎氏若璩《释地》谓："鄹人之子，乃孔子少贱时之称。孔子年二十为委吏，二十一为乘田吏。委吏若周官委人，共祭祀之薪蒸木材。乘田吏若牛人，凡祭祀共其牛牲之互，与其盆簝以待事。羊人，凡祭祀，饰羊，割羊牲，登

其首。”皆有职于太庙也。(《论语正义》)

由此可知，孔子二十一岁时由委吏改做管理牛羊畜牧的乘田吏，乘田吏所饲养的牛羊均为供祭祀的牺牲品，因此孔子有机会进入太庙。二十七八岁时，孔子能够见郯子问官名，表明受职应在乘田吏之上，从事助祭之役。按理说，甚至还可以推到“十有五而志于学”之时，因为孔子十七岁就以知礼闻名天下了，而太庙则集四代之礼，若是没有接触，怎么会如此年少学高呢？孔子少年求学的史料少之又少，是否在十五岁前后“入太庙，每事问”不得而知。语境所引文献较确。

此事当发生在孔子仕鲁助祭时，邢昺《疏》：“孔子因助祭入太庙庙中，礼仪祭器虽知之，犹每事复问，慎之至也。”这一章没有“鄹人之子”的蔑称，表明孔子已进入上流社会。孔子格外尊崇祭礼，“每事问”是一种行事常态，既表示对先祖的谨敬，又有对僭礼行为的诘问。

子曰：“年四十而见恶焉，其终也已。”(《阳货·26》)

恶，通常解释为厌恶，但读了俞樾《群经平议》后改变了看法。不妨这样理解，孔子说：“到了四十岁还被人馋毁，他这一生也就完了。”

《群经平议》：此文云年四十，则为据实之言，非泛论也。窃谓此章乃夫子自叹也。《说文·言部》：“謜，相毁也。”古每叚恶为之。据《史记·孔子世家》，孔子年三十五适齐，为高昭子家臣，以通乎景公。公欲封以尼谿之田，晏婴不可。孔子斯言，殆因此而发。是时孔子之年故不可考。《历聘纪年》谓留齐七年，则尼谿之沮或适值四十矣。其终也已，犹云吾已矣夫，终与已其义同。盖孔子先是在鲁，不过为委吏，为乘田，未得一行其道，及是景公欲用之，是亦行道之兆也，乃为晏婴所馋毁而止，道之不行，于此征之矣，故发此叹耳。按：《集解》《集注》于此章皆作对人言，不知所指，俞氏改为对己言，说虽创而实有依据，盖即“甚矣吾衰也”之意，较旧说为胜。(《论语集释》)

2. 意会原文深意

有些章句只可意会而难以言传，即便译出来了，也表达不尽古人内在的含意和感觉，深层次的东西还要靠语境去意会。

子张问崇德辨惑。子曰：“主忠信，徙义，崇德也。爱之欲其生，恶之欲其死。既欲其生，又欲其死，是惑也。‘诚不以富，亦祇以异。’”(颜渊·10》)

其中最后一句“诚不以富，亦祇以异”，程颐认为可能是错简，但并没有着实的依据，但放在这如何翻译就很难，杨伯峻先生就说“《诗·小雅·我行其野篇》诗句，引在这里，很难解释。我这里姑且依朱熹《集注》的解释而意译之”。杨伯峻先生译为：“这样，的确对自己毫无好处，只是使人奇怪罢了。”

此章讲的是人当有常德，结尾引《诗经》以证。笔者根据《论语注疏》再三斟酌，译为：“这种做法不会带来什么好处，只说明自己用心无常。”

依据如下：此章言人当有常德也。言人有忠信者则亲友之，见义事则迁意而从之，此所以充盛其德也。“爱之欲其生，恶之欲其死。既欲其生，又欲其死，是惑也”者，言人心爱恶当须有常。若人有顺己，己即爱之，便欲其生；此人忽逆于己，己即恶之，则愿其死，一欲生之，一欲死之，用心无常，是惑也。既能别此是惑，则当祛之。“诚不以富，亦祇以异”者，此《诗·小雅·我行其野篇》文也。祇，适也。言此行诚不足以致富，适足以为异耳。取此诗之异义，以非人之惑也。（《论语注疏》）

译文是我们主观的表达，距离原意总是有差距的，这个差距就需要我们去语境中意会语言说不出的那些东西。

子曰：“狂而不直，侗而不愿，悾悾而不信，吾不知之矣。”（《泰伯·16》）

孔子说：“狂妄而不直率，幼稚而不老实，无能而不诚信，这样的人我真不晓得他了。”

其中“吾不知之矣”，就很难准确翻译。有的译为“我真不知道这种人怎么会是这样”“我真不知道这种人为什么是这样”“这种人我真不晓得”“我真不知道对这种人该怎么办”，等等，单看译文难以理解深意。根据钱穆《论语新解》等文献，笔者短浅意会为“狂而不直，侗而不愿，悾悾而不信”这种人，是恶浊的社会使他们失去了人性的本真，沾染上了很多毛病，他们到底变得有多坏，到底陷得有多深，圆滑愚昧不说实话到了什么程度，实在难以把握。孔子教人的前提是知人，对这种人根本就没法知，怎么去教呢？对孔子来讲，什么样的人都可教化，但就是针对这种人，作为教育家的孔子对此也不知所措了。通过指责民俗恶化，折射出社会道德的沦丧。

依据如下：叹时世与古反也。（《论语义疏》）吾不知之者，甚绝之之辞，亦不屑之教诲也。苏氏曰：“天生之物，气质不齐。其中材以下，有是德则有是病。有是病必有是德，故马之蹄啮者必善走，其不善者必驯。有是病而无是德，则天下之弃材也。”（《论语集注》）此为深绝之之辞。人之气质不齐，有美常兼有病，而有病亦兼有美。学问之功，贵能增其美而释其病，以期为一完人。一任乎天，则瑕瑜终不相掩。然苟具天真，终可以常情测之。今则仅见其病，不见其美，此非天之生人乃尔，盖习乎下流而天真已失。此等人不惟无可培育，抑亦不可测知，此孔子所以深绝之。（《论语新解》）

3. 提供选择参照

《论语》中存在颇多疑惑争论的问题，各方均有所依，都有一定的合理性。但哪一个说法更妥当，参照语境可引导我们接近原意。

子曰："唯女子与小人为难养也，近之则不孙，远之则怨。"(《阳货·25》)

此章是自古争议最大的，汉儒不知何故对此章只字不提（见《论语集注》），给后人留下了谜团。南北朝时皇侃《论语义疏》解释说："女子、小人并禀阴闭气多，故其意浅促，所以难可养立也。近之则不逊者：此难养之事也。君子之人，人愈近愈敬，而女子、小人，近之则其承狎而为不逊从也。远之则有怨者：君子之交如水，亦相忘江湖，而女子、小人，人若远之则生怨恨，言人不接已也。"宋儒朱熹《论语集注》解释说："此小人，亦谓仆隶下人也。君子之于臣妾，庄以莅之，慈以畜之，则无二者之患也。"清儒刘宝楠解释说："此为有家国者戒也。养犹待也。"在前人笼统的君臣之义的解释基础上，今人杨义先生《论语还原》则指出："《卫灵公篇》子曰'吾未见好德如好色者也'章，与《阳货篇》子曰'唯女子与小人为难养也'章之间，存在着隔章呼应，相互阐发的关系。所谓女子对应于南子，指的是女色；小人对应于弥子瑕之类，孔子之言乃是为其在卫国遭遇的特殊情境而发，指责为政者不能沉迷于女色与小人。"此说认为女子、小人分别指南子和弥子瑕、雍渠，笔者以为颇有些道理，胜于前面牵强附会之说。反过头来再看，为什么离《论语》年代最近的汉儒对此不予解释呢？汉朝讳言甚重，不解释也许是为了回避"女子与小人"指南子和弥子瑕、雍渠之说，他们是上层统治集团的核心人物，汉儒惧于秦坑儒的影响，怎敢招致暗讽影射之嫌呢？只字不提可能就是最明确而巧妙的解释。如果"女子与小人"是泛指，照常注解也就无所顾忌地留有遗迹了。因此将该章放在讥讽卫灵公"吾未见好德如好色者也"的语境下似乎更为合适。

戴望《注》曰："女子以形事人，小人以力事人，皆志不在义，故为难养。养，使也。礼：君疾顾命不在侧，其营卫疾者皆臣子，妇寺不得与，以防乱也。鲁僖公薨于小寝，绝于妇人之手，则《春秋》非之。"(《戴氏注论语小疏》)为了预防国君去世时出现不必要的变故，国君不当绝于妇人之手。鲁僖公三十三年"公薨于小寝"，因不合于礼而《春秋》非之。此观点认为，这句话是孔子修《春秋》时根据鲁僖公三十三年"公薨于小寝"之事说的。

子曰："夷狄之有君，不如诸夏之亡也。"(《八佾·5》)

此章历来有两说：一是诸夏不如夷狄，以宋儒朱熹《论语集注》引程子、尹氏言为代表；一是夷狄不如诸夏，以清儒包慎言《温故录》为代表。春秋处于社会大变革时期，礼崩乐坏、目无君长不仅仅反映在诸夏，夷狄更是如此，就当是社会的大环境而言，很难说谁不如谁。根据《温故录》所考，孔子此话有特定的历史背景，说的是定、哀时的黄池之会和襄七年的鄬之会，在这两次诸侯会盟中，夷狄凭借国力暴强逾制，未能一秉周礼，孔子专就礼乐之事发出感慨："夷狄之有君，不如诸夏之亡也。"意思明确指出，夷狄不如诸夏，诸夏的政俗犹为近古。古，即代表着孔子推崇的西周礼乐制度。因此，第二种说法是孔子原意，第一种说法是泛指"孔子伤时而叹"。

依据是：包氏慎言《温故录》："夷狄谓楚与吴。《春秋》'内诸夏，外夷狄'。成、襄以后，楚与晋争衡，南方小国，皆役属焉。宋、鲁亦奔走其庭。定、哀时，楚衰而吴横，黄池之会，诸侯毕至，故言此以抑之。襄七年，鄬之会，'陈侯逃归'，何氏云：'加逃者，抑陈侯也。孔子曰：夷狄之有君，不如诸夏之亡。言不当背也。'"又哀十三年"公会晋侯及吴子于黄池"，《传》："吴何以称子？主会也。吴主会，曷为先言晋侯？不与夷狄之主中国也。"何氏云："名其寔以夷狄之强会诸侯尔，不行礼义，故序晋于上。'主书者，恶诸侯之君夷狄。"案：包说是也。此篇专言礼乐之事，楚、吴虽迭主盟中夏，然暴强踰制，未能一秉周礼，故不如诸夏之亡君，其政俗犹为近古也。（《论语正义》）程子曰："夷狄且有君长，不如诸夏之僭乱，反无上下之分也。"尹氏曰："孔子伤时之乱而叹之也。亡，非实亡也，虽有之，不能尽其道尔。"（《论语集注》）

食不厌精，脍不厌细。食饐而餲，鱼馁而肉败，不食。色恶，不食。臭恶，不食。失饪，不食。不时，不食。割不正，不食。不得其酱，不食。肉虽多，不使胜食气。唯酒无量，不及乱。沽酒市脯不食。不撤姜食，不多食。（《乡党·8》）

对"食不厌精，脍不厌细"有两种截然不同的理解。

"粮食不嫌舂得精，鱼和肉不嫌切得细。"邢昺《疏》把"齐必变食，居必迁坐"（《乡党·7》）、"食不厌精，脍不厌细"（《乡党·8》）、"祭于公，不宿肉"（《乡党·9》）、"食不语，寝不言"（《乡党·10》）、"虽疏食菜羹瓜祭，必齐如也"（《乡党·11》）合为一节。《疏》云："'齐必'至'如也'。此一节论斋祭饮食居处之事也。'齐必变食'者，谓将欲接事鬼神，宜自洁净，故改其常馔也。'居必迁坐'者，谓改易常处也。'食不厌精，脍不厌细'者，食，饭也。牛与羊鱼之腥，聂而切之为脍。饭与脍所尚精细也。自此已上，皆蒙斋文。凡言不食者，皆为不利人，亦斋者，孔子所慎。斋必严敬，若必食之，或致因病，则失严敬心，故不食也。其凡常不必然。"

"饭食不要过于追求精，鱼肉不要过于追求细。"刘宝楠《论语正义》：

“《周语》‘不可厌也’，韦《注》：‘厌，足也。’《晋语》‘民志无厌’，韦《注》：‘厌，极也。’夫子疏食饮水，乐在其中，又以士耻恶食为不足与议，故于食脍皆不厌精细也。精者，善米也。”

单从字面看意思都讲得通，“厌”字在先秦时代基本上有两个意义，一是表示“憎恶、抛弃、厌倦”的意义，二是“饱，满足”的意义。但这到底要表达什么意思呢？还是从语境中找答案：“此一节论斋祭饮食居处之事也。其凡常不必然。”（邢昺《疏》）即明确了这是祭祀时的饮食情况，平常不一定这样。那么，孔子平时是怎样的呢？孔子“志于道”，对物质生活不过于追求，“食无求饱”“饭疏食饮水”，甚至对耻于恶食者“未足与议也”，赞美禹“菲饮食而致孝乎鬼神”。如果认为孔子的日常饮食很讲究，那就背离了圣人的本真，弟子再将其编入《论语》，那还有什么意义呢？祭祀时之所以如此，是因为孔子是“重鬼神”的殷人的后裔，是出于对鬼神的诚敬，也是在礼崩乐坏的社会状况下极力维护先王之道。因此说，第一种解释较为合理。

孟武伯问孝。子曰：“父母唯其疾之忧。”（《为政·6》）

本章有两种解释，分别是：“父母只是担忧孝子的疾病。”“孝子只是担忧父母的疾病。”

王充《论衡·问孔篇》说：“武伯善忧父母，故曰，唯其疾之忧。”《淮南子·说林训》说：“忧父之疾者子，治之者医。”高诱《注》云：“父母唯其疾之忧，故曰忧之者子。”可见王充、高诱都以为“其”字是指代父母而言。马融却说：“言孝子不妄为非，唯疾病然后使父母忧。”把“其”字指代孝子。两说都可通。（《论语译注》）

到底哪一种解释更妥当？结合“居上不宽，为礼不敬，临丧不哀，吾何以观之哉？”（《八佾·26》）来看，《论语训》说：“此章讥孟武伯也。孟氏世事孔子，故言观之。”孟武伯僭越礼制，夫子提醒不要生事，要让父母安心。安心就是对父母最大的孝。

根据语境，笔者倾向于马融说，译为：孟武伯向孔子请教孝道。孔子说：“让父母担忧的只是自己的疾病，不让父母担忧其他事。”马曰：“武伯，懿子之子仲孙彘。武，谥也。言孝子不妄为非，唯疾病然后使父母忧。”此章言孝子不妄为非也。武伯，懿子之子仲孙彘，问于夫子为孝之道。夫子答之曰：“子事父母，唯其疾病然后可使父母忧之，疾病之外，不得妄为非法，贻忧于父母也。”《春秋》，懿子以哀十四年卒，而武伯嗣。（邢昺《疏》）

4. 了解背后原因

子曰：“诗三百，一言以蔽之，曰：‘思无邪’。”（《为政·2》）

孔子晚年整理《诗》时说：“《诗经》三百篇，用一句话来概括它，就是‘思想纯正’。”孔子为什么不直接说“思正”，而说“思无邪”？这里面包含着深刻的社会原因。孔子返鲁后，社会更加无道，连年饥荒，百姓食不果腹，而统治者还要推行税改，加重盘剥，官逼民怨，盗窃四起，教化不行，刑罚滥用，说“思无邪”是有明确所指的。“思无邪”就是“思想不邪恶，归于正道”。这样的表达就是对统治者的严厉警醒，深入到了社会治理的深层次问题，深刻反映了当时的政治生态。

子曰：“语之而不惰者，其回也与！”（《子罕·20》）

子曰：“回也非助我者也，于吾言无所不说。”（《先进·4》）

从字面看，看不出颜回为何“不惰”“非助我”“无所不说”，通常我们只理解为颜回好学，安贫乐道，有一种顽强刻苦的学习精神，其实，不仅仅是这些。阅读语境我们可以看出颜回作为孔门最高弟子的与众不同。

余人不能尽解，故闻孔子语而有疲懈。唯颜回体之，故闻语即解，所以曰“语之而不惰者，其回也与”！（《论语义疏》）颜渊解，故语之而不惰。余人不解，故有惰语之时。（《论语集解》）孔曰：“助，益也。回闻言即解，无发起增益于己。”教学本是相长，故夫子言子夏为起予，正以质疑问难，义益可明也。“不说”犹言不解。徐干《中论·智行篇》：“仲尼亦奇颜渊之有盛才也，故曰‘回也，非助我者也，于吾言无所不说’。颜渊达于圣人之情，故无穷难之辞。是以能独获亹亹之誉，为七十之子冠。”（《论语正义》）助我，若子夏之起予，因疑问而有以相长也。颜子于圣人之言，默识心通，无所疑问，故夫子云然。其辞若有憾焉，其实乃深喜之。（《论语集注》）

这有一个共同的前提，即颜回闻一知十，聪颖绝伦，对夫子的话一听就懂，因此才能做到“不惰”“非助我”“无所不说”，其他弟子则不然，颜回之外最聪明的要算子贡了，也只是闻一知二，至于子路更是难以望其项背，还常常误解夫子的意思而受到批评。孔子针对各弟子的特点说：“柴也愚，参也鲁，师也辟，由也喭。”（《先进·18》）他们听不懂自然就“惰”了。甚至还有知难而退的弟子，如冉求，他自己说：“非不说子之道，力不足也。”（《雍也·12》）为自己的“不说”作解释：“不是不喜欢您的学说，是我能力不够。”孔子根据每个人的智商不同而因材施教，孔子说：“中人以上，可以语上也；中人以下，不可以语上也。”（《雍也·21》）子贡感慨道：“夫子之文章，可得而闻也；夫子之言性与天道，不可得而闻也。”（《公冶长·13》）可见，没有哪一个弟子能像颜回那样闻言即解。如果把“说”简单地译为“喜欢”，那么，子夏、子贡等不喜欢吗，显然不是的，只有颜回最能领悟到夫子深意，无所不解，所以，颜回不发问，此章与“语之而不惰者，其回也与”（《子罕·

20》）意思相连。因此，孔子说“回也非助我者也”，这个“助”字，传统意义上解为“帮助”，根据子夏、子贡对《诗》的提问，可知“助，益也”，增益的意思，即通过提问，引起对学问的探讨，这样有益于教学相长。颜回于师所讲，无所不解，没有疑问，课后还能发挥。颜回的聪颖与德同高，非子夏、子贡之徒所能企及。

子谓子贱，“君子哉若人！鲁无君子者，斯焉取斯？”（《公冶长·3》）

“斯焉取斯”作何解？通常的译文是：孔子评论子贱说：“这人是君子呀！如果鲁国没有君子，这种人从哪里学到这种好品德呢？”根据语境，孔子评论子贱说：“这人是君子呀！如果鲁国没有君子，他从哪里得到这么多人才呢？”

依据如下：

《吕氏春秋·察贤篇》：“宓子贱治单父，弹鸣琴，身不下堂，而单父治。巫马期以星出，以星入，日夜不居，以身亲之，而单父亦治。巫马期问其故于宓子。曰：‘我之谓任人，子之谓任力，任力者故劳，任人者故逸。’宓子则君子矣。”子贱为政，在能得人，故《说苑》载子贱告夫子以三得，终之以朋友益亲，夫子赞美子贱能取人，而又以见鲁多君子，故云：“若鲁无君子，子贱安所取法以成其治乎？”《新序杂事二》：“鲁君使宓子贱为单父宰，子贱辞去，因请借善书者二人，使书宪书教品，鲁君予之。至单父使书，子贱从旁引其肘，丑则怒之，欲好书则又引之。书者患之，请辞而去，归以告鲁君。鲁君曰：‘子贱苦吾扰之，使不得施其善政也。’乃命有司无得擅征发单父，单父之化大治。故孔子曰：‘君子哉子贱！鲁无君子者，斯安取斯？’美其德也。”《新序》与《说苑》同出刘向。盖鲁君信用子贱，而子贱又能取人以辅其治，故孔子美之。

四、语境编排

对发生的年代、事情的原因等情况作如下编排。

1. 对史上说法不一的，将合理的说法排在前面，其余列后

或谓孔子曰：“子奚不为政？”子曰：“《书》云：‘孝乎惟孝，友于兄弟，施于有政。’是亦为政，奚其为为政？”（《为政·21》）

依《白虎通》说，则孔子之对或人，盖在哀公十一年后也。按朱熹《论语集注》说，则为定公初年，孔子不仕，故或人疑其不为政也。钱穆《孔子传》认为还有可能是在适齐前。经分析推断，放置在孔子自卫返鲁的晚年。

《白虎通》云：“孔子所以定《五经》何？孔子居周末世，王道凌迟，礼义废坏，强凌弱，众暴寡，天子不敢诛，方伯不敢问，闵道德之不行，故周流冀行其道，自卫返鲁，知道之不行，故定《五经》以行其道。”故孔子曰：

“《书》云‘孝于惟孝，友于兄弟，施于有政。’是亦为政也。”依《白虎通》说，则孔子之对或人，盖在哀公十一年后也。《五经》有五常之道，教人使成其德行，故曰“施于有政，是亦为政”。夫子以司寇去鲁，故反鲁犹从大夫之后，且亦与闻国政，但不出仕居位而为之，故或人有不为政之问。弟子记此章，在哀公、季康子问孔子两章之后，当亦以时相次。夫子定《五经》以张治本，而首重孝、友。孝友者，齐家之要，政之所莫先焉者也。为政之道，不外明伦，故但能明孝弟之义，即有政道，与居位为政无异。故曰：“天下之无道也久矣，天将以夫子为木铎。”(《论语正义》)

包曰：“或人以为，居位乃是为政。”(《论语集解》)

有一人，亡其姓名，谓孔子曰：“子既多才多艺，何不居官为政?”或人以为，居位乃是为政也。言此孝、友亦为政之道，此外何事其为为政乎？言所行有政道，即与为政同，不必居位乃是为政。(邢昺《疏》)

或人见孔子栖惶，故问孔子曰：“何不为政处官位乎?”言施行孝友有政，家家皆正，则邦国自然得正。亦又何用为官位乃是为政乎？或人贵官位而不存孝道，故孔子言乎此也。(《论语义疏》)

孔子既施教有名，故时人皆期孔子出仕。此章或在适齐前，或在自齐返鲁后，不可定。(钱穆《孔子传》)

定公初年，孔子不仕，故或人疑其不为政也。孔子引之，言如此，则是亦为政矣，何必居位乃为为政乎？盖孔子之不仕，有难以语或人者，故托此以告之，要之至理亦不外是。(《论语集注》)

昭公孙齐，孔子适齐。定公元年返鲁不仕，故或人问之。施，陈也。为居位者陈说孝友之道，虽不为政，与为政同。(《戴氏注论语小疏》)

“齐人归女乐，季桓子受之，三日不朝。孔子行。”(《微子·4》)

《史记》记载是在定公十四年，《论语正义》说是在定公十二、十三冬春之间：盖女乐事在定公十二、十三冬春之间。(《论语正义》)

孔子去鲁适卫的年代，《史记》定为上一年的秋冬之间，根据鲁国郊祭一般在春三月，故从《阙里志》系于公元前497年，即鲁定公十三年。(《孔子评传》)

定公十四年，孔子年五十六，由大司寇行摄相事。……于是诛鲁大夫乱政者少正卯。与闻国政三月，粥羔豚者弗饰贾；男女行者别于涂；涂不拾遗；四方之客至乎邑者不求有司，皆予之以归。齐人闻而惧，曰：“孔子为政必霸，霸则吾地近焉，我之为先并矣。盍致地焉?”犁鉏：“请先尝沮之，沮之而不可则致地，庸迟乎?”于是选齐国中女子好者八十人，皆衣文衣而舞《康乐》，文马三十驷，遗鲁君。陈女乐文马于鲁城南高门外。季桓子微服往观再三，将受，乃语鲁君为周道游，往观终日，怠于政事。子路曰：“夫子可以行矣。”孔子曰：“鲁今且郊，如致膰乎大夫，则吾犹可以止。”桓子卒受齐女乐，三日不听政；郊，又不致膰俎于大夫。孔子遂行，宿乎屯。（《史记·孔子世家》）

孺悲欲见孔子，孔子辞以疾。将命者出户，取瑟而歌，使之闻之。（《阳货·20》）

孔子为何不见孺悲？有非礼说。此说起于郑玄，何晏、皇侃、邢昺、刘宝楠等执此说。有得罪说。此说起于李充，代表是朱熹，后继者多为程朱学派后学。

孺悲，鲁人也。来欲见孔子，孔子不欲见，故辞之以疾也。（邢昺《疏》）

孺悲欲见孔子，不由介绍，故孔子辞以疾。（《仪礼·士相见礼·疏》）

礼，士无介绍不相见。孺悲欲见孔子，不由其道，故辞以疾。（《戴氏注论语小疏》）

使人召孔子，欲与孔子相见也。孔子不欲应孺悲之召，故辞云有疾不堪往也。将命者，谓孺悲所使之人也。所以然者，辞唯有疾而不往，恐孺悲问疾差，又召之不止也，故取瑟而歌，使使者闻之，知孔子辞疾非实，以还白孺悲，令孺悲知故不来耳，非为疾不来也。李充曰：“孔子曰：‘人洁己以进，与其洁，不保其往。’所以不逆乎互乡也。今不见孺悲者何？明非崇道归圣，发其蒙矣。苟不崇道，必有舛写之心，则非教之所崇，言之所喻，将欲化之，未若不见也。圣人不显物短，使无日新之塗，故辞之以疾，犹未足以诱之，故弦歌以表旨，使抑之而不彰，挫之而不绝，则矜鄙之心颓，而思善之路长也。”（《论语义疏》）

当是时必有以得罪者。（《论语集注》）

子谓子夏曰：“女为君子儒！无为小人儒！”（《雍也·13》）

此处“君子”“小人”指什么？说法不一，并列如下。

子夏于时设教，有门人，故夫子告以为儒之道。君子儒，能识大而可大受；小人儒，则但务卑近而已。君子、小人，以广狭异，不以邪正分。（《论语正义》）

谢氏曰：“子夏文学虽有余，然意其远者大者或昧焉，故夫子语之以此。”（《论语集注》）

孔曰：“君子为儒，将以明道。小人为儒，则矜其名。”此章戒子夏为君子也，言女当明道，无得矜名也。（《论语注疏》）

君子所习者道，道是君子儒也。小人所习者矜夸，矜夸是小人儒也。孔子语子夏曰：“当为君子儒，不得习为小人儒也。”（《论语义疏》）

孔子之诫子夏，盖逆知其所长，而预防其所短。推孔子只所谓小人儒者，不出两义：一则溺情典籍，而心忘世道。一则专务章句训诂，而忽于义理。子夏之学，或谨密有余，而宏大不足，然终可免于小人儒之讥。而孔子之善为教育，亦即此可见。(《论语新解》)

根据语境，孔子对子夏说："你要做宏大济世的儒者，不要做溺情典籍的儒者！"

2. 对史上说法趋同或相类似的，各版本均列出以互相补充

子曰："麻冕，礼也；今也纯，俭，吾从众。拜下，礼也；今拜乎上，泰也。虽违众，吾从下。"(《子罕·3》)

麻，麻衣也。朝服，麻衣而冕，其色缁也，用十五升布为之。纯，丝也。古者祭服用丝，朝服用麻。当孔子时，朝服亦用丝，孔子从之，以为俭质，不失礼。《玉藻》曰："朝服之以缟，自季康子始也。"臣与君行礼，皆堂下再拜稽首，君待以宾礼，下拜则辞之，然后升，成拜，礼之变也。时臣汰侈，行礼皆从其变，孔子欲正臣礼，故违众从下，以抑文家之敝。(《戴氏注论语小疏》)

礼，臣之与君行礼者，下拜然后升成拜，是礼也。今时之臣，皆拜于上，长骄泰也。孔子以其骄泰则不孙，故违众而从下拜之礼也。下拜，礼之恭故也。(邢昺《疏》)

臣与君行礼，当拜于堂下。君辞之，乃升成拜。(《论语集注》)

时既人人从易用丝，故孔子曰吾亦从众也。所以从之者，周末每事奢华，孔子宁欲抑奢就俭。今幸得众共用俭，故孔子从之也。当于时周末君臣饮燕，臣得君赐酒，不复下堂，但于堂上而拜，故云"今拜乎上，泰也"。拜不下堂，是由臣骄泰，故云"泰也"。当时皆违礼而拜上者众，孔子不从拜上，故云"虽违众"也。违众而从旧礼拜于下，故云"吾从下"也。(《论语义疏》)

或问禘之说。子曰："不知也；知其说者之于天下也，其如示诸斯乎！"指其掌。(《八佾·11》)

禘是天子之礼，鲁国举行，在孔子看来，是完全不应该的。但孔子又不想明白指出，只得说"不欲观""不知也"，甚至说"如果有懂得的人，他对于治理天下是好像把东西放在手掌上一样的容易"。(《论语译注》)

孔子不赞成鲁之禘礼，或人因此为问。孔子不欲深言，故诿曰不知。(《论语新解》)

或人问孔子，禘祭之礼其说何如？孔子答言，不知禘礼之说。答以不知者，为鲁讳。讳国恶，礼也。时鲁跻僖公，乱昭穆，说之则彰国之恶，故但言不知也。孔子既答或人以不知禘礼之说，若不更说，恐或人以为己实不知，无以明其讳国恶，且恐后世以为，禘祭之礼，圣人不知，而致废绝，更为或人言此也。言我知禘礼之说者，于天下之事中，其如指示于此掌中之物，言其易了也。当时孔子举一手伸掌，以一手指之，以示或人，曰："其如示诸斯乎！"弟子等恐人不知示诸斯谓指示何等物，故著此一句，言是时夫子指其掌也。（邢昺《疏》）

先王报本追远之意，莫深于禘。非仁孝诚敬之至，不足以与此，非或人之所及也。不王不禘之法，又鲁之所当讳者，故以不知答之。弟子记夫子言此而自指其掌，言其明且易也。盖知禘之说，则理无不明，诚无不格，而治天下不难矣。（《论语集注》）

明乎郊社之义，尝禘之礼，治国其如指诸掌而已乎！（《礼记·仲尼燕居》）

夫子讳鲁僭禘，故答以不知。而复广其说于天下，明为王者之事，非鲁所得知也。（《论语正义》）

子曰："凤鸟不至，河不出图，吾已矣夫！"（《子罕·9》）

根据邢昺、皇侃的疏解可以看出说的是孔子晚年对道不行的伤感。

孔子伤时无明君也。圣人受命则凤鸟至，河出图。今天无此瑞，则时无圣人也。故叹曰"吾已矣夫"，伤不得见也。（邢昺《疏》）

夫时人皆愿孔子有人主之事，故孔子释己不得以塞之也。言昔之圣人应王者，必有凤鸟、河图之瑞。今天无此瑞，故云"吾已矣夫"。（《论语义疏》）

3. 章句重出的，放在同一语境下

子曰："不在其位，不谋其政。"（《泰伯·14》）

子曰："不在其位，不谋其政。"曾子曰："君子思不出其位。"（《宪问·26》）

戒人之僭滥侵官也。（邢昺《疏》）

子曰："巧言令色，鲜矣仁！"（《学而·3》）

子曰："巧言令色，鲜矣仁。"（《阳货·17》）

以巧言令色为甚佞，则不仁可知。然夫子犹云"鲜矣"者，不忍重斥之，犹若有未绝于仁也。（《论语正义》）

子曰："吾未见好德如好色者也。"（《子罕·18》）

子曰："已矣乎！吾未见好德如好色者也。"（《卫灵公·13》）

居卫月余，灵公与夫人同车，宦者雍参乘，出，使孔子为次乘，招摇市过之。孔子曰："吾未见好德如好色者也。"于是丑之，去卫，过曹。是岁，鲁定公卒。（《史记·孔子世家》）

《史记》："孔子居卫，灵公与夫人同车，使孔子为次乘，招摇市过之。"孔子丑之，故有是言。（《论语集注》）

昔卫灵公与雍渠同载，孔子适陈。（司马迁《报任少卿书》）

时人多好色而无好德，孔子患之，故云“未见”以厉之也。（《论语义疏》）

疾时人薄于德而厚于色，故发此言。（《论语集解》）

4. 个别孤证，可备一说

子曰：“法语之言，能无从乎？改之为贵。巽与之言，能无说乎？绎之为贵。说而不绎，从而不改，吾末如之何也已矣。”（《子罕・24》）

若定公、季桓子是也。孔子行乎季孙，三月不违，卒以女乐去鲁，故发此言。（《戴氏注论语小疏》）

子张曰：“执德不弘，信道不笃，焉能为有？焉能为亡？”（《子张・2》）

当时容有安于小成，惑于异端，故子张讥之。（《论语正义》）

子曰：“君子贞而不谅。”（《卫灵公・37》）

过蒲，会公叔氏以蒲畔，蒲人止孔子。斗甚疾。蒲人惧，谓孔子曰：“苟毋适卫，吾出子。”与之盟，出孔子东门。孔子遂适卫。子贡曰：“盟可负邪？”孔子曰：“要盟也，神不听。”（《史记・孔子世家》）

子曰：“父在，观其志；父没，观其行；三年无改于父之道，可谓孝矣。”（《学而・11》）

龚元玠以此章为孟庄子而发，可备一说。（《论语集释》）

笔者智浅力薄，不妥之处务望专家学者批评指正。成书过程中，原张家口教育学院教授佟健华先生提出，“语境”的由来及前人研究成果要交待清楚；张家口市国学研究会会长高伯羽先生提出，体例编排宜划分为几个阶段，不宜按孔子年谱罗列，以免有的章句流于牵强。国际儒联顾问、著名孔学专家、曲阜师范大学资深教授骆承烈先生题名作序，在此谨致谢意。

曹书文

2020 年 9 月 13 日

目录

上编

下　编

上编

论语语境

一、创办私学（鲁昭公二十年前至鲁定公八年，孔子三十岁前至五十岁）

概况

鲁昭公十四年（公元前 528 年），孔子二十四岁，琴张从游。

鲁昭公十七年（公元前 525 年），孔子二十七岁，郯子来朝，孔子见之，学古官名。

鲁昭公二十年（公元前 522 年），孔子三十岁。孔子自称“三十而立”，盖自此时，他已奠定了治学、做人、为政等坚实的学问德业基础。

据《史记》载，此年前后，他开始创办平民教育，收徒讲学，早期弟子比较知名的有颜无繇、曾点、仲由等人。琴张从游，当在此时或稍前。孔子精深“六艺”（礼、乐、射、御、书、数），在曲阜城西郊矍相圃的地方举行习射活动，围观的人很多，简直像一道墙。

齐景公、晏婴访鲁，孔子参与接见。齐景公问孔子“秦穆公何以能称霸”，孔子答“善于用人”。（《史记·孔子世家》）

郑国子产卒，仲尼闻之，为之出涕，曰：“古之遗爱也。”（《左传·昭公二十年》）他对子产评价极高，认为子产：“有君子之道四焉：‘其行己也恭，其事上也敬，其养民也惠，其使民也义。’”（《论语·公冶长》）

鲁昭公二十四年（公元前 518 年），孔子三十四岁，获鲁昭公支持，与南宫敬叔往周朝国都洛邑，问学于老子。据《左传·昭公七年》记载，孟僖子临终前嘱咐其二子孟懿子、南宫敬叔向孔子学礼，时南宫敬叔年少，其正式从学当在后。（匡亚明《孔子评传》）

鲁昭公二十五年（公元前 517 年），孔子三十五岁，鲁国发生“八佾舞于庭”“斗鸡之变”事件，昭公与季平子冲突。鲁三家共攻昭公，昭公败奔于齐，孔子亦以是年适齐。路经泰山，遇一避家乡苛政而逃此的妇人，妇人哭诉亲人被虎咬死但仍不愿离开此地，孔子发出“苛政猛于虎”的感慨。（《礼记·檀弓下》）

到齐国后，“为高昭子家臣，欲以通乎景公”。与齐太师语乐，闻《韶》乐，三月不知肉味，兴奋地说：“不图为乐之至于斯也！”

齐景公问政于孔子。孔子对曰：“君君，臣臣，父父，子子。”他日又问，孔子曰："政在节财。"这两次问政，孔子颇得齐景公赞赏，齐景公想用他，并欲以尼谿田封孔子，但因晏婴阻挠，齐景公打消了用孔子的想法。齐景公对孔子说："吾老矣，弗能用也。"孔子返鲁。（《史记·孔子世家》）

齐大夫扬言欲害孔子，处境危险，《孟子·万章下》："孔子之去齐，接淅而行。"即把正在淘的米未及做饭提起来就走，边走边滤干，可见走得非常仓促。

据《史记·孔子世家》，孔子仅一次至齐，历时约两年左右。

鲁昭公二十八年（公元前514年），孔子三十八岁，在鲁。

鲁昭公三十年（公元前512年），孔子四十岁。孔子自称"四十不惑"，所谓不惑，盖指而立时确立的世界观、人生观已坚定不移。

鲁昭公三十二年（公元前510年），孔子四十二岁。冬，鲁昭公死于乾侯。季孙立昭公弟公子宋，是为定公。

鲁定公元年（公元前509年），孔子四十三岁。夏，昭公灵柩自乾侯归葬鲁，定公即位。

鲁定公四年（公元前506年），孔子四十六岁。孔子观鲁桓公庙宥坐之欹器，对弟子说："吾闻宥坐之器者，虚则欹，中则正，满则覆。"（《荀子·宥坐》）

鲁定公五年（公元前505年），孔子四十七岁。六月，季平子（季孙意如）卒。九月，其家臣阳虎（阳货）囚其子季桓子（季孙斯）而专鲁政。《左传·定公五年》："九月……乙亥，阳虎囚季桓子……"《史记·鲁世家》："定公五年，季平子卒。阳虎私怒，囚季桓子，与盟乃舍之。"《史记·孔子世家》："桓子嬖臣曰仲梁怀，与阳虎有隙，阳虎欲逐怀，公山不狃止之。其秋，怀益骄，阳虎执怀。桓子怒，阳虎因囚桓子，与盟而释之。阳虎由此益轻季氏。季氏亦僭于公室。陪臣执国政。"在这种政治局面下，阳货僭越礼制，野心膨胀，也想借助孔子的声望强化自己对鲁国的控制力。阳货多次想见孔子，都被婉拒，阳虎便趁孔子不在家时送去蒸熟了的小猪，等着孔子登门拜谢。当时的礼俗：大夫给士赠送礼物，如果士不在家未能亲受，则须到大夫家拜谢。《孟子·滕文公下》："大夫有赐于士，不得受于其家，则往拜其门。"孔子趁阳虎不在家时前去道谢，却不料在路上相遇。阳虎劝孔子出仕，孔子口头答应。鲁国政局很混乱，孔子不愿出仕，退而修《诗》《书》《礼》《乐》，集中精力研究学问，教授弟子。《史记·孔子世家》："定公五年，鲁自大夫以下皆僭离于正道。故孔子不仕，退而修《诗》《书》《礼》《乐》，弟子弥众，至自远方，莫不受业焉。"面对社会无道，孔子说："不义而富且贵，于我如浮云"，充分体现了他"无道则隐"的主张。

鲁定公六年（公元前504年），孔子四十八岁，季氏家臣阳虎擅权日重。

鲁定公七年（公元前503年），孔子四十九岁。二月，齐将郓、阳关二地归还鲁国，阳虎据为己有。

鲁定公八年（公元前502年），孔子五十岁。孔子自谓“五十而知天命”。知命不是认识和把握了规律，也不是对大道的把握，而恰恰相反，是指在仁道之外还有一种人力所不及、人力不能支配的领域。（《钱逊讲〈论语〉》）冬，阳虎欲去“三桓”，谋杀季氏未遂，鲁三家攻阳货，阳货随入讙阳关以叛。

公山不狃使人召孔子，孔子欲往，子路不说而未成行。（《论语·阳货》）

教授弟子

原文

子入太庙，每事问。或曰：“孰谓鄹人之子知礼乎？入太庙，每事问。”子闻之，曰：“是礼也。”（《八佾·15》）

译文

孔子进了周公庙，每件事都要向别人请教。有人说：“谁说鄹大夫的儿子懂礼呀，进了太庙，每件事都发问。”孔子听到这话，说：“这正是礼呀。”

语境

阎氏若璩《释地》谓：“鄹人之子，乃孔子少贱时之称。孔子年二十为委吏，二十一为乘田吏。委吏若《周官》委人，共祭祀之薪蒸木材。乘田吏若牛人，凡祭祀共其牛牲之互，与其盆簝以待事。羊人，凡祭祀，饰羔，割羊牲，登其首。”皆有职于太庙也。阎氏若璩《释地》引顾瑞屏说：“每事问，当在宿斋时。若正祭，雍雍肃肃，无容得每事问也。”（《论语正义》）

孔子二十一岁为乘田，畜蕃息，曰牛羊茁壮长而已矣。入助祭周公太庙，每事问。或曰“孰谓鄹人之子知礼乎？入太庙，每事问。”子闻之，曰：“是礼也。”（程复心《周孔子论语年谱》）

孔子初仕之年，虽无明据，然郯子之朝，孔子年二十八，为贫而仕，亦其时也，且能自通于国君，则非庶人可知。孔子之受职，盖前此矣。故次之于委吏乘田之后。入庙助祭，其位尊于委吏、乘田矣，以鄹人之子呼圣人，则非年之高、位之尊可知也。（《洙泗考信录》）

此盖孔子始仕之时，入而助祭也。孔子自少以知礼闻，故或人因此而讥之。（《论语集注》）

鲁昭公二十年孔子三十岁，孔子初入鲁太庙当在前。（钱穆《论语新解·孔

子年表》)

原文

入太庙，每事问。(《乡党·21》)

译文

孔子进入周公庙助祭，谨敬宗庙祭礼，每件事都要问到。

语境

孔子因助祭入太庙庙中，礼仪祭器虽知之，犹每事复问，慎之至也。(邢昺《疏》)

或云“此句烦重”。旧通云：“前是记孔子对或人之时，此是录平生常行之事。故两出也。”(《论语义疏》)

按语

“入太庙”两章并非重出，前章记孔子初仕入太庙助祭对或人之时，后章录平生常行之事。前章“或曰”发生在何时，按语境所引文献可知，在三十岁前初仕助祭时。有两种可能，一种是在二十一岁任乘田后，乘田吏之职就是放牧牛羊，此时的牛羊大多供祭祀之用，因此孔子有机会“入太庙”；另一种是二十七八岁时，是年郯子来朝，孔子见之并求问古官名，此时孔子能自通于国君说明已非庶人，应在乘田吏之上，从事助祭之役。“鄹人之子”之讥表明孔子未到年高位尊之时。孔子言行自有弟子后得以记述流传，据程复心《周孔子论语年谱》说，孔子二十二岁始教于阙里，颜路、曾点、琴张之徒往受学焉，也有人说孔子二十四岁时琴张从游。从“鄹人之子”看，事情发生在二十一二岁时似乎较合理。孔子以知礼闻世，对祭礼尤为虔诚谨慎，鲁祭太庙，用四代礼乐，多不经见，故孔子每事问之，既表示对先祖的谨敬而虚心学习，又有目睹僭礼而发出“这是礼吗”的诘问。

原文

子路曰：“君子尚勇乎?”子曰：“君子义以为上，君子有勇而无义为乱，小人有勇而无义为盗。”(《阳货·23》)

译文

子路说：“君子崇尚勇敢吧?”孔子答道：“君子最崇尚义，君子有勇无义就会犯上作乱，小人有勇无义就会成为盗贼。”

语境

胡氏曰："疑此子路初见孔子时问答也。"（《论语集注》）

仲由字子路，卞人也。少孔子九岁。子路性鄙，好勇力，志伉直，冠雄鸡，佩豭豚，陵暴孔子。孔子设礼稍诱子路，子路后儒服委质，因门人请为弟子。（《史记·仲尼弟子列传》）

《金楼子》：孔子游舍于山，使子路取水。逢虎于水，与战，揽尾得之，内于怀中，取水还。问孔子曰："上士杀虎如之何？"子曰："上士杀虎持虎头。""中士杀虎如之何？"子曰："中士杀虎持虎耳。"又问："下士杀虎如之何？"子曰："下士杀虎捉虎尾。"子路出尾弃之，复怀石盘，曰："夫子知虎在水而使我取水，是欲杀我也。"乃欲杀夫子。问："上士杀人如之何？"曰："用笔端。""中士杀人如之何？"曰："用语言。""下士杀人如之何？"曰："用石盘。"子路乃弃盘而去。按：《金楼子》所载未知出何书，六朝时古籍多今所未见，故录之以广异闻。张氏甄陶曰："此是子路初见夫子，鸡冠佩剑，豪气未除时语。《孔子家语》载子路初见孔子，拔剑而舞，有古之君子以剑自卫乎之问。夫子答以古君子忠以为质，仁以为卫云云。与此章问答相类。"胡氏之说，盖本于此。（《论语集释》）

子路有勇，意谓勇可崇尚，故问于夫子。（邢昺《疏》）

子路既有勇，常言勇可崇尚，故问于孔子：君子之人，常尚勇乎？袁氏曰："见世尚须勇，故谓可尚乎？"（《论语义疏》）

子路见孔子。孔子问曰："何好？"曰："好长剑。"子曰："以子之能加之以学，岂可及乎！"子路曰："学岂有益哉？"子曰："狂马不释策，操弓不反檠。木受绳则正，人受谏则圣。受学重问，孰不顺成？"子路曰："南山有竹，不揉自直，斩而用之，达于犀革，何学之为？"孔子曰："括而羽之，镞而砺之，其人不益深乎？"子路拜曰："敬受命。"（《孔子家语》）

楼语

孔子早期弟子比较知名的有颜路、曾点、子路等人。《论语》中，对颜路、曾点的记载各出现一次，均为后来之事。"颜路请子之车以为之椁"（《先进·8》）为鲁哀公十四年颜渊死时，孔子已七十一岁；"子路、曾皙、冉有、公西华侍坐"（《先进·26》），从同侍坐的冉有（少孔子二十九岁）、公西华（少孔子四十二岁）来看，显然是后来的事了。据《子路年谱》，子路十九岁入门，为孔子弟子。子路少孔子九岁，其时孔子二十八岁。子路初见孔子时衣冠粗野，陵暴孔子，《史记·仲尼弟子列传》只点到"设礼稍诱子路"而无具体内容，《金楼子》《孔子家语》所载可知孔子如何诱导子路使之儒服委质。“君子尚勇乎”通常译为“君子崇尚勇敢吗”，本书中译为“君子崇尚勇敢吧”，将疑问词“吗”换为“吧”。子路恃勇自傲，认为有勇就够君子了，此句虽是问句，但并非有疑而问，自我肯定之意已在其中，只是想得到孔子的证实，在此语境下，“吧”的语气更符合子路刚正率直的性格。

原文

子曰：“由！诲女知之乎？知之为知之，不知为不知，是知也。”（《为政·17》）

译文

孔子说：“由！教给你的懂了吗？懂就是懂，不懂就是不懂，这才是明智的。”

语境

《荀子》云：“子路盛服见孔子，孔子曰云云。子路趋而出，改服而入，盖犹若也。孔子曰：‘志之！吾语汝。奋于言者华，奋于行者伐，色知而有能者，小人也。故君子知之曰知之，不知曰不知，言之要也。能之曰能之，不能曰不能，行之至也。言要则知，行至则仁。既知且仁，夫恶有不足矣哉！’”据《荀子》，是此章所言在子路初见夫子时。（《论语正义》）

这段话是孔子在子路作为其弟子后不久说的。此《韩氏外传·卷三》所说：“为子路初改服入见时语。”（匡亚明《孔子评传》）

子路十九岁入门，为孔子弟子。（《子路年谱》）

孔子曰：“自吾得由而恶言不入于耳。”（《孔子家语》）

孔子以子路性刚，好以不知为知，故此抑之。（邢昺《论语注疏》）

言不可穿凿以为智。（《戴氏注论语小疏》）

原文

子谓子产，“有君子之道四焉：其行己也恭，其事上也敬，其养民也惠，其使民也义”。（《公冶长·16》）

译文

孔子评论子产有四项君子之道：他自己行为庄重，事奉君主恭敬，养育百姓有恩惠，役使百姓合法度。

语境

郑子产有疾，谓子大叔曰："我死，子必为政。唯有德者能以宽服民，其次莫如猛。夫火烈，民望而畏之，故鲜死焉。水懦弱，民狎而玩之，则多死焉。故宽难。"疾数月而卒。大叔为政，不忍猛而宽。郑国多盗，取人于萑苻之泽。大叔悔之，曰："吾早从夫子，不及此。"兴徒兵以攻萑苻之盗，尽杀之，盗少止。仲尼曰："善哉！政宽则民慢，慢则纠之以猛。猛则民残，残则施之以宽。宽以济猛，猛以济宽，政是以和。"及子产卒，仲尼闻之，出涕曰："古之遗爱也。"（《左传·昭公二十年》）

子产卒，孔子悲之，出涕曰："古之遗爱也。"子谓子产，"有君子之道四焉：其行己也恭，其事上也敬，其养民也惠，其使民也义"。（程复心《周孔子论语年谱》）

子产德能居位，合于道者有四，故夫子表之。（《论语正义》）

原文

子曰："为政以德，譬如北辰居其所而众星共之。"（《为政·1》）

译文

孔子说："国君以道德教化来治理国家，就像北极星那样，自己居于一定的方位而群星都环绕着它。"

语境

南宫敬叔请于鲁昭公，与孔子车一乘，马二匹，竖子侍御，与敬叔同至周。问礼于老聃，访乐于苌弘，历郊社之所，考明堂之则，察庙朝之度，于是喟然曰："吾乃今知周公之圣与周之所以兴也。"睹明堂四门之墉，有尧舜之容、桀纣之象，各有善恶之状，兴废之诫焉。又有周公相成王抱之负斧扆南面以朝诸侯之图焉。孔子徘徊望之，谓从者曰："此周公之所以盛也。"既而曰："为政以德，譬如北辰居其所而众星共之。"（程复心《周孔子论语年谱》）

北辰居天之中，正四时而众星共之；王者居明堂之中，顺四时播五德而天下归之。《春秋》以正次王，王次春，明王者为政，当法天也。疏释"以正次王，王次春"，指《春秋》一开篇之"元年春王正月"六字中，"正"字在"王"字后，"王"字在"春"字后。"王"系"春"后，则意味着"王"为得天命之"王"；"正"次于"王"，则谓唯有得"天"命之"王"，方有所谓的"正"（政教），故曰"王者为政，当法天也"。（《戴氏注论语小疏》）

德者无为，犹北辰之不移，而众星共之。宋氏翔凤《发微》云："明堂之治，王中无为，以守至正；上法璇玑，以齐七政。故曰政者，正也。王者，上承天之所为，下以正其所为，未有不以德为本。德者，不言之化，自然之治，以无为为之者也。”（《论语正义》）

原文

子曰：“古者言之不出，耻躬之不逮也。”（《里仁·22》）

译文

孔子说：“古人不轻易出言，他们以自己的行为跟不上为可耻。”

语境

南宫敬叔请于鲁昭公，与孔子车一乘……既而曰：“为政以德，譬如北辰居其所而众星共之。”又入后稷之庙堂，右阶之前有金人三缄其口而铭其背，孔子既读斯文，顾谓弟子曰：“行身如此，岂以口过虑哉？古者言之不出，耻躬之不逮也。”（程复心《周孔子论语年谱》）

《反身录》：古人尚行，故羞涩其言而不敢轻出。今人尚言，故鼓掉其舌而一味徒言。《论语传注》：人唯其不行也，是以轻言之。身之所行必及其言，则言自不轻出矣。言古者，以叹今之无耻也。（《论语集释》）

古之君子，以言教民，不如以身教民，故夏道不尚辞，而《春秋》用夏之忠以此。（《戴氏注论语小疏》）

言古者，以见今之不然。（《论语集注》）

《礼记·缁衣》记载孔子曰：“大人不倡游言。可言也不可行，君子弗言也；可行也不可言，君子弗行也。则民言不危行，而行不危言矣。”（《论语诠解》）

原文

子曰：“自行束脩以上，吾未尝无诲焉。”（《述而·7》）

译文

孔子说：“只要是拿着十条干肉以上的礼来拜我为师的，我从没有不教诲的。”

语境

孔子自周反鲁，道弥尊，弟子日进。曰：“自行束脩以上，吾未尝无诲焉。”（程复心《周孔子论语年谱》）

束脩，礼之薄者，谓十脡脯也。古者持束脩以为礼。然此是礼之薄者，其厚则有玉帛之属，故以“以上”以包之也。（《论语注疏》）

古者相见，必执物为贽。上则人君用玉，中则卿羔，大夫雁，士雉，下则庶人鹜，工商执鸡。其中或束脩壶酒一犬，悉不得无也。束脩最是贽之至轻者也。孔子言：人若能自施贽行束脩以上来见谒者，则我未尝不教诲之。（《论语义疏》）

“自行束脩以上，吾未尝无诲焉”，便是“有教无类”。（《论语译注》）

避乱适齐

原文

孔子谓季氏：“八佾舞于庭，是可忍也，孰不可忍也？”（《八佾·1》）

评文

孔子评论季氏：“他用周天子八佾的规格在自己家庙的庭中奏乐舞蹈，这样违礼的事都忍心做，还有什么事不忍心做呢？”

语境

《左传》昭公二十五年：“将禘于襄公，万者二人，其众万于季氏。”禘是大祭，万是舞名。业此舞者，是日，皆往季氏之私庙，而公家庙中舞者仅得两人。其时季孙氏骄纵无礼，心目中已更无君上，而昭公亦不能复忍。君臣起衅，昭公遂奔齐。孔子谓季氏：“八佾舞于庭，是可忍也，孰不可忍也？”（钱穆《孔子传》）

根据《左传》昭公二十五年的记载和《汉书·刘向传》，这季氏可能是指季平子，即季孙意如。据《韩诗外传》，似以为季康子，马融《注》则以为季桓子，恐皆不足信。（《论语译注》）

当时君臣不能以礼禁止，而遂安然忍之，所谓鲁以相忍为国者也。管氏同《四书纪闻》：“当其万也，臧孙曰：‘是之谓不能庸先君之庙。’大夫遂怨平子，君臣谋之，而乾侯之难作矣。夫昭公欲逐意如，诚可谓轻举而得祸，而其臣臧郈等之劝以逐者，皆为私也。然而季氏之恶，岂复可忍乎？谓昭公制之不得其道则可，谓季氏之恶可忍而不诛，则乱臣贼子无一而非可忍之人矣。而观《左氏》及《公羊》，则当时之人，率以意如为可忍，故孔子特发此言，宽弱主，罪逆臣，而深警当时之瞶瞶者。”按：管说是也。《后汉·荀爽》对策及魏高贵乡公、文钦、晋元帝、庐谌、庾亮等，凡声罪致讨，皆用此文说之，其意皆与《纪闻》合。鲁祭周公得有八佾，其群公之庙自是六佾。而《公羊传·昭二十五年》子家驹谓鲁僭八佾，此或昭公时所僭用于群庙矣。《汉书·刘向传》“季氏八佾舞于庭云云，卒逐昭公”，是季氏指平子。吴仁杰、管同说并合。此《注》以为桓子，意以平子既僭，桓子当亦用之。然此言于孔子未仕时可也，若孔子既仕，行乎季孙，此等僭制，必且革之。《韩诗外传》：“季氏为无道，僭天子，舞八佾，旅泰山，以《雍》彻。孔子曰：‘是可忍也，孰不可忍也?’然不亡者，以冉有、季路为宰臣也。”此以季氏为康子，与此马《注》以为桓子，皆是大略言之，不为据也。(《论语正义》)

马曰：“佾，列也。天子八佾，诸侯六，卿大夫四，士二。八人为列，八八六十四人。鲁以周公故受王者礼乐，有八佾之舞。季桓子僭于其家庙舞之，故孔子讥之。”(《论语集解》)

季氏，鲁卿，于时当桓子也。佾，列也。舞者八人为列，八八六十四人。桓子用此八佾舞于家庙之庭，故孔子评论而讥之。人之僭礼，皆当罪责，不可容忍。季氏以陪臣而僭天子，最难容忍。云“天子八佾，诸侯六，大夫四，士二”者，隐五年《左传》文也。云“八人为列，八八六十四人”者，杜预、何休说如此。其诸侯用六者，六六三十六人。大夫四，四四十六人。士二，二二四人。服虔以用六为六八四十八人，大夫四为四八三十二人，士二为二八十六人。云“鲁以周公之故受王者礼乐，有八佾之舞”者，此释季氏所以得僭之由，由鲁得用之也。案《礼记·祭统》云：“昔者，周公旦有勋劳于天下，成王、康王赐之以重祭，朱干玉戚以舞《大武》，八佾以舞《大夏》。此天子之乐也，重周公，故以赐鲁。”又《明堂位》曰：“命鲁公世世祀周公以天子之礼乐。”是受王者礼乐也。然王者礼乐唯得于文王、周公庙用之，若用之他庙，亦为僭也，故昭二十五年《公羊传》称昭公谓子家驹曰：“吾何僭哉?”答曰：“朱干玉戚以舞《大夏》，八佾以舞《大武》，此皆天子之礼也。”是昭公之时，僭用他庙也。云“季桓子僭于家庙舞之，故孔子讥之”者，案《经》但云季氏，知是桓子者，以孔子与桓子同时，亲见其事而讥之，故知桓子也。何休云：“僭，齐也，下效上之辞。”季氏，陪臣也，而效君于上，故云僭也。大夫称家。《祭法》：“大夫三庙。”此《经》又言“于庭”。鲁之用乐，见于经传者，皆据庙中祭祀时，知此亦僭于其家庙舞之，故孔子讥之也。(邢昺《疏》)

季氏以大夫而僭用天子之乐，孔子言其此事尚忍为之，则何事不可忍为。盖深疾之之辞。范氏曰：“乐舞之数，自上而下，降杀以两而已，故两之间，不可以毫发僭差也。孔子为政，先正礼乐，则季氏之罪不容诛矣。”谢氏曰：“君子与其所不当为不敢须臾处，不忍故也。而季氏忍此矣，则虽弑父与君，亦何所惮而不为乎?”(《论语集注》)

原文

三家者以《雍》彻。子曰："'相维辟公，天子穆穆'，奚取于三家之堂？"（《八佾·2》）

译文

孟孙、叔孙、季孙三家祭祖完毕后唱着《雍》诗撤除祭品。孔子说："《雍》诗里说'诸侯前来助祭，天子端庄肃穆'，天子之礼怎么能用在三家大夫的庙堂？"

语境

贾《疏》："天子礼乐特赐周公，鲁唯文王庙、周公庙用之，若用于他庙则僭。"据此章推之，春秋时，鲁祭他庙必尝用《雍》彻，故三家祀桓公亦用之。刘氏《正义》：三家皆桓族，季氏假别子为宗之义，立桓庙于家，而令孟孙、叔孙宗之。《四书剩言》：《论语》八佾舞于庭，又曰《雍》彻于三家之堂，以庙即是堂，堂前有庭。歌在堂上，舞在堂下也。（《论语集释》）

马曰："三家，谓仲孙、叔孙、季孙。《雍》，《周颂·臣工》篇名。天子祭于宗庙，歌之以彻祭。今三家亦作此乐。"《雍》篇歌此者，有诸侯及二王之后来助祭故也。今三家但家臣而已，何取此义而作之于堂邪？"（《论语集解》）

"三家者以《雍》彻"者，此弟子之言，将论夫子所讥之语，故先设此文以为首引。三孙同是鲁桓公之后。桓公适子庄公为君，庶子公子庆父、公子叔牙、公子季友。仲孙是庆父之后，叔孙是叔牙之后，季孙是季友之后。其后子孙皆以其仲、叔、季为氏，故有此氏。并是桓公子孙，故俱称孙也。至仲孙氏后世改仲曰孟。孟者，庶长之称也。言己是庶，不敢与庄公为伯仲叔季之次，故取庶长为始也。鲁用天子礼乐以《雍》彻，由是三家僭之也。（邢昺《疏》）

天子宗庙之祭，则歌《雍》以彻，是时三家僭而用之。此《雍》诗之辞，孔子引之，言三家之堂非有此事，亦何取于此义而歌之乎？讥其无知妄作，以取僭窃之罪。（《论语集注》）

天子祭于宗庙，歌之以彻祭，今三家亦作此乐。《雍篇》歌此者，有诸侯及二王之后来助祭故也。今三家但家臣而已，何取此义而作之于堂耶？三家皆桓族，季氏假别子为宗之义，立桓庙于家，而令孟孙、叔孙宗之，故以氏族言，则称三家。以三家分三氏而统为桓族故也。此成王祭文王彻馔时所歌诗。（《论语正义》）

原文

子曰："人而不仁，如礼何？人而不仁，如乐何？"（《八佾·3》）

译文

孔子说："一个人没有仁心，怎么能正确对待礼呢？一个人没有仁心，怎么能正确对待乐呢？"

语境

记者序此于八佾、《雍》彻之后，疑其为僭礼乐者发也。（《论语集注》）

季氏三家僭滥王者礼乐，其既不仁，则奈此礼乐何乎？（《论语义疏》）

《汉书·翟方进传》引此文说之云："当夫子时，礼乐征伐自大夫出，而僭窃相仍，习非胜是，欲不崩坏，不可得矣。"其为有为而发无疑。"（《论语集释》）

言此以叹鲁君臣也。鲁自文公始坏礼制。经书"公子遂如齐纳币"，以丧娶；"四不视朔"，废臣礼；"作僖公主"，失礼于鬼神；"大事于大庙，跻僖公"，乱昭穆之序。无祖无天而行，以起季氏之僭，故曰："人而不仁，如礼何""如乐何"，无所施用礼乐也。（《戴氏注论语小疏》）

原文

子曰："能以礼让为国乎？何有？不能以礼让为国，如礼何？"（《里仁·13》）

译文

孔子说："能用礼让来治理国家吗？那处理国事还有什么困难？如果不能用礼让来治理国家，那怎么能正确对待礼呢？"

语境

孔子三十五岁，季平子僭。孔子谓季氏"八佾舞于庭""三家者以《雍》彻"，又曰"人而不仁如礼何"，又曰"能以礼让为国乎？何有？不能以礼让为国，如礼何？"（程复心《周孔子论语年谱》）

《四书训义》：国之所与立者，礼也。礼之所自生者，让也。无礼则上下不辨，民志不定，而争乱作，亦终不足以保其国矣。盖合一国为一心，则运之不劳。而欲合一国之心，则唯退以自处，而可容余地以让人，此先王制礼之精意，感人心于和平，而奠万国于久安长治之本，言治者其可忽乎？（《论语集释》）

让者，礼之实也。言有礼之实以为国，则何难之有，不然，则其礼文虽具，亦且无如之何矣，而况于为国乎？（《论语集注》）

孔子论礼让治国是古之传统，从而叹今世无道无礼。本章可能有脱漏。《后汉书·刘般传》记贾逵上书曰：“孔子称能以礼让为国，于从政乎何有？”《列女传》记曹世叔妻上疏曰：“《论语》曰：‘能以礼让为国，于从政乎何有？’”毛奇龄指出：“汉时《论语》必有多‘于从政’三字者，且于本文较明白。”（《论语诠解》引程树德：《论语集释·考异》）

《春秋》拨乱之教，以让为首，故托隐公以为始受命王，而贤季子使吴得有君有大夫，天下莫不乱于争而治于让。疏释：季子，吴国公子札，吴王寿梦之少子。按照《公羊传》说法：“谒也、余祭也、夷昧也，与季子同母者四。季子弱而才，兄弟皆爱之，同欲立之以为君。”于是，季子的三位兄长相约君位不传子而传弟，并且轻身犯死，以期能最终传位于季札。但夷昧死后，本当传国于季子，季子不受而避让他乡，遂由吴王僚继位。公子光不服，使专诸刺杀僚，并致国乎季子，季子又不受，曰：“尔杀吾君，吾受尔国，是吾与尔为篡也。尔杀吾兄，吾又杀尔，是父子兄弟相杀，终身无已也。”于是去之延陵，世称延陵季子。也正因为如此，《公羊传》以季子之能让国而贤季子。（《戴氏注论语小疏》）

原文

子曰：“奢则不孙，俭则固。与其不孙也，宁固。”（《述而·36》）

译文

孔子说：“礼，奢华了就不恭顺，节俭了就简陋。与其不恭顺，宁可简陋。”

语境

《集注》：奢俭俱失中，而奢之害大。晁氏曰：“不得已而救时之弊也。”《此木轩四书说》：圣人意在恶不孙，《注》言救时之弊者，当时如舞佾歌《雍》皆不孙之事也。（《论语集释》）

当时行礼过奢，失恭让之道，故言无宁过俭，以矫文家之敝。（《戴氏注论语小疏》）

礼贵得中，奢则过礼，而有僭上之失。俭但不及乎礼，无他失也。（《论语正义》）

楼语

当时就有人认为儒家过分讲究礼容，甚至不惜倾家荡产，齐国宰相晏婴就对齐景公说过，儒者“崇丧遂哀，破产厚葬”，用今天的话来说就是他们“重视丧事，竭尽哀情，为了葬礼隆重而不惜倾家荡产”，其实这是对儒家文化的曲解，礼贵得中，这个“中”确实难以把握时，就要“与其不孙也，宁固”，孔子在回答林放问礼时也说过同样的话：“礼，与其奢也，宁俭；丧，与其易也，宁戚。”（《八佾·4》）孔子最得意的弟子颜回死后，其父颜路和弟子们要厚葬，孔子不同意，因为颜回是士，按照士丧礼的规定就是有棺无椁，孔鲤也是这样，这是遵守礼制；再说，颜回家贫，孔子不主张做超出自己经济能力的事。

现在，有些地方的婚丧嫁娶，认为宁可奢华些也别简陋了，与儒家倡导的“与其不孙也，宁固”正相反。

原文

子在齐闻《韶》，三月不知肉味，曰：“不图为乐之至于斯也。”（《述而·14》）

译文

孔子在齐国听到了美妙的《韶》乐而醉心于学习，竟很长时间感觉不出肉的香味，后来他说：“没想到学习美乐能使人这样。”

语境

孔子年三十五。孔子适齐，为高昭子家臣，欲以通乎景公。与齐太师语乐，闻《韶》音，学之，三月不知肉味，齐人称之。（《史记·孔子世家》）

《汉书·礼乐志》：春秋时，陈公子完奔齐。陈，舜之后，《招》乐存焉，故孔子适齐闻《招》。江氏《孔子年谱》：昭公二十五年奔齐，鲁乱。孔子三十六岁适齐，则闻《韶》当在是时也。《说苑·修文篇》：“孔子至齐郭门之外，遇一婴儿挈一壶，相与俱行，其视精，其心正，其行端。”孔子谓御曰：“趣驱之！趣驱之！”《韶》音方作。孔子至彼，闻《韶》，三月不知肉味。故乐非独以自乐也，又以乐人；非独以自正也，又以正人。大矣哉！为此乐者，不图为乐至于此。《论语集说》：舜之后为陈，自陈敬仲奔齐，其后久专齐政。至景公时，陈氏代齐之形已成矣。夫子在齐闻《韶》，三月不知肉味，盖忧感之深也。《韶》本揖逊之乐，今乃至于齐之国，其殆伤今思古，故发为此叹与？（《论语集释》）

孔子至齐，闻齐君奏于《韶》乐之盛，而心为痛伤，故口忘完味，至于一时乃止也。三月，一时也。何以然也？齐是无道之君，而滥奏圣王之乐，器存人乖，所以可伤慨也。范宁曰：“夫《韶》乃大虞尽善之乐，齐，诸侯

也，何得有之乎？曰：陈，舜之后也。乐在陈，陈敬仲窃以奔齐，故得僭之也。”（《论语义疏》）

原文

齐景公问政于孔子。孔子对曰：“君君，臣臣，父父，子子。”公曰：“善哉！信如君不君，臣不臣，父不父，子不子，虽有粟，吾得而食诸？”（《颜渊·11》）

译文

齐景公向孔子问为政之道。孔子说：“君要有君的礼，臣要有臣的忠，父要有父的慈，子要有子的孝。”齐景公说：“好啊！如果君不能尽君道，臣不能尽臣道，父不能尽父道，子不能尽子道，即使粮食再多，我能吃得到吗？”

语境

鲁昭公末年，孔子适齐。是时景公失政，而大夫陈氏厚施于国，景公又多内嬖，而不立太子，其君臣父子之间皆失其道，故夫子告之以此。（《论语集注》）

于时齐弱，为其臣陈恒所制，景公患之，故问政方法于孔子也。后陈恒杀齐君是也。（《论语义疏》）

齐景公名杵臼，庄公弟，景谥。夫子以昭公孙齐之年至齐，当景公之三十年。时陈僖子乞专齐，厚施于民，景公弗能禁，又宠少子舍而逐公子阳生，上下无等，宗孽无别，故以此对。（《戴氏注论语小疏》）

颜师古《汉书·武五子传》言：“父子、君臣之道不立，则国必危亡。食廪虽多，吾不得食也。”即此《注》“将危”之意。陈氏至太公和迁齐康公海上，自立为齐侯，是陈氏灭齐也。景公时，其兆已现。（《论语正义》）

孔子强调以礼作为君臣之间，以及父子、兄弟、朋友之间的社会政治关系的准则。如君臣之间要以礼相待，“君使臣以礼，臣事君以忠”。（《论语·八佾》）儒家重视对不同的社会政治伦理关系提出不同的道德要求和规范，如《大学》所言“为人君，止于仁；为人臣，止于敬；为人子，止于孝；为人父，止于慈；与国人交，止于信”。《中庸》还特别标举五种关系为“天下之达道也”。（《论语诠解》）

原文

子曰：“年四十而见恶焉，其终也已。”（《阳货·26》）

译文

孔子说："到了四十岁还被人谗毁，我这一生也就完了。"

语境

（俞樾）《群经平议》：此文云年四十，则为据实之言，非泛论也。窃谓此章乃夫子自叹也。《说文·言部》："詛，相毁也。"古每叚恶为之。据《史记·孔子世家》，孔子年三十五适齐，为高昭子家臣，以通乎景公。公欲封以尼谿之田，晏婴不可。孔子斯言，殆因此而发。是时孔子之年故不可考。《历聘纪年》谓留齐七年，则尼谿之沮或适值四十矣。其终也已，犹云吾已矣夫，终与已其义同。盖孔子先是在鲁，不过为委吏，为乘田，未得一行其道，及是景公欲用之，是亦行道之兆也，乃为晏婴所谗毁而止，道之不行，于此征之矣，故发此叹耳。按：《集解》《集注》于此章皆作对人言，不知所指，俞氏改为对己言，说虽创而实有依据，盖即"甚矣吾衰也"之意，较旧说为胜。（《论语集释》）

读语

孔子在齐国与齐景公论政后，齐景公深表赞许并要封地于孔子，没想到重臣晏婴向齐景公说了坏话，孔子此时年近四十，说话时的心境与晚年"吾道穷矣""甚矣吾衰也"的感慨相近，意在感叹道之不行。此说说的是自己，而不是泛指别人，这样的解读与孔子自责内省的品德更加贴近。之所以说四十，只是说个大致整数，类似于"《诗三百》""三十而立""四十而不惑""五十而知天命"的古时惯常用法。

原文

齐景公待孔子曰："若季氏，则吾不能；以季、孟之间待之。"曰："吾老矣，不能用也。"孔子行。（《微子·3》）

译文

齐景公讲到怎样对待孔子时说："像鲁国的季氏那样用你，我做不到；可用介于季氏、孟氏之间的待遇用你。"后来又私下说："我已老了，不能用他了。"孔子也就离开了齐国。

语境

鲁三卿，季氏为上卿，最贵；孟氏为下卿，不用事。景公言，我待孔子以上卿之位，若鲁季氏，则不能，以其有田氏专政故也。又不可使其位卑，若鲁孟氏。故欲待之以季、孟二者之间。时景公为臣下所制，虽说孔子之道，而终不能用，故托云圣道难成，吾老不能用也。孔子去齐而归鲁也。按《世家》云："鲁昭公奔齐。顷之，鲁乱。孔子适齐。景公数问政。景公说，将以尼谿田封孔子。晏婴谏而止之。异日，景公止孔子曰：'奉子以季氏，吾不能。以季、孟之间待之。'齐大夫欲害孔子，孔子闻之。景公曰：'吾老矣，弗能用也。'孔子遂行，反乎鲁。"是其事也。（邢昺《疏》）

其事在孔子三十五岁之后，四十二岁之前。孔子在齐，为景公三十三年，时年已六十，故称老。（《论语正义》）

孔子往齐，而景公初欲处待孔子，共为政化也。景公慕圣不笃，初虽欲待，而末又生悔，发此言也。（《论语义疏》）

然此言必非面语孔子，盖自以告其臣，而孔子闻之尔。（《论语集注》）

原文

子谓公冶长："可妻也。虽在缧绁之中，非其罪也。"以其子妻之。（《公冶长·1》）

译文

孔子评论公冶长："可以把女儿嫁给这样的人。他虽然曾被关在牢狱里，但并不是他的罪过。"便把自己的女儿嫁给了他。

语境

孔子三十九岁、四十岁、四十一岁、四十二岁皆在齐，留七年，齐人高柴、公冶长从游。孔子谓公冶长："可妻也。虽在缧绁之中，非其罪也。"以其子妻之。（程复心《周孔子论语年谱》）

此章明时无明君，贤人获罪者也。孔子欲以女嫁之，故先评论云谓"可妻也"。冶长贤人，于时经枉滥，在缧绁之中，虽然，实其非罪也。评之既竟，而遂以女嫁之也。范宁曰："公冶行正获罪，罪非其罪，孔子以女妻之，将以大明衰世用刑之枉滥，劝将来实守正之人也。"（《论语义疏》）

古狱以黑索拘挛罪人。于时冶长以枉滥被系，故孔子论之曰："虽在缧绁之中，实非其冶长之罪也。"论竟，遂以其女子妻之也。（邢昺《疏》）

《大戴礼·保传》云："谨为子女娶妻嫁人，必择孝悌世世有行义者。"故此辨其非罪。及论南容，亦称其德行，示当谨择士也。（《论语正义》）

楼语

孔子在齐几年？说法不一。司马迁《史记》说约两年左右；程复心《周孔子论语年谱》、刘宝楠《论语正义》说七年；江永《乡党图考》说一年。所述各据其说，故此。

自齐返鲁

原文

鲁人为长府。闵子骞曰："仍旧贯，如之何？何必改作？"子曰："夫人不言，言必有中。"（《先进·14》）

译文

鲁三家要改建长府。闵子骞说："照老样子，怎么样？为什么一定要改变原样呢？"孔子说："这人轻易不说，既然说就一定中肯。"

语境

鲁人指三家。昭公居长府以攻季氏，三家共逐公，逊于齐。三家欲改作长府，当在昭公卒后定哀之际。盖鲁人之见长府，犹如见昭公，故三家欲改作之以毁其迹。闵子当时无谏诤之责，乃以微言讽之，长府之旧贯尚当仍，况君臣之旧贯乎。故孔子深赏其言。按：闵子少孔子十五岁，生于昭公之六年，昭公见逐，闵子止二十岁。《左传》定公元年，昭公之丧至自乾侯，季孙使役如阚公氏，将沟焉，是其余怒未息也。若欲改作长府在其时，则闵子已二十八岁矣（笔者注：鲁定公二年，前508年），于情事为合。（《论语新解》）

子骞见鲁人劳民改作长府，而为此辞。（邢昺《疏》）

原文

陈亢问于伯鱼曰："子亦有异闻乎？"对曰："未也。尝独立，鲤趋而过庭。曰：'学《诗》乎？'对曰：'未也。''不学《诗》，无以言。'鲤退而学《诗》。他日，又独立，鲤趋而过庭。曰：'学礼乎？'对曰：'未也。''不学礼，无以立。'鲤退而学礼。闻斯二者。"陈亢退而喜曰："问一得三，闻《诗》，闻礼，又闻君子之远其子也。"（《季氏·13》）

译文

陈亢问伯鱼："你在老师那里听到过什么与众不同的教诲吗？"

伯鱼回答说："没有呀。他曾经一个人站在堂上，我快步从庭院走过。他问：'学《诗》了吗？'我回答说：'没有。'他说：'不学《诗》就不知道怎么说话。'我回去就学《诗》。又有一天，他又一个人站在堂上，我快步从庭院走过。他问：'学礼了吗？'我回答说：'没有。'他说：'不学礼就不懂得怎样立身。’我回去就学礼。只听到这两件事。”陈亢回去高兴地说：“我问一个问题，却得到了三点收获，知道了学《诗》的意义，知道了学礼的意义，还知道了君子不偏爱自己的儿子。”

语境

伯鱼，孔子之子，鲤也。弟子陈亢以为伯鱼是孔子之子，所闻当有异于余人，故问之。（邢昺《疏》）

陈亢，即子禽也。伯鱼，即鲤也。亢言伯鱼是孔子之子，孔子或私教伯鱼，有异门徒闻，故云子亦有异闻不也。（《论语义疏》）

原文

子谓伯鱼曰：“女为《周南》《召南》矣乎？人而不为《周南》《召南》，其犹正墙面而立也与？”（《阳货·10》）

译文

孔子对伯鱼说：“你学习《周南》《召南》了吗？一个人如果不学习《周南》《召南》，那就像脸面正对着墙壁站立吧？”

语境

刘氏《正义》：《二南》之诗，用于乡人，用于邦国。当时乡乐未废，故夫子令伯鱼习之。窃又意《二南》皆言夫妇之道，为王化之始。故君子反身必先修诸己，而后可刑于寡妻，至于兄弟，以御于家邦。时或伯鱼授室，故夫子特举《二南》以训之与？《论语述要》：此章即夫子告伯鱼善处夫妇之意。《周南》十一篇，言夫妇男女者九；《召南》十五篇，言夫妇男女者十一，皆无淫荡狎亵之私，而有肃穆庄敬之德；无乖离伤义之苦，而有敦笃深挚之情，夫妇道德之盛极矣。匡氏衡曰：“夫妇者，人伦之始，万福之原。”《中庸》亦曰：“君子之道，造端乎夫妇。”此处一失其道，即无以为推行一切之本。子所以又曰：“不为《周南》《召南》，犹正墙面而立。”伯鱼出妻，意当日夫妇之间必有苦痛不可言者，子特指《二南》为训，其有意乎？（《论语集释》）

然此问即是伯鱼趋过庭，孔子问之学《诗》乎时也。《周》《召》二《南》既多所含载，读之则多识草木鸟兽，及可事君亲，故若不学《诗》者，则如人面正向墙而倚立，终无所瞻见也。然此语亦是伯鱼过庭时，对曰“未学《诗》”，而孔子云“不学《诗》无以言”也。（《论语义疏》）

正墙面而立，言即其至近之地，而一物无所见，一步不可行。（《论语集注》）

原文

子曰："礼云礼云，玉帛云乎哉？乐云乐云，钟鼓云乎哉？"（《阳货·11》）

译文

孔子说："礼呀礼呀，仅指玉帛等礼物而言吗？乐呀乐呀，仅指钟鼓等乐器而言吗？"

语境

《笔解》韩曰："此连上文，训伯鱼之词也。马、郑但言礼乐，大略其精微。"李曰："虑伯鱼但习《二南》，多知虫鱼鸟兽而已，不达旦、奭分治邦家之本也；但习玉帛钟鼓而已，不达《雅》《颂》形容君臣之美也。有以知《诗》者礼乐之文，玉帛钟鼓礼乐之器，兼通即得礼乐之道。"（《论语集释》）

夫礼所贵，在安上治民，但安上治民不因于玉帛而不达，故行礼必用玉帛耳。当乎周季末之君，唯知崇尚玉帛，而不能安上治民，故孔子叹之云也。乐之所贵，在移风易俗，因于钟鼓而宜，故行乐必假钟鼓耳。当浇季之主，唯知崇尚钟鼓，而不能移风易俗，孔子重言"乐云乐云，钟鼓云乎哉"，明乐之所云不在钟鼓也。王弼云："礼以敬为主，玉帛者，敬之用饰。乐主于和，钟鼓者，乐之器也。于时所谓礼乐者，厚贽币而所简于敬，盛钟鼓而不和《雅》《颂》，故正言其义也。"（《论语义疏》）

原文

子曰："君子食无求饱，居无求安，敏于事而慎于言，就有道而正焉，可谓好学也已。"（《学而·14》）

译文

孔子说："君子，饮食不贪图饱足，居住不贪图安逸，工作勤快而说话谨慎，又能到有道德的人那里去辨正自己的是非，可以说这就叫好学了。"

语境

孔子四十三岁，定公元年，季平子强僭，阳货专政，孔子不仕，退修《诗》《书》礼乐，以教弟子，弟子弥众，生自远方，莫不受业。如卫人端木赐，秦人石作蜀，陈人公良孺，蔡人漆雕开，以及商瞿、梁鳣、巫马施、冉雍、冉求皆及门，迁入洙泗设教杏坛，子曰："君子食无求饱，居无求安，敏于事而慎于言，就有道而正焉，可谓好学也已。"（程复心《周孔子论语年谱》）

此章述好学之事。言学者之志，乐道忘饥，故不暇求其安饱也。（邢昺《疏》）

此章言君子当安贫力学也。《礼记·礼器》云："有以少为贵者，天子一食，诸侯再，大夫士三，庶人食力无数。"《注》："一食、再食、三食，谓告饱也。食力，谓工商农也。"无求饱，无求安，若颜子一箪食，一瓢饮，在陋巷不改其乐者也。邢《疏》："言学业有所未觉，当就有道德之人，正定其是之与非。"（《论语正义》）

既所慕在形骸之内，故无暇复在形骸之外，所以不求安饱也。郑玄曰："学者之志，有所不暇也。"以下三句，是不饱不安所为之事也。疾于所学之行也，所学之言，当慎传说之也。若学之言行心有疑昧，则往就有道德之人决正之也。（《论语义疏》）

原文

孔子曰："天下有道，则礼乐征伐自天子出；天下无道，则礼乐征伐自诸侯出。自诸侯出，盖十世希不失矣；自大夫出，五世希不失矣；陪臣执国命，三世希不失矣。天下有道，则政不在大夫。天下有道，则庶人不议。"（《季氏·2》）

译文

孔子说："天下政治清明，制作礼乐和出兵打仗都由天子决定；天下政治黑暗，制作礼乐和出兵打仗都由诸侯决定。由诸侯决定，大概传到十代很少有不垮台的；由大夫决定，传到五代很少有不垮台的；卿、大夫的家臣把持国家政权，传到三代很少有不垮台的。天下政治清明，国家政权就不会落在大夫手中。天下政治清明，老百姓就不会对国事议论纷纷。"

语境

孔子曰："天下有道，则礼乐征伐自天子出；天下无道，则礼乐征伐自诸侯出。自诸侯出，盖十世希不失矣。"孔曰："希，少也。周幽王为犬戎所杀，平王东迁，周始微弱。诸侯自作礼乐，专行征伐，始于隐公。至昭公十世失政，死于乾侯矣。""自大夫出，五世希不失矣。"孔曰："季文子初得政，至桓子五世，为家臣阳虎所囚。""陪臣执国命，三世希不失矣。"马曰："陪，重也。谓家臣。阳虎为季氏家臣，至虎三世而出奔齐。""季文子初得政，至桓子五世"者，谓文子、武子、悼子、平子、桓子为五世也。云"为家臣阳虎所囚"者，定五年《左传》云"九月乙亥，阳虎囚季桓子及公父文伯"是也。鲁伐阳虎，阳虎出奔齐，在定九年。（《论语注疏》）

孔安国曰："周幽王为犬戎所杀，平王东迁，周始衰微。诸侯自作礼乐，专行征伐，始于隐公，至昭公，十世失政，死乾侯。"十世者：隐、桓、庄、闵、僖、文、宣、成、襄、昭。（《论语义疏》）

孔子这一段话可能是从考察历史，尤其是当日时事所得出的结论。"自天子出"，孔子认位尧、舜、禹、汤以及西周都是如此的；"天下无道"则自齐桓公以后，周天子已无发号施令的力量了。齐自桓公称霸，历孝公、昭公、懿公、惠公、顷公、灵公、庄公、景公、悼公、简公十公，至简公而为陈恒所杀，孔子亲身见之；晋自文公称霸，历襄公、灵公、成公、景公、厉公、平公、昭公、顷公九公，六卿专权，也是孔子所亲见的。鲁国，从隐公开始，经桓、庄、闵、僖、文、宣、成、襄、到昭公，十世矣。所以说："十世希不失。"鲁自季友专政，历文子、武子、平子、桓子而为阳虎所执，更是孔子所亲见的。所以说"五世希不失"。至于鲁季氏家臣南蒯、公山弗扰、阳虎之流都当身而败，不曾到过三世。当时各国家臣有专政的，孔子言"三世希不失"，盖宽言之。这也是历史演变的必然，愈近变动时代，权力再分配的斗争，一定愈加激烈。（《论语译注》）

原文

孔子曰："禄之去公室五世矣，政逮于大夫四世矣，故夫三桓之子孙微矣。"（《季氏·3》）

译文

孔子说："国家政权离开鲁君已经五代了，政权落到大夫季氏手里已经四代了，现在出现了陪臣执国命，所以桓公的三房子孙也衰微了。"

语境

郑曰："言此之时，鲁定公之初。鲁自东门襄仲杀文公之子赤而立宣公，于是政在大夫，爵禄不从君出，至定公为五世矣。"鲁公室微弱，政在大夫也。（《论语注疏》）

此章专论鲁事，疑与前章皆定公时语。苏氏曰："礼乐征伐自诸侯出，宜诸侯之强也，而鲁以失政。政逮于大夫，宜大夫之强也，而三桓以微。何也？强生于安，安生于上下之分定。今诸侯大夫皆陵其上，则无以令其下矣，故皆不久而失之也。"（《论语集注》）

言此者在定公之初年。鲁自文公失道，威福下移，至昭公出奔，为五世。（《戴氏注论语小疏》）

于时孔子见其数将尔，知季氏必亡，故发斯言也。季文子初得政，至武子、悼子、平子四世，是孔子时所见，故云四世。大夫执政五世必失，而季氏已四世，故三桓子孙转以弱也。初三家皆豪滥，至尔时并衰，故云“微”也。(《论语义疏》)

原文

阳货欲见孔子，孔子不见，归孔子豚。孔子时其亡也，而往拜之。遇诸涂。谓孔子曰：“来！予与尔言。”曰：“怀其宝而迷其邦，可谓仁乎?”曰：“不可。好从事而亟失时，可谓知乎?”曰：“不可。日月逝矣，岁不我与。”孔子曰：“诺；吾将仕矣。”(《阳货·1》)

译文

阳货想让孔子来见他，孔子不愿见，阳货便给孔子送来一只熟小猪，指望孔子按礼节能来家拜谢。孔子打听到阳货不在家时去拜谢。两人却在路上遇见了。阳货对孔子说：“来！我有话跟你说。”阳货骂道：“你身藏道德宝货而听任国家迷乱失道，可以说是仁吗？不可以。喜欢参与政事而又屡次错过机会，可以说是智吗？不可以。时光流逝，年岁是不等人的。”孔子说：“好吧，我打算做官了。”

语境

孔子初适周返鲁，既又适齐返鲁，是栖栖也。阳虎于定八年冬叛鲁，孔子年五十一。此语在未叛鲁前，时孔子年亦近五十，始衰，得称老矣。(《论语正义》)

此事究在何时，不可知。但应在定公五年后。(钱穆《孔子传》)

孔曰：“阳货，阳虎也。季氏家臣，而专鲁国之政，欲见孔子，使仕。”(《论语集解》)

阳货者，季氏家臣阳虎也。于时季氏稍微，阳货为季氏宰，专鲁国政，欲使孔子仕己，故使人召孔子，欲与孔子相见也。孔子恶其专滥，故不与之相见也。既召孔子，孔子不与相见，故又遣人饷孔子豚也。礼，得敌己以下饷，但于己家拜饷而已。胜己以上见饷，先既拜于己家，明日又往饷者之室也。阳货乃不胜孔子。然己交专鲁政，期度孔子必来拜谢己，因得与相见也，得相见而劝之欲仕也。“怀其宝”句，此骂孔子不仁也。“好从事”句，此亦骂孔子不智也。(《论语义疏》)

原文

子曰：“邦有道，危言危行；邦无道，危行言孙。”(《宪问·3》)

评文

孔子说："国家政治清明，要言行正直；国家政治昏暗，行为仍要正直，但说话要谦顺。"

语境

君若有道，必以正理处人，故民以可得严厉其言行也。君若无道，必以非理罪人，故民下所行乃严厉不同乱俗，而言不可厉，厉必获罪，当逊顺随时也。江熙云："仁者岂以岁寒污贞松之高志？于言语可以免害，志知愈深。孔子曰：'诺，吾将仕矣。'此皆逊辞以远害也。"（《论语义疏》）

郑《注》云："危犹高也。据时高言高行者皆见危，故以为谕也。"《荀子·臣道篇》："迫胁于乱时，穷居于暴国，而无所避之，则崇其美，扬其善，违其恶，隐其败，言其所长，不称其所短，以为成俗。"《繁露·楚庄王篇》："义不讪上，智不危身，故远者以义讳，近者以智畏。畏与义兼，则世逾近而言逾谨矣。此定、哀之所以微其辞，以故用则天下平，不用则安其身，《春秋》之道也。"（《论语正义》）

原文

子曰："饭疏食饮水，曲肱而枕之，乐亦在其中矣。不义而富且贵，于我如浮云。"（《述而·16》）

评文

孔子说："吃粗粮，喝冷水，弯着胳膊当枕头，尽管艰苦，快乐也在其中。用不正当的手段得来的富贵，对我来说就像天上的浮云。"

语境

鲁定公五年，阳虎欲见孔子。阳虎劝孔子出仕，孔子口头答应，但终不仕，退而修《诗》《书》《礼》《乐》，以教弟子。孔子说："不义而富且贵，于我如浮云。"（匡亚明《孔子评传·孔子年谱》）

疏，粗也。粗食，稷食。庶人无禄者以稷为主。（《戴氏注论语小疏》）

"无禄者稷馈。"卢辩注："庶人无常牲，故以稷为主。"（《大戴礼记·曾子天圆》）

刘氏逢禄《述何篇》："此因上章而类记之。不义之富贵，不特蒯聩与辄也，即石曼姑之受命于灵公，皆不义也。"（《论语正义》）

原文

子曰：“富而可求也，虽执鞭之士，吾亦为之。如不可求，从吾所好。”（《述而·12》）

译文

孔子说：“财富如果能求得，即使是市场守门卒这样的贱职，我也做。如果不能求得，那还是由着我的爱好去做。”

语境

此言当阳虎专季氏时。（《戴氏注论语小疏》）

《论语发微》：三代以上，未有不仕而能富者，故官愈尊则禄愈厚，求富即干禄也。富而可求，谓其时可仕，则出而求禄。孔子为委吏乘田，其职与执鞭之仕同也。不可求，为时不可仕。《孔子世家》言：“定公五年，阳虎囚季桓子，季氏亦僭于公室，陪臣执国政。是以鲁自大夫以下皆僭离于正道，故孔子不仕，退而修《诗》《书》《礼》《乐》。弟子弥众，至自远方，莫不受业焉。”此孔子不仕，谓不可求。修《诗》《书》《礼》《乐》，为从吾所好。孔子自述出处之际，故以两吾字明之。（《论语集释》）

原文

公山弗扰以费畔，召，子欲往。子路不悦，曰：“末之也，已，何必公山氏之之也？”子曰：“夫召我者，而岂徒哉？如有用我者，吾其为东周乎？”（《阳货·5》）

译文

公山弗扰据费邑反叛季氏，派人来召孔子以壮大势力，孔子想去。子路不高兴地说：“没地方可去，就原地不动，为什么非要去叛臣那里呢？”孔子说：“公山弗扰难道会白召我吗？如果真的有人用我，我或许能在东方复兴周礼。”

语境

孔子在当时讲学授徒，以主张反权臣闻于世，故不狃召之，亦犹阳虎之欲引孔子出仕，以张大反季氏之势力。公山之召，其事应在定公之八年，时孔子已年五十。（钱穆《孔子传》）

事在定公九年阳货奔齐时。召者，季氏使人召孔子。子路不说季氏之专，故曰无所往则止耳，何必公山氏之畔而往也。疾季氏畏畔者众，始谋用孔子，

故沮不往。(《戴氏注论语小疏》)

不扰当时为季氏邑宰而作乱，与阳虎共执季氏，是背叛于季氏也。既背叛，使人召孔子，孔子欲往应召也。(《论语义疏》)

原文

子曰："吾与回言终日，不违，如愚。退而省其私，亦足以发，回也不愚。"(《为政·9》)

译文

孔子说："我整天给颜回讲学，他从不提反对意见，好像很愚笨。等他退下之后，我考察他私下的言行，发现他对我所讲授的内容完全能发挥，颜回呀，并不愚笨。"

语境

此章殆是颜子始从学于孔子，而孔子称之。若相处既久，当不再为此抑扬。(《论语新解》)

《反身录》：大聪明似愚，愚而不愚。小聪明不愚，不愚而愚。大聪明黜聪堕明，知解尽忘，本心既空，受教有其地。小聪明矜聪恃明，知解纠缠，心体未空，入道无其机。回之如愚，正回之聪明绝人、受教有地、入道有机处。(《论语集释》)

颜回听而弗问，若幼者也，容貌如愚然。颜子明四代之礼乐，与二三子群居时，足以发子言。(《戴氏注论语小疏》)

原文

子曰："贤哉，回也！一箪食，一瓢饮，在陋巷，人不堪其忧，回也不改其乐。贤哉，回也！"(《雍也·11》)

译文

孔子说："多么有修养啊，颜回呀！一箪饭，一瓢水，住在简陋的小屋里，别人都忍受不了这种困苦，颜回却不改变他的快乐。多么有修养啊，颜回呀！"

语境

《韩诗外传》孔子尝谓回曰："家穷居卑，何不仕乎？"对曰："有郭外之田五十亩，足以给饘粥。郭内之田四十亩，足以为丝麻。鼓琴足以自娱，所学于夫子者足以自乐，回不愿仕也。回愿贫如富，贱如贵，无勇而威，与士交通，终身无患难，亦且可乎？”孔子曰：“善哉，回也！夫贫而如富，其知足而无欲也；贱而如贵，其让而好礼也；无勇而威，其恭敬而不失于人也；终身无患难，其择言而出之也。若回者，其至乎！”（《论语集释》）

颜子家贫，所居陋狭。郑《注》云：“贫者，人之所忧。而颜渊志道，自有所乐，故深贤之。”赵岐注《孟子·离娄篇》云：“当乱世安陋巷者，不用于世，穷而乐道也。唯乐道，故能好学。夫子疏水曲肱，乐在其中，亦谓乐道也。”（《论语正义》）

回家贫，唯有一箪饭，一瓢瓢饮也。居处又在隘陋之巷，他人见之不任其忧，唯回也不改其乐道之志，不以贫为忧苦也。（邢昺《疏》）

按语

一章寥寥数语，两叹贤哉回也，可见孔子之深爱。颜回为孔子最为得意弟子，孔门十哲德行科首位，与孔子亲若父子，是孔子培养的掌门人。之所以受到孔子称许，自有与众不同之处。

第一，喜爱圣道，无所不悦。孔子有言：“于吾言无所不说”“有颜回者好学”，颜回对我说的话没有不喜欢的，弟子中只有颜回是好学的。再看冉求，当夫子批评他时，他说：“非不说子之道，力不足也。”冉求辩解说，不是不喜欢您的学说，是我能力不够。

第二，学习圣道，竭尽全力。颜回说：“博我以文，约我以礼，欲罢不能。既竭吾才，如有所立卓尔。虽欲从之，末由也已。”夫子用文献来丰富我的知识，用礼节来约束我的行为，使我想停止学习都不可能。我已经用尽了才力，好像有一个高大的东西立在前面，我虽然想追随上去，但找不到路径。颜回的箪食瓢饮陋巷，一般人是忍受不了的，按照孔子“庶富教”的理论，人应该在保障生活的前提下再去接受教化，而颜回似乎超越了这个逻辑，不顾生活的忧苦，超负荷地脑力劳动，最终因营养不良十九岁白发，四十一岁夭折。

第三，信仰圣道，坚定不疑。王充《论衡·讲瑞》：“少正卯在鲁，与孔子并，孔子之门三盈三虚，唯颜渊不出。”少正卯也在鲁国讲学，弟子们都去听少正卯的课了，唯独颜回没有去，就认准了夫子之道。孔子带领众弟子周游列国，在陈蔡山野间遭到围困，七日断粮，弟子们都饿得起不来了，弟子们对孔子的学说不禁产生了动摇。孔子提出了一个问题：“诗云‘匪兕匪虎，率彼旷野’。吾道非邪？吾何为于此？”《诗》中说：“‘不是犀牛也不是老虎，却疲于奔命在空旷的原野。’我们的学说难道有不对的地方吗？我们为什么沦落到这个地步？”子路曰：“意者吾未仁邪？人之不我信也。意者吾未知邪？

人之不我行也。”子路说：“大概是我们的德还不够吧？所以人家不信任我们，想必是我们的智谋还不够吧？所以人家不放我们通行。”子贡曰：“夫子之道至大也，故天下莫能容夫子。夫子盖少贬焉？”子贡说：“老师的学说博大到极点了，所以天下没有一个国家能容纳老师。老师何不稍微降低一些您的要求呢？”颜回曰：“夫子之道至大，故天下莫能容。虽然，夫子推而行之，不容何病，不容然后见君子！夫道之不修也，是吾丑也。夫道既已大修而不用，是有国者之丑也。不容何病，不容然后见君子！”颜回说：“老师的学说博大到极点了，所以天下没有一个国家能容纳老师。虽然是这样，老师还是要推行自己的学说，不被天下接受又有什么关系呢？不被接受，这样才能显出君子的本色！一个人不研修自己的学说，那才是自己的耻辱。至于已下大力研修的学说不被人所用，那是当权者的耻辱了。不被天下接受又有什么关系呢？不被接受，这样才能显出君子的本色！”在面临穷困生死之际，就连孔门高弟子路、子贡都疑惑动摇了，只有颜回一如既往坚信不疑。

不难看出，颜回与孔子有着相同的精神内核：孔子疏食饮水，曲肱而枕，乐在其中；颜回箪食瓢饮，身居陋巷，不改其乐。孔子发愤忘食，颜回既竭吾才。孔子好学，“十室之邑，必有忠信，不如丘之好学”；颜回独称好学，为七十子之冠，孔子答鲁哀公、季康子“弟子孰为好学”之问：“有颜回者好学。”时人称孔子圣与仁，子贡也说：“学不厌，知也；教不倦，仁也。仁且智，夫子既圣矣。”颜回被孔子许为“三月不违仁”。

原文

颜渊问为邦。子曰：“行夏之时，乘殷之辂，服周之冕，乐则《韶》《舞》。放郑声，远佞人。郑声淫，佞人殆。”（《卫灵公·11》）

译文

颜渊问怎样治理国家。孔子说：“用夏朝的历法，乘殷朝的车子，戴周朝的礼帽，音乐就用《韶》和《武》。禁绝郑国的乐曲，疏远巧言谄媚的人。郑国的乐曲浮靡不正派，巧言谄媚的人太危险。”

语境

孔子讲“放郑声”“恶郑声之乱雅乐”，都是把郑之乐曲与《韶》《舞》对应提出的。春秋后期，礼崩乐坏，郑卫之声蓬勃而起，并逐步形成一股“新乐”的洪流，冲击荡涤着雅乐。（匡亚明《孔子评传》）

当时鲁家礼乱，故问治鲁国之法也。（《论语义疏》）

原文

颜渊季路侍。子曰："盍各言尔志？"子路曰："愿车马衣轻裘与朋友共敝之而无憾。"颜渊曰："愿无伐善，无施劳。"子路曰："愿闻子之志。"子曰："老者安之，朋友信之，少者怀之。"（《公冶长·26》）

译文

孔子坐着，颜渊、子路两人站在孔子身边。孔子说："何不各自说说你们的志向？"子路说："愿意拿出自己的车马、衣服、皮袍与朋友共同使用，用坏了也不抱怨。"颜渊说："愿意不夸耀自己的长处，不表白自己的功劳。"子路向孔子说："我们想听听您的志向。"孔子说："我希望老年人能享受安逸，朋友间能信任交往，年轻人能得到关怀。"

语境

颜渊，颜无繇之子，少孔子三十岁，亦少子路二十一岁。在孔子前期教育中及门较晚。孔子于前期弟子中，若唯子路、颜渊最所喜爱。就当时论，颜渊尚不满二十岁（笔者注：此时孔子年近五十岁）。（钱穆《孔子传》）

阎氏若璩《四书释地又续》："季路长颜渊二十一岁，而先颜渊者，尚德也。"夫子欲觇二子之志，故问其何不各言之也。（《论语正义》）

张横渠《论语说》：仲由乐善，故车马衣裘与贤者共敝。（《论语集释》）

原文

子曰："中庸之为德也，其至矣乎！民鲜久矣。"（《雍也·29》）

译文

孔子说："中庸是最高的道德标准，当今世衰道废，人们缺少它已经很久了。"

语境

鲁定公四年（公元前506年），孔子四十六岁。孔子观鲁桓公庙宥坐之欹器，联想起"持满"之道，对弟子说："吾闻宥坐之器者，虚则欹，中则正，满则覆。"他认为正确的态度应该是"聪明圣智，守之以愚；功被天下，守之以让；勇力抚世，守之以怯；富有四海，守之以谦；此所谓挹而损之之道也"。（《孔子评传》引《荀子·宥坐》）

此为孔子叹风俗之败坏。（《论语新解》）

中和可常行之德，是先王之道，其理甚至善，而民少有行此者也已久，

言可叹之深也。世乱，先王之道废，民鲜能行此道久矣，非适今也。（《论语义疏》）

唯舜在位，能用中于民，民皆化之。颜子未得位，但能择中庸，得善勿失，而无所用于民，所谓有德无位，不敢作礼乐者也。世之衰也，上无明天子，下无贤伯方。民无所取法，贤知之所过，愚不肖之所不及，皆无所裁度以适于道。又甚则无所忌惮，如小人之反中庸，故曰“民鲜久矣”。（《论语正义》）

二、出仕鲁国（鲁定公九年至鲁定公十三年，孔子五十一岁至五十五岁）

概况

鲁定公九年（公元前 501 年），孔子五十一岁。

六月，鲁伐阳虎，攻打阳关。阳虎突围奔齐，旋逃亡宋国，最后逃至秦国，投赵简子。孔子说："赵氏其世有乱乎！"（《左传·定公九年》）

孔子始出仕，为鲁中都宰，卓有政绩，治理一年，四方则之。《孔子家语·相鲁第一》："孔子初仕，为中都宰。制为养生送死之节，长幼异食，强弱异任，男女别涂，路无拾遗，器不雕伪。为四寸之棺，五寸之椁，因丘陵为坟，不封、不树。行之一年，而西方之诸侯则焉。"

鲁定公十年（公元前 500 年），孔子五十二岁。

由中都宰为司空（小司空），掌管工程。又为大司寇，掌管司法，摄相事。《孔子家语·相鲁第一》："定公谓孔子曰：'学子此法以治鲁国，何如？'孔子对曰：'虽天下可乎，何但鲁国而已哉！'于是二年，定公以为司空，乃别五土之性，而物各得其所生之宜，咸得厥所。先时，季氏葬昭公于墓道之南，孔子沟而合诸墓焉。谓季桓子曰：'贬君以彰己罪，非礼也。今合之，所以掩夫子之不臣。'由司空为鲁大司寇，设法而不用，无奸民。"

夏，鲁定公与齐景公会于夹谷，孔子以大司寇身份为定公相礼。孔子认为"虽有文事，必有武备"，事先做了必要的武事准备。《孔子家语》："定公与齐侯会于夹谷，孔子摄相事，曰：'臣闻有文事者必有武备，有武事者必有文备。'"齐欲劫持定公，孔子以礼斥之。齐君敬惧，遂定盟约，并将侵占的郓、讙、龟阴等地归还鲁国以谢过（见《谷梁传·定公十年》）。

孔子为鲁大司寇，鲁国大治。据《吕氏春秋·乐成》记载，开始尚疑其才，既而政化盛行，国人诵之。（见《孔丛子·陈士义》）

鲁定公十二年（公元前 498 年），孔子五十四岁。

孔子为鲁国大司寇，子路为季氏宰，孔子为了削私家以强公室，向鲁定公建议："家不藏甲，邑无百雉之城，今三家（三桓）过制，请皆损之。"（《孔子家语·相鲁》）遂将堕三都。当时，适值叔孙、季孙之家臣侯犯和南蒯各据其都叛，叔、季二氏为削弱家臣的势力，支持这一主张，于是先拆毁了叔孙氏的郈邑（今山东省东平县南）和季孙氏的费邑（今山东省费县）。堕费时，费宰公山不狃乘鲁都（曲阜）空虚，率费人攻曲阜，幸赖孔子命中句须、乐颀二大夫率部反击，败公山不狃于姑蔑（今山东省泗水县东）。公山不狃逃奔齐国。遂堕费。可是再去拆毁孟孙氏的郕邑（今山东省宁阳县东北）时，却受到孟孙家臣公敛处父的抵制，孟孙氏暗中支持公敛处父。结果堕郕失败。堕三都行动至此半途而废（《史记·孔子世家》）。季氏也识破了孔子欲强公室、弱三家的计谋，对孔子十分不满，矛盾日益突出，公伯寮趁机进献谗言诬陷子路，孔子失去信任，政治上陷入困境。

有人认为公山弗扰（即不狃）以费畔（《论语·阳货》）即指此事，而召孔子则在定公八年未畔时。

鲁定公十三年（公元前497年），孔子五十五岁。

鲁国得治，《孔子世家》："由大司寇行摄相事，与闻国政三月，粥羔豚者弗饰贾；男女行者别于涂；涂不拾遗；四方之客至乎邑者不求有司，皆予之以归。"齐国惧，欲败其政，乃选美女八十人，衣以文衣，并文马三十驷馈鲁君。季桓子受之，君臣怠于政事，多日不听朝政，也不按礼制送膰肉（当时郊祭用的供肉）于孔子，孔子失望，被迫弃官出走，走得很仓促，连参加春祭戴的礼帽也来不及脱就匆匆离开鲁国。《孟子·告子章句下》："不税冕而行。"孔子去鲁适卫的年代，《史记》定为上一年的秋冬之间，根据鲁国郊祭一般在春三月，故从《阙里志》系于此年。走到国境时，孔子走得很慢，不舍得离开自己的祖国。《孟子·万章章句下》："孔子之去齐，接淅而行；去鲁，曰：'迟迟吾行也，去父母国之道也！'"

任中都宰

原文

子曰："齐一变，至于鲁，鲁一变，至于道。"（《雍也·24》）

译文

孔子说："齐国的政治和教化一有变革，就可以达到鲁国的样子；鲁国的政治和教化一有变革，就进而合于先王仁政的大道了。"

语境

孔子四十八岁为中都宰。制为养生送死之节，强弱异任，长幼异食，五十异粻，六十宿肉，七十二膳，八十常珍，九十饮食不离寝，膳饮从游。道路男子由右，女子由左。路不拾遗，器不雕伪，市不二价。四寸之棺，三寸之椁，因丘陵为坟，庶人悬棺，不封不树。行之一年而四方则之。公谓孔子曰："学子此法以治鲁国，何如？"孔子曰："虽天下可也，何但鲁国哉？"曰："齐一变，至于鲁；鲁一变，至于道。"曰："道千乘之国，敬事而信，节用而爱人，使民以时。"（程复心《周孔子论语年谱》）

孔子之时，齐俗急功利，喜夸诈，乃霸政之余习。鲁则重礼教，崇信义，犹有先王之遗风焉，但人亡政息，不能无废坠尔。程子曰："夫子之时，齐强鲁弱，孰不以为齐胜鲁也，然鲁犹存周公之法制。齐由桓公之霸，为从简尚功之治，太公之遗法变易尽矣，故一变乃能至鲁。鲁则修举废坠而已，一变则至于先王之道。"愚谓二国之俗，唯夫子为能变之而不得试。（《论语集注》）

齐有太公之余风，管仲兴霸业，其俗急功利，其民喜夸诈。鲁有周公伯禽之教，其民崇礼尚信，庶几仁厚近道。孔子对当时诸侯，独取齐、鲁两国，言其政俗有美恶，故为变有难易。当时齐强鲁弱，而孔子则谓齐变始能至鲁，鲁变易于至道。惜孔子终不得试，遂无人能变此两邦。（《论语新解》）

太公封于营丘之地，为齐国。周公封于曲阜之地，为鲁国。周公大圣，太公大贤，贤圣既有优劣，虽同致太平，而其化不得不微异，故末代二国，齐有景公之昏暗，鲁有定公之寡德。然其国犹有望、旦之遗风。今孔子叹其君之并恶，故有此言也。（《论语义疏》）

包曰："言齐、鲁有太公、周公之余化。太公大贤，周公圣人。今其政教虽衰，若有明君兴之，齐可使如鲁，鲁可使如大道行之时。"周武王灭纣，封太师吕望于齐，是为齐太公。《说苑·政理篇》："伯禽与太公俱受封而各之国。三年，太公来朝。周公问曰：'何治之疾也？'对曰：'尊贤，先疏后亲，先义后仁也。此霸者之迹也。'周公曰：'太公之泽及五世。'五年，伯禽来朝。周公问曰：'何治之难？'对曰：'亲亲，先内后外，先仁后义也。此王者之迹也。'周公曰：'鲁之泽及十世。'故鲁有王迹者，仁厚也。齐有霸迹者，武政也。齐之所以不如鲁者，太公之贤不如伯禽也。"《汉书·地理志》："初太公治齐，修道术，尊贤智，赏有功，故至今其士多好经术，矜功名，舒缓阔达而足智。其失夸奢朋党，言与行谬，虚诈不情，急之则离散，缓之则放纵。"又云："周兴，以少昊之虚曲阜，封周公子伯禽为鲁侯，以为周公主。其民有圣人之教化，故孔子曰：'齐一变，至于鲁；鲁一变，至于道。'濒洙、泗之水，其民涉度，幼者扶老而代其任。俗既益薄，长老不自安，与幼少相让，故曰：'鲁道衰，洙、泗之间龂龂如也。'孔子闵王道将废，乃修《六经》，以述唐、虞、三代之道，弟子受业而通者七十有七人。是以其民好学，上礼义，重廉耻。"鲁俗虽衰，而洙、泗之间王化未歇，追沐圣人之教，而俗

益臻醇美。盖所谓“至于道”者，其言殊有验矣。(《论语正义》)

原文

子曰：“道千乘之国，敬事而信，节用而爱人，使民以时。”(《学而·5》)

译文

孔子说：“治理拥有一千辆兵车的国家，就要严肃认真地对待工作，诚信无欺，节约费用，爱护官吏，役使百姓要在农闲时间。”

语境

孔子四十八岁为中都宰，行之一年而四方则之。公谓孔子曰：“学子此法以治鲁国，何如?”孔子曰：“虽天下可也，何但鲁国哉?”曰：“齐一变，至于鲁；鲁一变，至于道。”曰：“道千乘之国，敬事而信，节用而爱人，使民以时。”(程复心《周孔子论语年谱》)

古者田方里而井，十井八十家赋一乘，百里之国为万井，适千乘也。伯七十里，出四百九十乘。子、男五十里，出二百五十乘。此三代之通法，《春秋》所因。节用，若赋式之敛驰，均节用之以礼也。《礼》：“以三十年之通制国用。”疏释：语出《礼记·王制》，意指以三十年收入之平均数来制定国用。(《戴氏注论语小疏》)

春秋时，兵争之祸亟，日事征调，多违农时，尤治国所宜戒也。(《论语正义》)

《四书读》(《四书辨证》引)：不曰治而曰道者何？治者，法术之名。道者，仁义之用也。若千乘固是举以为例。第夫子时，上而周室不能有为，下而小国不足有为，唯大国可以自奋。然不曰大国而即兵车言者，盖当时大国唯利是务，其于敬信五者阙焉弗讲，夫子盖有为而言也。(《论语集释》)

仕大司寇

原文

子曰：“出则事公卿，入则事父兄，丧事不敢不勉，不为酒困，何有于我哉?”(《子罕·16》)

译文

孔子说：“在外服侍公卿，在家服侍父兄，有丧事不敢不尽心去办，饮酒不喝到醉，这些对我有什么难的?”

—— 语境 ——

言出仕朝廷，则尽其忠顺以事公卿也；入居私门，则尽其孝悌以事父兄也；若有丧事，则不敢不勉力以从礼也，未尝为酒乱其性也。他人无是行，于我，我独有之，故曰：何有于我哉。（邢昺《疏》）

孔子父亲早死，说这话时候，或者他哥哥孟皮还在。（《论语译注》）

先言朝廷，后云闺门者，勖已仕者也。虽“唯酒无量不及乱”，时多沉酗，故戒之也。（《论语义疏》）

—— 悟语 ——

说“酒”，《论语》中有六处，分别是“有酒食，先生馔”。（《为政·8》）“乡人饮酒，杖者出，斯出矣。”（《乡党·13》）、“丧事不敢不勉，不为酒困。”（《子罕·16》）“沽酒市脯不食。”“唯酒无量，不及乱。”（《乡党·8》）“觚不觚，觚哉！觚哉！”（《雍也·25》）从中反映出孔子的四种品德：

尊重长老。有酒食先尽着家里的长者吃；乡人饮酒礼毕，老者先出，孔子乃从之而出。

虔敬鬼神。孔子在斋戒的时候不喝外面买来的酒，唯恐不洁，亵渎神灵。

节制自身。当时酗酒成风，孔子酒量很大，但从不喝醉，“不及乱”，“不为酒困”，以免失态乱德。《孔丛子·儒服》记载：“尧舜千钟，孔子百觚。”汉孔融《与曹操论酒禁书》记载：“尧不千钟，无以建太平；孔非百觚，无以堪上圣。”

矫正时弊。觚，只能容纳两升的酒杯，谐音“孤”，与“寡”同义，取寡少之意，喻人少饮。但春秋时，觚做得很大，容量已不止两升，失去了“觚”意，孔子感叹酗酒无度，用觚失礼，犹喻君臣不君臣耳。

—— 原文 ——

子曰：“巧言乱德。小不忍，则乱大谋。”（《卫灵公·27》）

—— 译文 ——

孔子说：“花言巧语足以扰乱道德。小事情不忍耐，就会扰乱大谋略。”

—— 语境 ——

鲁定公九年为鲁大司寇摄行相事，与闻国政七日而诛乱政大夫少正卯于两观之下，曰：“巧言乱德。小不忍，则乱大谋。”（程复心《周孔子论语年谱》）

辞达而已，不须巧辩。巧辩文多，更于德为乱之也。（《论语义疏》）

原文

子曰："听讼，吾犹人也。必也使无讼乎！"（《颜渊·13》）

译文

孔子说："审理诉讼案件，我与别人是一样的。我与别人不一样的是一定要教化在先，做到没有诉讼案件才好。"

语境

时有父子讼者，夫子同狴执之三日不别，其父请止，孔子赦之曰："听讼，吾犹人也。必也使无讼乎！"（程复心《周孔子论语年谱》）

孔子为鲁司寇，断狱讼，皆进众议者而问之曰："子以为奚若？某以为何若？"皆曰云云。如是，然后夫子曰："当从某子几是。"（《孔子家语·好生》）

孔子在位听讼，文辞有可与人共者，弗独有也。（《史记·孔子世家》）

言我所以异于人者，当讼未起，而化之使不讼耳。（《论语义疏》）

贵以礼导之也。礼，绝恶于未萌，故能使无讼。《盐铁论·刑德》："《春秋》之治狱，论心定罪，志善而违于法者免，志恶而合于法者诛。"（《戴氏注论语小疏》）

原文

定公问："君使臣，臣事君，如之何？"孔子对曰："君使臣以礼，臣事君以忠。"（《八佾·19》）

译文

鲁定公问："君使唤臣，臣事奉君，该怎么办？"孔子回答说："君如果能按礼的要求对臣有所限制使之敬畏，臣自然会削减私益而尽忠奉君。"

语境

定公之问，必在孔子为司寇时。是时三家擅权，政不在公室。君使臣以礼，则对臣当加制裁，始可使臣知有敬畏。臣事君以忠，则当对君有奉献，自削其私权益。（钱穆《孔子传》）

定公承昭公之后，公室益微弱，时臣多失礼于君，故公患之。言如何君使臣、臣事君，将欲求其说以救正之。为此言者，其在孔子将仕时乎？定公为太阿倒持之君，故欲坊之以礼；三家为尾大不掉之臣，故欲教之以忠。孔子事定公，隳三都，欲定其礼，礼非恭敬退让之谓。孔子告景公，欲其君君臣臣，若使定公承昭出之后，慕谦退之仪，是君不君矣。天地间容有迂议，

然非孔子之言也。(《论语正义》)

孔曰:“定公,鲁君谥。时臣失礼,定公患之,故问之。”(《论语集解》)

楼语

春秋时,臣对君不是绝对服从的关系,而是各有职守,“君使臣以礼,臣事君以忠”。此时,维护社会秩序的周礼遭到破坏,鲁定公愁于如何理顺君臣关系,孔子所答意在强调定公这一方,只有君主“使臣以礼”,才能使臣“事君以忠”。

原文

定公问:“一言而可以兴邦,有诸?”孔子对曰:“言不可以若是其几也。人之言曰:‘为君难,为臣不易。’如知为君之难也,不几乎一言而兴邦乎?”曰:“一言而丧邦,有诸?”孔子对曰:“言不可以若是其几也。人之言曰:‘予无乐乎为君,唯其言而莫予违也。’如其善而莫之违也,不亦善乎?如不善而莫之违也,不几乎一言而丧邦乎?”(《子路·15》)

译文

鲁定公问:“一句话可以兴国,有这样的话吗?”孔子回答说:“说话不可以这么绝对。有人说:‘做君难,做臣不易。’如果知道了做君主的艰难而兢兢业业地工作,这不就近乎于一句话可以兴国吗?”鲁定公又问:“一句话可以亡国,有这样的话吗?”孔子回答说:“说话不可以这么绝对。有人说:‘我做君主没有别的快乐,快乐的只是我说的话没人敢违抗。’如果说得对而没人违抗,不也好吗?如果说得不对而没人敢违抗,这不就近乎于一句话可以亡国吗?”

语境

观定公两问,知其非有精志可成大业之君。当时用孔子者亦为季氏,非定公。孔子预闻鲁政,乃欲抑私奉公,即不啻欲抑季氏奉定公,则其难亦可知。(钱穆《孔子传》)

鲁君定公问孔子为君之道。有一言善而可以兴其国,有之乎?人君一言不善而致亡国,有之乎?(邢昺《疏》)

“予无乐乎为君,唯其言而莫予违也。”此举晋平公言以告定公。平公与群臣饮,饮酣,喟然而叹曰:“莫乐为人君,唯其言而莫之违。”师旷侍坐,于前援琴撞之曰:“是非君人者之言也。”若幽王君臣,具自谓圣,以底于亡。《春秋》定、哀时,凡灭国例皆书日。定公承黜君之后,有强臣之偪,不务修

德，故有灭则危惧之，为定公戒也。(《戴氏注论语小疏》)

原文

君命召，不俟驾行矣。(《乡党·20》)

译文

国君召唤，按照尊君之礼不等驾好车就先步行走去。

语境

万章曰："孔子，君命召，不俟驾而行。然则孔子非与？"曰："孔子当仕有官职，而以其官召之也。"(《孟子·万章章句下》)

君有命召见孔子时也。君尊命重，故得召不俟驾车，而即徒趋以往也。故《玉藻》曰："君命召以三节：一节以趋，二节以走。在官不俟屦，在家不俟车。"郑玄曰："急趋君命也。行出而车既驾从之也。"大夫不可徒行，故后人驾车而随之，使乘之也。(《论语义疏》)

诸侯召其臣，臣不俟驾，颠倒衣裳而走，礼也。(《荀子·大略篇》)

原文

朝，与下大夫言，侃侃如也；与上大夫言，訚訚如也。君在，踧踖如也，与与如也。(《乡党·2》)

译文

孔子上朝的时候，同下大夫说话，温和而快乐的样子；同上大夫说话，正直而恭敬的样子。国君在的时候，恭敬而心中不安的样子，行步安详的样子。

语境

君在，谓视朝时也。(邢昺《疏》)

下大夫贱，孔子与之言，宜用将接，故和乐如也。上大夫，卿也。卿贵，不敢和乐接之，宜以谨正相对，故"訚訚如也"。礼：君每日旦，诸臣列在路门外以朝君，君至日出而视之。视之则一一揖卿大夫，而都一揖士。当此君视朝之时，则臣皆起恭敬之貌，故孔子"踧踖如也"。(《论语义疏》)

原文

入公门，鞠躬如也，如不容。立不中门，行不履阈。过位，色勃如也，足躩如也，其言似不足者。摄齐升堂，鞠躬如也，屏气似不息者。出，降一

等，逞颜色，怡怡如也。没阶，趋进，翼如也。复其位，踧踖如也。（《乡党·4》）

译文

孔子走进朝廷的大门，谨慎恭敬的样子，好像没有容身之地。

不站在门的中间，进门时不踩门槛。经过鲁公的座位，脸色便庄重起来，脚步也加快起来，说话也好像气不足一样。提起衣服下摆上堂的时候，恭敬谨慎的样子，憋住气好像不呼吸一样。走出来，下了一个台阶，脸色才舒展起来，现出和顺的样子。走完了台阶，快步向前，像鸟儿展翅一样。回到自己的位置，显得恭敬而内心不安的样子。

语境

记孔子趋朝之礼容也。（邢昺《疏》）

谓孔子入君门时也。臣入君门，自曲敛身也。君门虽大，而己恒曲敛，如君门之狭，不见容受为也。臣若倚门立时，则不得当君所行枨闑之中央，当中是不敬，故云“不中门”也。若出入时，则不得践君之门限也。所以然者，其义有二：一则忽上升限，似自高矜；二则人行跨限，己若履之则污限，污限则污跨者之衣也。（《论语义疏》）

原文

君召使摈，色勃如也，足躩如也。揖所与立，左右手，衣前后，襜如也。趋进，翼如也。宾退，必复命曰：“宾不顾矣。”（《乡党·3》）

译文

鲁君召孔子去接待外国的贵宾，孔子脸色立即庄重起来，脚步也快起来。孔子向和他一起站立迎宾的人作揖，向左或向右拱手，衣服随之前后摆动却整齐不乱。快步走的时候，姿态就像鸟儿展翅一样。宾客走后，一定向君主回报说：“客人已经不回头了。”

语境

齐人来归郓、讙、龟阴之田，君召使摈，色勃如也，足躩如也。揖所与立，左右手，衣前后，襜如也。趋进，翼如也。宾退，必复命曰：“宾不顾矣。”（程复心《周孔子论语年谱》）

言君召孔子，使为摈之礼也。（邢昺《疏》）

谓有宾来，君召己迎接之也。谓君使己送宾时也。旧云主人若礼送宾未足，则宾犹回顾；若礼足送，则宾直去不复回顾。此明则送宾礼足，故云

"不顾"也。(《论语义疏》)

原文

执圭，鞠躬如也，如不胜。上如揖，下如授。勃如战色，足蹜蹜如有循。享礼，有容色。私觌，愉愉如也。(《乡党·5》)

译文

出使邻国时手捧玉圭，恭敬谨慎，像是举不起来的样子。举在上面时像是作揖，放在下面时像是给人递东西。脸色庄重得战战兢兢，脚步细小，好像沿着一条线走。献礼物的时候，满脸和气。与邻国国君私人会见时，轻松愉快的样子。

语境

齐人来归郓、讙、龟阴之田，君召使摈，色勃如也，足躩如也。揖所与立，左右手，衣前后，襜如也。趋进，翼如也。宾退，必复命曰："宾不顾矣。"是岁，好会成，孔子聘于齐，执圭，鞠躬如也，如不胜。上如揖，下如授。勃如战色，足蹜蹜如有循。享礼，有容色。私觌，愉愉如也。(程复心《周孔子论语年谱》)

记为君使聘问邻国之礼容也。(邢昺《疏》)

今云执圭，鲁是侯，侯执信圭，则孔子所执，执君之信圭也。初在国及至他国，执圭皆为敬慎。圭虽轻而己执之恒如圭重，似己不能胜，故曲身如不胜也。(《论语义疏》)

原文

问人于他邦，再拜而送之。(《乡党·15》)

译文

孔子托人给在外国的朋友问好送礼，拜两次送别使者。

语境

是岁，好会成，孔子聘于齐，执圭，鞠躬如也，如不胜。上如揖，下如授。勃如战色，足蹜蹜如有循。享礼，有容色。私觌，愉愉如也。既聘返鲁，明年孔子五十三岁，齐晏子卒，孔子遣代吊，问人于他邦，再拜而送之。(程复心《周孔子论语年谱》)

《论语稽》：孔子周游列国，所交皆名卿大夫，如蘧瑗、老聃、师襄、颜雠由、司城贞子，与夫晏婴、沈诸梁之属，皆一时贤俊。其往也有馈，其返也有贶，皆可以意得之。其异地相问，如子华使齐，子贡、冉有至楚之类，其事必多，特经传未记，故不可考。今拜使者，如拜所问之人，此当时使命之通礼。（《论语集释》）

己或有事问人，或闻彼有事，使人问之。凡问人，有物以表意，故问亦训遗。《曲礼》："凡以弓、剑、苞苴、箪、笥问人"是也。此"问人于他邦"，亦当有物，"人"指朋友言。皇《疏》以"问"为聘问，"人"为邻国之君，非也。（《论语正义》）

问者，谓更相聘问也。他邦，谓邻国之君也。谓孔子与邻国交游而遣使往彼聘问时也。既敬彼君，故遣使者去，则再拜送之也。（《论语义疏》）

问，遗也。礼："聘，弓、镞、矢不出竟易，束脩之问，不行竟中。"疏释：语出《谷梁传》隐公元年。按：《谷梁传》"束脩之问"作"束脩之肉"，《礼记·檀弓上》："古之大夫，束脩之问不出竟。"入春秋时，大夫多邦交，始有越竟相问遗者。孔子不违，亦在可以然之域也。（《戴氏注论语小疏》）

原文

子曰："晏平仲善与人交，久而敬之。"（《公冶长·17》）

译文

孔子说："晏平仲善于与人结交，处久了仍对人尊敬不衰。"

语境

既聘返鲁，明年孔子五十三岁，齐晏子卒，孔子遣代吊，问人于他邦，再拜而送之，曰："晏平仲善与人交，久而敬之。"（程复心《周孔子论语年谱》）

此章言齐大夫晏平仲之德。凡人轻交易绝，平仲则久而愈敬，所以为善。（邢昺《疏》）

交友久则敬意衰，晏子于人，虽久而敬爱如新。此孔子称道晏子之德。（《论语新解》）

孙绰曰："交有倾盖如旧，亦有白首如新。隆始者易，克终者难。敦厚不渝，其道可久，所以难也，故仲尼表焉。"（《论语义疏》）

楼语

朋友间处久了，常常是感情深了而敬意却少了，觉得还相敬如初似有虚伪不实之嫌。其实不然，敬的方式可以随情谊的加深而有所改变，但敬意还是要存续的，那种无视长幼的任性之言行无意间会伤害到友情。礼主敬，乐主和，晏平仲之所以"久而敬之"，说明他在王室衰落、礼崩乐坏的情况下依然坚守周礼，故孔子称晏子以诫世人：礼是不能废弃的。

原文

孔子于乡党，恂恂如也，似不能言者。其在宗庙朝廷，便便言，唯谨尔。（《乡党·1》）

译文

孔子在乡里与故旧交往很温顺恭敬的样子，像是不会说话。他在宗庙里、朝廷上却很善于言辞，只是很谨慎罢了。

语境

言孔子在于乡党中，与故旧相接，常温和恭敬，恂恂然如似不能言语者，道其谦恭之甚也。宗庙，行礼之处；朝廷，布政之所，虽辩而唯谨敬。（邢昺《疏》）

于乡党，谓孔子还家教化于乡党中时也。天子郊内有乡党，郊外有遂鄙。孔子居鲁，鲁是诸侯，今云乡党，当知诸侯亦郊内为乡、郊外为遂也。孔子家当在鲁郊内，故云“于乡党”也。（《论语义疏》）

原文

子所雅言，《诗》、《书》、执礼，皆雅言也。（《述而·18》）

译文

孔子有用普通话的时候，诵《诗》读《书》和赞礼时，都用普通话。

语境

丹徒君《骈枝》曰：“夫子生长于鲁，不能不鲁语。唯诵《诗》、读《书》、执礼必正言其音，所以重先王之训典，谨末学之流失。”夫子凡读《易》及《诗》、《书》、执礼，皆用雅言，然后辞义明达，故郑以为义全也。后世人作诗用官韵，又居官临民，必说官话，即雅言矣。（《论语正义》）

雅言，正言。孔子诵《诗》读《书》，必用中夏正言以正其音。执礼，谓持礼书诏相礼事也。《周官·大史》：“大祭祀戒宿之日读礼书，祭之日执书以次位常，大会同朝覲以书协礼事，将币之日执书以诏王。”于此不正其言，恐事亦失正，故必皆雅言也。《诗》、《书》或诵读，或教授弟子，礼则执文行事而已，故别言之。（《戴氏注论语小疏》）

原文

君赐食，必正席先尝之。君赐腥，必熟而荐之。君赐生，必畜之。侍食于君，君祭，先饭。（《乡党·18》）

译文

国君赐给熟食，孔子一定摆正座席先尝一尝。国君赐给生肉，一定煮熟了，先给祖宗上供。国君赐给活物，一定养着它。侍奉国君吃饭，在国君举行饭前祭礼的时候，先为国君尝饭。

语境

君赐孔子食，孔子虽不嗜食，必正坐先尝之。敬君之惠也。君赐孔子腥肉，孔子受之，煮熟而荐宗庙，重荣君赐也。得所赐活物，当养畜之，待至祭祀时充牲用也。当君政祭食之时，而臣先取饭食之，故云“先饭”。所以然者，示为君先尝食，先知调和之是非也。（《论语义疏》）

原文

齐，必有明衣，布。齐必变食，居必迁坐。（《乡党·7》）

译文

斋戒的时候，一定要有浴衣，用麻布做的。斋戒的时候，一定要改变饮食，迁移卧室。

语境

“齐必变食”至“必齐如也”。此一节论斋祭饮食居处之事也。“齐必变食”者，谓将欲接事鬼神，宜自洁净，故改其常馔也。“居必迁坐”者，谓改易常处也。（邢昺《疏》）

谓斋浴时所着之衣也。浴竟身未燥，未堪着好衣，又不可露肉，故用布为衣，如衫而长身也，着之以待身燥，故《玉藻》云“君衣布晞身”是也。范宁曰：“斋以敬洁为主，以期神明之享，故改常之食，迁居斋室者也。”（《论语义疏》）

原文

食不厌精，脍不厌细。食饐而餲，鱼馁而肉败，不食。色恶，不食。臭恶，不食。失饪，不食。不时，不食。割不正，不食。不得其酱，不食。肉虽多，不使胜食气。唯酒无量，不及乱。沽酒市脯不食。不撤姜食，不多食。

（《乡党·8》）

译文

粮食不嫌舂得精，鱼和肉不嫌切得细。食物陈旧和变味了，鱼和肉腐烂了，不吃。食物颜色难看，不吃。气味难闻了，不吃。烹调不当，不吃。不到吃饭的时候，不吃。肉切得不方正，不吃。没有合适的调味酱，不吃。席上肉虽多，但吃的量不超过饭食。只有酒不限量，但不喝到醉态。买来的酒和肉干，不吃。吃完了，姜不撤除，但也不多吃。

语境

饭与脍所尚精细也。鱼脍非得芥酱则不食。唯人饮酒无有限量，但不得多，以致困乱也。酒不自作，未必精洁；脯不自作，不知何物之肉，故不食也。斋禁熏物，姜辛而不臭，故不去也。自此已上，皆蒙斋文。凡言不食者，皆为不利人，亦斋者，孔子所慎。斋必严敬，若必食之，或致因病，则失严敬心，故不食也。其凡常不必然。（邢昺《疏》）

按语

依上述邢昺《疏》，此章所言特指斋戒之时，以示谨敬，如据此认为孔子平时很讲究饮食，则有悖于圣人“志于道”“饭疏食饮水”“发愤忘食”之德。

原文

祭于公，不宿肉。祭肉不出三日。出三日，不食之矣。（《乡党·9》）

译文

参加国君祭祀得到的肉，不留到第二天。别的祭肉存放不超过三天。超过三天，就不吃了。

语境

祭于公，谓孔子仕时助君祭也。助祭必得赐俎，得赐俎，还即分赋食之，不得留置经宿，经宿是慢鬼神余也。自祭肉多，故许经宿，但不得出三日，出三日是亵慢鬼神之余，故人不得后食之也。（《论语义疏》）

助祭于君，所得牲体，归则班赐，不留神惠经宿也。自其家祭肉，过三日不食，是亵慢鬼神之余也。（邢昺《疏》）

原文

虽疏食菜羹，瓜祭，必齐如也。（《乡党·11》）

译文

即使是粗饭、菜汤和瓜这样的薄祭，吃饭前也要把它们取出一些来祭祖，一定是斋戒时严肃恭敬的样子。

语境

疏食也，菜羹也，瓜也，三物虽薄，将食祭先之时，亦必严敬。（邢昺《疏》）

古人饮食，每种各出少许，置之豆间之地，以祭先代始为饮食之人，不忘本也。孔子虽薄物必祭，其祭必敬，圣人之诚也。（《论语集注》）

三物虽薄，而必宜尽斋敬之理，鬼神飨德不飨味故也。（《论语义疏》）

原文

祭如在，祭神如神在。子曰："吾不与祭，如不祭。"（《八佾·12》）

译文

孔子祭祀祖先就像祖先真的在面前，祭祀神就像神真的在面前。孔子说："如果我不能亲自祭祀而派人代祭，我的诚心没有表达出来，那和没祭是一样的。"

语境

谓孔子仕为大夫，有事，故使人摄祭。已未致其思念，如不祭然，则与士废祭同也。（《论语正义》）

孔子言，我若亲行祭事，则必致其恭敬。我或出或病，而不自亲祭，使人摄代已为之，不致肃敬于心，与不祭同。（邢昺《疏》）

程子曰："祭，祭先祖也。祭神，祭外神也。祭先主于孝，祭神主于敬。"愚谓此门人记孔子祭祀之诚意。言已当祭之时，或有故不得与，而使他人摄之，则不得致其如在之诚。故虽已祭，而此心缺然，如未尝祭也。范氏曰："君子之祭，七日戒，三日齐，必见所祭者，诚之至也。有其诚则有其神，无其诚则无其神，可不谨乎？"（《论语集注》）

原文

升车，必正立，执绥。车中，不内顾，不疾言，不亲指。（《乡党·26》）

译文

上车时，一定先端正地站好，然后拉着扶手带上车。在车上，不向内回头看，不很快地说话，不用手指指点点。

语境

张衡《东京赋》：“夫君人者，黈纩塞耳，车中不内顾。”薛综《注》：“内顾，谓不外视臣下之私也。”（《论语集释》）

孔子乘车之礼也。孔子升车之时，必正立执绥，所以为安也。孔子在车中不向内回顾，掩人之私也。（邢昺《疏》）

升在车上，不回头后顾也。所以然者，后人从己，有不能常正，若转顾见之，则不掩人之私不备，非大德之所为，故不为也。在车上言易高，故不疾言，为惊人也。车上既高，亦不得手有所亲指点，为惑下人也。（《论语义疏》）

教授弟子

原文

宪问耻。子曰：“邦有道，谷；邦无道，谷，耻也。”“克、伐、怨、欲不行焉，可以为仁矣？”子曰：“可以为难矣，仁则吾不知也。”（《宪问·1》）

译文

原宪问什么是可耻。孔子说：“国家政治清明而不能有作为，国家政治黑暗不能独善其身而只知拿俸禄，都是可耻的。”原宪又问：“好胜、自夸、怨恨、贪欲这四种毛病都没有表现，可以算是做到仁了吧？”孔子说：“这只能说是很难得，至于是不是仁，那我就不知道了。”

语境

孔子为鲁司寇，原宪尝为孔子宰。（《孔子家语》）

邦有道不能有为，邦无道不能独善，而但知食禄，皆可耻也。宪之狷介，其于邦无道谷之可耻，固知之矣；至于邦有道谷之可耻，则未必知也。故夫子因其问而并言之，以广其志，使知所以自勉，而进于有为也。（《论语集注》）

宪即原思，以贫见称，亦能高洁自守。孔子使为宰，与禄厚，原宪辞，若以为耻。故孔子告之，邦有道，固当出身任事，食禄非可耻。邦若无道，不能退身引避，仍然任事食禄，始可耻。（钱穆《孔子传》）

原文

孟懿子问孝。子曰：“无违。”樊迟御，子告之曰：“孟孙问孝于我，我对曰，无违。”樊迟曰：“何谓也？”子曰：“生，事之以礼；死，葬之以礼，祭

之以礼。”（《为政·5》）

译文

孟懿子向孔子问孝道。孔子说：“不要违背礼制。”不久，樊迟给孔子驾车，孔子告诉他：“孟孙向我问孝道，我答复他说，不要违背礼制。”樊迟说：“这是什么意思呢？”孔子说：“父母活着，按礼侍奉他们；死了，按礼安葬他们，按礼祭祀他们。”

语境

考懿子为僖子之子，尝学礼于孔子，故孔子即以礼训之。樊迟与懿子同门，故恐懿子复问樊迟也。方氏观旭《论语偶记》：“《檀弓》云：‘三家视桓楹。’葬僭礼也。《八佾篇》：‘三家者以《雍》彻。’祭僭礼也。唯是懿子之父仲孙貜，《春秋》书其卒，在昭二十四年。樊迟少孔子三十六岁，是貜卒时，樊迟尚未生。今懿子问孝时，有樊迟御，而夫子备告以生事葬祭者，懿子或尚有母在与？”懿子受学圣门，及夫子仕鲁，隳三都，懿子梗命，致圣人之政化不行，是实鲁之贼臣，《弟子传》不列其名，及此《注》但云“鲁大夫”，亦不云“弟子”，当为此也。（《论语正义》）

鲁大夫仲孙何忌问孝道于孔子也。弟子樊须为夫子御车。孔子恐孟孙不晓无违之意，而懿子与樊迟友善，必将问于樊迟，故夫子告之。（邢昺《疏》）

孟孙三家，僭滥违礼，故孔子以每事须礼为答也。此三事为人子之大礼，故特举之也。（《论语义疏》）

原文

子使漆彫开仕。对曰：“吾斯之未能信。”子说。（《公冶长·6》）

译文

孔子让漆雕开去做官。他回答说：“我对这个还没有信心。”孔子听到谦言很高兴。

语境

夫子使开仕，当在为鲁司寇时。由开之言观之，其平时好学，不自矜伐，与其居官临民谨畏之心，胥见于斯。其后仕与不仕，史传并无明文。是开之言“未能信”，实以仕进之道未能究习，而非不乐仕矣。（《论语正义》）

弟子姓漆彫，名开，孔子使之仕进也。开意志于学道，不欲仕进。（邢昺《疏》）

孔子使此弟子出仕官也。答云：言己学业未熟，未能究习，则不为民所信，未堪仕也。一云："言时君未能信，则不可仕也。"故张凭曰："夫君臣之道，信而后交者也。君不信臣，则无以授任；臣不信君，则难以委质。鲁君之诚未洽于民，故曰未敢信也。"孔子闻其言而欣悦也。范宁曰："开知其学未习究治道，以此为政，不能使民信己。孔子悦其志道之深，不汲汲于荣禄也。"(《论语义疏》)

于时孔子为鲁司寇，故使其仕。"吾斯之未能信"，开承命往仕，而辞于夫子之言。"吾"当为"启"字之误。之，往也。言启此往，未能自信。(《戴氏注论语小疏》)

原文

子路使子羔为费宰。子曰："贼夫人之子。"子路曰："有民人焉，有社稷焉，何必读书，然后为学？"子曰："是故恶夫佞者。"(《先进·25》)

译文

子路让子羔去费县当县长。孔子说："学业未完就去从政，对那里的子弟是有害的。"子路说："那里有老百姓，有政权机关，为政也是学习，为什么一定要读书才算是学习呢？"孔子说："正像你这样，所以我讨厌那种狡辩的人。"

语境

当时季氏选任一费宰，必招之孔子之门，其尊信孔子可知。子羔少孔子三十岁，与颜子同年。定公十二年，子羔年仅二十四。孔子欲其继续为学，不欲其早年出仕，说如此将要害了他。(钱穆《孔子传》)

子路臣季氏，故任举子羔，使为季氏费邑宰也。(邢昺《疏》)

治民事神固学者事，然必学之已成，然后可仕以行其学。若初未尝学，而使之即仕以为学，其不至于慢神而虐民者几希矣。子路之言，非其本意，但理屈词穷，而取辨于口以御人耳。故夫子不斥其非，而特恶其佞也。范氏曰："古者学而后入政，未闻以政学者也。盖道之本在于修身，而后及于治人，其说具于方册，读而知之，然后能行。何可以不读书也？子路乃欲使子羔以政为学，失先后本末之序矣。不知其过而以口给御人，故夫子恶其佞也。"(《论语集注》)

子羔长不盈五尺，受业孔子，孔子以为愚。(《史记·仲尼弟子列传》)

原文

子曰："孝哉闵子骞！人不间于其父母昆弟之言。"(《先进·5》)

译文

孔子说："真孝呀，闵子骞！他的父母兄弟都夸他孝，人们听了从没有异议。"

语境

言子骞至孝，事父母兄弟尽于美善，故凡人物论无有非间之言于子骞者也。（《论语义疏》）

胡氏曰："父母兄弟称其孝友，人皆信之无异辞者，盖其孝友之实，有以积于中而著于外，故夫子叹而美之。"（《论语集注》）

善闵子骞守礼不苟，从亲所行，无非道者，故无可非间。《春秋》之义，"许人子者必使子"。《公羊传》襄公二十九年："许人臣者必使臣，许人子者必使子。"（《戴氏注论语小疏》）

原文

子曰："恭而无礼则劳，慎而无礼则葸，勇而无礼则乱，直而无礼则绞。君子笃于亲，则民兴于仁；故旧不遗，则民不偷。"（《泰伯·2》）

译文

孔子说："一味恭敬却不知礼就未免劳倦，只知谨慎却不知礼就流于懦弱，专凭勇猛却不知礼就会犯上作乱，心直口快却不知礼就会尖刻伤人。在上位的人厚待亲族，老百姓就会走向仁德；不遗弃故交旧友，老百姓就不会人情淡薄。"

语境

《礼记·仲尼燕居》子曰："敬而不中礼谓之野，恭而不中礼谓之给，勇而不中礼谓之逆。"（《论语集释》）

燕居者，退朝而居也。（《论语义疏》）

恭以远耻，慎以避祸，勇以成义，直以正人，然而不中礼，则有四者之失，唯礼可以已之。亲亲敬故，礼之大者。《春秋》中："母弟称弟，母兄称兄"，见亲亲之义。于谷、邓失地之君来朝称侯，见敬故之义。周道尊尊，诸侯兄弟不得以属通，故其制服绝旁期。殷道不然，上下各以其亲。质文异教，而《春秋》从殷，故先亲亲也。（《戴氏注论语小疏》）

《毛诗·伐木序》云："自天子至于庶人，未有不须友以成者。亲亲以睦，友贤不弃，不遗故旧，则民德归厚矣。"是言民化于上也。（《论语正义》）

恭慎勇直皆美行，然无礼以为之节文，则仅见其失。在上者厚于其亲，

民闻其风，亦将兴于仁。在上者不忘弃其故旧，则民德自归于厚。（《论语新解》）

按语

“恭慎勇直”之美德，一旦离开了“礼”立刻就变成了其反面：“劳、葸、乱、绞”，礼是维护社会秩序的准则，孔子极力主张“克己复礼”，可见礼之用何其重大也。

燕居礼容

原文

子之燕居，申申如也，夭夭如也。（《述而·4》）

译文

孔子退朝在家时，一副仪态舒展、脸色愉快的样子。

语境

燕居者，退朝而居也。《乡党》云：“居不容。”故当燕居时，所以心和而貌舒也。（《论语义疏》）

原文

食不语，寝不言。（《乡党·10》）

译文

吃饭的时候不交谈，睡觉的时候不说话。

语境

语诲言也，当食不诲言，所以尊道。内寝不言政事，所以敬天职。（《戴氏注论语小疏》）

直言曰言，答述曰语。方食不可语，语则口中可憎。寝息宜静，故不言也。（邢昺《疏》）

言是宜出己，语是答述也。食须加益，故许言而不许语。语则口可惜，亦不敬也。寝是眠卧，眠卧须静，若言则惊闹于人，故不言之也。（《论语义疏》）

按语

据《戴氏注论语小疏》意，“寝不言”指睡觉时不与妻子谈论政事，从孔子厌恶灵公夫人南子专权的态度以及“有妇人焉，九人而已”的言论（《泰伯·20》）来看，孔子似乎不大赞成女人参政，因此“寝不言”还是颇有一番道理的。

原文

寝不尸，居不客。（《乡党·24》）

译文

孔子睡觉时不像死尸一样直挺着，平常在家时不像作客那样仪态庄重。

语境

眠当小欹，不得直脚申布似死人也。家主和怡，燕居貌温温，故不为容自处也。（《论语义疏》）

郑《目录》云：“退朝而处曰燕居，退燕避人曰闲居。”此皇《疏》亦云：“燕居者，退朝而居也。”皇《疏》言人卧法云：“眠当欹而小屈。”谓足小屈也。夫子曲肱而枕，则侧卧可知。（《论语正义》）

言孔子寝息居家之礼也。（邢昺《疏》）

原文

子见齐衰者、冕衣裳者与瞽者，见之，虽少，必作；过之，必趋。（《子罕·10》）

译文

孔子遇见穿丧服的人、戴礼帽穿礼服的人和盲人乐师，他们来见，虽然比自己年轻，孔子也一定要站起来；从他们身旁走过，一定要快步走。

语境

《曾子问》：“尸弁冕而出，卿大夫士皆下之，尸必式。”“出”谓出庙门，非谓出大门在道上也。若然，夫子得见冕衣裳者，意即在公时所见。（《论语正义》）

“弁衣裳者与瞽者，见之”，弁，爵弁，卿大夫之祭服。瞽，瞽矇，乐官也。此见之谓来见。（《戴氏注论语小疏》）

孔子见此三种人，虽复年少，孔子改坐而见之，必为之起也。若行过此三种人，必为之疾速，不敢自修容也。（《论语义疏》）

范氏曰：“圣人之心，哀有丧，尊有爵，矜不成人。其作与趋，盖有不期然而然者。”（《论语集注》）

原文

见齐衰者，虽狎，必变。见冕者与瞽者，虽亵，必以貌。凶服者式之。式负版者。有盛馔，必变色而作。迅雷风烈必变。（《乡党·25》）

译文

孔子看见穿丧服的人，即使是平日关系亲密的，也一定要把态度变得严肃起来。看见戴礼帽的和盲人，即使很熟悉，也一定要表现得有礼貌。在乘车时遇见送死人衣服的人，便把身体微微地向前一俯，伏在车前横木上以示同情。遇见背负国家图籍的人，也这样做以示敬意。遇有丰盛的筵席，一定要改变神色，并站起来致谢。遇见迅雷大风，一定要改变神色，以示对上天的敬畏。

语境

孔子见所哀恤，及敬重之事，为之变容也。（邢昺《疏》）

孔子见他人送死之衣物，必为敬而式之也。古未有纸，凡所书画皆于板。孔子见人担揭国之图板者，皆式敬之也。孔子见主人食馔有盛平常，故变色而起也。所以然者，主人自亲馈，故客起敬也。风疾而雷，此是阴阳气激为天之怒，故孔子必自整变颜容以敬之也。（《论语义疏》）

原文

朋友之馈，虽车马，非祭肉，不拜。（《乡党·23》）

译文

朋友馈赠物品，除了祭肉，即使是贵重的车马，孔子接受时也不拜谢。

语境

《礼记·坊记》曰："父母在，馈献不及车马。"可见馈车马之礼的分量。但孔子却不拜，因为他有自己的标准。孔子之所以把祭肉看得比车马还重要，是因为祭肉虽小，但它关系"孝"的问题，肉在祭祀过祖先之后，就不仅仅是可以食用的肉了，而是对祖先尽孝的表现。除此之外，孔子之所以如此重视祭肉，还有更深层次的原因。分送祭肉的制度与古代的礼制有一定的关系，西周春秋时祭宗庙的肉称膰（又称胙），祭社的肉称脤。祭祀祖宗神祇与分受祭肉是一件十分重要的事情。所谓"国之大事，在祀与戎；祀有执膰，戎有受脤"（《左传》成公十三年），一般只有在位的贵族才能参与祭祀，分享到祭肉。当时不仅同姓贵族共祭共食，不同姓的贵族也互

相馈赠祭肉，分享祭肉就成了维系贵族统治者的一条纽带，也成为古代的一种礼制。(《论语诠解》)

言孔子轻财重祭之礼也。(邢昺《疏》)

谓朋友有物见饷也。车马、家财之大者也。朋友有通财之义，故虽复见饷车马，而我不拜谢也。所可拜者，若朋友见饷其家之祭肉，虽小亦拜受之，敬祭也。(《论语义疏》)

原文

乡人饮酒，杖者出，斯出矣。(《乡党·13》)

译文

行乡饮酒礼后，孔子要等老年人都出去了，自己这才出去。

语境

乡人饮酒之礼。(邢昺《疏》)

礼："五十杖于家，六十杖于乡。"故呼老人为杖者也。乡人饮酒者贵齿崇年，故出入以老者为节也。若饮酒礼毕，杖者先出，则同饮之人乃从之而出，故云"杖者出斯出矣"也。(《论语义疏》)

《王制》云："五十杖于家，六十杖于乡，七十杖于国，八十杖于朝。"蜡祭饮酒，初虽正齿位，及其礼末，皆以醉为节。《礼》言："六十杖于乡"，夫子与乡人饮酒而出后杖者，则时为立侍之众宾可知。《杂记》云："子贡观于蜡，曰：'一国之人皆若狂。'是既醉而出之时，不复有先后之次，此夫子杖者出，斯出矣，所以为异于人。"(《论语正义》)

乡人饮酒，盖党正蜡祭时饮酒也。《礼记·乡饮酒义》："六十者坐，五十者立侍，以听政役。"《礼记·王制》："礼，六十杖于乡。"子出后长者，则时为立侍之众宾。(《戴氏注论语小疏》)

原文

乡人傩，朝服而立于阼阶。(《乡党·14》)

译文

乡里人举行迎神驱鬼的仪式时，孔子穿着朝服站在东边的台阶上。

语境

孔《论语注》则云"立于庙之阼阶"，盖庙有寝室，先祖之神在寝室中，故云"存室神"也。室神，犹云庙神也。士入庙玄端，大夫入庙朝服。孔子

为少司寇，故得以大夫之服入庙也。(《论语集释》)

明孔子存事神之礼也。(邢昺《疏》)

傩者，逐疫鬼也。孔子闻乡人逐鬼，恐见惊动宗庙，故着朝服而立阼阶以侍先祖，为孝之心也。朝服者，玄冠缁布衣素积裳，是卿大夫自祭之服也。礼：唯孤卿爵弁自祭。若卿大夫以下，悉玄冠以自斋祭。斋祭不异冠服也。(《论语义疏》)

原文

厩焚。子退朝，曰："伤人乎？"不问马。(《乡党·17》)

译文

孔子的马棚失火了。孔子从朝堂回来，得知此事急问："伤到人了吗？"没有问到比人贵重的马。

语境

孔子早上朝，朝竟而退还家也。从朝退还，见厩遭火。王弼："孔子时为鲁司寇，自公朝退而之火处。不问马者，矫时重马者也。"(《论语义疏》)

《少仪》云："朝廷曰退。"言臣自朝廷归为退也。夫子仕鲁为大夫，得有马乘，故郑以退朝为自朝来归，明此厩为夫子家厩矣。(《论语正义》)

在当时奴隶社会中，一匹好马能换四个喂马的奴隶和一束丝。一个喂马的奴隶的身份，抵不上一条马腿。(骆承烈《孔子故里解论语》)

原文

原思为之宰，与之粟九百，辞。子曰："毋！以与尔邻里乡党乎！"(《雍也·5》)

译文

原思任孔子家的总管，孔子给他俸米九百，他嫌多推辞不要。孔子说："不要推辞！多余的就送给你的邻里乡亲嘛！"

语境

包曰："弟子原宪。思，字也。孔子为鲁司寇，以原宪为家邑宰。"(《论语集解》)

孔子为鲁司寇，以原宪为家邑宰。孔子五十二岁始仕鲁，为中都宰，五十三岁进位为司空、司寇，五十六岁去位。则此原思为宰，盖在孔子为司空、司寇时也。当时孔子为小司寇，即下大夫，其家宰可用上士为之。(《论语正义》)

弃官出走

原文

公伯寮愬子路于季孙。子服景伯以告，曰：“夫子固有惑志于公伯寮，吾力犹能肆诸市朝。”子曰：“道之将行也与，命也；道之将废也与，命也。公伯寮其如命何！”（《宪问 · 36》）

译文

公伯寮向季孙诽谤子路。子服景伯来告诉孔子，说：“季孙听了公伯寮的谗言，对子路疑心更大了，我的力量还能够把公伯寮诛杀陈尸街头。”孔子说：“道将要得到推行，是天命决定的；道将要被人废弃，也是天命决定的。公伯寮能把天命怎么样呢？”

语境

公伯氏，寮名，鲁人，孔子为司寇，使子路帅师隳费，寮盖以子路欲弱强臣，愬于季氏。子服景伯，弟子子服氏，名何，鲁大夫子服昭伯之子。言夫子固有疑意，非特因寮之愬也。于寮，吾力犹能诛之，季孙之惑则不能解也。陈尸曰肆。大夫于朝，士于市。寮是士，止应云肆诸市，连言朝耳。（《戴氏注论语小疏》）

公伯寮，鲁人，亦孔子弟子，后人谓其是孔门之蟊螣。子路以隳三都进言于季孙，及孟氏守成弗隳，季叔两家渐萌内悔之意，公伯寮遂乘机谮子路，季孙惑其言，则至是而季氏于孔子始生疑怠之心矣。子服景伯乃孟孙之族，出于公愤，欲言于季孙以置公伯寮于罪，而孔子止之。盖隳三都之主张不能贯彻施行，自定公季孙以下皆有责，此乃一时之群业，时运使然，孔子则谓之为命。至于公伯寮之进谗，此仅小小末节，固非孔子所欲计较也。（钱穆《孔子传》）

伯寮、子路皆臣于季孙，伯寮诬子路以罪而谮于季孙也。子服景伯以其事告孔子也。（邢昺《疏》）

子路时仕季氏，而伯寮谗季氏，令信谗谮子路也。殷礼：杀大夫已上于朝，杀士于市，杀而犹陈曝其尸以示百姓，曰肆也。（《论语义疏》）

揆语

孔子在从政的关键时点常常受到小人谗毁，使得政治主张难以施展。本章是公伯寮，虽然是“愬子路”，但实际是愬孔子，因为此时子路仕于季氏正协助孔子完成一项宏大计划：隳三都。因公伯寮的挑唆，引起季氏警觉，隳三都半途而废。孔子在齐国，与景公两次论政后，“景公说，将欲以尼谿田封孔子”，但遭晏婴谗言，迫使景公改变了计划，“吾老矣，不能用也”。在卫国，孔子得六万粟之禄，“居顷之，或谮孔子于卫灵公”，最终不得用。在楚国，楚昭王将以七百里之地封孔子，令尹子西进言“孔丘得据土壤，贤弟子为佐，非楚之福也”，昭王乃止。孔子仕途坎坷不得志，固然有社会的、个人的多种原因，但与小人作梗中伤不无关系。

原文

季氏使闵子骞为费宰。闵子骞曰：“善为我辞焉！如有复我者，则吾必在汶上矣。”（《雍也·9》）

译文

季氏让闵子骞去做费邑的县长。闵子骞对来人说：“请婉言替我辞掉吧！如果再来找我，那我一定会逃到汶水之北的齐国了。”

语境

辞当言辤。辤，谢也。孔子为鲁司寇，闵子为费宰，今则不欲反治其邑，鲁不用孔子故也。闵子以孔子道之行废为己之出处。（《戴氏注论语小疏》）

时费宰公山不狃已奔齐，季氏惩于其家臣之凶恶，乃择孔子弟子中知名者为之。闵子骞少孔子十五岁，已届强仕之年，在孔门居德行之科。季氏物色及之，可谓允得其选。然闵子坚决辞谢。今不知此事约在何时，当已在围成弗克之后。鲁国政情又趋复杂。闵子或早知孔子有去位之意，故不愿一出也。（钱穆《孔子传》）

不仕大夫，不食污君之禄。（《史记·仲尼弟子列传》）

孔曰：“费，季氏邑。季氏不臣，而其邑宰数畔。闻子骞贤，故欲用之。”僭礼乐，逐昭公，是不臣也。昭十二年，南蒯以费畔，又公山弗扰以费畔，是数畔也。（《论语注疏》）

“邑宰数畔”，谓南蒯、公山弗扰之类。如《注》所言，季氏当指康子。以上章康子问三子从政观之，此为康子无疑。（《论语正义》）

原文

齐人归女乐，季桓子受之，三日不朝。孔子行。（《微子·4》）

译文

齐国怕鲁国强大起来，送来一批歌姬舞女，季桓子接受了，国君和季桓子观赏表演，数日不问朝政，孔子就离职走了。

— 语境 —

盖女乐事在定公十二、十三冬春之间。去鲁实在十三年春。(《论语正义》)

孔子去鲁适卫的年代，《史记》定为上一年的秋冬之间，根据鲁国郊祭一般在春三月，故从《阙里志》系于公元前497年，即鲁定公十三年。(《孔子评传》)

桓子，季孙斯也，使定公受齐之女乐，君臣相与观之，废朝礼三日，孔子遂行也。(邢昺《疏》)

齐饷鲁定公女伎，致时孔子在鲁，齐畏鲁强，故饷鲁于女乐，欲使孔子去也。(《论语义疏》)

定公十四年，孔子年五十六，由大司寇行摄相事。于是诛鲁大夫乱政者少正卯。与闻国政三月，粥羔豚者弗饰贾；男女行者别于涂；涂不拾遗；四方之客至乎邑者，不求有司，皆予之以归。齐人闻之而惧，曰：'孔子为政必霸，霸则吾地近焉，我之为先并矣。盍致地焉？'犁钼："请先尝沮之，沮之而不可则致地，庸迟乎？"于是选齐国中女子好者八十人，皆衣文衣而舞《康乐》，文马三十驷，遗鲁君。陈女乐文马于鲁城南高门外。季桓子微服往观再三，将受，乃语鲁君为周道游，往观终日，怠于政事。子路曰："夫子可以行矣。"孔子曰："鲁今且郊，如致膰乎大夫，则吾犹可以止。"桓子卒受齐女乐，三日不听政。郊，又不致膰俎于大夫。孔子遂行，宿乎屯。(《史记·孔子世家》)

— 悟语 —

孔子被迫弃官出走，表面看是因"女乐""祭肉"之故，实际上根本的原因在于隳三都的举措触动了三家的根本政治利益，使原本的合作关系变成了政敌关系，孔子仕鲁之路也就难以为继了。

— 原文 —

子曰："禘自既灌而往者，吾不欲观之矣。"(《八佾·10》)

— 译文 —

孔子说："禘祭的仪式，从第一次献酒以后，我就不想再看下去了。"

— 语境 —

孔子与于宾踖，既游于观之上，言偃侍，喟然叹曰："夫鲁之郊与禘皆非礼，周公其衰矣。杞之郊也，禹宋之郊也，契是天子之事，守也，天子以杞宋二王之后，周公摄政致太平而与天子同是礼也。"又曰："禘自既灌而往者，

吾不欲观之矣。”（程复心《周孔子论语年谱》）

其常祭，则三岁一祫，五岁一禘，所谓“五年再殷祭”也。鲁禘本在六月，而僖八年以七月，昭十五年以三月，定八年以十月。《史记·礼书》：“是以君臣朝廷尊卑贵贱之序，下及黎庶车舆衣服宫室饮食嫁娶丧祭之分，事有宜适，物有节文。仲尼曰‘禘自既灌而往者，吾不欲观之矣’。周衰，礼废乐坏，大小相踰，管仲之家，兼备三归。”如史公说，则不欲观为鲁僭禘，此禘明在群庙矣。（《论语正义》）

这一禘礼是指古代一种极为隆重的大祭之礼，只有天子才能举行。不过周成王曾因为周公旦对周朝有过莫大的功勋，特许他举行禘祭。以后鲁国之君都沿此惯例，“僭”用这一禘礼，因此孔子不想看。（《论语译注》）

每五年一禘祭，为常祭中之大祭，亦在太庙。鲁文公时，跻升其父僖公于闵公之前。僖公虽为闵公之庶兄，然承闵公之君位，今升于闵公前，是谓逆祭。《春秋》讥之。定公八年，曾加改正。然其事出于阳虎，此后殆仍是僖跻闵前。此章之禘，乃指五年之禘祭。（《论语新解》）

孔曰：“禘、祫之礼，为序昭穆，故毁庙之主及群庙之主皆合食于太祖。灌者，酌郁鬯灌于太祖，以降神也。既灌之后，列尊卑，序昭穆。而鲁逆祀，跻僖公，乱昭穆，故不欲观之矣。”（《论语集解》）

原文

或问禘之说。子曰：“不知也；知其说者之于天下也，其如示诸斯乎！”指其掌。（《八佾·11》）

译文

有人向孔子请教禘祭之礼的说法。孔子说：“我不知道；知道禘礼说法的人对于治理天下，就如同在这里摆弄东西一样容易吧！”边说边指着自己的手掌。

语境

禘是天子之礼，鲁国举行，在孔子看来，是完全不应该的。但孔子又不想明白指出，只得说“不欲观”“不知也”，甚至说“如果有懂得的人，他对于治理天下是好像把东西放在手掌上一样的容易”。（《论语译注》）

本章承上章来。孔子不赞成鲁之禘礼，或人因此为问。孔子不欲深言，故诿曰不知。（《论语新解》）

或人问孔子，禘祭之礼其说何如？孔子答言，不知禘礼之说。答以不知者，为鲁讳。讳国恶，礼也。时鲁跻僖公，乱昭穆，说之则彰国之恶，故但言不知也。孔子既答或人以不知禘礼之说，若不更说，恐或人以为己实不知，无以明其讳国恶，且恐后世以为，禘祭之礼，圣人不知，而致废绝，更为或人言此也。言我知禘礼之说者，于天下之事中，其如指示于此掌中之物。言其易了也。当时孔子举一手伸掌，以一手指之，以示或人，曰：“其如示诸斯乎！”弟子等恐人不知示诸斯谓指示何等物，故著此一句，言是时夫子指其掌也。(邢昺《疏》)

先王报本追远之意，莫深于禘。非仁孝诚敬之至，不足以与此，非或人之所及也。不王不禘之法，又鲁之所当讳者，故以不知答之。弟子记夫子言此而自指其掌，言其明且易也。盖知禘之说，则理无不明，诚无不格，而治天下不难矣。(《论语集注》)

明乎郊社之义，尝禘之礼，治国其如指诸掌而已乎！(《礼记·仲尼燕居》)

夫子讳鲁僭禘，故答以不知。而复广其说于天下，明为王者之事，非鲁所得知也。(《论语正义》)

原文

子曰：“法语之言，能无从乎？改之为贵。巽与之言，能无说乎？绎之为贵。说而不绎，从而不改，吾末如之何也已矣。”(《子罕·24》)

译文

孔子说：“合于礼法的话，能不听从吗？听从之后能改正错误才是可贵的。恭顺赞许的话，听了能不高兴吗？对这些话能分析鉴别才是可贵的。只是高兴而不分析鉴别，只是听从而不改正错误，对这种人我实在是没有办法了。”

语境

若定公、季桓子是也。孔子行乎季孙，三月不违，卒以女乐去鲁，故发此言。(《戴氏注论语小疏》)

原文

子曰：“已矣乎，吾未见能见其过而内自讼者也。”(《公冶长·27》)

译文

孔子说：“算了吧！我没见过能够发现自己的错误而内心自责的人。”

语境

已矣乎，决绝之辞。昔者孔子去鲁，为《彼妇》之歌，季桓子闻之，曰：“夫子罪我，以群婢故。”此其知过而中不能自讼，卒不复召孔子，故发此叹

也。(《戴氏注论语小疏》)

孔子遂行，宿乎屯。而师己送，曰："夫子则非罪。"孔子曰："吾歌可夫?"歌曰："彼妇之口，可以出走；彼妇之谒，可以死败。盖优哉游哉，维以卒岁！"师己反，桓子曰："孔子亦何言?"师己以实告。桓子喟然叹曰："夫子罪我以群婢故也夫！"(《史记·孔子世家》)

疾时人有过，莫能自责也。(邢昺《疏》)

夫子叹未见好仁、恶不仁者，及此又有未见能自讼之叹，盖改过为学者至要，而亦至难，故非慎独不克致力矣。(《论语正义》)

止矣乎者，叹此以下事久已无也。言我未见人能自见其所行事有过失，而自责者也。(《论语义疏》)

原文

色斯举矣，翔而后集。曰："山梁雌雉，时哉时哉！"子路共之，三嗅而作。(《乡党·27》)

译文

母野鸡感觉处境有危险便向高处飞去，飞翔了一阵后停在树上。孔子说："山梁上的母野鸡知危而去，识时务呀！识时务呀！"子路听了对它们肃然拱手，野鸡振振翅膀飞走了。

语境

《四书辨证》：今考《杨子·五百篇》有"孔子雉噫"之句。杨升庵《丹铅录》申其说曰："杨子论孔子因女乐去鲁不听政，谏不用，雉噫。注云：雉噫，犹歌叹之声。梁鸿《五噫》之类也。《冲波传》云：'孔子相鲁，齐人归女乐沮之，孔子乃行。'"睹雉之飞，叹曰"山梁雌雉，时哉时哉！色斯举矣，翔而后集"。因为雉噫之歌曰："彼妇之口，可以出奏。彼妇之谒，可以死北。优哉游哉，聊以卒岁。杨子所云雉噫者指此。"(《论语集释》)

齐黎钼计沮孔子曰："邻国有圣人，己国之忧也。"归鲁女乐，桓子受之，三日不听政，郊又不致膰俎于大夫，孔子不税冕而行，为雉噫之歌，曰："山梁雌雉，时哉！时哉！色斯举矣，翔而后集。"子路共之，三嗅而作。(程复心《周孔子论语年谱》)

孔子从山梁间见有此雌雉也。时哉者，言雉逍遥得时也。所以有叹者，言人遭乱世，翔集不得其所，是失时矣。不如梁间之雉，十步一啄，百步一饮，是得其时，故叹之也。子路不达孔子"时哉时哉"之叹，而谓叹雌雉是时月之味，故驰逐驱拍，遂得雌雉，煮熟而进以供养孔子，故曰"子路供之"

也。子路不达孔子意，而供此熟雉，乖孔子本心。孔子若直而不食者，则恐子路生怨；若遂而食之，则又乖我本心，故先三嗅气而后乃起，亦如得食不食之间也。（《论语义疏》）

孔子所处，见颜色不善，则于斯举动而去之。将所依就，则必回翔审观而后下止。孔子感物而叹也。孔子行于山梁，见雌雉饮啄得所，故叹曰："此山梁雌雉，得其时哉！"而人不得其时也。（邢昺《疏》）

三、周游列国（鲁定公十三年至鲁哀公十一年，孔子五十五岁至六十八岁）

概况

鲁定公十三年（公元前497前），孔子到卫国，居住在卫都帝丘（今河南省滑县）子路妻兄颜浊邹家。弥子瑕与子路是连襟关系，很愿意让孔子住他家，孔子嫌他名声太坏不愿去那里住，弥子瑕对子路说："如果孔子住我这儿，我可以帮助他得到卿相职位。"孔子说："一切由命。"《孟子·万章章句上》："弥子之妻与子路之妻，兄弟也。弥子瑕谓子路曰：'孔子主我，卫卿可得也。'子路以告。孔子曰：'有命。'"卫灵公也想博得一个尊贤的好名声，就接纳了孔子，并按照鲁国的待遇给他六万粟的俸禄，但并没有想用他的意思。不久，孔子遭谗言，住所受到监视，恐怕出意外，遂于十月去卫适陈。在过匡地（今河南省长垣县境）时，匡人误认孔子为阳虎，因阳虎曾欺压匡人，而孔子貌似阳虎，于是围困了孔子。晋佛肸来召，孔子欲往，不果。后经蒲地（亦在长垣县境），遇公叔氏叛卫，又被当地群众所围。孔子与蒲人定盟，返回卫国，卫灵公已在郊外迎候。到卫国后住在蘧伯玉家。

鲁定公十四年（公元前496前），孔子五十六岁。回到卫国，见南子，子路不悦。灵公与南子让孔子为次乘招摇过市，孔子耻之，曾去卫又回卫。

鲁定公十五年（公元前495年），孔子五十七岁。邾子朝鲁，子贡观礼。鲁定公卒，其子蒋立，是为哀公。

鲁哀公二年（公元前493年），孔子五十九岁。

孔子不见用，喟然叹曰："苟有用我者，期月而已，三年有成。"灵公问陈，孔子说："俎豆之事则尝闻之，军旅之事未之学也。"（《史记·孔子世家》）由是，决计离卫西去，投奔晋国赵简子，走到大河边，听说赵简子杀了两个贤人，临河而叹，返回卫国，然后去卫如曹适宋。

在适宋路上，与弟子习礼檀树之下，宋司马桓魋欲害，孔子微服而行。逃到郑国，与弟子走失，独自在东门等候，被人嘲笑为"累累若丧家之犬"。《史记·孔子世家》："东门有人，其颡似尧，其项类皋陶，其肩类子产，然自要以下不及三寸，累累若丧家之狗。"郑国没有接待，又取道适陈。

夏，灵公卒，立蒯聩之子辄，是为卫出公。

鲁哀公三年（公元前492年），孔子六十岁。孔子自称“六十而耳顺”。意谓这时他听到任何事情，都能立即辨明是非。

到陈后住在贤人司城贞子家，又通过他向国君陈侯周（即陈湣公）的推荐，取得一个有名无实的职位，也有“俸禄”，但不像在卫国那样优厚。

秋，鲁季桓子病，懊悔过去未能长期用孔子而影响了鲁国的振兴。临死前，嘱其子季康子要召回孔子以相鲁。后来由于公之鱼的阻拦，季康子改变了主意，派使改召孔子弟子冉求。冉求将行，孔子说：“鲁人召求，非小用之，将大用之也。”（《史记·孔子世家》）冉求返鲁做了季氏宰。

孔子思念鲁国和鲁国的弟子，叹道：“归与，归与！”

孔子说：“六十而耳顺。”意谓此时听到任何事情都能辨明是非。

鲁哀公六年（公元前489年），孔子六十三岁。

吴伐陈，楚来救，陈国大乱。那时，楚国有一位有名望的大夫叫沈诸梁，采邑在叶，人称叶公，正驻守负函（楚地，今河南信阳）。鲁哀公二年，楚伐蔡，蔡迁州来（今安徽寿县），楚迁蔡人于负函，叶公驻负函即为此。叶公是当时有贤名的政治家，所以孔子离陈过蔡想到负函去看他。在陈、蔡间被困，绝粮七日，许多弟子因困饿而病，孔子依然讲诵、弦歌不止。子路等弟子屡遭挫折，对孔子之道产生了怀疑，只有颜渊认识到孔子道大，不为当时所容，“是有国者之丑”。孔子为有颜渊这样的弟子感到高兴（《史记·孔子世家》）。《说苑·杂言》载：孔子遭陈、蔡之境，绝粮，弟子皆有饥色，孔子歌两柱之间……孔子曰：“夫陈、蔡之间，丘之幸也，二三子从丘者，皆幸人也。吾闻人君不困不成王，列士不困不成行。昔者汤困于吕，文王困于羑里，秦穆公困于肴，齐桓困于长勺，勾践困于会稽，晋文困于骊氏。夫困之为道，从寒之暖，暖之及寒也。唯贤者独知而难言之也。”《孟子》：“君子之厄于陈、蔡之间，无上下之交也。”孔子一行后被楚人相救。

路遇隐者长沮、桀溺、荷蓧丈人、楚狂接舆，他们主张消极避世、隐居自乐，对孔子积极用世的态度冷嘲热讽，孔子不以为然。例如桀溺劝子路跟他们一道做避世之人。孔子知道后说：“鸟兽不可与同群，吾非斯人之徒与而谁与？天下有道，丘不与易也。”（《论语·微子》）表示了为改变天下无道局面的决心。又如楚狂接舆遇到孔子时就唱道：“凤兮凤兮，何德之衰？往者不可谏，来者犹可追。已而已而，今之从政者殆而！”（《论语·微子》）孔子很想跟他交流沟通一番，但接舆急忙避开了，没有交流成。

到了负函见叶公，叶公问政，孔子说：“近者说，远者来。”（《论语·子路》）叶公又通过子路了解孔子是怎样的人，子路没能答得上来，孔子说：“女奚不曰：‘其为人也，发愤忘食，乐以忘忧，不知老之将至云尔。’”（《论

语·述而》)

楚昭公欲重用孔子，使使奉币来聘，将以书社地七百里封孔子，因令尹子西阻拦，此议遂止。不久，楚昭王去世，楚惠王继位，孔子先后派子夏和冉求到郢都去见楚王，都没什么结果，孔子辅佐楚王实现仁政的愿望落空了。孔子从楚径直返回卫国。

鲁哀公七年（公元前 488 年），孔子六十四岁。夏，鲁哀公与吴人会于鄫（今山东省峄县境内），吴向鲁国索取牛、羊、猪各一百头为祭品。吴太宰嚭召季康子，康子使子贡辞谢（这时子贡已仕鲁为大夫），子贡以周礼说服嚭，很好地完成了使命。

鲁哀公十年（公元前 485 年），孔子六十七岁。孔子夫人亓官氏卒。

适卫

原文

仪封人请见，曰："君子之至于斯也，吾未尝不得见也。"从者见之。出曰："二三子何患于丧乎？天下之无道也久矣，天将以夫子为木铎。"（《八佾·24》）

译文

仪地的边防官请求会见孔子，说："有德的君子到这里来，我没有不会见的。"随从弟子带他见了孔子。他出来说："诸位，何必为夫子失掉官位而发愁呢？天下无道已经很久了，上天就是要让夫子离鲁周游，在天下传播仁道。"

语境

夫子失鲁司寇，将适卫。大夫去国，以丧礼处之，故仕失位曰丧也。《春秋说》云："圣人不空生，必有所制以显天心。"封人以夫子不有天下，知将受命制作，为天驾说，号令百世也。（《戴氏注论语小疏》）

夫子五至卫：第一去鲁司寇，辄适卫；第二将适陈，过匡、过蒲，皆不出卫境，而反乎卫；第三过曹而宋、而郑、而陈，仍适卫；第四将西见赵简子，未渡河而反卫；第五如陈而蔡、而叶，复如蔡而楚，仍反乎卫。夫子之至仪邑，不知在何时。焦氏以为由陈至卫之道，是指第三次至卫，此假设言之。阎氏若璩《释地》以"丧"为失位去国，是第一次适卫，并恐未然。钱氏坫《后录》："丧读'将丧斯文'之丧。"即孔此义。刘敞《七经小传》以"丧"为失位，阎氏若璩说同，亦通。《明堂位》："振木铎于朝，天子之政也。"《注》："天子将发号令，必以木铎警众。"是木铎为施政教时所设也。

夫子不得位行政，退而删《诗》《书》，正礼乐，修《春秋》，是亦制作法度也。《中庸》言天子方言垂教，故以“木铎”为喻。(《论语正义》)

郑曰：“仪，盖卫邑。封人，官名。”(《论语集解》)

卫国仪邑典封疆之人请告于孔子从者欲见孔子也。言往者有德之君子至于我斯地也，吾尝得见之，未曾有不得见者也。此封人又说孔子圣德不丧之由也。言事不常一，盛必有衰，衰极必盛。今天下之衰乱无道亦已久矣，言拯弱兴衰属在夫子。言天将命孔子制作法度，以号令于天下，如木铎以振文教也。(邢昺《疏》)

天之道，不在仲尼乎？仲尼驾说者也，不在兹儒乎？如将复驾其所说，则莫若使诸儒金口而木舌。(杨雄《法言·学行》)

悟语

孔子五次到卫国，这是哪次呢？分析《论语正义》各说，从“二三子何患于丧乎”判断，本章当为初适卫，似乎更合情理。夫子失去官位被迫出走，随从弟子感到前途渺茫，一路垂头丧气，仪封人“天下之无道也久矣，天将以夫子为木铎”一句点醒了众弟子，使他们认识到此刻的夫子正在带领他们履行上天的重大使命，因而重新振作了起来，开启了木铎之旅，拉开了周游列国的序幕。

原文

子适卫，冉有仆。子曰：“庶矣哉！”冉有曰：“既庶矣，又何加焉？”曰：“富之。”曰：“既富矣，又何加焉？”曰：“教之。”(《子路·9》)

译文

孔子到卫国去，冉有为他驾车。孔子说：“人口真多呀！”冉有说：“人口已经够多了，还要做什么？”孔子说：“让他们富足。”冉有说：“富足以后还要做什么？”孔子说：“教化他们。”

语境

鲁卫接壤，又卫多君子，故孔子去鲁即适卫，此章正为初入卫时之辞。(钱穆《孔子传》)

孔子往卫，冉有时为孔子御车也。(《论语义疏》)

此适卫，当哀公元年。(《戴氏注论语小疏》)

悟语

“庶、富、教”反映了孔子的为政观。在当时社会生产落后低下的条件下，国家想要强大，首先要人口多，才能抵御外来侵犯；其次，要发展生产，使人们富裕起来，日子过安稳了，就有可能长期居留下来，以免迁徙，人口流失；再次，实施教化，让人们懂礼，以维护社会秩序。三者之先后有其必然规律，与墨家主张的“富、众、治”相比，前两点相同，最后一点，儒家主张教，墨家主张治。

原文

子贡曰：“有美玉于斯，韫椟而藏诸？求善贾而沽诸？”子曰：“沽之哉！沽之哉！我待贾者也。”（《子罕·13》）

译文

子贡见孔子好像无意于仕进，问道：“这里有一块美玉，是把它收藏在匣子里呢？还是找一个识货的商人卖掉呢？”孔子说：“卖掉吧，卖掉吧！我正在等着识货的人呢。”

语境

子贡少孔子三十一岁，尚少颜渊一岁。孔子去鲁适卫，子贡年二十四。子贡乃卫人，殆是孔子适卫后始从游。见孔子若无意于仕进，故有斯问。可证孔子初至卫，未尝即获见于卫灵公。孔子抱道如怀玉，非不欲沽，只待善贾。（钱穆《孔子传》）

子贡欲观孔子圣德藏用何如，故托玉以咨问也。（邢昺《疏》）

王弼曰：“重言‘沽之哉’，卖之不疑也。故孔子乃聘诸侯以急行其道也。”（《论语义疏》）

君子于玉比德。时夫子抱道不仕，故子贡借美玉以观夫子藏用之意。“善贾”，喻贤君也。虽有贤君，亦待聘乃仕，不能枉道以事人也。（《论语正义》）

孔子为大司寇。国厩焚，子退朝，而之火所。乡人有自为火来者，则拜之，士一，大夫再。子贡曰：“敢问何也？”孔子曰：“其来者，亦相吊之道也。吾为有司，故拜之。”（《孔子家语》）

烛语

子贡、孔子问答发生在何时，有必要考证子贡拜于孔门的时间。有的说是“孔子不仕，退而修《诗》《书》《礼》《乐》，弟子弥众，至自远方，莫不受业焉”的四十七岁时；有的说是孔子任鲁国大司寇时；有的说是孔子周游列国至卫时，三个时期都有可能。孔子用“我待贾者也”暗示要等赏识他的明君，在鲁国，国君是赏识孔子的，只是因为阳虎僭越专权，把持国政，孔子才不愿出仕。周游列国时，孔子迫切希望能得到别国国君赏识，以推行“仁政”主张，展示治世才能。故此章置于此。

原文

子贡问为仁。子曰：“工欲善其事，必先利其器。居是邦也，事其大夫之贤者，友其士之仁者。”（《卫灵公·10》）

译文

子贡问怎样实行仁德。孔子说：“工匠要想把活儿做好，必须先弄好他的工具。住在这个国家，要想有所成就，就要事奉大夫中的贤者，结交士人中的仁者。”

语境

言“居是邦”，则在夫子周游时。（《论语正义》）

夫子尝谓子贡悦不若己者，故以是告之，欲其有所严惮切磋以成其德也。（《论语集注》）

原文

王孙贾问曰：“与其媚于奥，宁媚于灶，何谓也？”子曰：“不然；获罪于天，无所祷也。”（《八佾·13》）

译文

王孙贾问“与其巴结奥神，不如巴结灶神”这一俗语是什么意思，以此喻示孔子，你与其巴结南子或弥子瑕，不如巴结我。孔子以天喻君回应说：“不对；如果得罪了国君，巴结谁都没用。”

语境

至卫，主于子路妻兄颜浊邹家。弥子之妻与子路之妻，兄弟也。弥子谓子路曰：“孔子主我，卫卿可得也。”子路以告。孔子曰：“有命。”竟不主弥子居。顷之或谮孔子于卫灵公。灵公使公孙余假一出一入，孔子恐获罪焉。是时，卫仲叔圉治宾客，祝鮀治宗庙，王孙贾治军旅。王孙贾问曰：“与其媚于奥，宁媚于灶，何谓也？”子曰：“不然；获罪于天，无所祷也。”居十月，去卫。（程复心《周孔子论语年谱》）

孔曰：“王孙贾，卫大夫。奥，内也。以喻近臣。灶，以喻执政。贾，执政者，欲使孔子求昵之，微以世俗之言感动之也。天，以喻君。孔子拒之曰：如获罪于天，无所祷于众神。”（邢昺《疏》）

故时俗之语，因以奥有常尊，而非祭之主；灶虽卑贱，而当时用事。喻

自结于君，不如阿附权臣也。贾，卫之权臣，故以此讽孔子。(《论语集注》)

贾仕卫，有媚于卫君，故引人言以自解说，且疑夫子尽礼亦是媚，故问夫子当明媚道也。云“不然”者，《礼记·大传·注》：“然，如是也。”其言不是，则深斥之，故曰“不然”也。《繁露·郊语篇》：“天者，百神之大君也。事天不备，虽百神犹无益也。”奥在室西南隅，故为内也。内喻近臣，当谓弥子瑕之类。妄谓孔子主我，卫卿可得，故意孔子或媚之也。奥居内，则灶居外，指外臣。故云“灶喻执政”。孔以天喻君，言人有妄求于君即是得罪。(《论语正义》)

原文

子畏于匡，曰：“文王既没，文不在兹乎？天之将丧斯文也，后死者不得与于斯文也；天之未丧斯文也，匡人其如予何？”(《子罕·5》)

译文

孔子在匡地被拘禁，他说：“周文王死后，文化遗产不就在我这里吗？上天要想丧失这种文化，就不会让我掌握这些文化了；上天不想丧失这种文化就不会灭我，既然天不灭我，那匡人又能把我怎么样呢？”

语境

孔子遂适卫，主于子路妻兄颜浊邹家。居顷之，或谮孔子于卫灵公。灵公使公孙余暇一出一入。孔子恐获罪焉，居十月，去卫。将适陈，过匡，颜刻为仆，以策指之曰：“昔日吾入此，由彼缺也。”匡人闻之，以为鲁之阳虎。阳虎尝暴匡人，匡人于是遂止孔子。孔子状类阳虎，拘焉五日。颜渊后，子曰：“吾以汝为死矣。”颜渊曰：“子在，回何敢死！”匡人拘孔子益急，弟子惧。孔子曰：“文王既没，文不在兹乎？”(《史记·孔子世家》)

匡人拘焉五日，弟子惧，子路怒奋戟将与之战，孔子止之，使子路弹琴而歌，孔子和之，曰：“文王既没，文不在兹乎？天之将丧斯文也，后死者不得与于斯文也；天之未丧斯文也，匡人其如予何？”曲三终，匡人解甲而去。(程复心《周孔子论语年谱》)

包曰：“匡人误围夫子，以为阳虎。阳虎曾暴于匡，夫子弟子颜克时又与虎俱行。后克为夫子御，至于匡。匡人相与共识克，又夫子容貌与虎相似，故匡人以兵围之。”(《论语集解》)

体悟

孔子三次遇难，险些丢失性命，一次是本章在卫时的畏于匡，一次是过宋时的桓魋之害，还有一次是陈蔡之难，七日断粮。在两次危难中孔子都提到了“天”：“天之将丧斯文也，后死者不得与于斯文也；天之未丧斯文也，匡人其如予何?”“天生德于予，桓魋其如予何?”（《述而·23》），这是他的坚定信仰和精神支柱。“天”“命”思想，起源于上古。殷商以上，宗教思想占有文化的主导地位，“殷人尊神，率民以事神，先鬼而后礼”。（《小戴礼·表记》）西周提出了王受命于天的思想，“丕显玟王，受天有大令（命）”（金文·大盂鼎），孔子是春秋末期的殷人后裔，他坚信“天”“命”，他认识到失掉鲁国官位而周游列国为天下立规是上天赋予自己的艰巨使命，使命还没有完成，天不会让我死的，既然天不让我死，你匡人、桓魋能把我怎么样呢?

原文

子畏于匡，颜渊后。子曰：“吾以女为死矣。”曰：“子在，回何敢死?”（《先进·23》）

译文

孔子在匡被围困，颜渊失散了，最后才逃出来。孔子说：“我以为你死了。”颜渊说：“您还活着，我哪敢轻易去死呢?”

语说

孔子畏于匡时，与颜回相失。既免，而回在后，方至也。（邢昺《疏》）

时颜渊与孔子俱为匡围，孔子先得出还至家，而颜渊后乃得出还至也。（《论语义疏》）

楼语

“子在，回何敢死?”与《先进》篇的“天丧予!”的语义暗含着孔道行废的天然联系。“道之将行也与，命也；道之将废也与，命也。”（《宪问·36》）匡难中，颜回不死也是天意。夫圣人出世也，必须贤辅，如天将降雨，必先山泽出云。渊未死，则孔道犹可冀，今渊既死，是孔道亦亡，故云天丧我也。（《论语义疏》）

原文

佛肸召，子欲往。子路曰：“昔者由也闻诸夫子曰：‘亲于其身为不善者，君子不入也。’佛肸以中牟畔，子之往也，如之何?”子曰：“然，有是言也。不曰坚乎，磨而不磷；不曰白乎，涅而不缁。吾岂匏瓜也哉? 焉能系而不食?”（《阳货·7》）

评文

佛肸背叛晋国，来召孔子，孔子想去。子路说：“从前我听老师说过：‘亲自做坏事的人那里，君子是不去的。’现在佛肸据中牟反叛，你却要去，怎么能这样做呢？”孔子说：“对，我是说过这样的话。但不是说最坚硬的东西磨也磨不薄吗？不是说最洁白的东西染也染不黑吗？我难道是匏瓜？怎能挂在那里不给人吃呢？”

语境

鲁定公十四年，孔子年五十六岁。晋佛肸来召，孔子欲往，不果，重返卫。(《论语新解·孔子年表》)

其时孔子适去卫，在匡蒲途中。中牟在彰德汤阴县西，在晋卫边境，与匡蒲为近，故佛肸来召孔子。(钱穆《孔子传》)

佛肸，晋大夫赵氏之中牟宰也。子路恐佛肸之浼夫子，故问此以止夫子之行。(《论语集注》)

佛肸为中牟宰。赵简子攻范、中行，伐中牟。佛肸畔，使人召孔子。孔子欲往。(《史记·孔子世家》)

佛肸为晋大夫赵简子之中牟邑宰，以中牟畔，来召孔子，孔子欲往从之也。(邢昺《疏》)

哀公二年，孔子在卫，佛肸为中牟宰，晋赵秧帅师攻范中行氏，伐中牟，佛肸为范中行守，使人召孔子。(《戴氏注论语小疏》)

原文

宰我问曰：“仁者，虽告之曰，‘井有仁焉’，其从之也？”子曰：“何为其然也？君子可逝也，不可陷也；可欺也，不可罔也。”(《雍也·26》)

评文

宰我问道：“假设有人告诉仁者说，‘井里掉下去一个人’，他会跟着下去吗？”孔子说：“为什么要这样做呢？君子可以到井边去救，但不会被陷入井中；可能被欺骗，但不能被愚弄。”

语境

或说：宰我此章之问，或虑孔子罹于祸而微讽之。如子欲赴佛肸、公山弗扰之召，子路不悦。宰我在言语之科，故遇此等事，不直谏而婉辞以讽。(《论语新解》)

井读曰阱。阱者，穿地为堑，所以陷禽兽。仁者爱人，宰我忧世无道而夫子犹以仁天下为己任，故设言人队阱中，仁者亦将自下从而援之邪？为恐仁者从人入于陷阱，仁之道穷。逝，去也。君子见微知著，不善，斯去矣，不可得而陷。罔，诬罔。可欺以其方，难罔以非其道。《春秋》“有刺讥褒讳抯损之文辞，不可以书见”，亦避陷与罔也。(《戴氏注论语小疏》)

宰我欲极观仁者之怀，故假斯以问也。(《论语义疏》)

宰我信道不笃，而忧为仁之陷害，故有此问。盖身在井上，乃可以救井中之人；若从之于井，则不复能救之矣。此理甚明，人所易晓，仁者虽切于救人而不私其身，然不应如此之愚也。(《论语集注》)

原文

子曰：“君子贞而不谅。”(《卫灵公·37》)

译文

孔子说：“君子固守正道而不拘执小信。”

语境

过蒲，会公叔氏以蒲畔，蒲人止孔子。斗甚疾。蒲人惧，谓孔子曰：“苟毋适卫，吾出子。”与之盟，出孔子东门。孔子遂适卫。子贡曰：“盟可负邪？”孔子曰：“要盟也，神不听。”(《史记·孔子世家》)

原文

子问公叔文子于公明贾曰：“信乎，夫子不言，不笑，不取乎？”公明贾对曰：“以告者过也。夫子时然后言，人不厌其言；乐然后笑，人不厌其笑；义然后取，人不厌其取。”子曰：“其然？岂其然乎？”(《宪问·13》)

译文

孔子向公明贾问到公叔文子，说：“听说先生他不说、不笑、不取，是真的吗？”公明贾回答道：“传话的人说得有点过了。先生他到该说时才说，因此别人不讨厌他说；快乐时才笑，因此别人不讨厌他笑；该取的财他才取，因此别人不讨厌他取。”孔子说：“是这样吗？难道真是这样吗？”

语境

自匡过蒲，月余返卫，主蘧伯玉家。时公叔文子为大令尹，治严而家富，孔子问于公明贾曰：“信乎，夫子不言，不笑，不取乎？”公明贾对曰：“以告者过也。夫子时然后言，人不厌其言；乐然后笑，人不厌其笑；义然后取，人不厌其取。”子曰：“其然？岂其然乎？”公叔文子之臣大夫僎与文子同升诸公。子闻之，曰："可以为'文'矣。"子谓卫公子荆："善居室，始有，曰：'苟合矣。'少有，曰：'苟完矣。'富有，曰：'苟美矣。'"（程复心《周孔子论语年谱》）

孔子见公明贾相访，而问公叔文子之事。时公明贾仕公叔文子，故问之者也。人传文子平生不言不笑不取财利，此三事悉孔子未信，故见公明贾而问之也。（《论语义疏》）

孔曰："公叔文子，卫大夫公孙拔。文，谥。"孔子旧闻文子有此三行，疑而未信，故问于公明贾。孔子闻贾之言，惊而美之也。美其得道，嫌不能悉然。《谥法》："慈惠爱民曰文。"（《论语注疏》）

文子为人，其详不可知，然必廉静之士，故当时以三者称之。（《论语集注》）

原文

公叔文子之臣大夫僎与文子同升诸公。子闻之，曰："可以为'文'矣。"（《宪问·18》）

评文

公叔文子的家臣僎，由于文子的推荐，和文子一道做了国家的大臣。孔子知道这事，说："可以给他'文'的谥号了。"

语境

据《礼记·檀弓》，公叔文子实谥为贞惠文子。郑玄《礼记》注说："不言'贞惠'者，'文'足以兼之。"（《论语译注》）

于时世卿专国，贤才不进，故举此事以讽之。（《戴氏注论语小疏》）

原文

子谓卫公子荆："善居室，始有，曰：'苟合矣。'少有，曰：'苟完矣。'富有，曰：'苟美矣。'"（《子路·8》）

评文

孔子谈到卫国的公子荆，说："他善于居家过日子。刚有一点时，他说：'差不多够了。'稍微多一点儿时，他说：'差不多完备了。'更多一点儿时，他说：'差不多完美了。'"

语境

《蛾术篇》：春秋末，鲁亦有公子荆，哀公庶子。其人无足取，特加

"卫"字别白之。王肯堂《论语义府》：公子荆始有时便曰苟合，于心已足，更不求完美。特其世禄之家，又能撙节，日引月长，自然富有，而公子荆始愿不及此也。知足由于少欲，少欲易于入道，故夫子称之，且以风当时之世禄怙侈成风者。(《论语集释》)

《左传》襄二十九年："吴公子札来聘。遂适卫，说蘧瑗、史狗、史鳍、公子荆、公叔发、公子朝，曰：'卫多君子，未有患也。'"是与蘧瑗、史鳍并为君子也。(邢昺《疏》)

于时人皆无而为有，虚而为盈，奢华过实。(《论语义疏》)

有人说："此取荆之善居室以风有位者也。"因为当时的卿大夫，不但贪污，而且奢侈成风，所以孔子"以廉风贪，以俭讽侈"。似可备一说。(《论语译注》)

公子荆，卫大夫，字南楚，献公之子。假荆言以讽时之奢僭。(《戴氏注论语小疏》)

公子荆处卫富庶之时，知国奢当示之以俭，又深习骄盈之戒，故言"苟合""苟完""苟美"。言其意已足，无所复歉也。(《论语正义》)

原文

子见南子，子路不说。夫子矢之曰："予所否者，天厌之！天厌之！"
(《雍也·28》)

译文

孔子依礼去见南子，子路认为有辱孔子盛名而不高兴。孔子正告子路说："我如果固执不见，必会触怒南子，她会厌弃我！她会厌弃我！"

语境

定公十四年，孔子自陈返乎卫，灵公夫人南子使请见孔子。(《戴氏注论语小疏》)

孔子至卫，南子请见，孔子辞谢，不得已而见之。盖古者仕于其国，有见其小君之礼。子路以夫子见其淫乱之人为辱，故不悦。(《论语集注》)

孔子见之者，欲因以说灵公，使行治道。窃谓南子虽淫乱，然有知人之明，故于蘧伯玉、孔子皆特致敬。其请见孔子，非无欲用孔子之意，子路亦疑夫子此见，为将诎身行道，而于心不说，正犹公山弗扰、佛肸召，子欲往，子路皆不说之比，非因南子淫乱而有此疑也。夫子知子路不说，故告以予若固执不见，则必触南子之怒而厌我矣。天即指南子。(《论语正义》)

南子，卫灵公夫人也，淫乱，而孔子入卫欲与之相见也。所以欲相见者，灵公唯妇言是用，孔子欲因南子说灵公，使行正道也。子路于时随夫子在卫，见夫子与淫乱妇人相见，故不悦也。子路既不悦，而孔子与之咒誓也。言我见南子，若有不善之事者，则天当厌塞此道耶。（《论语义疏》）

孔曰：“旧以南子者，卫灵公夫人，淫乱，而灵公惑之。孔子见之者，欲因以说灵公，使行治道。矢，誓也。子路不说，故夫子誓之。行道既非妇人之事，而弟子不说，与之咒誓，义可疑焉。”安国以为，先儒旧说，不近人情，故疑其义也。《史记·世家》孔子至卫：“灵公夫人有南子者，使人谓孔子曰：‘四方之君子不辱欲与寡君为兄弟者，必见寡小君。寡小君愿见。’孔子辞谢，不得已而见之。夫人在帷中。孔子入门，北面稽首。夫人自帷中再拜，环佩玉声然。孔子曰：‘吾乡为弗见，见之礼答焉。’子路不说。孔子矢之曰：‘天厌之！天厌之！’”是子见南子之事也。栾肇曰：“见南子者，时不获已，犹文王之拘羑里也。天厌之者，言我之否屈乃天命所厌也。”蔡谟云：“矢，陈也。夫子为子路陈天命也。”（《论语注疏》）

按语

孔子对南子专权的为人早有耳闻，本不想见她，但出于当时的情况又不得不见。南子贵为国君夫人，孔子落魄流亡至卫国，地位悬殊，境遇天壤，孔子没有理由不见，“盖古者仕于其国，有见其小君之礼”。（《论语集注》）此时的孔子急切想得到卫君的赏识重用，如果得罪了南子，就等于堵死了仕卫之路；况且，灵公惧内，大事小事都是南子说了算，孔子或许还存有一丝指望南子在灵公面前通融美言的念头以谋取官位。鉴于此，孔子唯一的选择就是见。其中的奥妙，子路哪里晓得，故不悦。

原文

邦君之妻，君称之曰夫人，夫人自称曰小童；邦人称之曰君夫人，称诸异邦曰寡小君；异邦人称之亦曰君夫人。（《季氏·14》）

译文

国君的妻子，国君称她为夫人，她对国君自称为小童；国人称她为君夫人，但在外国人面前便称她为寡小君；外国人称她也为君夫人。

语境

《四书翼注》：此章本古语，记于卫灵公问陈之册末，蔡氏觉轩以为为南子而发，似得其旨。盖子见南子四字本是轻贱之词，然南子使人于孔子云：“凡四方宾客辱与寡君为兄弟者，皆见寡小君，寡小君愿见。”是称诸异邦曰寡小君也。公子郢对灵公言君夫人在堂，三揖在下，君命祇辱。是邦人称之曰君夫人也。而卫人却只称南子，只谓此“邦君之妻”四字来历不明耳。礼，天子诸侯不再娶，天子一娶十二女，诸侯一娶九女，正室死，则以媵之贵者摄理内政，不下渔色娶于国中，如取鱼于池沼曰渔色，所以敬宗庙，重继嗣，杜乱萌也。以妾为妻，非妻也。由左右媵以色而升，非妻也。正室没而娶继室，如鲁隐之仲子、晋平之少姜，非妻也。齐桓内嬖如夫人者六人，鲁娶于吴为同姓，益非妻也。非邦君之妻而用其名，则不称，故郑重言之也。(《论语集释》)

孔曰：“当此之时，诸侯嫡妾不正，称号不审，故孔子正言其礼也。”(《论语集解》)

嫡尊得称夫人，妾即娣媵之属，卑不得称夫人。春秋时，嫡妾之礼不正，多以妾为夫人。(《论语正义》)

原文

子曰：“事君尽礼，人以为谄也。”(《八佾·18》)

译文

孔子说：“事奉君主完全按礼去做，世人反而认为是谄媚。”

诸说

当时君弱臣强，事君者多简傲无礼，或更僭用礼乐，皆是以臣干君。“尽礼”者，尽事君之礼，不敢有所违阙也。时人以为谄，疑将有所求媚于君，故王孙贾有媚奥媚灶之喻，亦以夫子是谄君也。(《论语正义》)

当于今时，臣皆佞谄阿党，若见有能尽礼竭忠于君者，因共翻谓为谄，故孔子明言以疾当时也。(《论语义疏》)

孔曰：“时事君者多无礼，故以有礼者为谄。”(《论语集解》)

孔子事君尽礼，人不能然，反兴讥刺，故孔子曰：“拜下，礼也，今拜乎上，泰也，虽违众，吾从下。”(《戴氏注论语小疏》)

原文

子曰：“苟有用我者，期月而已可也，三年有成。”(《子路·10》)

译文

孔子说：“真要是有人用我治理国家，一年就可以推行政教，三年期满会大有成效。”

语境

《史记·孔子世家》云："灵公老，怠于政，不用孔子。孔子喟然叹曰：'苟有用我者，期月而已，三年有成。'"是此语为在居卫时，故次于《适卫章》之后。(《论语正义》)

孔曰："言诚有用我于政事者，期月而可以行其政教，必三年乃有成功。"(《论语集解》)

昔周公之天下，期年而变，三年而化，孔子习周公，故云然。《汉书·公孙弘传》："臣闻周公旦治天下，期年而变，三年而化，五年而定。"(《戴氏注论语小疏》)

原文

子击磬于卫，有荷蒉而过孔氏之门者，曰："有心哉，击磬乎！"既而曰："鄙哉！硁硁乎！莫己知也，斯己而已矣。深则厉，浅则揭。"子曰："果哉！末之难矣。"(《宪问·39》)

译文

孔子在卫国，一天在苦闷地击磬，有一位挑着草筐的人从门前走过，说："这磬声里有心事呀！"一会儿又说："见识浅薄呀，硁硁的声音好像在说，没人了解我呀！既然没人了解自己就别再求仕了，要顺势而为。就像过河，遇到深水就穿着衣服过，遇到浅水就撩起衣服过。"孔子说："话太果决，没法跟他理论了。"

语境

翟氏灏《考异》云："《世家》系此事于三至卫时。盖灵公老，怠于政，不用孔子，故荷蒉有莫己知之语。"(《论语正义》)

信如其言，无所复往，行道难矣。时灵公老，怠于政事，不能用孔子，故有动于荷蒉之言也。(《戴氏注论语小疏》)

时孔子在卫，而自击磬为声也。当孔子击磬之时，有担揭草器之人，经过孔氏之门，闻其磬声。(邢昺《疏》)

讥孔子不知己而不止，不能适浅深之宜。(《论语集注》)

原文

微子去之，箕子为之奴，比干谏而死。孔子曰："殷有三仁焉。"(《微子·1》)

译文

纣王无道，微子离开了他，箕子做了他的奴隶，比干强谏而被杀。孔子说："殷朝有三位仁人。"

语说

夫子击磬之地在于朝歌，朝歌城北有殷太师墓，夫子题曰：殷比干墓。微子去之，箕子为之奴，比干谏而死。孔子曰："殷有三仁焉。"（程复心《周孔子论语年谱》）

原文

子曰："吾未见好德如好色者也。"（《子罕·18》）

译文

孔子说："我没见过喜欢美德能像喜欢美色那样的人。"

原文

子曰："已矣乎！吾未见好德如好色者也。"（《卫灵公·13》）

译文

孔子说："罢了吧！我没见过好德能像好色那样的人。"

语说

居卫月余，灵公与夫人同车，宦者雍参乘。出，使孔子为次乘，招摇市过之。孔子曰："吾未见好德如好色者也。"于是丑之，去卫，过曹。是岁，鲁定公卒。（《史记·孔子世家》）

《史记》："孔子居卫，灵公与夫人同车，使孔子为次乘，招摇市过之。"孔子丑之，故有是言。已矣乎，叹其终不得而见也。（《论语集注》）

昔卫灵公与雍渠同载，孔子适陈。（司马迁《报任少卿书》）

时人多好色而无好德，孔子患之，故云"未见"以厉之也。（《论语义疏》）

疾时人薄于德而厚于色，故发此言。（《论语集解》）

原文

子曰："唯女子与小人为难养也，近之则不孙，远之则怨。"（《阳货·25》）

译文

孔子说："只有女色和宠臣最难对待：亲近了，他们会无礼；疏远了，他们会怨恨。”

语境

居卫月余，灵公与南子同车，宦者雍渠参乘。出，使孔子为次乘，招摇市过之。孔子曰：“吾未见好德如好色者也。”丑之。他日，曰：“唯女子与小人为难养也，近之则不孙，远之则怨。”又曰：“不有祝鮀之佞，而有宋朝之美，难乎免于今之世矣。”（程复心《周孔子论语年谱》）

《卫灵公篇》子曰“吾未见好德如好色者也”章，与《阳货篇》“子曰：唯女子与小人为难养也”章之间，存在着隔章呼应，相互阐发的关系。“所谓女子对应于南子，指的是女色；小人对应于弥子瑕之类，孔子之言乃是为其在卫国遭遇的特殊情境而发，指责为政者不能沉迷于女色与小人。”（杨义《论语还原》）

女子、小人并禀阴闭气多，故其意浅促，所以难可养立也。近之则不逊者：此难养之事也。君子之人，人愈近愈敬，而女子、小人，近之则其承狎而为不逊从也。远之则有怨者：君子之交如水，亦相忘江湖，而女子、小人，人若远之则生怨恨，言人不接已也。（《论语义疏》）

此小人，亦谓仆隶下人也。君子之于臣妾，庄以莅之，慈以畜之，则无二者之患也。（《论语集注》）

此为有家国者戒也。养犹待也。（《论语正义》）

女子小人指家中仆妾言。妾视仆尤近，故女子在小人前。因其指仆妾，故称养。善御仆妾，亦齐家之一事。（《论语新解》）

女子以形事人，小人以力事人，皆志不在义，故为难养。养，使也。礼：君疾顾命不在侧，其营卫疾者皆臣子，妇寺不得与，以防乱也。鲁僖公薨于小寝，绝于妇人之手，则《春秋》非之。按：为了预防国君去世时出现不必要的变故，国君不当绝于妇人之手。鲁僖公三十三年“公薨于小寝”，因不合于礼而《春秋》非之。（《戴氏注论语小疏》）

悟语

孔子“女子与小人”之说必有所指。小人有两意，分别以位言、以德言，《论语》多以德言。孔子生平与“女子与小人”同时出现的有三段：出仕鲁大司寇时的妻子与家仆、女乐与季氏、周游列国时卫国的南子与弥子瑕。除了南子、弥子瑕那段，还没有哪一段能让他同时遇到憎恶的女子、小人。指妻子与家仆，显然缺乏确凿史料；指女乐与季氏，但又不符合“近之则不孙，远之则怨”，这才是“难养”的原因，而接近这一点的恰同南子与弥子瑕。故杨义《论语还原》之说近理。灵公昏庸问陈，南子贵为国君夫人专权，弥子瑕作为宠臣变态谄媚，孔子本想在卫国推行仁政，但这样的政治生态让孔子的政治理想再次破灭，他怎能不指责卫灵公及其身边的女子、小人呢？

原文

子曰："不有祝鮀之佞，而有宋朝之美，难乎免于今之世矣。"（《雍也·16》）

译文

孔子说："如果没有祝鮀那样有口才的人，而只有宋朝那样有美貌的人，这个国家恐怕就难以免除祸患了。"

诸说

宋朝，宋国的公子朝，《左传》定公十四年曾记载着他因为美丽而惹起乱子的事情。（《论语译注》）

定十四年《左传》曰："卫侯为夫人南子召宋朝。"（邢昺《疏》）

鮀有口才。朝有美色，通乎灵夫人，灵公召之，使仕于卫，故言为国无祝鮀之才而有宋朝之美，难免于今之事，言必丧也。灵公宠朝而兼任鮀，故得免于丧。此假卫事以伤鲁之受女乐与。（《戴氏注论语小疏》）

祝鮀，卫大夫子鱼也，有口才，时世贵之。宋朝，宋之美人，善淫，时世疾之。言人当如祝鮀之有口才，则见贵重，若无祝鮀之佞，而反有宋朝之美，难乎免于今之世害也。（《论语注疏》）

宋朝谓宋公子朝也。朝初仕卫为大夫，通于襄夫人宣姜，又通于灵公夫人南子，并见《左氏传》，是其善淫也。夫子叹时世不佞之人，虽美难免，夫子非不恶宋朝也，所以甚言时之好佞耳。（《论语正义》）

祝鮀能作佞也。宋朝，宋国之美人，善能淫欲者也，当于尔时，贵佞重淫，此二人并有其事，故曰得宠幸而免患难。故孔子曰：言人若不有祝鮀佞，反宜有宋朝美，若二者并无，则难免今世之患难也。故范宁曰："祝鮀以佞谄被宠于灵公，宋朝以美色见爱于南子。无道之世，并以取容。孔子恶时民浊乱，唯佞色是尚，忠正之人不容其身，故发'难乎'之谈，将以激乱俗，亦欲发明君子全身远害也。"（《论语义疏》）

原文

子曰："直哉史鱼！邦有道，如矢；邦无道，如矢。君子哉蘧伯玉！邦有道，则仕；邦无道，则可卷而怀之。"（《卫灵公·7》）

译文

孔子说："正直啊，史鱼！国家政治清明，他像箭一样直；国家政治黑暗，他也像箭一样直。君子啊，蘧伯玉！国家政治清明就做官，国家政治黑暗就隐退。"

语境

孔子之再主伯玉家也，据《史记》在卫灵将卒之时，事在哀公二年。(《论语正义》)

孔子反乎卫，复主蘧伯玉家。初伯玉以史鱼荐仕，时已不仕。孔子曰："直哉史鱼！邦有道，如矢；邦无道，如矢。君子哉蘧伯玉！邦有道，则仕；邦无道，则可卷而怀之。"(程复心《周孔子论语年谱》)

史鱼、蘧伯玉两人，屡见于晚周诸子之称引，盖卫之贤人也。此两人皆当长孔子三十以上。然孔子至卫，两人当尚在，故孔子特称引及之。唯此两人当不为灵公所信用。(钱穆《孔子传》)

昔者卫大夫史鱼病且死，谓其子曰："我数言蘧伯玉之贤而不能进，弥子瑕不肖而不能退。为人臣生不能进贤而退不肖，死不当治丧正堂，殡我于室足矣。"卫君问其故，子以父言对。君造然召蘧伯玉而贵之，而退弥子瑕，徙殡于正堂，成礼而后去。生以身谏，死以尸谏，可谓直矣。外宽而内直，自设于隐括之中，直己不直人，善废而不悒悒，蘧伯玉之行也。(《韩诗外传》)

蘧伯玉进退随时，合时之变，故曰"君子哉"也。(《论语义疏》)

史鱼之德，其性唯直，国之有道无道，行直如箭，言不随世变曲也。蘧伯玉者，国若有道，则肆其聪明而在仕也。若国无道，则韬光晦知、不与时政，亦常柔顺不忤逆校人，是以谓之君子也。(邢昺《疏》)

原文

卫灵公问陈于孔子。孔子对曰："俎豆之事，则尝闻之矣；军旅之事，未之学也。"明日遂行。(《卫灵公·1》)

译文

卫灵公向孔子问排兵布阵之事。孔子回答说："祭祀礼仪的事，我曾经听说过；用兵打仗的事，没有学过。"第二天就离开了卫国。

语境

《史记·孔子世家》："孔子将西见赵简子，至于河乃还，而反乎卫，入主蘧伯玉家。他日，灵公问兵陈。孔子曰：'俎豆之事则尝闻之，军旅之事未之学也。'明日，与孔子语，见蜚雁，仰视之，色不在孔子。孔子遂行，复如陈。夏，卫灵公卒。"此事在鲁哀二年。孔子去卫，实因灵公问陈之故。其明日，又适遇卫灵公仰视飞鸿，故去志益决。(《论语正义》)

孔子至卫，欲行文教，而灵公不慕胜业，唯知问于军阵之事也。又谈事，谈话间看飞雁，不在意孔子。孔子带弟子前往陈国。(《论语义疏》)

孔子之意，治国以礼义为本，军旅为末，本未立，则不可教以末事。今灵公但问军陈，故对曰："俎豆行礼之事，则尝闻之。军旅用兵之事，未之学也。"(邢昺《疏》)

尹氏曰："卫灵公，无道之君也，复有志于战伐之事，故答以未学而去之。"(《论语集注》)

按语

卫灵公好色好战，唯独不好仁德，可谓"道不同不相为谋"，孔子发出"已矣乎！吾未见好德如好色者也"的感叹，针对灵公问阵，婉拒曰"未之学也"。孔子并非不懂排兵布阵，孔子不仅懂得射箭、驾车，而且还是出色的军事指挥人才，他认为解决社会的根本问题不在军事而在国君的仁德，只要国君带头实行仁德，维护礼制，社会就会好起来。孔子目睹卫国现状，知道推行仁政的希望没有了，只得怏怏离去。

原文

冉有曰："夫子为卫君乎?"子贡曰："诺，吾将问之。"入，曰："伯夷、叔齐何人也?"曰："古之贤人也。"曰："怨乎?"曰："求仁而得仁，又何怨?"出，曰："夫子不为也。"(《述而·15》)

译文

冉有说："老师会帮助刚继位的卫君辄吗?"子贡道："嗯，我去问他。"子贡进到孔子屋里，问孔子："伯夷、叔齐是什么样的人?"孔子说："古代的贤人。"子贡又问："他们两人互相推让，都不肯做孤竹国的国君，结果都跑到国外，他们有怨悔呢?"孔子说："他们求仁便得到了仁，又怨悔什么呢?"子贡出来说："老师是不会帮助卫君的。"

诸说

灵公以鲁哀公二年夏四月薨，而立蒯聩之子辄为卫君。孔子时在卫。时人多疑孔子应助辄拒父，故冉有传物之疑以问子贡也。(《论语义疏》)

卫灵公逐太子蒯聩，公薨而立孙辄，辄即蒯聩之子也。后晋赵鞅纳蒯聩于戚城，卫石曼姑帅师围之。子而拒父，恶行之甚。时孔子在卫，为辄所宾礼，人疑孔子助辄，故冉有言问其友曰："夫子之意助辄不乎？"哀二年《左传》曰："夏，卫灵公卒。夫人曰：'命公子郢为太子，君命也。'对曰：'郢异于他子，且君没于吾手，若有之，郢必闻之。且亡人之子辄在。'乃立辄。""后晋赵鞅纳蒯聩于戚城"者，亦哀二年《春秋》文也。"卫石曼姑帅师围之"者，《春秋》"哀三年春，齐国夏、卫石曼姑帅师围戚"。（邢昺《疏》）

灵公逐其世子蒯聩。公薨，而国人立蒯聩之子辄。于是晋纳蒯聩而辄拒之。时孔子居卫，卫人以蒯聩得罪于父，而辄嫡孙当立，故冉有疑而问之。子贡不斥卫君，而以夷、齐为问。夫子告之如此，则其不为卫君可知矣。（《论语集注》）

卫灵公的世子是蒯聩，他不满意他母亲南子的淫乱行为，想杀死她而未成功，就出奔晋，投靠赵鞅。鲁哀公二年卫灵公卒，卫立蒯聩的儿子辄登了君位（即出公，亦称孝公）。赵鞅即助蒯聩回国向他的儿子辄争夺君位。到了晋、卫边境戚的地方驻下，齐国又助新登君位的辄把戚地包围起来。孔子即在此时离卫去陈。（匡亚明《孔子评传》）

过宋

原文

子曰："天生德于予，桓魋其如予何？"（《述而·23》）

译文

孔子说："上天让我得到先王礼乐以治世，桓魋能把我怎么样？"

语境

《孔子世家》云："是岁，鲁定公卒。"为定十五年。又云："孔子遂至陈，主于司城贞子家。"《宋世家》则以孔子过宋在宋景二十五年，当鲁哀三年。《陈世家》及《十二诸侯年表》又以孔子至陈在湣公六年，当鲁定十四年。传闻异辞，未知孰是。（《论语正义》）

孔子去卫适曹，去曹适宋，与弟子习礼大树下。宋司马桓魋欲杀孔子，拔其树。孔子去。弟子曰："可以速矣。"孔子曰："天生德于予，桓魋其如予何？"是此语为夫子答弟子之辞。（《史记·孔子世家》）

桓魋，宋向戎之孙司马魋也。德之言得，礼乐皆得谓之有德。天生夫子，受命制作，魋何能为。此言当鲁定公卒之年，夫子去曹过宋时也。（《戴氏注论语小疏》）

天生德者，谓授我以圣性，德合天地，吉无不利，故曰其如予何。夫子圣性是天所授 虽遭困厄，无损圣德。此夫子据天道福善之理，解弟子忧惧之意，若微服而过，则又知命所宜然矣。(《论语正义》)

孔子不悦于鲁卫，遭宋桓司马将要而杀之，微服而过宋。(《孟子·万章上》)

孔子离开卫国去曹国，曹国不容，又去宋国，在宋遭桓魋之难。(《论语注疏》)

桓魋为自己造一口石椁，花了三年时间尚未完成。孔子批评说：“这样的浪费，死了倒不如快些烂掉的好些。”(见《礼记·檀弓》记载：“昔者，夫子居于宋，见桓司马自为石椁，三年而不成。夫子曰：‘若是其靡也，死，不如速朽之愈也！’”大概桓魋为此话所激怒，所以要加害孔子，于是孔子只好“微服过宋”以避。(匡亚明《孔子评传》)

居陈

原文

互乡难与言，童子见，门人惑。子曰：“与其进也，不与其退也，唯何甚？人洁己以进，与其洁也，不保其往也。”(《述而·29》)

译文

互乡这个地方的人很难与人交流，一个童子却受到孔子的接见，弟子们疑惑。孔子说：“赞成他来访，不赞成他退避，我们何必对人家做得太过分呢？人家改正了难交流的错误而主动来访，我们赞许他的改正错误，不要死抓住他的过去不放。”

语境

《一统志》谓互乡在河南陈州商水县。观下司败与言恐一时事，陈州互乡较确。(《论语集释》)

郑曰：“互乡，乡名也。其乡人言语自专，不达时宜，而有童子来见孔子，门人怪孔子见之。”(《论语集解》)

其人习于不善，难与言善，疑夫子不当见之也。(《论语集注》)

原文

陈司败问昭公知礼乎，孔子曰：“知礼。”孔子退，揖巫马期而进之，曰：“吾闻君子不党，君子亦党乎？君取于吴，为同姓，谓之吴孟子。君而知礼，孰不知礼？”巫马期以告。子曰：“丘也幸，苟有过，人必知之。”(《述而·31》)

译文

陈司败问鲁昭公懂不懂礼，孔子说："懂礼。"孔子出来后，陈司败向巫马期作了个揖，请他走近自己，然后说："我听说，君子不包庇人，难道孔子也会包庇？鲁君从吴国娶了位夫人，吴和鲁同为姬姓，按礼是不能通婚的，不便叫她吴姬，称她为吴孟子。如果鲁君懂礼，还有谁不懂礼呢？"巫马期把这话告诉了孔子。孔子说："我孔丘真是幸运。如果有过错，人家一定会知道。"

语境

余考孔子于定公十四年自郑至陈，居三岁，复于哀二年自卫如陈，皆在陈侯稠时，屡主司城贞子家。司败之问，盖孔子在陈时也。司败之官唯陈楚有之，其为陈人无疑。(《论语集释》)

陈大夫为司寇之官，旧闻鲁昭公有违礼之事，故问孔子，昭公知礼乎。(邢昺《疏》)

"昭"是谥号，陈司败之问若在昭公死后。(《论语译注》)

孔曰："司败，官名，陈大夫。"《公羊》昭二十五年《传》："公孙于齐，次于扬州。齐侯唁公于野井，昭公曰：'丧人不佞，失守鲁国之社稷'云云。孔子曰：'其礼与？其辞足观矣。'"是鲁昭本习于容仪，当时以为知礼，故司败有此问。杜注《左传》曰："陈、楚名司寇为司败。"孔曰："巫马期，弟子，名施。相助匿非曰党。鲁、吴俱姬姓。《礼》'同姓不昏'，而君取之，当称吴姬，讳曰孟子。"孔曰："以司败之言告也。讳国恶，礼也。圣人道宏，故受以为过。"夫子见陈司败，巫马期为介，入俟于庭。及夫子退，期当随行，而司败仍欲与语，故揖而进之也。鲁是周公之后，吴是泰伯之后，故云："俱姬姓"也。《礼·坊记篇》："子云：'取妻不取同姓，以厚别也。'故买妾不知其姓，则卜之。"孔《疏》谓"依《春秋》之例，当云'夫人姬氏至自吴'，鲁讳同姓，但书'夫人至自吴'"。(《论语正义》)

巫马施字子旗，少孔子三十岁。(《史记·仲尼弟子列传》)

原文

子在陈，曰："归与！归与！吾党之小子狂简，斐然成章，不知所以裁之。"(《公冶长·22》)

译文

孔子在陈国，说："回去吧！回去吧！我家乡的那些学生志向远大而行为粗疏，文采虽然可观，但还不知道怎样节制自己。"

语境

《史记·孔子世家》：是岁鲁哀公三年，而孔子年六十矣。季桓子卒，康子代立，使使召冉求，冉求将行，孔子曰："鲁人召求，非小用之，将大用之也。"是日，孔子曰："归乎！归乎！吾党之小子狂简，斐然成章，不知所以裁之。"子贡知夫子思归，送冉求，因诫曰："即用，以孔子为招"云。《孟子》赵《注》："孔子在陈，不遇贤人，上下无所交，盖叹息思归，欲见其乡党之士也。"《孔子世家》言阳虎乱政时，"孔子不仕，退而修《诗》《书》《礼》《乐》，弟子弥众，至自远方，莫不受业"。是孔子年五十内，已修《诗》《书》《礼》《乐》，非至晚年归鲁始为之也。弟子受业，即受孔子所修之业。当时洙、泗之间，必有讲肆之所，不皆从夫子出游，故此在陈得思之也。(《论语正义》)

哀公三年，孔子在陈，季康子使使召冉求，孔子思归，兴叹之辞也。礼：大夫去国，君赐之环然后反。《白虎通·谏诤》："赐之环则反，赐之玦则去。"鲁不召孔子，终生旅人而已。(《戴氏注论语小疏》)

此孔子周流四方，道不行而思归之叹也。夫子初心，欲行其道于天下，至是而知其终不用也。于是始欲成就后学，以传道于来世。又不得中行之士而思其次，以为狂士志意高远，犹或可与进于道也。但恐其过中失正，而或陷于异端耳，故欲归而裁之也。(《论语集注》)

孔子周流，在陈最久，欲将反鲁，故发此辞。所以不直归而必有辞者，客住既久，主人无薄，若欲去无辞，则恐主人生愧，故托为此辞以申客去之有由也。孔子言我所以欲归者，为我乡党中有诸末学小子，狂而无避，进取正经大道，辄妄穿凿，斐然以成文章，皆不知其所以，辄自裁断，此为谬误之甚，故我当归为裁正之也。(《论语义疏》)

孔子居陈三岁，会晋、楚争强，更伐陈，及吴侵陈，陈常被寇。孔子曰："归与归与！吾党之小子狂简，进取不忘其初。"于是孔子去陈。(《史记·孔子世家》)

原文

子曰："不得中行而与之，必也狂狷乎！狂者进取，狷者有所不为也。"(《子路·21》)

译文

孔子说："我结交不到中庸的人，那一定要交到狂者、狷者吧！狂者进取于善道，知进而不知退，狷者守节无为，应进而退也。"

语境

万章问曰："孔子在陈曰：'盍归乎来！吾党之士狂简，进取，不忘其初。'孔子在陈，何思鲁之狂士？"孟子曰："孔子'不得中道而与之，必也狂狷乎！狂者进取，狷者有所不为也'。孔子岂不欲中道哉？不可必得，故思其次也。""敢问何如斯可谓狂矣？"曰："如琴张、曾晳、牧皮者，孔子之所谓狂矣。"（《孟子·尽心章句下》）

中行，行能得其中者。当时伪多实少，无复所行得中之人，故孔子叹云：不得中行而与之，谓共处于世乎。时多伪，而狂狷天然恒一，故云取之也。（《论语义疏》）

盖圣人本欲得中道之人而教之，然既不可得，而徒得谨厚之人，则未必能自振拔而有为也。故不若得此狂狷之人，犹可因其志节，而激励裁抑之以进于道，非与其终于此而已矣。（《论语集注》）

以时多闻人，伪托中行，适以乱德，故必取狂狷也。（《戴氏注论语小疏》）

原文

哀公问社于宰我。宰我对曰："夏后氏以松，殷人以柏，周人以栗，曰，使民战栗。"子闻之，曰："成事不说，遂事不谏，既往不咎。"（《八佾·21》）

译文

鲁哀公向宰我问，作社主用什么木。宰我回答："夏代用松木，商代用柏木，周代用栗木（战栗说的是敬谨，宰我不知而妄对），说用栗木的意思就是使人民战战栗栗。"孔子听到这话，责备宰我说："事已成不必再解释了，事既行不必再劝谏了，事已过也不必再追究了。"

语境

《春秋》哀公四年"六月，亳社灾"，李氏惇《群经识小》以为哀公问宰我，即在此时，盖因复立其主，故问之。其说颇近理。《史记·仲尼弟子列传》："宰予，字子我。"与齐阚止字同，故史公误以宰予死陈氏难也。孔曰："凡建邦立社，各以其土所宜之木，宰我不本其意，妄为之说。因周用栗，便云使民战栗。"哀公欲去三桓，张公室，问社于宰我，宰我对以使民战栗，盖劝之断也。仲尼则曰："成事不说，遂事不谏，既往不咎。"其自与哀公言，乃以为可杀，何也？在圣人，处变而不失其常；在贤者，必有小贞吉、大贞凶之戒矣。愚案：此时哀公与三桓有恶，观《左传》记公出孙之前，"游于陵阪，遇武伯，呼余及死乎"？至于三问，是其杌陧不安，欲去三桓之心，已非一日。则此社主之问与宰我之对，君臣密语，隐衷可想。是宰我因社主之义，而起哀公威民之心，本非臆见附会。夫子时未反鲁，闻宰我言，因论之也。“成事”“遂事”，当指见所行事。窃疑既往指平子言。平子不臣，致使昭公出亡，哀公当时必援平子往事以为祸本，而欲声罪致讨，所谓既往咎之者也。然而禄去公室，政在大夫，已非一朝一夕之故。哀公未知使臣当以礼，又未能用孔子，遽欲逞威泄愤，冀以收已去之权，势必不能，故夫子言此以止之。盖知哀公之无能焉，而不可轻于举事，此虽责宰我，亦使无礼于君者知所惩戒而改事君矣。（《论语正义》）

哀公，鲁君也；社，五土之神也。凡建邦立社，各以其土所宜木。夏都安邑，宜松；殷都亳，宜柏；周都丰镐，宜栗。是各以其土所宜木也。谓用其木以为社主。哀公未知其礼，故问于弟子宰我也。（邢昺《疏》）

孔子以宰我所对，非立社之本意，有启时君杀伐之心，而其言已出，不可复救，故历言此以深责之，欲使谨其后也。尹氏曰：“古者各以所宜木名其社，非取义于木也。宰我不知而妄对，故夫子责之。”（《论语集注》）

或说此乃宰我欲劝哀公用严政，故率意牵搭为讽。或说古者杀人常在社，时三家专政，哀公意欲讨之，故借题问社，此乃隐语示意，宰我所答，隐表赞成。或说哀公四年亳社灾，哀公之问，或在此年。时孔于犹在陈，故下文曰“子闻之”。成事不说，遂事不谏。既往不咎：事已成，不再说之。遂，行义。事已行，不复谏。事既往，不追咎。此三语实一义。或说乃孔子责宰我告君以使民战栗。一说乃孔子讽劝哀公。盖孔子既闻哀公与宰我此番之隐谋，而心知哀公无能，不欲其轻举。三家擅政，由来已久，不可急切纠正。后哀公终为三家逼逐，宰我亦以助齐君谋攻田氏见杀。今采后解，虽乏确据，而宛符当时之情事。（《论语新解》）

宰我陈用栗之义曰“使民战栗”。尧戒曰：“战战栗栗，日慎一日。”战栗者，敬谨之谓也。文公在世，练渎乱礼经，蔑弃前典，不能敬谨于宗庙，则使民之际又恶能敬谨乎？战栗者，使民之道，非谓民之战栗也。（宋翔凤《论语说义》）

古者天子诸侯皆于竟内治民，而“庙中者，竟内之象”，故子我以讽哀公。鲁失礼宗庙，始于文公，无祖无天而行，以启篡逐之祸。至哀公时，民不为所使久矣。说之，谏之，咎之，何益乎？（《戴氏注论语小疏》）

原文

齐景公有马千驷，死之日，民无德而称焉。伯夷、叔齐饿于首阳之下，民到于今称之。其斯之谓与？（《季氏·12》）

译文

齐景公有马四千匹，死的时候，百姓对他的德行没什么可称颂的。伯夷、叔齐义不食周粟，饿死在首阳山下，百姓到现在还在称颂他们。大概说的就是这个意思吧！

语境

秋，齐景公卒，孔子曰：“齐景公有马千驷，死之日，民无德而称焉。伯夷、叔齐饿于首阳之下，民到于今称之。”（程复心《周孔子论语年谱》）

秋九月癸酉，齐侯杵臼卒。冬，叔还如齐。闰月，葬齐景公。（《左传·哀公五年》）

《四书近指》或曰：此《春秋》所为荣义不荣势也。尝谓天下之乱，灾凶盗贼为小，而贤不肖混淆为大。使人知千驷不足荣，饿夫有足取，则必竞善惩恶，而天下治矣。唯此义不明，臣弑君，子弑父，无所不至。孔子此语，所以遏求利者之心，而作好修之气也。而世犹有弃义若屣，趋富如饴者，亦惑矣。（《论语集释》）

从者病，莫能兴。孔子知弟子有愠心，乃召子路而问曰：“《诗》云：‘匪兕匪虎，率彼旷野。’吾道非邪？吾何为于此？”子路曰：“意者吾未仁邪？人之不我信也。意者吾未知邪？人之不我行也。”孔子曰：“有是乎！由，譬使仁者而必信，安有伯夷、叔齐？使知者而必行，安有王子比干？”（《史记·孔子世家》）

夷、齐，孤竹君之二子，让位适周。遇武王伐纣，谏之，不入。及武王既诛纣，义不食周粟，故于河东郡蒲坂县首阳山下采薇而食，终饿死。虽然穷饿，民到于今称之，以为古之贤人。（邢昺《疏》）

悟语

齐景公死而亡之，伯夷、叔齐死而不亡，唯一义字之别。景公纵然财富丰厚，地位至高，荣极一时，死后不过一抔灰土；伯夷、叔齐互让国位，阻武伐纣，死不食周，采薇充饥，饿死首阳，但他们舍生取义、抱节守志的品格被世代传颂。孔子此语，意在遏求利之心而作好修之气，然而时人惑而不醒，仍在弃义若屣，趋富如饴。今读《论语》，反观自身，我辈醒乎？大道千古不易，人性弱点难改，我辈当时时记诵圣人之教：“君子喻于义，小人喻于利。”（《里仁·16》）

原文

在陈绝粮，从者病，莫能兴。子路愠见曰："君子亦有穷乎?"子曰："君子固穷，小人穷斯滥矣。"（《卫灵公·2》）

译文

孔子一行在陈国断了粮食，随从的人都饿病了，起不来。子路生气地来见孔子，说道："君子也有困厄吗?"孔子说："有呀，但是君子遇到困厄仍能固守其道，小人遇到困厄就无所不为了。"

语境

孔子在陈绝粮，当即在吴师伐陈之年。孔子以鲁哀公三年至陈，至是已鲁哀公六年，前后当逾三年。《孟子》曰："未尝终三年淹"，则其正式在陈仕朝受禄，殆亦前后不足三年。于其所素抱行道之意，则无可言者。陈又屡年遭兵，此次吴师来伐，孔子或先已辞位避去。《论语》云"在陈绝粮"，因其尚在陈境。《孟子》云"厄于陈、蔡之间"，则因其去陈适楚，在路途中。（钱穆《孔子传》）

孔曰："孔子去卫如曹，曹不容，又之宋。宋遭匡人之难，又之陈。会吴伐陈，陈乱，故乏食。"孔子适在陈，会吴伐陈，陈乱，故乏绝粮食，弟子从者困病，莫能兴起也。（《论语注疏》）

《世家》又云："孔子迁于蔡三岁，吴伐陈。楚救陈，军于城父。闻孔子在陈、蔡之间，楚使人聘孔子。孔子将往拜礼，陈、蔡大夫谋曰：'孔子贤者，所刺讥皆中诸侯之疾。今者久留陈、蔡之间，诸大夫所设行皆非仲尼之意。今楚，大国也，来聘孔子。孔子用于楚，则陈、蔡大夫用事危矣。'于是乃相与发徒役围孔子于野。不得行，绝粮。于是使子贡至楚。楚昭王兴师迎孔子，然后得免。"是绝粮事，在哀公六年。江氏永《乡党图考》据《世家》，孔子自陈迁于蔡，是为陈、蔡之间，在哀四年。其说较确。然《世家》亦可从。唯《世家》言陈、蔡大夫合谋围孔子，故致绝粮，全氏祖望《经史问答》辨之云："陈事楚，蔡事吴，则仇国矣，安得二国之大夫合谋乎?"又云："吴志在灭陈，楚昭至誓死以救之，陈之仗楚何如?感楚何如?而敢围其所用之人乎?"全氏此辨极当。《孟子》云："君子之厄于陈、蔡之间，无上下之交也。"《先进篇》亦云："从我于陈、蔡者，皆不及门也。"明因其时弟子未仕陈、蔡，无上下之交，故致困乏耳。此《注》以为困乱，亦近臆测，而《世家》更附会为陈、蔡大夫合谋围孔子，更非是也。（《论语正义》）

诸子皆病，无能起者，唯子路刚强，独能起也，心恨君子行道乃至如此困乏，故便愠色而见孔子也。曾闻孔子云“学也禄在其中”，则君子不应穷乏，今日如此，与孔子言乖，故问云：君子亦穷乎？（《论语义疏》）

《吕氏春秋·慎人篇》：“孔子穷于陈、蔡之间，七日不尝，藜羹不糁，宰予备矣。”（《论语正义》）

原文

子曰：“岁寒，然后知松柏之后彫也。”（《子罕·28》）

译文

孔子说：“寒冬过后，才知道松柏是最后凋零的。”

语境

清人翟灏《四书考异》云：“《庄子·让王篇》：‘天寒既至，霜雪既降，吾是以知松柏之茂也。陈、蔡之隘，于丘其幸乎！’乃子厄陈、蔡时，谓子路之言。”（《论语正义》）

积恶之世，君子道消而不改其操。岁不寒无以知松柏，事不难无以见君子。（《戴氏注论语小疏》）

原文

子曰：“由！知德者鲜矣。”（《卫灵公·4》）

译文

孔子说：“由啊！懂得‘德’的人太少了。”

语境

呼子路语之也，云夫知德之人难得，故为少也。王肃曰：“君子固穷，而子路愠见，故谓之少于知德者也。”按如注意，则孔子此语为问绝粮而发之也。（《论语义疏》）

《荀子·宥坐》载夫子厄于陈、蔡，答子路语毕，复曰：“居！吾语女。昔者公子重耳霸心生于曹，越王勾践霸心生于会稽，齐桓公小白霸心生于莒。故居不隐者思不远，身不佚者志不广。”佚与逸同，谓本窜也。或即此“知德”之义，但荀子语稍驳耳。（《论语正义》）

原文

子曰："赐也，女以予为多学而识之者与？"对曰："然，非与？"曰："非也，予一以贯之。"（《卫灵公·3》）

译文

孔子说："赐啊！你以为我是靠多学世事而增长见识的人吗？"子贡答道："是啊，不是吗？"孔子说："不是的，我以一善之理贯穿万事，而万事自然可识。"

语境

《史记·孔子世家》言："孔子厄于陈、蔡，子贡色作。孔子曰：'赐，尔以予是为多学而识之者与？'"是此节亦绝粮时问答语。阮氏元《一贯说》："贯，行也。此夫子恐子贡但以多学而识学圣人，而不于行事学圣人也。"（《论语正义》）

时人见孔子多学识，并谓孔子多学世事而识之，故孔子问子贡而释之也。子贡答云：赐亦谓孔子多学，故如此多识之也。言我所以多识者，我以一善之理贯穿万事，而万事自然可识，故得知之，故云"予一以贯之"也。（《论语义疏》）

原文

子张问行。子曰："言忠信，行笃敬，虽蛮貊之邦，行矣。言不忠信，行不笃敬，虽州里，行乎哉？立则见其参于前也，在舆则见其倚于衡也，夫然后行。"子张书诸绅。（《卫灵公·6》）

译文

子张问怎样才能通达。孔子说："说话要忠诚守信，行事要庄重严肃，即使到了蛮貊地区也可以通达。说话不忠诚守信，行事不庄重严肃，即使在本乡本土，能通达吗？站立时，就好像看到'忠信笃敬'几个字出现在面前，坐车时，就好像看到'忠信笃敬'几个字挂在车辕前的横木上，这样才能通达。"子张把这些话写在腰间的大带上。

语境

颛孙师，陈人，字子张，少孔子四十八岁。他日从在陈、蔡间，困，问行。（《史记·仲尼弟子列传》）

《史记·弟子传》："子张从在陈、蔡间，因问行。孔子曰'言忠信'"云云。是此问亦在绝粮时。翟氏灏《考异》以子张时年少为疑，过矣。（《论

语正义》)

《论语后录》：子张为陈公子颛孙之后。颛孙自齐来奔，故鲁人而亦得指为陈人也。《梁氏旁证》：子张既从孔子游，而其子申祥为鲁穆公臣，则居于鲁非一世矣。(《论语集释》)

子张意在得行于外，故夫子反于身而言之，犹答干禄问达之意也。(《论语集注》)

子张闻孔子之言可重，故书题于己衣之大带，欲日夜在录不忘也。(《论语义疏》)

子张以孔子之言书之绅带，意其佩服无忽忘也。以带束要，垂其余以为饰，谓之绅。(邢昺《疏》)

《礼记·玉藻》子游曰："参分带下，绅居而焉。"意为将腰带垂下部分三分，绅长占三分之二。(《戴氏注论语小疏》)

原文

子曰："从我于陈、蔡者，皆不及门也。"(《先进·2》)

译文

孔子说："跟随我经受陈、蔡之难的弟子，都没有在陈、蔡两国做官。"

语境

孔子言时世乱离，非唯我道不行，只我门徒经从我在陈、蔡者，亦失于时，不复及仕进门也。(《论语义疏》)

郑曰："言弟子从我而厄于陈、蔡者，皆不及仕进之门，而失其所。"(《论语集解》)

孔子弟子出仕他国，无为陈、蔡臣者，是以孔子当厄，必使子贡如楚，兴师来迎接后免，故孟子曰："无上下之交也。"(《戴氏注论语小疏》)

君子之厄于陈蔡之间，无上下之交也。(《孟子·尽心下》)

孔子尝厄于陈、蔡之间，弟子多从之者，此时皆不在门。故孔子思之，盖不忘其相从于患难之中也。(《论语集注》)

原文

楚狂接舆歌而过孔子曰："凤兮凤兮，何德之衰？往者不可谏，来者犹可追。已而已而，今之从政者殆而！"孔子下，欲与之言，趋而辟之，不得与之言。(《微子·5》)

译文

楚国的狂人接舆唱着歌从孔子的车旁走过，他唱道："凤凰啊，凤凰啊，天下无道，你还不隐，你的德怎么这么衰弱？过去的不说了，未来的还可追。算了吧，算了吧！今天的执政者十分危险，怎么能与他们合作呀！"孔子下车，想同他交谈，他却快步避开，孔子没能和他谈上。

语境

接舆，楚人，姓陆名通，字接舆也。昭王时，政令无常，乃被发佯狂，不仕，时人谓之楚狂也。时孔子适楚，与接舆相遇，而接舆行歌从孔子边过，欲感切孔子也。（邢昺《疏》）

接舆，楚人，佯狂辟世。夫子时将适楚，故接舆歌而过其车前也。凤有道则见，无道则隐，接舆以比孔子，而讥其不能隐为德衰也。（《论语集注》）

今疑接舆或是故蔡遗民，沦落故地，遂为楚人。《韩诗外传》："楚狂接舆躬耕以食，楚王使使者赍金百镒，愿请治河南，接舆不应，与妻偕隐，莫知所之。"《庄子·人世间》："姓陆名通，字接舆，楚隐士，好养性，佯狂不仕，时人谓之楚狂。楚昭王使臣奉金百镒'愿请子治河南'，接舆心动：'夫富贵也，人之所欲也，子何恶焉。'其妻劝说：'君使不从，非忠也；从之，是改行也；不如去之。'乃带生活器具，莫知其所之。"则叶公致蔡于负函，接舆或在其内。楚王欲用接舆，其曰愿请治河南，固属传说，然亦透露了楚王之意在怀柔当时故蔡之遗民。接舆之歌而过孔子，正不喜孔子以中原诸夏有名大人前来楚邦。若果从仕于楚，将更是一危殆之道。其歌意当在此。今不知孔子当时所抱见解如何，其所欲与接舆言而不获者系何等言。要之接舆当抱有亡国之痛，其于楚人之统治，必有非吾族类之感，不得仅以与后世如庄老之徒之隐遁不仕同视。（钱穆《孔子传》）

原文

长沮、桀溺耦而耕，孔子过之，使子路问津焉。长沮曰："夫执舆者为谁？"子路曰："为孔丘。"曰："是鲁孔丘与？"曰："是也。"曰："是知津矣。"问于桀溺，桀溺曰："子为谁？"曰："为仲由。"曰："是鲁孔丘之徒与？"对曰："然。"曰："滔滔者天下皆是也，而谁以易之？且而与其从辟人之士也，岂若从辟世之士？"耰而不辍。子路行以告，夫子怃然曰："鸟兽不可与同群，吾非斯人之徒与而谁与？天下有道，丘不与易也。"（《微子·6》）

译文

长沮、桀溺在一起耕田，孔子路过，让子路去问渡口。长沮问子路："那个拿着缰绳的人是谁?"子路说："是孔丘。"长沮说："是鲁国的那位孔丘吗?"子路说："是的。"长沮说："他周流天下应该知道渡口在哪里。"子路去问桀溺。桀溺说："你是谁?"子路说："我是仲由。"桀溺说："是鲁国孔丘的门徒吗?"子路说："是的。"桀溺说："像洪水一般的坏东西到处都是，你们同谁去改变它呢？而且你与其跟着孔丘那种躲避无道君主的人，还不如跟着我们这些逃避社会的人呢?"说完，不停地用土覆盖播下去的种子。子路回来报告给孔子。孔子很失望地说："我们不能像他们那样在山林里与鸟兽同群，我不与世人同群又和谁同群呢？如果天下政治清明，我就不会与他们改变社会了。"

语境

此事当与前事同在孔子自陈适楚之道途中。长沮桀溺，疑亦蔡之遗民。苟不从仕，则唯有务耕为活。然乃远知鲁国孔丘与其徒仲由，固属当时孔子与其门弟子之声名洋溢，无远弗届。然此两人亦非寻常耕农可知。(钱穆《孔子传》)

二人皆隐士也。二人既隐山野，故耦而共耕也。孔子行从沮、溺二人所耕之处过也。时子路从孔子行，故孔子使子路访问于沮、溺，觅渡水津之处也。(《论语义疏》)

孔子周流，为隐者所讥也。(邢昺《疏》)

子路行问津，先问长沮，长沮不答津处，而先反问子路也。沮闻鲁孔丘，故不语津处也。言若是鲁之孔子，此人数周流天下，无所不至，必知津处也，无俟我今复告也。长沮不答，子路又问桀溺。桀溺又云：孔子何事周流者乎？当今天下治乱如一，舍此适彼，定谁可易之者乎？桀溺又微以此言招子路，使从己隐也，故谓孔子为避人之士，其自谓己为避世之士也。言汝今从于避人之士，则岂如从于避世之士也。二人与子路且语且耕，覆种不止也。子路问二人，二人皆不告，及于借问而覆种不止，故子路备以此事还车上以告孔子也。孔子闻子路告，故愕怪彼不达己意而讥己也。孔子既抚然，而又云：隐山林者则鸟兽同群，出世者则与世人为徒旅。我今应出世，自不得居于山林。言必与人为徒也。言凡我道虽不行于天下，天下有道者，而我道皆不至与彼易之，是我道大彼道小故也。(《论语义疏》)

去叶，反于蔡。长沮、桀溺耦而耕，孔子以为隐者，使子路问津焉。(《史记·孔子世家》)

原文

子路从而后，遇丈人，以杖荷蓧。子路问曰："子见夫子乎？"丈人曰："四体不勤，五谷不分，孰为夫子？"植其杖而芸。子路拱而立。止子路宿，杀鸡为黍而食之，见其二子焉。明日，子路行以告。子曰："隐者也。"使子路反见之。至，则行矣。子路曰："不仕无义。长幼之节，不可废也；君臣之义，如之何其废之？欲洁其身，而乱大伦。君子之仕也，行其义也。道之不行，已知之矣。"（《微子·7》）

译文

子路跟随孔子出行，落在了后面，遇到一个老农，用拐杖挑着除草的工具。子路问道："你看到我的老师了吗？"老农说："我手脚不停地劳作，五谷还来不及播种，哪里知道你的老师是谁？"说完，走往田中，把拐杖插在田边，俯下身去除草。子路拱着手恭敬地站着。

老农留子路到他家住宿，杀鸡、做饭给子路吃，又叫他两个儿子出来与子路见面。第二天，子路赶上孔子，报告了这件事。孔子说："这是位隐士。"叫子路回去再看看他。子路到了那里，老农已经走了。

子路和他两个儿子说："不做官是不对的。长幼间的礼节没有废弃，君臣间的义怎么能废弃呢？想要自己清白，却不知这样隐居破坏了根本的伦理关系。君子做官，只是为了实行君臣之义。至于我们的政治主张行不通，早就知道了。"

语境

此丈人亦当在遇见接舆与长沮桀溺之一路上所值。（钱穆《孔子传》）

子路随从夫子，行不相及而独在后，逢老人以杖担荷竹器。子路问曰："子见夫子乎？"（《论语注疏》）

孔子与子路同行，孔子先发，子路在后随之，未得相及，而与此丈人相遇，故借问丈人见夫子不乎？（《论语义疏》）

至楚

原文

叶公问政。子曰："近者说，远者来。"（《子路·16》）

译文

叶公问政事。孔子说："使近处的人安居乐业，使远处的人闻风而来。"

语境

据《左传》：楚迁许于叶。又迁城父，迁析，而叶遂为楚方城外重地。鲁哀公二年，蔡避楚迁州来。六年，楚遂招致蔡之遗民未迁者为置新邑于负函，叶公诸梁主其事而兼治之。孔子见叶公，告以为政必近悦而远来。盖其时楚方务远略，而叶公负其北门面向诸夏之重任。如许如蔡，皆诸夏遗民，今皆归叶公所治，故孔子告以当先务求此辈近民之悦也。（钱穆《孔子传》）

原文

叶公语孔子曰："吾党有直躬者，其父攘羊，而子证之。"孔子曰："吾党之直者异于是：父为子隐，子为父隐——直在其中矣。"（《子路·18》）

译文

叶公告诉孔子说："我家乡有个正直的人，他的父亲偷了人家的羊，他告发了父亲。"孔子说："我家乡正直的人与此不同：父亲为儿子隐瞒，儿子为父亲隐瞒，正直就在其中了。"

语境

叶公称己乡党中有直躬之人，欲自矜夸于孔子也。（《论语义疏》）

有因而盗曰攘。言因羊来入己家，父即取之，而子言于失羊之主，证父之盗。叶公以此子为直行，而夸于孔子也。孔子言此，以拒叶公也。言吾党之直者，异于此证父之直也，子苟有过，父为隐之，则慈也；父苟有过，子为隐之，则孝也。孝慈则忠，忠则直也，故曰直在其中矣。江熙云："叶公见圣人之训，动有隐讳，故举直躬，欲以此言毁訾儒教，抗衡中国。夫子答之，辞正而义切，荆蛮之豪丧其夸矣。"（邢昺《疏》）

谢氏曰："顺理为直。父不为子隐，子不为父隐，于理顺邪？瞽瞍杀人，舜窃负而逃，遵海滨而处。当是时，爱亲之心胜，其于直不直，何暇计哉？"（《论语集注》）

当孔子之世，齐晋霸业已衰，楚与中原诸夏往复频繁，已与昔之以蛮夷自处者远别。然当时南北文化歧见，尚有芥蒂。叶公之意，殆自负以为南方风气人物并不下于北方，故特有此问。（钱穆《孔子传》）

原文

叶公问孔子于子路，子路不对。子曰："女奚不曰，其为人也，发愤忘食，乐以忘忧，不知老之将至云尔。"（《述而·19》）

译文

叶公向子路问孔子为人怎么样，子路一时答不上来。孔子对子路说："你为什么不这样说：他的为人呀，用功时忘记了吃饭，快乐时忘记了忧愁，不知道衰老就要到来，如此而已。"

语境

叶公之于孔子，既知慕重，但不能真识孔子之为人，故又私问于子路。然大圣人学养所致，有非他人之言辞所能形容者。鲁哀公六年，孔子已年六十有三，而仅曰老之将至，又曰不知老之将至，则孔子当时殆可谓实无丝毫老意入其心中。（钱穆《孔子传》）

明年，孔子自蔡如叶。叶公问政。他日，叶公问孔子于子路，子路不对。（《史记·孔子世家》）

《孔子世家》言："齐景公卒之明年，孔子自蔡如叶。叶公问政。"计夫子时年六十三四岁，故称老矣。"未知所以答"者，子路以己之知不足知圣人也。（《论语正义》）

叶公，楚臣也，食采于叶。楚僭称王，故臣称公，自比诸侯也。问子路以论孔子之事也，但不知所问何事也。所问之事，当乖孔子之德，故子路不对之也。故江熙曰："叶公见夫子数应聘而不遇，尚以其问近，故不答也。"（《论语义疏》）

鲁哀公五年，孔子自蔡如叶。（《戴氏注论语小疏》）

原文

子曰："道不行，乘桴浮于海。从我者，其由与？"子路闻之喜。子曰："由也好勇过我，无所取材。"（《公冶长·7》）

译文

孔子说："我的道行不通了，我想乘小木排漂流到海外去。跟随我的大概只有仲由吧！"子路听到这话很高兴。孔子说："仲由的好勇精神超过了我，只可惜没处去弄做木排的材料呀。"

语境

《汉书·地理志》："玄菟、乐浪，武帝时置，皆朝鲜、秽貉、句骊蛮夷。殷道衰，箕子去之朝鲜，教其民以礼义，田蚕织作。乐浪、朝鲜民犯禁八条：相杀以当时偿杀；相伤以谷偿；相盗者男没入为其家奴，女子为婢，欲自赎者，人五十万。虽免为民，俗犹羞之，嫁娶无所仇，是以其民终不相盗，无门户之闭，妇人贞信不淫辟。可贵哉，仁贤之化也！然东夷天性柔顺，异于三方之外，故孔子悼道不行，设浮于海，欲居九夷，有以也。”颜《注》：“言欲乘桴筏而适东夷，以其国有仁贤之化，可以行道也。”据《志》言，则浮海指东夷，即渤海也。夫子当日必实有所指之地，汉世师说未失，故尚能知其义，非泛言四海也。夫子本欲行道于鲁，鲁不能竟其用，乃去而之他国，最后乃如楚。则以楚虽蛮夷，而与中国通已久，其时昭王又贤，叶公好士，故遂如楚以冀其用，则是望道之行也。至楚，又不见用，始不得已而欲浮海居九夷，《史记·世家》虽未载“浮海”及“居九夷”二语，为在周游之后，然以意测之当是也。其欲浮海居九夷，仍为行道，由《汉志·注》绎之，则非遁世幽隐，但为世外之想可知，即其后浮海居九夷，皆不果行，然亦见夫子忧道之切，未尝一日忘诸怀矣。其必言乘桴者，钱氏坫《论语后录》谓“《尔雅释水》‘庶人乘泭’，夫子言道不行，以庶人自处”，是也。夫子浮海，是不得已之思，其势亦不能行，子路信为实然，则以不解夫子微言故也。子路伉直，不解微言，故夫子但言“无所取材为桴”以戏之，所以深悟之也。（《论语正义》）

孔子圣道不行于世，故或欲居九夷，或欲乘桴泛海也。孔子本意托乘桴激时俗，而子路信之将行。（《论语义疏》）

仲尼患中国不能行己之道也。言我之善道中国既不能行，即欲乘其桴筏浮渡于海而居九夷，庶几能行己道也。其说有二：郑以为，示子路令知己但叹世无道耳，非实即欲浮海也。一曰子路闻孔子欲浮海便喜，不复顾望孔子之微意，故孔子叹其勇曰过我。言唯取于己，无所取于他人哉。（邢昺《疏》）

此盖孔子失鲁司寇，将去国，心悼伤之辞也。鲁与齐接壤，尽青州海，其东为九夷朝鲜之地，箕子之国，故设言浮海，欲以去之九夷，因其有箕子遗教可以行道也。桴，泭也，“庶人乘泭”，孔子失位，故以庶人自处矣。材为桴之材。子路之志，去就甚决，是好勇过也。惜我无所取于桴材，以寓终不忍适海外，隔远鲁也。鲁备四代之礼乐，可以一变至道，《春秋》据鲁为治地，故不欲远鲁与。（《戴氏注论语小疏》）

原文

子欲居九夷。或曰：“陋，如之何？”子曰：“君子居之，何陋之有？”（《子罕·14》）

译文

孔子想去东方的九夷居留。有人说：“那里文化闭塞，怎么能去呢？”孔子说：“有君子居留推行教化，还有什么闭塞的呢？”

语境

孔子圣道不行于中国，故托欲东往居于九夷也。(《论语义疏》)

马曰：“九夷，东方之夷，有九种。君子所居则化。”子欲居九夷，与乘桴浮海，皆谓朝鲜。夫子不见用于中夏，乃欲行道于外域，则以其国有仁贤之化故也。《后汉书·东夷列传》：“昔箕子违衰殷之运，避地朝鲜。始其国俗未有闻也，及施八条之约，使人知禁，遂乃邑无淫盗，门不夜扃，回玩薄之俗，就宽略之法，行数百千年，故东夷通以柔谨为风，异乎三方者也。苟政之所畅，则道义存焉。仲尼怀愤，以为九夷可居，或疑其陋。子曰：‘君子居之，何陋之有？’亦徒有以焉尔。”何异孙《十一经问对》：“箕子受封于朝鲜，能推道训俗，教民礼义田蚕，至今民饮食以笾豆为贵，衣冠礼乐，与中州同，以箕子之化也。‘君子居之’，指箕子言，非孔子自称为君子。”(《论语正义》)

九夷，嵎夷之地，今朝鲜国也。昔武王克殷，释箕子之囚，箕子不忍为周所释，走之朝鲜。武王因而封之，后为武王陈《洪范》九畴，以明天道。孔子既不得用于鲁，自以殷人思箕子之风，故欲居其国也。(《戴氏注论语小疏》)

孔子以时无明君，故欲居东夷。(邢昺《疏》)

返卫

原文

子路宿于石门。晨门曰：“奚自？”子路曰：“自孔氏。”曰：“是知其不可而为之者与？”(《宪问·38》)

译文

子路在石门住了一夜。第二天清早进城的时候，看门的人问：“从哪里来？”子路说：“从孔子那里来。”看门的人说：“就是那个明知做不到却硬要去做的人吗？”

语境

孔子自蔡反。子路宿于石门。晨门曰：“奚自？”子路曰：“自孔氏。”曰：“是知其不可而为之者与？”明年，孔子六十四岁。(程复心《周孔子论语年谱》)

此章不知何时事，疑孔子在卫，子路殆亦往还鲁卫间。(钱穆《孔子传》)

本章当是孔子周流在外，使子路归视其家。(《论语新解》)

子路行住石门宿也。石门者，鲁城门外也。晨门，守石门晨昏开闭之吏也，鲁人也。子路既在石门，守门之吏朝早开见子路从石门行过，故问子路云：汝将从何而来耶？（《论语义疏》）

胡氏曰："晨门知世之不可而不为，故以是讥孔子，然不知圣人之视天下，无不可为之时也。"（《论语集注》）

时子路宿于石门，夙兴为阍人所问。掌晨昏开闭门者，谓阍人也。晨门闻子路云从孔氏，未审孔氏为谁，又旧知孔子之行，故问曰："是知其世不可为，而周流东西，强为之者，此孔氏与？"意非孔子不能隐遁辟世也。（邢昺《疏》）

不可，道不可行，比党危之者多，故见为不可。虽危起居，不忘百姓之病，故曰知其不可而为之。（《戴氏注论语小疏》）

原文

子路曰："卫君待子而为政，子将奚先？"子曰："必也正名乎！"子路曰："有是哉，子之迂也！奚其正？"子曰："野哉，由也！君子于其所不知，盖阙如也。名不正，则言不顺；言不顺，则事不成；事不成，则礼乐不兴；礼乐不兴，则刑罚不中；刑罚不中，则民无所措手足。故君子名之必可言也，言之必可行也。君子于其言，无所苟而已矣。"（《子路·3》）

译文

子路说："卫国国君等着您去治理国政，您打算先做什么？"孔子说："一定要先正名！"子路说："您迂腐到这种地步啊！这名怎么正呀？"孔子说："仲由，真粗野啊！君子对于他所不懂的事情，大都采取存疑的态度，你怎么不懂乱说呢？名分不正，说话就不顺当；说话不顺当，事情就办不成；事情办不成，礼乐就不能兴起；礼乐不能兴起，刑罚就不能得当；刑罚不得当，老百姓就手足无措，不知如何是好。所以君子定的名分一定要说得出理来，说的有理必定可以实行。君子对于自己的言论，不能有一点马虎。"

语境

于是孔子自楚反乎卫。是岁也，孔子年六十三，而鲁哀公六年也。是时，卫君辄父不得立，在外，诸侯数以为让。而孔子弟子多仕于卫，卫君欲得孔子为政，子路曰："卫君待子而为政，子将奚先？"孔子曰："必也正名乎！"（《史记·孔子世家》）

鲁哀公六年，孔子年六十三，自楚返卫，是时出公立四年矣。时至春秋，王政不行，多好析辞擅作以乱名实，孔子思修王道，故必先正名也。（《戴氏注

论语小疏》）

子路咨孔子云：卫国之君欲待子共为政化，子若往卫与彼共为政，则先行何事为风化也？（《论语义疏》）

胡氏曰："卫世子蒯聩耻其母南子之淫乱，欲杀之，不果而出奔。灵公欲立公子郢，郢辞。公卒，夫人立之，又辞。乃立蒯聩之子辄，以拒蒯聩。夫蒯聩欲杀母，得罪于父，而辄据国以拒父，皆无父之人也，其不可有国也明矣。夫子为政，而以正名为先。必将具其事之本末，告诸天王，请于方伯，命公子郢而立之，则人伦正，天理得，名正言顺而事成矣。夫子告之之详如此，而子路终不喻也。故事辄不去，卒死其难。徒知食焉不避其难之为义，而不知食辄之食为非义也。"（《论语集注》）

孔子既然表示愿出仕，那就可以说明，孔子是承认出公的王位是合乎"名分"的；如果不合"名分"，主张"正名"的孔子，就没有理由做他的官了。大概孔子认为出公辄既受他祖母卫灵公夫人南子之命而立，即使把父亲排斥在国外，也是不影响他的君位"名分"的。在当时，"父子"关系是从属于"君臣"关系的。因为当时卫君辄既已受祖母命继承了君位，即使把父亲排斥在国外，为了平息国内外不好的舆论，首先就需要"正名"，即肯定卫君辄的君位"名分"是合乎"礼"的。大概孔子提出"正名"的政治背景就是如此。孔子没有明言，子路可能没有猜透，所以提出怀疑，引起老师训斥并发表了上述一大堆议论。于是孔子在其"忠君尊王"的名分思想指导下，也就真正心安理得地做了卫君辄的"公养之仕"了。（匡亚明《孔子评传》）

原文

子曰："鲁、卫之政，兄弟也。"（《子路·7》）

译文

孔子说："鲁国和卫国的政事，就像兄弟的事一样。"

语境

苏轼《论语解》：是时鲁哀公七年，卫出公五年也。卫之政，父不父，子不子；鲁之政，君不君，臣不臣。（《论语集释》）

是岁也，孔子年六十三，而鲁哀公六年也。其明年，吴与鲁会鄫，征百牢。太宰嚭召季康子。康子使子贡往，然后得已。孔子曰："鲁卫之政，兄弟也。"是时，卫君辄父不得立，在外，诸侯数以为让。孔子弟子多仕于卫，卫君欲得孔子为政，子路曰："卫君待子而为政，子将奚先？"孔子曰："必也正名乎！"（《史记·孔子世家》）

于时鲁、卫皆役于吴，鄫之会，至征百牢。孔子伤其以周公、康叔之后而从夷狄，故叹之。《春秋》哀七年，“公会吴于鄫”。《左传》曰：“夏，公会吴于鄫，吴来征百牢。乃与之。”古代祭祀所用牺牲，在祭祀前需要先圈养于牢，故又称牢。其牛羊豕各一曰太牢，羊豕各一曰少牢。这里百牢，当指一百份牛羊豕各一的太牢。（《戴氏注论语小疏》）

当春秋时，鲁、卫之政，尚为兄弟，故夫子去鲁后，独久居卫，愿治之也。（《论语正义》）

孔子评论鲁、卫二国之政相似，如周公、康叔之为兄弟也。鲁，周公之封。卫，康叔之封。周公、康叔既为兄弟，康叔睦于周公，其国之政亦如兄弟也。（邢昺《疏》）

鲁是周公之封，卫是康叔之封，周公、康叔是兄弟。当周公初时，则二国风化，政亦俱能治化如兄弟。至周末，二国风化俱恶，亦如兄弟。故卫瓘云：“言治乱略同也。”（《论语义疏》）

鲁，周公之后。卫，康叔之后。本兄弟之国，而是时衰乱，政亦相似，故孔子叹之。（《论语集注》）

《史记·世家》：“周公旦者，周武王弟也。卫康叔名封，周武王同母少弟也。《左》定六年《传》：“公叔文子曰：‘大姒之子，唯周公、康叔为相睦也。’”是周公、康叔为兄弟最睦者。（《论语正义》）

原文

太宰问于子贡曰：“夫子圣者与？何其多能也？”子贡曰：“固天纵之将圣，又多能也。”子闻之，曰：“太宰知我乎？吾少也贱，故多能鄙事。君子多乎哉？不多也。”（《子罕·6》）

牢曰：“子云‘吾不试，故艺。’”（《子罕·7》）

译文

太宰向子贡问道：“孔夫子是圣人吗？为什么这样多才多艺呢？”子贡说：“这本是上天让他成为圣人，又让他多才多艺。”孔子听到这些话，说：“太宰哪里了解我呀？我因为小时候贫贱，所以会许多卑贱的技艺。君子会有这么多的技艺吗？不会有这么多的。”

译文

牢说：“老师曾说‘我因为没被大用，所以学得许多技艺。’”

语境

于是孔子自楚反乎卫。是岁也，孔子年六十三，而鲁哀公六年也。

其明年，吴与鲁会鄫，征百牢。太宰嚭召季康子。康子使子贡往，然后得已。（《史记·孔子世家》）

吴与鲁会鄫，征百牢。吴太宰嚭召康子，康子使子贡往，子贡对以周礼，吴正百牢之征。太宰问于子贡曰："夫子圣者与？何其多能也？"子贡曰："固天纵之将圣，又多能也。"子闻之，曰："太宰知我乎？吾少也贱，故多能鄙事。君子多乎哉？不多也。"（程复心《周孔子论语年谱》）

公元前488年（鲁哀公七年），子贡离开孔子，受聘鲁国，并受季康子的委托，会见吴国太宰伯嚭，为鲁国赢得了一次外交上的胜利。（《子贡年谱》）

郑《注》云："太宰是吴太宰嚭。"时年在哀七年或十二年。子贡初与太宰嚭语，在哀七年，夫子年六十五。至哀十二年则已七十。（《论语正义》）

太宰，吴太宰嚭。疑多能未足以为圣也。（《戴氏注论语小疏》）田常欲作乱于齐，惮高、国、鲍、晏，故移其兵欲以伐鲁。孔子闻之，谓门弟子曰："夫鲁，坟墓所处，父母之国，国危如此，二三子何为莫出？"子路请出，孔子止之。子张、子石请行，孔子弗许。子贡请行，孔子许之。遂行，至齐。田常许之，使子贡南见吴王。故子贡一出，存鲁，乱齐，破吴，强晋而霸越。孔子闻卫乱，曰："嗟乎，由死矣！"已而果死。是时子贡为鲁使于齐。（《史记·仲尼弟子列传》）

太宰，官名。旧注有吴、陈、鲁、宋四国之说。或以《左传》说苑证此太宰乃吴之太宰嚭，或即是。牢曰以下或另分章，今不从。牢，孔子弟子。《史记·仲尼弟子列传》无此人，当是偶阙。或说即子琴张。牢引孔子语。或说孔子为本章语时，牢在旁举所闻，与孔子语相发。（《论语新解》）

吴氏曰："弟子记夫子此言之时，子牢因言昔之所闻有如此者。其意相近，故并记之。"（《论语集注》）

郑云："是吴太宰嚭也。""公会吴于橐皋，吴子使大宰嚭请寻盟。公不欲，使子贡对。"（邢昺《疏》）

太宰有吴、宋、鲁、陈之四说，以书法言之，当以鲁太宰为正。（《论语集释》）

原文

子路问政。子曰："先之劳之。"请益。曰："无倦。"（《子路·1》）

译文

子路问怎样管理政事。孔子说："做在老百姓之前，使老百姓勤劳。"子路请求多讲一点。孔子说："不要倦怠。"

语境

公元前487年，子路被当时的卫国聘为长垣宰。成为长垣历史上有文字记载的首任县令。（清嘉庆《长垣县志·循政》）

子路为蒲（笔者注：在长垣县境）大夫，辞孔子。孔子曰："蒲多壮士，又难治。然吾语汝：恭以敬，可以执勇；宽以正，可以比众；恭正以静，可以报上。"（《史记·仲尼弟子列传》）

吴氏曰："勇者喜于有为而不能持久，故以此告之。"（《论语集注》）

原文

子曰："片言可以折狱者，其由也与？"子路无宿诺。（《颜渊·12》）

译文

孔子说："只听一方的话就可以断案的，大概只有仲由吧。"子路不轻易许诺。

语境

子路治蒲三年，孔子过之，入其境，曰："善哉由也，恭敬以信矣。"入其邑，曰："善哉由也，忠信而宽矣。"至廷曰："善哉由也，明察以断矣。"（《孔子家语·辩政》）

孔子六十四岁，时卫君辄父不得立，诸侯数以为让，而孔子弟子多仕卫，于是子路为蒲宰，孔子过蒲有三善之叹，曰："片言可以折狱者，其由也与？"子路无宿诺。（程复心《周孔子论语年谱》）

孔子过蒲，子路系于六十一岁。（《子路年谱》）

子路笃信，恐临时多故，故不豫诺。（《论语集解》）

《御览》引郑《注》云："唯子路能取信，所言必直，故可令断狱也。"言子路忠信，能取信于人也。人既信子路，自不敢欺，故虽片言，必是直理，即可令依此断狱也。子路笃信，恐临时多故，故不豫诺。（《论语正义》）

子路忠信明快，故言出而人信服之，不待其辞之毕也。急于践言，不留其诺也。记者因夫子之言而记此，以见子路之所以取信于人者，由其养之有素也。尹氏曰："小邾射以句绎奔鲁，曰：'使季路要我，吾无盟矣。'千乘之国，不信其盟，而信子路之一言，其见信于人可知矣。"（《论语集注》）

悟语

在孔门十哲中，子路名列政事科，子路为人忠信，办事明快，深得民众信任，这是从政的重要条件。

原文

子疾病，子路请祷。子曰："有诸？"子路对曰："有之，《诔》曰：'祷尔于上下神祇。'"子曰："丘之祷久矣。"（《述而·35》）

译文

孔子病重，子路请求代孔子向鬼神祈祷。孔子说："有这回事吗？"子路说："有的，《诔》文说：'替你向天神地祇祈祷。'"孔子说："我早就祈祷过了。"

语境

子疾病，子路请祷。子曰："有诸？"子路对曰："有之，《诔》曰：'祷尔于上下神祇。'"子曰："丘之祷久矣。"子疾病，子路使门人为臣。病间，曰："久矣哉，由之行诈也！无臣而为有臣。吾谁欺？欺天乎！且予与其死于臣之手也，无宁死于二三子之手乎！且予纵不得大葬，予死于道路乎？"（程复心《周孔子论语年谱》）

孔子疾病，子路告请祷求鬼神，冀其疾愈也。（邢昺《疏》）

古者君父有疾，则臣子为祷，祈于天地鬼神，子路意弟子事师亦当同也。（《戴氏注论语小疏》）

《太平御览》引《庄子》曰："孔子病，子贡出卜。孔子曰：'子待也。吾坐席不敢先，居处若斋，食饮若祭，吾卜之久矣。'子路请祷，可以参观。"郑《注》云："祷，谢过于鬼神。"谓谢过以求福也。言有此祷请于鬼神之事。夫子问已有此祷请于鬼神之事否，意以子路或有因而请祷也。此正夫子战战兢兢，常若不足之意。夫子平时心存兢业，故恭肃于鬼神，自知可无大过，不待有疾然后祷也。言此者，所以止子路。（《论语正义》）

按语

《周孔子论语年谱》将"子疾病"两章前后并列，显然为同时，但发生的具体时间未确定；《论语正义》考证"子疾病"（《子罕·12》）当发生在"鲁以币召孔子，孔子将反鲁，适于道路中得疾也"时，故列此。

原文

子疾病，子路使门人为臣。病间，曰："久矣哉，由之行诈也！无臣而为有臣。吾谁欺？欺天乎！且予与其死于臣之手也，无宁死于二三子之手乎！且予纵不得大葬，予死于道路乎？"（《子罕·12》）

译文

孔子病重，子路叫孔子的学生充当家臣准备料理丧事。孔子病情减轻以后知道这事，说："很久了吧，仲由做这种弄虚作假的事。没有家臣而装作有家臣。我骗谁呢？骗天吗？而且我与其在家臣的侍候下死去，倒不如在这些学生的侍候下死去！而且纵使我不能享用大夫的葬礼，我会死在路上没人管吗？"

语境

此当是鲁以币召孔子，孔子将反鲁，适于道路中得疾也。(《论语正义》)

子路以孔子圣人，宜为人君，且尝为大夫，大夫亦有家臣。今疾病，恐忽终亡，故使弟子行臣礼也。(《论语义疏》)

郑《注》云："大夫退死，葬以士礼；致仕，以大夫礼葬。"按：年老归政曰致仕，其爵未失，故从大夫葬礼。若大夫退，是君疏斥己，或己避位弗仕，既去大夫之位，则不得以大夫礼葬，故宜以士礼葬也。《王制》云："大夫废其事，终身不仕，死以士礼葬之。"是也。夫子去鲁是退，当以士礼葬，今子路用大夫之礼，故夫子责之。"大葬"，谓鲁复用己，以大夫礼葬也。夫子言己虽未必复见用，以礼大葬，以当得归鲁，不致死于道路。所以然者，以天未丧斯文，必将命以制作以教万世，故决不死于道路，亦兼明子路豫凶事为过计也。(《论语正义》)

范氏曰："子路欲尊夫子，而不知无臣之不可为有臣，是以陷于行诈，罪至欺天。君子之于言动，虽微不可不谨。夫子深惩子路，所以警学者也。"(《论语集注》)

四、自卫返鲁（鲁哀公十一年至鲁哀公十六年，孔子六十八岁至七十三岁）

概况

鲁哀公十一年（公元前484年），孔子六十八岁。

齐国攻打鲁国，叔孙氏、孟氏怨季氏专政，不肯听从季康子的号令将齐人拦在国土之外。季康子使四十一岁的冉有任左师统帅，以步兵执长矛的突击战术打败了齐军（据《左传》）。接着会同吴国在艾陵大败齐军，史称“艾陵之战”。“艾陵之战”后，冉有受到赏识，季康子问冉有军事才能从哪里学的，答学于孔子，并趁这次得胜的机会，说服季氏迎孔子回国。季康子派公华、公宾、公林以币迎孔子归鲁。自其去鲁适卫周游列国，颠沛流离凡十四年，至此才算结束。回国前冉有、子贡、樊迟都在鲁国做了官。

返鲁后，尊孔子为国老，鲁哀公、季康子以行政大事相询。鲁哀公问政，孔子说：“政在选臣。”（《史记·孔子世家》）季康子问政，孔子说：“政者正也。”季康子欲行“田赋”，使冉有问于孔子，孔子反对，曰：“若不度于礼，而贪冒无厌，则虽以田赋，将又不足。”季康子不听（《左传·哀公十一年》）。然尊道敬贤之心，终不敌其权衡利害之私。

鲁终不能用孔子，孔子亦不求仕，专心从事文献整理和教育事业。

孔子整理“六经”有三个准则：一个是“述而不作”，保持原来的文辞；二个是“不语怪、力、乱、神”，删去芜杂妄诞的文章；三个是“攻乎异端，斯害也已”，排斥一切反中庸之道的议论。（范文澜《中国通史》）

《乐记》曰：“作者之谓圣，述者之谓明。”孔子序《易》，删《诗》《书》，正《礼》《乐》皆述者也。至于修《春秋》，义实兼作，亦谦言述者，有变道之名，无易道之实。（《戴氏注论语小疏》）

与鲁太师论乐，孔子说：“乐其可知也：始作，翕如也；从之，纯如也，皦如也，绎如也，以成。”又说：“吾自卫反鲁，然后乐正，《雅》《颂》各得其所。”（《史记·孔子世家》）

孔子晚而喜《易》，序《彖》《系》《象》《说卦》《文言》。读《易》韦编三绝。曰：“假我数年，若是，我于《易》则彬彬矣。”（《史记·孔子世家》）

世衰道微，邪说暴行有作，臣弑其君者有之，子弑其父者有之。孔子惧，

作《春秋》。（《孟子·滕文公下》）

周道衰废，孔子为鲁司寇，诸侯害子，大夫壅之。孔子知言之不用，道之不行也，是非二百四十二年之中，以为天下仪表，贬天子，退诸侯，讨大夫，以达王事而已矣。（《史记·太史公自序》）

乃因史记作《春秋》，上至隐公，下讫哀公十四年，十二公。（《史记·孔子世家》）

战国或汉代一些人认为孔子作《春秋》是自己主动地对他所处的两百多年的历史进行反思，并以各国王公大臣的行为作为自己反思的对象，借以达到当时警世及垂教后世的目的。（骆承烈《孔子故里解论语》）

钱穆《论语新解·孔子年表》："此下乃开始其晚年期的教育生活，有若、曾参、言偃、卜商、颛孙师诸人皆先后从学。"

鲁哀公十二年（公元前483年），孔子六十九岁。

春，鲁实行田赋。夏，鲁昭公夫人孟子卒，孔子往吊。

鲁哀公十三年（公元前482年），孔子七十岁。孔子说："七十而从心所欲，不逾矩。"也就是说，到了七十岁，在已往"而立""不惑""知天命""耳顺"的基础上，任何想法和做法都不会越出仁道原则和周礼所定的规矩了。孔子子伯鱼卒。

鲁哀公十四年（公元前481年），孔子七十一岁。

《左传》哀公十四年："小邾射以句绎来奔，曰：'使季路要我，吾无盟矣。'使子路，子路辞。"此证是年子路尚仕鲁。盖冉有先孔子归，仕季氏。访田赋时，子路尚未仕。子路随孔子归后始仕季氏，其职位用事当在冉有下，故书冉有在子路之上也。（钱穆《孔子传》）

是年春，鲁西狩获麟，孔子说："吾道穷矣！"于是《春秋》绝笔。《春秋》始笔在何年？据《戴氏注论语小疏》："孔子年七十，适当哀公十四年获麟之岁，使子夏等十四人求周史记，得百二十国宝书，以作《春秋》，九月而经立。《春秋》之作，称天受命，假鲁以寓王法，备五始、三科、九旨、七等、六辅、二类之义，轻重详略、远近亲疏，人事浃，王道备，拨乱反正，功成于麟。"

六月，齐陈恒（田成子）弑其君，孔子请讨之，鲁君臣不从。

八月，颜回卒，享年四十一岁，孔子哭之恸。

鲁哀公十五年（公元前480年），孔子七十二岁。卫政变，蒯聩逐其子出公而自立，是为卫庄公。子羔为卫大夫，遇乱出奔。子路当时为卫大夫孔悝的邑宰，孔悝见劫，故往救之，孔子预感到子路有生命危险。子路果然以身殉所事，死于卫。孔子十分难过。

鲁哀公十六年（公元前479年），孔子七十三岁。四月，孔子寝疾七日而殁，葬于鲁城（今曲阜）北泗上。鲁哀公致诔。

与闻政事

原文

席不正，不坐。（《乡党·12》）

译文

坐席摆得不端正，孔子不坐。

语境

哀公迎孔子，席不端，不坐。（《墨子·非儒篇》）

不正，谓席有移动偏斜。临坐先正席，然后坐。又说：古人坐席，天子五重，诸侯三重，大夫再重；南北向，以西为上；东西向，以南为上，此席之正。（《论语新解》）

古代没有椅子和凳子，都是在地面上铺席子，坐在席子上。席子一般是用蒲苇、蒯草、竹篾以至禾穰为质料。（《论语译注》）

原文

哀公问曰："何为则民服？"孔子对曰："举直错诸枉，则民服；举枉错诸直，则民不服。"（《为政·19》）

译文

鲁哀公问："怎样做才能使百姓服从呢？"孔子回答说："选用正直的人，安置在邪曲的人之上，老百姓就服从了；选用邪曲的人，安置在正直的人之上，老百姓就会不服从。"

语境

孔子反乎鲁，居鲁哀公馆焉。哀公命席侍坐，悉陈儒行。又问政，对曰："政在选臣。"又问："何为则民服？"孔子对曰："举直错诸枉，则民服；举枉错诸直，则民不服。"（程复心《周孔子论语年谱》）

哀公失德，民不服从，而公患之，故问孔子，求民服之法也。故范宁云："哀公舍贤任佞，故仲尼发乎此言，欲使举贤以服民也。"江熙曰："哀公当千载之运，而圣贤满国，举而用之，鲁其王矣。唯好耳目之悦，群邪秉政，民心厌弃，既而苦之，乃有此问也。"（《论语义疏》）

春秋时，世卿持禄，多不称职，贤者隐处，虽有仕者，亦在下位，故此告哀公以举措之道，直者居上位，而枉者置之下位，使贤者得尽其才，而不肖者有所受治，亦且畀之以位，未甚决绝，俾知所感奋而犹可以大用。（《论语正义》）

原文

季康子问："使民敬、忠以劝，如之何？"子曰："临之以庄，则敬；孝慈，则忠；举善而教不能，则劝。"（《为政·20》）

译文

季康子问："要使百姓对当政者尊敬、尽忠而努力干活，该怎样去做呢？"孔子说："你用庄重的态度对待他们，百姓就会尊敬你；你孝敬父母、慈爱子弟，百姓就会尽忠于你；你提拔善良的人，又教育能力较弱的人，百姓就会互相勉励，加倍努力了。"

语境

季康子，鲁执政之上卿也。时以僭滥，故民不敬、忠、劝勉，故问于孔子。于时鲁君蚕食深宫，季氏专执国政，则如君矣，故此答皆以人君之事言之也。（邢昺《疏》）

其既无道僭滥，故民不敬不忠不相劝奖。所以问孔子，求学使民行敬及忠及劝三事也，故云"如之何"。（《论语义疏》）

此欲康子复选举之旧也。春秋时，大夫多世爵，其所辟僚佐，又皆奔走使令之私，善者不见任用，故夫子令其举之。（《论语正义》）

原文

季康子问政于孔子。孔子对曰："政者，正也。子帅以正，孰敢不正？"（《颜渊·17》）

译文

季康子向孔子问如何治理国家。孔子回答说："政就是端正的意思。您带头走正路，谁敢不走正路呢？"

语境

胡氏曰："鲁自中叶，政由大夫，家臣效尤，据邑背叛，不正甚矣。故孔子以是告之，欲康子以正自克，而改三家之故。惜乎康子之溺于利欲而不能也。"（《论语集注》）

康子为鲁上卿，诸臣之帅也，若己能每事以正，则己下之臣民谁敢不正

也。（邢昺《疏》）

按语

在孔子的为政理念中，十分强调执政者的表率作用，执政者带头走正道，民众就正；执政者带头走歪门邪道，民众就不正。社会无道之原因首先是执政者之无道造成的，不能归罪于民众，以杀治乱不是解决问题的根本办法，根本还是执政者的仁政德治，孔子把德治比喻为北辰，“为政以德，譬如北辰居其所而众星共之。”（《为政 · 1》）他赞赏尧、舜的垂衣裳而天下治。

原文

子曰：“麻冕，礼也；今也纯，俭，吾从众。拜下，礼也；今拜乎上，泰也。虽违众，吾从下。”（《子罕 · 3》）

译文

孔子说：“用麻料织礼帽，这是礼的规定；现在改用丝料，这样省俭些，我遵从大家的做法。臣见君，先在堂下磕头，然后升堂再磕头，这是礼的规定；现在只是升堂后磕头，这样太骄纵。虽然违背大家的做法，我还是遵从古礼先在堂下磕头。”

语境

麻，麻衣也。朝服，麻衣而冕，其色缁也，用十五升布为之。纯，丝也。古者祭服用丝，朝服用麻。当孔子时，朝服亦用丝，孔子从之，以为俭质，不失礼。《玉藻》曰：“朝服之以缟，自季康子始也。”臣与君行礼，皆堂下再拜稽首，君待以宾礼，下拜则辞之，然后升，成拜，礼之变也。时臣汰侈，行礼皆从其变，孔子欲正臣礼，故违众从下，以抑文家之敝。（《戴氏注论语小疏》）

礼，臣之与君行礼者，下拜然后升成拜，是礼也。今时之臣，皆拜于上，长骄泰也。孔子以其骄泰则不孙，故违众而从下拜之礼也。下拜，礼之恭故也。（邢昺《疏》）

臣与君行礼，当拜于堂下。君辞之，乃升成拜。（《论语集注》）

时既人人从易用丝，故孔子曰吾亦从众也。所以从之者，周末每事奢华，孔子宁欲抑奢就俭。今幸得众公用俭，故孔子从之也。当于时周末君臣饮燕，臣得君赐酒，不复下堂，但于堂上而拜，故云“今拜乎上，泰也”。拜不下堂，是由臣骄泰，故云“泰也”。当时皆违礼而拜上者众，孔子不从拜上，故云“虽违众”也。违众而从旧礼拜于下，故云“吾从下”也。（《论语义疏》）

原文

季康子问：“仲由可使从政也与?”子曰：“由也果，于从政乎何有?”曰：“赐也可使从政也与?”曰：“赐也达，于从政乎何有?”曰：“求也可使从政也与?”曰：“求也艺，于从政乎何有?”(《雍也·8》)

译文

季康子问孔子：“仲由这个人，可以让他管理政事吗?”孔子说：“仲由做事果断，对于管理政事有什么困难呢?”季康子又问：“端木赐这个人，可以让他管理政事吗?”孔子说：“端木赐通达事理，对于管理政事有什么困难呢?”又问：“冉求这个人，可以让他管理政事吗?”孔子说：“冉求多才多艺，对于管理政事有什么困难呢?”

语境

当孔子自卫反鲁，正季康子执政之日，子路、冉有已为季氏宰，子贡已用于鲁，独未从政为大夫耳。康子此问，其亦有同升诸公之意乎?(《论语集释》)

鲁人使使召冉求，冉求先归，至此，康子始问三子从政。则由、求之仕季氏，并在夫子归鲁后矣。果者能任事，达者能明事，艺者能治事，故皆可以从政。子路好勇，故遇事明决，为果敢也。其可使治赋，亦以此。古以礼、乐、射、御、书、数为六艺，人之才能，由六艺出，故艺即训为才能。冉求自任，以为小国三年，可使足民，其艺可知。(《论语正义》)

果能主兵，可为司马；达能主教，可为司徒；艺能主土，可为司空。此天子三公官也。(《戴氏注论语小疏》)

子贡、冉有早仕于鲁，子路之仕稍在后。季康子贤此三人而问之。《左传》哀公十四年记载：“小邾射以句绎来奔，曰：‘使季路要我，吾无盟矣。’使子路，子路辞。季康子使冉有谓之曰：‘千乘之国，不信其盟而信子之言，子何辱焉。’对曰：‘鲁有事于小邾，不敢问故，死其城下，可也。彼不臣而济其言，是义之也。由弗能。’”此证是年子路尚仕鲁。盖冉有先孔子归，仕季氏。访田赋时，子路尚未仕。子路随孔子归后始仕季氏，其职位用事当在冉有下，故书冉有在子路之上也。(钱穆《孔子传》)

鲁哀公十五年，孔子年七十二岁，仲由死于卫。(钱穆《孔子年表》)

原文

季子然问：“仲由、冉求可谓大臣与?”子曰：“吾以子为异之问，曾由与

求之问。所谓大臣者，以道事君，不可则止。今由与求也，可谓具臣矣。”曰：“然则从之者与？”子曰：“弑父与君，亦不从也。”（《先进·24》）

译文

季子然问：“仲由和冉求可以说是大臣吗？”孔子说：“我以为你是问别人，竟问仲由和冉求呀。所谓大臣，应该用正道事奉君主，如果做不到，宁肯辞职不干。现在仲由和冉求这两个人，只能说是居位充数的臣僚罢了。”季子然说：“那么他们是一切顺从君主的人吗？”孔子说：“杀父弑君的事，他们是不会顺从的。”

语境

季子然，季氏之子弟也。自多得臣此二子，故问于夫子曰：“仲由、冉求才能为政，可以谓之大臣与？”疑而未定，故云“与”也。孔子更为子然陈说大臣之体也。今二子臣于季氏，季氏不道而不能匡救，又不退止，唯可谓备臣数而已，不可谓之大臣也。（邢昺《疏》）

言二子虽不足于大臣之道，然君臣之义则闻之熟矣，弑逆大故必不从之。盖深许二子以死难不可夺之节，而又以阴折季氏不臣之心也。尹氏曰：“季氏专权僭窃，二子仕其家而不能正也，知其不可而不能止也，可谓具臣矣。是时季氏已有无君之心，故自多其得人，意其可使从己也，故曰弑父与君亦不从也，其庶乎二子可免矣。”（《论语集注》）

季子然，季氏之族，盖孔子弟子季襄也。子然以季路、冉有皆政事才，而屈于季氏，故问可谓大臣否。（《戴氏注论语小疏》）

子然，季氏子弟，以其家得臣子路、冉求二人，骄矜而问，故孔子折抑之。（钱穆《孔子传》）

原文

孟武伯问子路仁乎？子曰：“不知也。”又问。子曰：“由也，千乘之国，可使治其赋也，不知其仁也。”“求也何如？”子曰：“求也，千室之邑，百乘之家，可使为之宰也，不知其仁也。”“赤也何如？”子曰：“赤也，束带立于朝，可使与宾客言也，不知其仁也。”（《公冶长·8》）

译文

孟武伯问子路是仁人吗？孔子说：“不知道。”孟武伯又问，那他究竟是怎样的人？孔子说：“仲由嘛，拥有一千辆兵车的大国，可以让他管理军政，至于是否做到仁了，我不知道。”孟武伯又问：“冉求怎么样？”孔子说：“冉求嘛，千户人口的县，百辆兵车的大夫封地，可以叫他当总管，至于是否做到仁了，我不知道。”孟武伯又问：“公西赤怎么样呢？”孔子说：“公西赤嘛，可以让他穿着礼服在朝廷上接待宾客，至于是否做到仁了，我不知道。”

语境

《论语后录》：时鲁用丘甲田赋，故夫子言之。《读四书丛说》：武伯见圣人专教人行仁，而不知仁之体段，故就门人中举以为问，非泛论人才之谓也。（《论语集释》）

《史记·弟子传》作“季康子问”，当出《古论》。《大戴礼·卫将军文子篇》子贡历言仲由、冉有、公西赤之行，文子以为一诸侯之相。与此章所论相合。（《论语正义》）

明仁之难也。（邢昺《疏》）

原文

子言卫灵公之无道也，康子曰：“夫如是，奚而不丧？”孔子曰：“仲叔圉治宾客，祝鮀治宗庙，王孙贾治军旅，夫如是，奚其丧？”（《宪问·19》）

译文

孔子讲到卫灵公的昏乱，季康子说：“既然如此，为什么不败亡呢？”孔子说：“因为他有仲叔圉接待宾客，祝鮀管理祭祀，王孙贾统率军队，像这样，怎么会败亡呢？”

语境

举卫三臣，以讽康子也。康子为鲁上卿，所任非才，以启蛮夷之侮，致吴伐我，几丧其国，其视三臣，犹不若焉。（《戴氏注论语小疏》）

原文

子曰：“君子成人之美，不成人之恶。小人反是。”（《颜渊·16》）

译文

孔子说：“君子成全别人的好事，不促成别人的坏事。小人则与此相反。”

语境

《说苑·君道篇》哀公曰：“善哉！君子成人之美，不成人之恶。微孔子，吾焉得闻斯言哉？”（《论语集释》）

《春秋》之义，善善从长，恶恶从短。恶恶疾其始，善善乐其终。疏释

“恶恶疾其始”，何休曰：“绝其始，则不得终其恶。”“善善乐其终”，何休曰：“乐贤者终其行。”（《戴氏注论语小疏》）

原文

周公谓鲁公曰：“君子不施其亲，不使大臣怨乎不以。故旧无大故，则不弃也。无求备于一人！”（《微子·10》）

评文

周公对鲁公说：“君子不怠慢他的亲族，不让大臣抱怨没被信用。旧友老臣没有发生严重过失，就不要抛弃他们。不要对某一人求全责备！”

语境

《笔解》：韩曰：“周公戒伯禽多矣，仲尼独举此，讽哀公不亲信贤人耳。施当为驰，言不驰慢所亲近贤人，如此则大臣无所施矣。”（《论语集释》）

楼语

自古以来，对执政者首要的是强调德，夏、商都是因为“不敬厥德，乃早坠厥命”，不能敬德，才丢失了天命赋予的王位。西周统治者提出要想保持周的统治，就要敬德，“王其德之用，祈天永命”（《尚书·召诰》），对才能的要求是第二位的，执政者固然有才能，但不一定样样精通，为政之成败重在用人，“舜有臣五人而天下治”。（《泰伯8·20》）用人标准体现着执政者的用人导向，用正直之人，则民服；用邪曲之人，则民不服。人无完人，要用其所长，“为命，裨谌草创之，世叔讨论之，行人子羽修饰之，东里子产润色之”。（《宪问·8》）卫灵公昏庸无道，但国不败亡，季康子问其故，孔子说在于用人：“仲叔圉治宾客，祝鮀治宗庙，王孙贾治军旅，夫如是，奚其丧？”（《宪问·19》）。“德才兼备，以德为先”是关乎国运的历史经验的总结，不可须臾离也。

原文

子曰：“圣人，吾不得而见之矣；得见君子者，斯可矣。”子曰：“善人，吾不得而见之矣；得见有恒者，斯可矣。亡而为有，虚而为盈，约而为泰，难乎有恒矣。”（《述而·26》）

评文

孔子说：“尧舜禹汤那样的圣人，我不能看见了；能看到行善无怠的君主，就可以了。”孔子又说：“善人之君，我不能看见了；能看见常德之君，就可以了。没有却装作有，空虚却装作充实，穷困却追求豪华，这样的君主很难有常德了。”

语境

智仁合为圣人，若庖羲、尧、舜、禹、汤、文、武、周公、孔子，曰圣人者，“知通乎大道，应变而不穷，能测万物之情性者也”。疏释《大戴礼记·哀公问五义》：“哀公曰：‘善！敢问：何如可谓圣人矣？’孔子对曰：‘所谓圣人者，知通乎大道，应变而不穷，能测万物之情性者也。’”于时上无天子，下无方伯，故发此叹也。（《戴氏注论语小疏》）

此章疾世无明君也。圣人谓上圣之人，若尧、舜、禹、汤也。君子谓行善无怠之君也。言当时非但无圣人，亦无君子也。善人即君子也。又言善人之君，吾不得而见之矣。得见有常德之君，斯亦可矣。明时无常德也。时既浇薄，率皆虚矫，以无为有，将虚作盈，内实穷约，而外为奢泰。行既如此，难可名之为有常也。（邢昺《疏》）

唯如是，是以能常德行而习教事，久于其道，而忽不知入于圣贤之域，此夫子之思有恒意也。《注》：“疾世无明君。”《注》以圣人、君子、善人有恒，皆指当时天子、诸侯言之，所谓“上无明天子，下无贤方伯”也。（《论语正义》）

当时浇乱，人皆夸张，指无为有，说虚作盈，家贫约而外诈奢泰，皆与恒反，故云“难乎有恒矣”。（《论语义疏》）

原文

子曰：“孟之反不伐，奔而殿，将入门，策其马，曰：‘非敢后也，马不进也。’”（《雍也·15》）

译文

孔子说：“孟之反不喜欢夸耀自己，在抵御齐国的战役中军队败退了，他留在最后掩护全军，快进城门的时候，他鞭打着自己的马说：‘不是我敢于殿后，是马不肯快跑呀。’”

语境

鲁大夫孟之侧，字子反。自功曰伐。哀十一年，与齐战于郎，孟武伯帅右师先奔，之反为殿也。军前曰启，后曰殿。鲁出师，当先命殿。及奔，殿者越行而先，之反乃更为之殿，以距齐师。于时皆贵勇力，贱礼让，故孔子举其言以讽世。（《戴氏注论语小疏》）

鲁大夫孟之侧，与齐战，军大败。孟之反贤而有勇，军大奔，独在后为殿。人迎功之，不欲独有其名，曰："我非敢在后拒敌，马不能前进。"《左传》云："齐伐我及清，孟孺子泄帅右师，师及齐师战于郊。右师奔，齐人从之。陈瓘、陈庄涉泗。孟之侧后入以为殿。"（《论语正义》）

原文

冉子退朝。子曰："何晏也？"对曰："有政。"子曰："其事也。如有政，虽不吾以，吾其与闻之。"（《子路·14》）

译文

冉求从办公的地方回来。孔子说："怎么这么晚呀？"冉求说："有政务。"孔子说："那是季氏的家务吧。如果有政务，虽然不用我了，我也会知道的。"

语境

冉有时为季氏宰。朝，季氏之私朝也。是时季氏专鲁，其于国政，盖有不与同列议于公朝，而独与家臣谋于私室者，故夫子为不知者而言，此必季氏之家事耳。若是国政，我尝为大夫，虽不见用，犹当与闻。今既不闻，则是非国政也。其所以正名分，抑季氏，而教冉有之意深矣。（《论语集注》）

其时，季氏专鲁政，有不与同列议于公朝，而独与其家臣议之私朝也。孔子如为不知，言此必季氏家事，若系国政，当公议之。（《论语新解》）

郑《注》云："君之教令为政，臣之教令为事也。故云'其事也'。"《鲁语》所云"官职"，谓政也；所云"家事"，谓事也。（《论语正义》）

从季氏自鲁君之朝来归。孔子恐鲁君臣变古易常，故言如有大政，虽不用吾言，其使吾与闻之，冀冉子来告，庶可匡正也，其后用田赋、伐颛臾，冉子皆以告孔子。（《戴氏注论语小疏》）

冉子尔时仕季氏，且上朝于鲁君，当是季氏，冉有从之朝鲁君也。斯盖微言以讥季氏专政之辞。若以家臣无专政之理，则二三子为宰而问政者多矣，未闻夫子有讥焉。（《论语义疏》）

其时，鲁虽不用孔子，犹以大夫待之。故孔子亦自谓以吾从大夫之后也。冉子仕于季氏，每退朝，仍亦以弟子礼来孔子家，故孔子问以今日退朝何晏。又谓若有国家公事，我必与闻之也。（钱穆《孔子传》）

原文

季氏旅于泰山。子谓冉有曰："女弗能救与？"对曰："不能。"子曰：

“呜呼！曾谓泰山不如林放乎？”（《八佾 · 6》）

译文

季孙氏去祭祀泰山。孔子对冉有说：“你不能劝阻他吗？”冉有回答说：“不能。”孔子说：“哎呀！难道说泰山之神还不如林放懂礼，会接受越礼的祭祀吗？”

语境

此季氏即康子。古礼，唯诸侯始得祭其境内之名山大川。季氏旅泰山，是其僭。冉有不能止，孔子非之。（钱穆《孔子传》）

马曰：“旅，祭名也。礼，诸侯祭山川在其封内者。今陪臣祭泰山，非礼也。冉有，弟子冉求，时仕于季氏。救，犹止也。”（《论语集解》）

季氏旅泰山，或亦值大故，而用天子礼行之，故书曰“旅”，与八佾歌《雍》，同是僭天子，非僭鲁侯也。夫子谓冉求之言，其迫切当亦因此。《礼》言大夫祭五祀，不及山川，故祭山为非礼。郑《目录》云“时仕季氏”者，以夫子责之，知为季氏家臣也。（《论语正义》）

原文

季氏将伐颛臾。冉有、季路见于孔子曰：“季氏将有事于颛臾。”孔子曰：“求！无乃尔是过与？夫颛臾，昔者先王以为东蒙主，且在邦域之中矣，是社稷之臣也。何以伐为？”冉有曰：“夫子欲之，吾二臣者皆不欲也。”孔子曰：“求！周任有言曰：‘陈力就列，不能者止。’危而不持，颠而不扶，则将焉用彼相矣？且尔言过矣，虎兕出于柙，龟玉毁于椟中，是谁之过与？”冉有曰：“今夫颛臾，固而近于费。今不取，后世必为子孙忧。”孔子曰：“求！君子疾夫舍曰欲之而必为之辞。丘也闻有国有家者，不患寡（当作贫）而患不均，不患贫（当作寡）而患不安。盖均无贫，和无寡，安无倾。夫如是，故远人不服，则修文德以来之。既来之，则安之。今由与求也，相夫子，远人不服，而不能来也；邦分崩离析，而不能守也；而谋动干戈于邦内。吾恐季孙之忧，不在颛臾，而在萧墙之内也。”（《季氏 · 1》）

译文

季氏准备攻打颛臾。冉有、子路去见孔子说：“季氏快要攻打颛臾了。”孔子说：“冉求，这不就是你的过错吗？颛臾，过去先王让他主持东蒙的祭祀，而且是在鲁国的疆域之内，是国家的臣属。为什么要攻打它呢？”冉有说：“季孙大夫想去攻打，我们俩都不愿意。”孔子说：“冉求！周任有句话说：‘尽自己的才力去担任职务，不能胜任就辞职。’比如瞎子，遇到危险不去扶助，将要跌倒不去搀扶，那还用助手干什么呢？而且你说的话错了，老虎、犀牛从笼子里跑出来，龟甲、玉器在匣子里毁坏了，这是谁的过错呢？”冉有说：“现在颛臾城墙坚固，而且离费邑很近。现在不把它夺取过来，将来一定会成为子孙的忧患。”孔子说：“冉求！君子就讨厌这种态度，不肯实说自己想要，却一定要找理由辩解。我听说过，对于诸侯和大夫，不怕财富少，而怕分配不均；不怕人口少，而怕不安定。因为财富均衡就不觉得贫穷，大家和睦就不觉得人口稀少，境内安定就没有倾覆的危险。如到了这样，远方的人还不归服，就修治仁义礼乐招他们来。已经来了，就让他们安心住下去。现在，仲由和冉求呀，你们辅助季氏，远方的人不归服，却不能招致；国家四分五裂，却不能保全；反而策划在国内使用武力。我担心季孙的忧患不在颛臾，而在鲁君。”

语境

季氏，谓康子。季氏欲伐颛臾，二子知其谋，因见孔子告之。伐颛臾之事，不见于经传。阳虎囚季桓子，在定公八年，而二子事季，则在哀公十一年后，郑氏此言，未得其实，宜乎方氏之易其意也。（《论语正义》）

孔曰：“颛臾，伏羲之后，风姓之国，本鲁之附庸，当时臣属鲁。季氏贪其土地，欲灭而取之。冉有与季路为季氏臣，来告孔子。冉求为季氏宰，相其室，为之聚敛，故孔子独疑求教之。”郑曰：“君臣相见之礼，至屏而加肃敬焉，是以谓之萧墙。后季氏家臣阳虎果囚季桓子。”（《论语集解》）

季氏者，鲁国上卿，豪强僭滥者也。此章明季氏专征滥伐之恶也。颛臾，鲁之附庸也。其地与季氏采邑相近，故季氏欲伐而并之也。二人时仕季氏为臣，见季氏欲滥伐，故来见孔子，告道之也。（《论语义疏》）

按《左传》《史记》，二子仕季氏不同时。此云尔者，疑子路尝从孔子自卫反鲁，再仕季氏，不久而复之卫也。是时四分鲁国，季氏取其二，孟孙、叔孙各有其一。独附庸之国尚为公臣，季氏又欲取以自益。故孔子言颛臾乃先王封国，则不可伐；在邦域之中，则不必伐；是社稷之臣，则非季氏所当伐也。谢氏曰：“当是时，三家强，公室弱，冉求又欲伐颛臾以附益之。夫子所以深罪之，为其瘠鲁以肥三家也。”（《论语集注》）

《论语集注补正述疏》：“经之所书冉有先季路，其序与所书侍坐不同，此犹《春秋》书法也。冉有，与其谋者也。冉有仕季氏在哀三年，季路侍季氏在定十二年，彼其时二子仕不同时矣。”哀十四年《左传》云：“小邾射以句绎来奔，曰：‘使季路要我，吾无盟矣。’使子路，子路辞。季康子使冉有谓之曰：‘千乘之国，不信其盟，而信子之言，子何辱焉？’”此其时则二子同仕季氏也。哀十五年《左传》云：“秋，齐陈瓘如楚，过卫，仲由见之。”则季路在卫焉，其冬而季路死卫难矣，然则将伐颛臾之时，可从而知之。（《论语集释》）

悟语

“不患寡而患不均”，提出了社会财富合理分配的问题，既体现了孔子民生思想，又反映出孔子对维护社会秩序和巩固阶级统治的深刻认识。贫富悬殊过大会激化社会矛盾，动摇统治根基，影响社会安定。同时，还要看到，孔子所说的“均”不是“平均”，更不是搞平均主义，而是在承认收入有差别的前提下的“均衡”。朱熹注：“谓各得其分”，即各阶层得到他该得的那一份。董仲舒对此的解释是：“大富则骄，大贫则忧；忧则为盗，骄则为暴，此众人之情也。圣者则于众人之情，见乱之所从生，故其制人道而差上下也，使富者足以示贵而不至于骄，贫者足以养生而不至于忧，以此为度而调均之，是以财不匮而上下相安，故易治也。”（《春秋繁露·度制》）贫富要有度，按照这个度来调节各阶层的收入，以求得社会的安定。孔子通过冉求告诫季氏不要过度聚敛，变本加厉只会加剧社会矛盾，加速政权倾覆。

原文

子路问事君。子曰：“勿欺也，而犯之。”（《宪问·22》）

译文

子路问怎样事奉君主。孔子说：“不要有所隐瞒，要当面劝谏。”

语境

子路仕季氏，夫子恐其为具臣，又季氏伐颛臾，子路力未能谏止，故此告子路以“勿欺”，而又嫌其意不明，故更云“而犯之”。《礼·檀弓》云：“事君有犯而无隐。”若隐即为欺矣。（《论语正义》）

以子路之贤，不忧其欺君，更不忧其不能犯。然而子路好勇之过，或有以不知为知而进言者，故孔子以此诲之。（《论语新解》）

原文

子曰：“雍也可使南面。”（《雍也·1》）

译文

孔子说："冉雍呀，可以让他做治理国家的大官。"

语说

王崇简《冬夜笺记》：可使南面，可使从政也。《皇极经世》所云极是。今人皆以帝王言之，岂有孔子弟子可为帝王者乎？《集解》包曰："可使南面者，言任诸侯，可使治国政也。"（《论语集释》）

南面者，明堂位也。仲弓有舜、禹之德，而时无天子荐之者，故明其可使南面也。（《戴氏注论语小疏》）

人君向明而治，故位皆南面。《说苑·修文篇》："当孔子之时，上无明天子也，故言'雍也可使南面'。南面者，天子也。"与包、郑说微异。（《论语正义》）

原文

子谓仲弓，曰："犁牛之子骍且角，虽欲勿用，山川其舍诸？"（《雍也·6》）

译文

孔子评论仲弓说："耕牛生下的牛犊皮毛红色而且两角端正，人们虽然不想用它来作为祭品，但山川之神难道会舍弃它吗？"

语说

据《史记·仲尼弟子列传》说，仲弓的父亲是贱人；仲弓却是"可使南面"的人才，因此孔子说了这番话。古代供祭祀的牺牲不用耕牛，而且认为耕牛之子也不配做牺牲。（《论语译注》）

《四书恒解》：朱子沿何晏、邢昺旧说，谓仲弓父贱行恶，子故喻之，非也。张惕菴谓仲弓为宰时，子告以官人之道。其识甚卓，从之。盖周家乡举里选，至春秋而法弊，取人唯以名望，寒微类多屈抑，子故晓之。程伊川亦言，圣人必不肯对人子说人父不善，因仲弓父贱行恶，古注遂误解。仲弓父即贱而行恶，子岂有斥拟犁牛之理！（《论语集释》）

犁牛，牛不纯色。子，其犊也。骍，赤色，周尚赤。于礼，郊庙望祀南方山川皆用骍牲。郊庙，大祀；山川，次祀。犁牛之犊，而中骍角，纵不用诸天祖，山川次祀岂得舍之？礼，"五岳视三公，四渎视诸侯"，故有山川之喻。此盖微言，与许南面同旨。（《戴氏注论语小疏》）

《史记·仲尼弟子列传》："仲弓父，贱人。孔子曰：'犁牛之子'云云。

贱者，微贱之称。夫子亦自言少贱，非谓其行有不善也。”《论衡·自纪篇》：“母犁犊骍，无害牺牲；祖浊裔清，不妨奇人。鲧恶禹圣，叟顽舜神。伯牛寝疾，仲弓洁全。颜路庸固，回杰超伦。孔、墨祖愚，丘、翟圣贤。”以伯牛为仲弓父，必有所本。伯牛寝疾，岂为恶行？（《论语正义》）

山川，山川之神也。言人虽不用，神必不舍也。仲弓父贱而行恶，故孔子以此譬之。言父之恶，不能废其子之善，如仲弓之贤，自当见用于世也。然此论仲弓云尔，非与仲弓言也。（《论语集注》）

注释《论语》的人解作“仲弓之贤，自当见用于世”。但袁枚则认为此系孔子与弟子凭窗外望，见牛犊行过，偶有所感而发，并非指仲弓而言。（林语堂《孔子的智慧》）

原文

或曰：“雍也仁而不佞。”子曰：“焉用佞？御人以口给，屡憎于人。不知其仁，焉用佞？”（《公冶长·5》）

译文

有人说：“冉雍这个人有仁德但没有辩才。”孔子说：“何必要辩才呢？快嘴利舌地跟人顶撞，常常被人憎恶。我不知道冉雍是不是有仁德，但何必要有辩才呢？”

语境

仲弓德行中人，行必先人，言必后人，或者以为仁而不佞者。当时尚佞，见雍不佞，故深惜之。孔子对哀公以取人之术曰：“毋取钳者，毋取口锐者。钳者大给利，不可尽用；口锐者多诞而寡信，后恐不验也。”皆谓口辞捷给也。（《论语正义》）

或有一人言于夫子曰：“弟子冉雍，虽身有仁德，而口无才辩。”或人嫌其德未备也。夫子语或人言，仁人安用其佞也。佞人御当于人以口才捷给，数为人所憎恶也。（邢昺《疏》）

仲弓为人重厚简默，而时人以佞为贤，故美其优于德，而病其短于才也。（《论语集注》）

或人云：弟子冉雍甚有仁德，而不能佞媚会时也。（《论语义疏》）

或人之问，可见时风之尚佞。孔子称雍也简，又称回也如愚，参也鲁，此三人皆孔门高第弟子，皆不佞。知孔门所重，在德不在佞。（《论语新解》）

—— 楼语 ——

从此章可见，当时执政者用人取向是佞，即能说会道，忽视仁德修养，孔子闻语纠之。佞臣当道，贤者蒙尘，这也是社会走向衰退的一个征兆，后人不可不镜鉴之。

—— 原文 ——

仲弓为季氏宰，问政。子曰："先有司，赦小过，举贤才。"曰："焉知贤才而举之？"子曰："举尔所知；尔所不知，人其舍诸？"（《子路·2》）

—— 译文 ——

仲弓做了季氏的总管，问怎样管理政事。孔子说："先让办事的官吏各负其责，不计较他们的小过错，选拔优秀人才。"仲弓又问："怎样才能识别贤才而选拔他们呢？"孔子说："选拔你所知道的；至于你所不知道的，别人难道会埋没他们吗？"

—— 语境 ——

其仕季氏，当亦在孔子老而返鲁之后。冉有、子路同仕季氏，或子路去卫而仲弓继之，今不可详考矣。然仲弓必是仕于季氏不久。（钱穆《孔子传》）

仲弓将往费为季氏采邑之宰，故先咨问孔子，求为政之法也。（《论语义疏》）

仲弓虑无以尽知一时之贤才，故孔子告之以此。范氏曰："不先有司，则君行臣职矣；不赦小过，则下无全人矣；不举贤才，则百职废矣。失此三者，不可以为季氏宰，况天下乎。"（《论语集注》）

当春秋时，卿大夫世，废选举之务。仲弓虑贤才无由进，故质其疑以求信也。（《戴氏注论语小疏》）

—— 原文 ——

仲弓问子桑伯子。子曰："可也简。"仲弓曰："居敬而行简，以临其民，不亦可乎？居简而行简，无乃大简乎？"子曰："雍之言然。"（《雍也·2》）

—— 译文 ——

仲弓问到子桑伯子这个人。孔子说："还可以，办事简单不扰民。"

仲弓说："心怀恭敬而办事简单，这样来治理百姓，不是也可以吗？心无礼文而办事简单，岂不是太粗俗了吗？"孔子说："你说得对。"

语境

仲弓以夫子许己南面，故问伯子如何。可者，仅可而有所未尽之辞。简者，不烦之谓。《家语》记伯子不衣冠而处，夫子讥其欲同人道于牛马。然则伯子盖太简者，而仲弓疑夫子之过许与？仲弓盖未喻夫子可字之意，而其所言之理，有默契焉者，故夫子然之。（《论语集注》）

“子桑伯子”，下“子”字，为男子之美称；上“子”字，则弟子尊其师者之称。《说苑·修文篇》：“孔子曰：‘可简也。’简者，易野也。易野者，无礼文也。孔子见子桑伯子，子桑伯子不衣冠而处，弟子曰：‘夫子何为见此人乎？’曰：‘其质美而无文，吾欲说而文之。’孔子去，子桑伯子门人不说，曰：‘何为见孔子乎？’曰：‘其质美而文繁，吾欲说而去其文。’故曰文质修身谓之君子，有质而无文谓之易野。子桑伯子易野，欲同人道于牛马。仲弓曰：‘大简。’”此即孔子所指为简之事。当时隐者多是如此，仲弓正之曰“居敬而行简，以临其民”，居敬则有礼文，礼毋不敬也。居敬，即大舜之共己；行简临民，即大舜之无为而治。此足见仲弓成己、成物之学与隐士有异。仲弓默契圣人之微旨，而分别夫居敬、居简之不同，夫子所以深许之。（《论语正义》）

原文

季氏富于周公，而求也为之聚敛而附益之。子曰：“非吾徒也。小子鸣鼓而攻之，可也。”（《先进·17》）

译文

季氏比周公还有钱，而冉求还帮他搜刮来增加更多的财富。孔子对弟子说：“他这样不是我的学生呀，你们可以大张旗鼓地去攻击他。”

语境

此章夫子责冉求重赋税也。季氏，鲁臣，诸侯之卿也。周公，天子之宰、卿士，鲁其后也。孔子之时，季氏专执鲁政，尽征其民。其君蚕食深宫，赋税皆非已有，故季氏富于周公也。时冉求为季氏家宰，又为之急赋税，聚敛财物而陪附助益季氏也。冉求亦夫子门徒，当尚仁义。今为季氏聚敛，害于仁义，故夫子责之曰：非我门徒也。使其门人鸣鼓以声其罪而攻责之，可也。（邢昺《疏》）

季氏已富，而求时仕季氏，为季氏邑宰，又助敛聚急赋税，以附益季氏之富也。（《论语义疏》）

季孙欲以田赋，使冉有访诸仲尼。仲尼曰："丘不识也。"三发，卒曰："子为国老，待子而行，若之何子之不言也？"仲尼不对。私于冉有曰："君子之行也，度于礼，施取其厚，事举其中，敛从其薄。如是则以丘亦足矣。若不度于礼，而贪冒无厌，则虽以田赋，将又不足。且子季孙若欲行而法，则周公之典在。若欲苟而行，又何访焉？"弗听。（《左传·哀公十一年》）

百乘之家，不畜聚敛之臣。与其有聚敛之臣，宁有盗臣。（《礼记·大学》）

孔子之归老于鲁，后辈弟子从学者愈众，如子游、子夏、有子、曾子、子张、樊迟等皆是。孔子谓小子鸣鼓攻之，当指此辈言。鲁政专于季氏，冉有见用，竟不能有所纠正，故孔子深非之也。（钱穆《孔子传》）

原文

哀公问于有若曰："年饥，用不足，如之何？"有若对曰："盍彻乎？"曰："二，吾犹不足，如之何其彻也？"对曰："百姓足，君孰与不足？百姓不足，君孰与足？"（《颜渊·9》）

译文

鲁哀公向有若问道："年成不好，国家用度不够，怎么办？"有若回答说："何不实行彻法只抽十分之一的田租呢？"哀公说："抽十分之二我还不够，怎么能实行彻法呢？"有若对答："百姓富足了，您怎么会不够？百姓不富足，您又怎么会够呢？"

语境

鲁哀公愚暗，政苛赋重，故民废其业，所以积年饥荒，国用不足。公苦此恶，故问有若，求不饥而用足之法也。鲁起宣公而十税二，至于哀公犹十二。赋税既重，民饥国乏，由于十二也。故有若答云今依旧十一，故云"何不彻"也。郑玄曰："周法十一而税，谓之彻。为天下通法也。"（《论语义疏》）

时有若仕于公室。（程复心《周孔子论语年谱》）

《春秋》哀十二年春，"用田赋"。冬十二月，螅。十三年秋九月，螅。冬十二月，螅。灾凡三见，故以"年饥用不足"问有若与？（《戴氏注论语小疏》）

释语

孔子弟子有若敢于向鲁国最高统治者哀公直谏，第一，体现了士精神治国平天下的担当；第二，能认识到百姓贫富与国家财政的关系，体现了孔子敛从其薄的治理理念，如果过度盘剥，民众流离，税源枯竭，国力必将衰弱。

相比之下，冉求的聚敛就难怪乎孔子斥其为“非吾徒也”了。

原文

季康子患盗，问于孔子。孔子对曰：“苟子之不欲，虽赏之不窃。”（《颜渊·18》）

译文

季康子忧虑盗贼太多，向孔子求教。孔子回答说：“假如您自己不贪图财利，就没人敢偷窃，即使奖励他们，他们也不会去偷窃。”

语境

以盗之起，起于事育不给，故无恒心。此言盖在“用田赋”后与。

《春秋》哀公十有二年，“春，用田赋”。何休注：“田，谓一井之田。赋者，敛取其财物也。”（《戴氏注论语小疏》）

“患国内多偷盗，故问孔子，问于孔子求除盗之法也。”（《论语义疏》）

时鲁多盗贼，康子患之，问于孔子，欲以谋去也。（邢昺《疏》）

当康子时，鲁国多盗，故康子患之。《说苑·贵德篇》：“周天子使家父毛伯求金于诸侯，《春秋》讥之。故天子好利，则诸侯贪。诸侯贪，则大夫鄙。大夫鄙，则庶人盗。上之变下，犹风之靡草也。”然则民之窃盗，正由上之多欲，故夫子以“不欲”勖康子也。（《论语正义》）

原文

季康子问政于孔子曰：“如杀无道，以就有道，何如？”孔子对曰：“子为政，焉用杀？子欲善而民善矣。君子之德风，小人之德草。草上之风，必偃。”（《颜渊·19》）

译文

季康子向孔子请教政事，说：“如果杀掉坏人来亲近好人，怎么样？”孔子说：“您治理政事，为什么要杀戮？您要想行善，老百姓也会跟着行善。在位者的为政品德好比风，老百姓的从化品德好比草，风吹到草上，草一定会顺风倒。”

语境

《韩诗外传》：“传曰：鲁有父子讼者，康子欲杀之。孔子曰：‘未可杀也。夫民为不善，则是上失其道。上陈之教而先服之，则百姓从风矣。’”疑父子讼即此康子所指“无道”之事。（《论语正义》）

康子之意，欲多杀止奸，以成为有道也。（邢昺《疏》）

康子问孔子而言：为政欲并杀无道之人，而成就爵禄有道者，其事好不？故云“何如”也。（《论语义疏》）

楼语

鲁定公十三年孔子被迫离开鲁国，当时的实际执政者是季桓子，桓子很赏识孔子的政治才能，如果继续任用孔子，鲁国将至于王道，但两人关系弄僵了，孔子只得选择离去。十四年后，孔子回到祖国，被尊为国老，咨以政事。此时已是季康子（桓子之子）执政，鲁国民风衰败，盗贼四起，社会政治生态更加恶化了。对无道，康子欲用杀，征询孔子意见，孔子告诫康子要用善，并道出了“君子之德风，小人之德草”的警世名言。鲁哀公、季康子虽多次问政，却不采纳孔子的治世主张，孔子也不再求仕，专心整理古籍、教授弟子。

原文

子曰：“善人教民七年，亦可以即戎矣。”（《子路·29》）

译文

孔子说：“善人教导人民达七年之久，也能够叫他们去作战了。”

语境

文王受命七年，“大国畏其力，小国怀其德”。时鲁用田赋，师旅亟动，百姓罢敝，故思古之文王焉。（《戴氏注论语小疏》）

原文

子曰：“夷狄之有君，不如诸夏之亡也。”（《八佾·5》）

译文

孔子说：“文化落后的楚吴不行礼义，虽然有君主，还不如中原各国没有君主哩。”

语境

包氏慎言《温故录》：“夷狄谓楚与吴。《春秋》‘内诸夏，外夷狄’。成、襄以后，楚与晋争衡，南方小国，皆役属焉。宋、鲁亦奔走其庭。定、哀时，楚衰而吴横，黄池之会，诸侯毕至，故言此以抑之。襄七年，鄬之会，‘陈侯逃归’，何氏云：‘加逃者，抑陈侯也。孔子曰：夷狄之有君，不如诸夏之亡。

言不当背也。'"又哀十三年"公会晋侯及吴子于黄池",《传》:"吴何以称子?主会也。吴主会,曷为先言晋侯?不与夷狄之主中国也。"何氏云:"名其寔以夷狄之强会诸侯尔,不行礼义,故序晋于上。主书者,恶诸侯之君夷狄。"按:包说是也。此篇专言礼乐之事,楚、吴虽迭主盟中夏,然暴强踰制,未能一秉周礼,故不如诸夏之亡君,其政俗犹为近古也。(《论语正义》)

杨遇夫先生《论语疏证》说,夷狄有君指楚庄王、吴王阖闾等。(《论语译注》)

程子曰:"夷狄且有君长,不如诸夏之僭乱,反无上下之分也。"尹氏曰:"孔子伤时之乱而叹之也。亡,非实亡也,虽有之,不能尽其道尔。"(《论语集注》)

按语

此章历来有两说:一说诸夏不如夷狄,以宋儒朱熹《论语集注》引程子、尹氏言为代表;一说夷狄不如诸夏,以清儒包慎言《温故录》为代表。春秋处于社会大变革时期,礼崩乐坏、目无君长不仅仅反映在诸夏,夷狄更是如此,就当时社会的大环境而言,很难说谁不如谁。根据《温故录》所考,孔子此话有特定的历史背景,说的是定、哀时的黄池之会和襄七年的鄬之会,在这两次诸侯会盟中,夷狄凭借国力暴强踰制,未能一秉周礼,孔子专就礼乐之事发出感慨:"夷狄之有君,不如诸夏之亡也。"意思明确指出,夷狄不如诸夏,诸夏的政俗犹为近古。古,即代表着孔子推崇的西周礼乐制度。因此,后说是孔子原意,前说是春秋大背景下的泛指。

原文

子曰:"居上不宽,为礼不敬,临丧不哀,吾何以观之哉?"(《八佾·26》)

译文

孔子说:"居于官位不宽厚,遇到行礼不恭敬,面对丧事不悲哀,这种情形我怎能看得下去呢?"

语境

《论语训》:此章讥孟武伯也。孟氏世事孔子,故言观之。按:此章必有为而发,今不可考矣。王氏以为讥孟武伯,未知何据。(《论语集释》)

《春秋》,懿子以哀十四年卒,而武伯嗣。(邢昺《疏》)

昭夫人孟子卒,孔子往吊,适季氏不绖,孔子投绖而不拜。子游曰:"礼与?"孔子曰:"主未成服则吊者不绖,礼也。"退而曰:"居上不宽,为礼不

敬，临丧不哀，吾何以观之哉？”（程复心《周孔子论语年谱》）

此章讥当时失德之君也。为君居上者，宽以得众，而当时居上者不宽也；又礼以敬为主，而当时行礼者不敬也；又临丧以哀为主，而当时临丧者不哀。此三条之事并为乖礼，故孔子所不欲观，故云“吾何以观之哉”。（《论语义疏》）

礼：君吊臣，升自阼阶，西向哭。于大夫，三问其疾，三临其丧。于士，一问一临。大夫卒，比葬不食肉，比卒哭不举乐。士，比殡不举乐。（《戴氏注论语小疏》）

原文

大师挚适齐，亚饭干适楚，三饭缭适蔡，四饭缺适秦，鼓方叔入于河，播鼗武入于汉，少师阳、击磬襄入于海。（《微子·9》）

译文

太师挚逃到了齐国，二饭乐师干逃到了楚国，三饭乐师缭逃到了蔡国，四饭乐师缺逃到了秦国，打鼓的方叔入居黄河之滨，摇小鼓的武入居汉水之涯，少师阳和击磬的襄入居海边。

语境

孔曰：“鲁哀公时，礼坏乐崩，乐人皆去。”（《论语集解》）

襄即孔子所从学琴者。张子曰：“周衰乐废，夫子自卫反鲁，一尝治之。其后伶人贱工识乐之正。及鲁益衰，三桓僭妄，言大师以下，皆知散之四方，逾河蹈海以去乱。”（《论语集注》）

鲁衰，乐官四散，逾河蹈海以去，云天苍凉，斯人寥落。记者附诸此篇，盖不胜其今昔之悲戚。记此八人，亦所以追思孔子也。（《论语新解》）

太师挚等皆殷人，则太师、少师等官是殷制也。《礼乐志》云：“《书》序‘殷纣断弃先祖之乐，乃作淫声，用变乱正声，以悦妇人’。乐官师瞽抱其器而奔散，或适诸侯，或入河海。”（《论语正义》）

《汉书·古今人表》列挚等于殷末周初。颜师古注云：“自师挚以下八人，皆纣时人，奔走分散而去。”则以挚等为殷官。刘宝楠《论语正义》从颜说。梁玉绳《人表考》则从孔说。《史记》谓挚等之分散，在仲尼没后。《史记·礼书》：“仲尼没后，受业之徒沉湮而不举，或适齐、楚，或入河、海，岂不痛哉！”世或谓八人尝以雅乐受业孔子。《人表考》引吴仁杰云：“八人盖以雅乐受业于孔子。”（柳诒徵《中国文化史》）

原文

君子不以绀緅饰，红紫不以为亵服。当暑，袗絺绤，必表而出之。缁衣，羔裘；素衣，麑裘；黄衣，狐裘。亵裘长，短右袂。必有寝衣，长一身有半。狐貉之厚以居。去丧，无所不佩。非帷裳，必杀之。羔裘玄冠不以吊。吉月，必朝服而朝。（《乡党·6》）

译文

君子不用深青透红和黑中透红的布做衣服的镶边，不用红色和紫色的布做平时居家的衣服。夏天，穿粗的或细的葛布单衣，但一定要套在内衣外面才能出门。冬天，罩衣的颜色要与皮袍的毛色相称，黑色的罩衣配羔裘，白色的罩衣配麑裘，黄色的罩衣配狐裘。居家的皮袍做得长一些，右边的袖子短一些，便于做事。睡觉一定要有睡衣，要有一身半长。用狐貉的厚毛皮做坐垫。除了丧服外，衣服上可以佩带各种各样的装饰品。上朝和祭祀穿的礼服用整幅布做，多余的布折叠起来缝上，不裁掉，除此之外，其他的衣服一定要开剪斜幅缝制。黑羔裘和黑礼帽是吉服，都不能在吊丧时穿戴。正月初一，一定要穿着上朝的礼服去朝拜君主。

语境

孔子在鲁致仕时如此。（《论语集注》）

记孔子衣服之礼也。缁衣羔裘是诸侯君臣日视朝之服也。君子无故，玉不去身，君子于玉比德焉。天子佩白玉而玄组绶，世子佩瑜玉而綦组绶，士佩瓀玫而缊组绶，孔子佩象环五寸而綦组绶。是非居丧则备佩此所宜佩也。鲁自文公不行视朔之礼，孔子恐其礼废，故每于月朔，必衣此视朔之服而朝于君，所谓我爱其礼也。（邢昺《疏》）

君子者，自士以上也。士以上衣服有法，不可杂色也。为时多重红紫，弃正色，故孔子不衣之也，故后卷云“恶紫之夺朱也”。孔子为臣助蜡祭，亦随君着黄衣也。故《礼运》云“昔者仲尼预于蜡宾”是也。鲁自文公不视朔，故子贡欲去告朔之饩羊。孔子是哀公之臣，应无随君视朔之事。云必服之者，当是君虽不视朔，而孔子月朔必服而以朝，是“我爱其礼”也。（《论语义疏》）

当时鲁不告朔，群臣失其礼，服皮弁而朝，僭于天子，故孔子曰“朝服而朝”。（《戴氏注论语小疏》）

原文

陈成子弑简公。孔子沐浴而朝，告于哀公曰：“陈恒弑其君，请讨之。”公曰：“告夫三子。”孔子曰：“以吾从大夫之后，不敢不告也。君曰‘告夫三子’者。”之三子告，不可。孔子曰：“以吾从大夫之后，不敢不告也。”（《宪问·21》）

译文

陈成子杀了齐简公。孔子斋戒沐浴而后朝见鲁哀公，报告说：“陈恒杀了他的君主，请你出兵讨伐他。”哀公说：“去报告季孙、仲孙、孟孙三位大夫吧！”孔子退下自言：“因为我曾经做过大夫，不敢不来报告，君主却说‘报告那三位大夫’。”孔子又去向那三位大夫报告，他们不同意讨伐。孔子退下自语：“正因为我曾经做过大夫，不敢不报告呀。”

诸说

鲁哀公十四年甲午，齐陈恒杀其君壬于舒州。齐、鲁同盟，分灾救患，故齐乱则鲁宜讨之。礼：臣下凡欲告君咨谋，必先沐浴，孔子是臣，故先沐浴，告于哀公。（《论语义疏》）

《春秋》哀十四年“齐人弑其君壬”是也。孔子在鲁，闻齐弑其君，故斋戒沐浴而朝，告于鲁君哀公。（邢昺《疏》）

事在《春秋》哀公十四年。是时孔子致仕居鲁，沐浴斋戒以告君，重其事而不敢忽也。臣弑其君，人伦之大变，天理所不容，人人得而诛之，况邻国乎？故夫子虽已告老，而犹请哀公讨之。时政在三家，哀公不得自专，故使孔子告之。以君命往告，而三子鲁之强臣，素有无君之心，实与陈氏声势相倚，故沮其谋。夫子复以此应之，其所以警之者深矣。（《论语集注》）

捷语

鲁哀公十四年，孔子七十一岁，这一年孔子遭受了一生中最大的打击。春，西狩获麟，孔子见状哭着说：“孰为来哉？孰为来哉？”麟为孔子受命之瑞，孔子预感到周道无法实现了，哀叹：“吾道穷矣。”这对于以仁为己任的孔子来说，这种精神打击无疑是重创。至此，《春秋》搁笔。西狩获麟标志着孔道转衰。六月，齐国发生了陈恒弑君事件，被尊为国老的孔子不顾年迈，沐浴更衣，朝见哀公以讨还君臣正义，遭冷遇，又去见三家大夫，再遭冷遇。八月，颜渊死，孔子伤叹：“天丧予！天丧予！”孔子本来是指望颜回掌门传道的，没想到颜回却先于自己而去，因此感叹：“老天爷要我的命啊！”

原文

子曰："非其鬼而祭之，谄也。见义不为，无勇也。"（《为政·24》）

译文

孔子说："不是你应该祭的鬼神却去祭它，这是谄媚。遇见你应该做的事不做，这是怯懦。"

语境

若齐之田氏弑君，夫子请讨之，是义所宜为也，而鲁君不能为讨，是无勇也。（《论语注疏》）

此章所斥，似皆有所指。邢《疏》言鲁哀不能讨陈恒，以为无勇。亦举似之言。或谓季氏旅泰山，是祭非其鬼，凡鬼神，得通称也。冉有仕季氏，弗能救，是见义不为也。说亦近理。（《论语正义》）

非其鬼，谓亲尽之鬼，非所当祭而祭之。昭公之出，季氏祷于炀公，后因立炀宫，故《春秋》书不备日，而复于此讥之。"见义不为，无勇也"，讥定公失讨季氏，忘臣子之义，故于隐如日卒，以明其为定之大夫，犹翚之于桓也。郭晓东疏释：《春秋》定公元年，"立炀宫"。杜预曰："炀公，伯禽子也，其庙已毁。"按礼，诸侯亲庙四，则炀公玄孙死后，炀公庙即当毁，亦即戴望所称"亲尽之鬼"，亲尽则不当祭，故《公羊》《谷梁》俱称"立者不宜立也"。《左传》曰："昭公出故，季平子祷于炀公。九月，立炀宫。"杜预曰："平子逐君，惧而请祷于炀公，昭公死于外，自以为获福，故立其宫。"《公羊》失礼鬼神例日，此不书日，实为内讳，故戴望称"书不备日"，即为之讳。然孔子作《春秋》，又有"讳而不盈"之说，故于此说"非其鬼而祭之，谄也"，以讥立炀宫之非礼。《春秋》定公五年，"六月，丙申，季孙隐如卒"。按何休之意，于《春秋》太平世，大夫卒，有罪无罪皆书日，是以《春秋》于季孙隐如卒辞无贬文。盖隐如逐昭公，其罪已重，已于其逐君时起其义，故不需再于其卒时贬。孔广森曰："隐如之罪重矣，比之于翚，是不卒者也；比之于遂，是不日者也。今卒，又日者，定公之大夫也，定公德其立己，而不能正出君之罪，则如其恩礼而录之云尔。盖唯君臣之大义，于翚、遂既明之矣，故于此得施微词焉，此之谓所见异辞。"戴望这里的说法，盖取诸孔广森。（《戴氏注论语小疏》）

整理古籍

原文

子曰："知者乐水，仁者乐山。知者动，仁者静。知者乐，仁者寿。"

（《雍也·23》）

译文

孔子说："聪明人喜爱水，仁德者喜爱山；聪明人活动，仁德者沉静。聪明人快乐，仁德者长寿。"

语境

时周室微而《礼》《乐》废，《诗》《书》缺，孔子追述三代之礼于龟蒙凫峄、洙泗杏坛之间，曰："知者乐水，仁者乐山。知者动，仁者静。知者乐，仁者寿。"子在川上，曰："逝者如斯！不舍昼夜。"曰："甚矣吾衰也！久矣吾不复梦见周公！"于是讨论坟典，删书传，上纪唐虞之际，下至秦穆，编次其事，凡百二十篇，序其略，曰："尧曰：'咨！尔舜！天之历数在尔躬，允执其中。四海困穷，天禄永终。'舜亦以命禹。曰：'予小子履敢用玄牡，敢昭告于皇皇后帝：有罪不敢赦。帝臣不蔽，简在帝心。朕躬有罪，无以万方；万方有罪，罪在朕躬。'周有大赉，善人是富。'虽有周亲，不如仁人。百姓有过，在予一人。'谨权量，审法度，修废官，四方之政行焉。兴灭国，继绝世，举逸民，天下之民归心焉。所重：民、食、丧、祭。宽则得众，信则民任焉，敏则有功，公则说。"（程复心《周孔子论语年谱》）

原文

子在川上，曰："逝者如斯夫！不舍昼夜。"（《子罕·17》）

译文

孔子在河边，叹道："消逝的时光就像这河水一样啊！日夜不停地流去。"

语境

孔子在川水之上，见川流迅迈，未尝停止，故叹人年往去，亦复如此。向我非今我，故云"逝者如斯夫"也。孙绰云："川流不舍，年逝不停，时已晏矣，而道犹不兴，所以忧叹也。"（《论语义疏》）

夫子因在川水之上，见川水之流迅速，且不可追复，故感之而兴叹，言凡时事往者，如此川之流夫，不以昼夜而有舍止也。（邢昺《疏》）

原文

子曰："甚矣吾衰也！久矣吾不复梦见周公！"（《述而·5》）

译文

孔子说："我衰老得多么厉害呀！我好长时间没再梦见周公了。"

语境

盖伤周德之日衰，哀道教之不行，故寄慨于不梦，发叹于凤鸟也。(《论语义疏》)

夫子日有孜孜，不知老之将至，至是血气益衰，力极罢顿，无复从前之精专，故有此叹。(《论语正义》)

孔子盛时，志欲行周公之道，故梦寐之间，如或见之。至其老而不能行也，则无复是心，而亦无复是梦矣，故因此而自叹其衰之甚也。(《论语集注》)

孔曰："孔子衰老，不复梦见周公。明盛时梦见周公，欲行其道也。"(《论语集解》)

原文

尧曰："咨！尔舜！天之历数在尔躬，允执其中。四海困穷，天禄永终。"舜亦以命禹。曰："予小子履敢用玄牡，敢昭告于皇皇后帝：有罪不敢赦。帝臣不蔽，简在帝心。朕躬有罪，无以万方；万方有罪，罪在朕躬。"周有大赉，善人是富。"虽有周亲，不如仁人。百姓有过，在予一人。"谨权量，审法度，修废官，四方之政行焉。兴灭国，继绝世，举逸民，天下之民归心焉。所重：民、食、丧、祭。宽则得众，信则民任焉，敏则有功，公则说。(《尧曰·1》)

译文

尧说："啧啧！你这位舜！天命已经落在你的身上了。诚实地保持着那正确吧。假如天下百姓都陷于贫困，上天赐给你的禄位也就永远终止了。"舜(让位给禹的时候)也这样告诫禹。商汤说："我小子履谨用黑色的公牛来祭祀，明白地禀告光明而伟大的天帝：有罪的人我不敢擅自赦免。您的臣仆(的善恶)我也不隐瞒掩盖，您心里也是早就明白的。我本人若有罪，不要牵连天下万方，天下万方若有罪，都归我一个人承担。"周朝大封诸侯，使善人都富贵起来。武王说："纵然有至亲，不如有仁人。百姓有过错，都在我一人。"检验并审定度量衡器，恢复废弃了的官职，全国的政令就通行了。恢复被灭亡了的国家，承续已经断绝了的世族，提拔被遗落的人才，天下百姓就会真心归服了。执政者所重视的是：人民、粮食、丧礼、祭祀。宽厚就能得到群众的拥护，诚信就能得到别人的任用，勤敏就能取得成绩，公平就能使百姓高兴。

语境

时周室微而《礼》《乐》废，《诗》《书》缺，孔子追述三代之礼于龟蒙凫峄、洙泗杏坛之间，于是讨论坟典，删书传，上纪唐虞之际，下至秦穆，编次其事，凡百二十篇，序其略，曰："尧曰：'咨！尔舜！'天之历数在尔躬……敏则有功，公则说。"（程复心《周孔子论语年谱》）

原文

子曰："述而不作；信而好古；窃比于我老彭。"（《述而·1》）

译文

孔子说："只传述旧闻而不创始制作，相信而且喜爱古代文化，我私下把自己比作殷时的老彭。"

语境

包曰："老彭，殷贤大夫，好述古事。我若老彭，但述之耳。"述是循旧，作是创始。《礼记·中庸》云："非天子不议礼，不制度，不考文。"议礼、制度、考文皆作者之事，然必天子乃得为之。郑《注》："今孔子谓其时，明孔子无位，不敢作礼乐，而但可述之也。"《汉书·儒林传》："周道既衰，坏于幽、厉，陵夷二百余年，而孔子兴。究观古今之篇籍，于是叙《书》则断《尧典》，称乐则法《韶舞》，论《诗》则首《周南》。缀《周》之礼，因鲁《春秋》，举十二公行事，绳之以文武之道，成一王法，至获麟而止。盖晚而好《易》，读之韦编三绝，而为之传。皆因近圣之事，以立先王之教，故曰'述而不作，信而好古'。"是言夫子所述六艺事也。夫子亦殷人，故加"我"以亲之。（《论语正义》）

老彭，人名。有人说是老子和彭祖两人，有人说是殷商时代的彭祖一人，又有人说孔子说"我的老彭"，其人一定和孔子相当密切，未必是古人。（《论语译注》）

按语

孔子有德无位，是"素王"，不敢"作"，故谦称"述而不作"，后人也沿用孔子这个说法。其实，《诗》《书》《礼》《乐》是述，《易》《春秋》是述而兼作，后人之所以说孔子"述而不作"，大概是未读"十翼"和《春秋》之故。《易·乾凿度》说："仲尼五十究《易》，作十翼。""十翼"是孔子赞《易》之文，《易》之神妙，正赖孔子发明；《孟子》说："孔子作《春秋》。"

原文

子不语怪，力，乱，神。（《述而·21》）

评文

孔子不谈论怪异、暴力、变乱、鬼神。

语境

各种宗教在中国难以得逞，和孔子整理文献时排斥鬼神（当然还不彻底）这一点有很大关系。（匡亚明《孔子评传》）

此四事言之无益于教训，故孔子语不及之也。（《论语义疏》）

或无益于教化，或所不忍言。“不语”谓不称道之也。欲以深戒人君，当修德力政，不讳言之矣。（《论语正义》）

原文

子曰：“攻乎异端，斯害也已。”（《为政·16》）

评文

孔子说：“批判那些不正确的议论，祸害就可以消减了。”

语境

攻犹执也。异端谓小道也，虽有可观而不能致远，执其一则为害。孟子曰：“生于其心，害于其政，发于其政，害于其事。”（《戴氏注论语小疏》）

过去一般解释为不同于孔子的思想学说，并提出杨墨佛老加以说明。但孔子当时还没有诸子百家。《论语新解》则认为异端是泛指，一事必有两头，一线必有两端，从这端看，那端是异端；从那端看，这端是异端。《论语》这一章是告诫人们不要只执一端。（《论语浅解》）

孔子之时，自然还没有诸子百家，因之很难译为“不同的学说”，但和孔子相异的主张、言论未必没有，所以译为“不正确的议论”。（《论语译注》）

禁人杂学诸子百家之书也。言人若不学六籍正典，而杂学于书史百家，此则为害之深，故云“攻乎异端，斯害也已矣”。（《论语义疏》）

范氏曰：“异端，非圣人之道，而别为一端，如杨、墨是也。其率天下至于无父无君，专治而欲精之，为害甚矣！”（《论语集注》）

原文

子曰：“《诗》三百，一言以蔽之，曰：‘思无邪。’”（《为政·2》）

译文

孔子说："《诗经》三百篇，用一句话来概括它，就是'思想不邪恶，归于正道'。"

语境

古者《诗》三千余篇，孔子去其重，取可施于礼乐，上采契后稷，中述殷周之盛，至幽厉之缺，《关雎》为《风》始，《鹿鸣》为《小雅》始，《文王》为《大雅》始，《清庙》为《颂》始，凡三百五篇，孔子皆弦歌之，以求合《韶》《武》《雅》《颂》之音。礼乐自此可得而述。子曰："《诗》三百，一言以蔽之，曰：'思无邪。'"又曰："诵《诗》三百，授之以政，不达；使于四方，不能专对；虽多，亦奚以为?"又曰："小子何莫学夫《诗》?《诗》可以兴，可以观，可以群，可以怨。迩之事父，远之事君；多识于鸟兽草木之名。"子曰："赐也，始可与言《诗》已矣，告诸往而知来者。"又曰："起予者商也！始可与言《诗》已矣。"遂以《诗》授子贡、子夏。明年，孔子定礼乐，曰："夏礼，吾能言之，杞不足徵也；殷礼，吾能言之，宋不足徵也。文献不足故也。"周监于二代，郁郁乎文哉！吾从周。子张问："十世可知也?"子曰："殷因于夏礼，所损益，可知也；周因于殷礼，所损益，可知也。其或继周者，虽百世，可知也。"又曰："吾自卫反鲁，然后乐正，《雅》《颂》各得其所。"因叹曰："师挚之始，《关雎》之乱，洋洋乎盈耳哉！"（程复心《周孔子论语年谱》）

《论语·为政》曾记孔子之语，说"《诗》三百"，《子路》篇中又说"诵《诗》三百"；可见"《诗》三百"之说，孔子以前就已经有了。至于司马迁说"古者《诗》三千余篇，及至孔子，去其重……三百五篇，孔子皆弦歌之，以求和《韶》《武》《雅》《颂》之音"，这是说孔子"自卫反鲁，然后乐正，《雅》《颂》各得其所"的情况。（匡亚明《孔子评传》）

"思无邪"，包曰"归于正"。为政之道在于去邪归正，故举《诗》要当一句以言之。（《论语注疏》）

言为政之道，唯思于无邪，无邪则归于正也。卫瓘曰："不曰思正，而曰思无邪。明正无所思邪，邪去则合于正也。"（《论语义疏》）

《贾子·道术》："方正不曲谓之正，反正为邪。"《荀子·大略篇》："国风之好色也，《传》曰'盈其欲而不愆其止，其诚可比于金石，其声可内于宗庙'。《小雅》不以于污上，自引而居下，疾今之政，以思往者。其言有文焉，其声有哀焉。"（《论语正义》）

原文

子曰："诵《诗》三百，授之以政，不达；使于四方，不能专对；虽多，亦奚以为？"（《子路·5》）

译文

孔子说："熟读《诗经》三百篇，交给他政务，却办不通；让他出使外国，又不能独立应对；即使读得多，有什么用呢？"

语境

《诗》有《国风》《雅》《颂》，凡三百五篇，皆言天子诸侯之政也。古者使适四方，有会同之事，皆赋《诗》以见意。今有人能讽诵《诗》文三百篇之多，若授之以政，使居位治民，而不能通达；使于四方，不能独对，讽诵虽多，亦何以为。言无所益也。（邢昺《疏》）

《诗》有六义，《国风》、二《雅》并是为政之法。今授政于此诵《诗》之人，不能晓解也。袁氏云："《诗》有三百篇，是以为政者也。"袁氏云："古人使，赋《诗》而答对。"（《论语义疏》）

《公羊传》庄公十九年："大夫无遂事，此其言遂事何？聘礼，大夫受命不受辞。出境，有可以安社稷、利国家者，则专之可也。"所谓"受命不受辞"，指可受君命，但可以不受国君具体的令辞。也就是说，行人出境聘问，在完成君命的前提下，不必事事请示国君，而可以在一定程度上专行。（《戴氏注论语小疏》）

《墨子·公孟篇》："诵《诗》三百，弦《诗》三百，歌《诗》三百，舞《诗》三百。"是学《诗》有诵、弦、歌、舞之法。此但及诵《诗》者，主于口读，寻绎其意旨也。（《论语正义》）

理语

孔子办学有明确的目的，就是培养社会所需的治世之才，只有书本知识而不会运用于社会实践是不行的。当时外交辞令多用《诗》酬对，《诗》尽管烂熟于心，但不能独立应对，学得再多、再熟也没有用。孔门有"德行、言语、政事、文学"四科，四科排序体现了孔子的教育思想。德行居首，毋庸置疑，孔门重德，文学指古代文献，即孔子所教授的《诗》《书》《礼》《乐》课程，这么重要的内容反而排在最后，言语、政事从现实意义来讲比文学更重要，因此排在文学之前，可见孔子的教学目的不是死记硬背，更侧重于为社会服务的实践能力。

原文

子曰：“小子何莫学夫《诗》？《诗》，可以兴，可以观，可以群，可以怨。迩之事父，远之事君；多识于鸟兽草木之名。”（《阳货·9》）

译文

孔子说：“学生们为什么不学习《诗》呢？学《诗》可以培养联想，可以提高观察力，可以锻炼合群性，可以学得讽刺的方法。近可以用来事奉父母，远可以用来事奉君主，还可以多知道一些鸟兽草木的名称。”

语境

学《诗》可以事父事君也。《诗序》言：“正得失，动天地，感鬼神，莫近于《诗》。先王以是经夫妇，成孝敬，厚人伦，美教化，移风俗。”明诗教有益，故学之可事父事君也。焦氏循《毛诗补疏·序》：“夫《诗》温柔敦厚者也。不质直言之，而比兴言之，不言理而言情，不务胜人而务感人。自理道之说起，人各挟其是非以逞其血气，激浊扬清，本非谬戾，而言不本于情性，则听者厌倦。至于倾轧之不已，而忿毒之相寻，以同为党，即以比为争。甚而假宫闱庙祀储贰之名，动辄千百人哭于朝门，自鸣忠孝，以激其君之怒。害及其身，祸于其国，全失乎所以事君父之道。余读《明史》，每叹《诗》教之亡，莫此为甚。”案：焦说甚通。《尔雅》于鸟、兽、草、木，皆专篇释之，而神农《本草》亦详言其性之所宜用，可知博物之学，儒者所甚重矣。学《诗》可论世也。《诗序》云：“治世之音安以乐，其政和；乱世之音怨以怒，其政乖；亡国之音哀以思，其民困。”世治乱不同，音亦随异，故学《诗》可以观风俗而知其盛衰。焦氏循《补疏》：“案诗之教，温柔敦厚，学之则轻薄嫉忌之习消，故可以群居相切磋。”凡君亲有过，谏之不从，不能无怨，然必知“比”“兴”之道，引譬连类而不伤于径直，故言易入而过可改也。（《论语正义》）

故学于《诗》，通可以群，穷可以怨。事父事君，最群道之大者。忠臣孝子有时不能无怨，唯学于《诗》者可以怨，虽怨而不失其性情之正。孔子教人多识于鸟兽草木之名者，乃所以广大其心，导达其仁。《诗》教本于性情，不徒务于多识。（《论语新解》）

原文

子贡曰：“贫而无谄，富而无骄，何如？”子曰：“可也，未若贫而乐，富而好礼者也。”子贡曰：“《诗》云‘如切如磋，如琢如磨’，其斯之谓与？”

子曰："赐也，始可与言《诗》已矣，告诸往而知来者。"（《学而·15》）

译文

子贡说："贫穷而不巴结奉承，有钱却不骄傲自大，这种人怎么样？"孔子说："可以了，但不如虽贫穷却乐道，虽有钱却好礼之人。"子贡说："《诗经》上说'做骨器的切削了再锉平，做玉器的雕刻了再磨光'，大概讲的就是这个意思吧？"孔子说："赐呀，你能从我讲话中领会到我还没讲到的意思，现在可以和你谈论《诗经》了。"

语境

子贡货殖，盖先贫后富，而尝用力于自守者，故以此为问。夫子答之如此，盖许其所已能，而勉其所未至也。子贡自以无谄无骄为至矣，闻夫子之言，又知义理之无穷，虽有得焉，而未可遽自足也，故引是诗以明之。（《论语集注》）

诸侯有土地人民，卿大夫有采地，皆曰富。古者非贵不富。子贡意乐道好礼，必有贤者与为切磋琢磨，故引《淇奥》之诗以质夫子。夫子美其于乐道好礼，知所自来，故然之。玉待琢而后成器，人须友而后成德也。（《戴氏注论语小疏》）

"盖无谄无骄者，生质之美；乐道好礼者，学问之功。夫子言'十室之邑，必有忠信，不如丘之好学'。"七十子之徒，独称颜渊为好学，颜渊而下，颖悟莫若子贡，故夫子进之以此。然语意浑融，引而不发。子贡能识此意，而引《诗》以证明之，所以为告往知来。（《论语骈枝》）

子贡闻一知二，故能"告往知来"。（《论语正义》）

原文

子夏问曰："'巧笑倩兮，美目盼兮，素以为绚兮。'何谓也？"子曰："绘事后素。"曰："礼后乎？"子曰："起予者商也！始可与言《诗》已矣。"（《八佾·8》）

译文

子夏问："'巧妙的笑容真好看啊，美丽的眼睛真动人啊，用素粉来打扮啊。'这几句诗是什么意思？"孔子说："这就好比绘画先画了色彩，再加素色。"子夏问："是说在质朴、纯真之后还要有礼吗？"孔子说："启发我的人是商呀！现在可以同你讨论《诗经》了。"

—— 语境 ——

此《卫风·硕人》之篇，闵庄姜美而不见答之诗也。言庄姜既有巧笑、美目、倩盼之容，又能以礼成文绚然。子夏读《诗》，至此三句，不达其旨，故问夫子何谓也。孔子举喻以答子夏也。凡绘画先布众色，然后以素分布其间，以成其文，喻美女虽有倩盼美质，亦须礼以成之也。子夏闻孔子言绘事后素，即解其旨，知以素喻礼，故曰礼后乎。此上二句在《卫风·硕人》之二章者，案今《毛诗·硕人》四章，章七句，其二章曰"手如柔荑，肤如凝脂，倾如蝤蛴，齿如瓠犀；螓首蛾眉，巧笑倩兮，美目盼兮"是也。（邢昺《疏》）

孔子未言礼而子夏言之，故叹其起予。（《戴氏注论语小疏》）

子夏疑其反谓以素为饰，故问之。谢氏曰："子贡因论学而知《诗》，子夏因论《诗》而知学，故皆可与言《诗》。"（《论语集注》）

—— 原文 ——

子曰："夏礼，吾能言之，杞不足徵也；殷礼，吾能言之，宋不足徵也。文献不足故也。足，则吾能徵之矣。"（《八佾·9》）

—— 译文 ——

孔子说："夏朝的礼，我能说出来，它的后代杞国不足以证明我的话；殷朝的礼，我能说出来，它的后代宋国不足以证明我的话。这是他们的历史文件和贤者不够的缘故。如果有足够的文件和贤者，我就可以引来做证了。"

—— 语境 ——

《汉书·艺文志》："古之王者，世有史官，左史记言，右史记事，事为《春秋》，言为《尚书》，帝王靡不同之。周室既微，载籍残缺，仲尼思存前圣之业，乃称曰'夏礼吾能言之'云云。"据《汉志》，是夫子此言，因修《春秋》而发，《春秋》亦本周礼也。戴氏望《论语注》云："周衰，杞为徐、莒所协，而变于夷。宋三世内娶，皆非其国之故。孔子伤其不用贤，以致去礼，故言俱不足征以叹之。"（《论语正义》）

孔子之时，周室微而礼乐废，《诗》《书》缺。追迹三代之礼，序《书传》，上纪唐、虞之际，下至秦缪，编次其事。曰："夏礼吾能言之，杞不足征也。殷礼吾能言之，宋不足征也。足，则吾能征之矣。"观殷、夏所损益，曰："后虽百世可知也，以一文一质。周监二代，郁郁乎文哉。吾从周。"故《书传》《礼记》自孔氏。（《史记·孔子世家》）

周衰，杞为徐、莒所胁，而变于夷。宋三世内娶，皆非其国之故，又无贤者为之讲求典礼，故孔子伤之。（《戴氏注论语小疏》）

夏殷两代史迹多湮，典籍沦亡，贤者凋零，若已无可详考。而孔子犹能言之者，周代之礼，即上因于夏殷，孔子凭当身之见闻，好古敏求。本于人道之会通而溯其损益之由来。（钱穆《孔子传》）

杞、宋二国名，夏、殷之后。《乐记》云："武王克殷，下车而封夏后氏之后于杞，封殷之后于宋"是也。（邢昺《疏》）

按语

春秋时，周王室衰微，诸侯连年征战，礼崩乐坏，中国文化面临着灭绝。夏商两代的文化就连他们的后裔杞人和宋人都说不出来了，但孔子能说："文王既没，文不在兹乎？"（《子罕·5》）周文王创造的文化还未亡佚，就在孔子身上。孔子出现在这个历史节点是中华文化之大幸。孔子整理了《诗》《书》《礼》《乐》《易》《春秋》，使远古文化得以延续和保留下来。中国文明史五千年，何以见得？是孔子总结继承了他以前的两千五百年，又开启和影响了他以后的两千五百年，这才构成了一部连绵不绝完整灿烂的文明史，这在世界文化史上也是独一无二的，孔子是中国文化的集大成者。柳诒徵在《中国文化史》中说："无孔子则无中国文化。"孔子的伟大是任何冠以"伟大"之名的人所无法比拟的。

原文

子曰："周监于二代，郁郁乎文哉！吾从周。"（《八佾·14》）

译文

孔子说："周朝的礼仪制度是借鉴于夏、商两个朝代制定的，多么丰富多彩啊！我遵从周朝的。"

语境

《汉书·礼乐志》："王者必因前王之礼，顺时施宜，有所损益，即民之心，稍稍制作，至太平而大备。周鉴于二代，礼文尤具，事为之制，曲为之防，故称'《礼经》三百，威仪三千'。孔子美之曰：'郁郁乎文哉！吾从周。'"案：《礼三本》云："凡礼成于文，终于隆，故至备情文俱尽。其次，情文迭兴。周承二代，有至备之文，故夫子美其文盛也。"鲁，周公之后。周公成文、武之德，制礼作乐。祝鮀言伯禽封鲁，其分器有备物典册，典册即周礼，是为周所赐也。故韩宣子谓"周礼尽在鲁"。孔子对哀公言"文、武之道，布在方策”。方策者，鲁所藏也。《中庸》云：“吾学周礼，今用之，吾从周。”“今”亦指鲁。夫子此言“吾从周”，是据鲁所存之周礼言。《礼运》：“孔子曰：‘吾观周道，幽、厉伤之，吾舍鲁何适矣！’”是言鲁能存周礼也。（《论语正义》）

尹氏曰：“三代之礼至周大备，夫子美其文而从之。”（《论语集注》）

盖历史演进，礼乐日备，文物日富，故孔子美之也。（钱穆《孔子传》）

原文

子张问：“十世可知也？”子曰：“殷因于夏礼，所损益，可知也；周因于殷礼，所损益，可知也。其或继周者，虽百世，可知也。”（《为政·23》）

译文

子张问：“十代以后的礼仪制度可以知道吗？”孔子说：“殷朝继承了夏朝的礼仪制度，废除和增加的内容是可以知道的；周朝又继承殷朝的礼仪制度，废除和增加的内容是可以知道的。将来如有继承周朝的，就是以后一百代，它的礼仪制度也是可以以此类推而知道的。”

语境

子张是问后世礼也。陈氏澧《东塾类稿》：“邢《疏》曰：‘国家文质礼变，设若相承，至于十世，世数既远，可得知其礼乎？’此以为子张问后十世欲知前十世之礼，最为得解。盖十世者，言其极远也。后世欲知前世，近则易知，远则难知，故极之十世之远。观孔子言夏、殷礼，杞、宋不足征，一二世已如此，至十世则恐不可知，故问之。”又曰：“虽百世可知，谓此后百世尚可知夏、殷以来之礼也。至今周礼尚存，夏、殷礼亦有可考者，百世可知信矣。”如陈说“百世可知”，即损益可知，两“可知”紧相承《注》。《史记·孔子世家》言：“孔子追迹三代之礼，编次其事，观殷、夏所损益，曰：‘后虽百世可知也。’”则可知即谓编次之事。此当是安国旧义，与《法言》所解不同。陈君之说，适与《世家》暗合者也。故并箸之。（《论语正义》）

胡氏曰：“子张之问，盖欲知来，而圣人言其既往者以明之也。因往推来，虽百世之远，不过如此而已矣。”（《论语集注》）

按语

孔子主张做事要合乎礼，但绝不是照搬周礼的全部，而是经过取舍了的对当时稳定社会有用的东西，从“损益”类推可知，不合时宜的要废除，时代所需的要增加，这样的复礼才是孔子的真意，也就是我们今天所说的“扬弃”。孔子的思想总体上是保守的，他治世的出发点是为了维护社会的稳定，有着积极的意义，过去批孔时把复礼说成复辟，是对孔子思想的歪曲。

原文

子曰：“吾自卫反鲁，然后乐正，《雅》《颂》各得其所。”（《子罕·15》）

译文

孔子说：“我从卫国回到鲁国，才把音乐的篇章整理出来，使《雅》归到《诗经》的《雅》，《颂》归到《诗经》，与《诗》篇匹配，得到适当的安置。”

语境

郑曰：“反鲁，哀公十一年冬：是时道衰乐废，孔子来还，乃正之，故《雅》《颂》各得其所。”（《论语集解》）

鲁哀公十一年冬，孔子自卫反鲁。是时周礼在鲁，然《诗》乐亦颇残阙失次。孔子周流四方，参互考订，以知其说。晚知道终不行，故归而正之。（《论语集注》）

原文

子曰：“师挚之始，《关雎》之乱，洋洋乎盈耳哉！”（《泰伯·15》）

译文

孔子说：“从太师挚开始演奏的序曲，到最后《关雎》的尾声，美妙动听的音乐充满了耳朵啊！”

语境

古者《诗》三千余篇，孔子去其重，取可施于礼乐，上采契后稷，中述殷周之盛，至幽厉之缺，《关雎》为《风》始，《鹿鸣》为《小雅》始，《文王》为《大雅》始，《清庙》为《颂》始，凡三百五篇，孔子皆弦歌之，以求和《韶》《武》《雅》《颂》之音。礼乐自此可得而述。因叹曰：“师挚之始，《关雎》之乱，洋洋乎盈耳哉！”（程复心《周孔子论语年谱》）

孔子自卫反鲁而正乐，适师挚在官之初，故乐之美盛如此。（《论语集注》）

于时礼乐崩坏，正声散逸，唯鲁太师犹识《关雎》之声，而首理调定，使声盛盈于耳听也。（《论语义疏》）

“乐其可知”一语先出之。后言“师挚之始，《关雎》之乱，洋洋乎盈耳哉”，亦畅言合乐之象。子谓伯鱼曰：“人而不为《周南》《召南》，其犹正墙

面而立也与?”则子之重乡乐也至矣。(《论语正义》)

原文

子语鲁大师乐，曰:“乐其可知也:始作，翕如也;从之，纯如也，皦如也，绎如也，以成。”(《八佾·23》)

译文

孔子告诉鲁国乐官音乐演奏的过程，说:“音乐演奏的过程是可以知道的:开始演奏，各种乐器合奏;继续下去，音调和谐，明亮清晰，余音袅袅，然后完成。”

语境

《孔子世家》述此文在哀十一年反鲁后，即“乐正《雅》《颂》得所”之事，故云“乐其可知”，言乐正而后可知也。诸侯乐官，太师当止一人。此所语“太师乐”，应指师挚，是太师为乐官名也。(《论语正义》)

大师，乐官名，犹《周礼》之大司乐也。于时鲁国礼乐崩坏，故孔子以正乐之法语之，使知也。(邢昺《疏》)

原文

子谓《韶》，“尽美矣，又尽善也”。谓《武》，“尽美矣，未尽善也”。(《八佾·25》)

译文

孔子评论《韶》乐，“艺术形式美到了极致，思想内容也善到了极致”。评论《武》乐，“艺术形式美到了极致，但思想内容还没善到极致”。

语境

子语鲁大师乐，曰:“乐其可知也:始作，翕如也;从之，纯如也，皦如也，绎如也，以成。”子谓《韶》，“尽美矣，又尽善也”。谓《武》，“尽美矣，未尽善也”。(程复心《周孔子论语年谱》)

孔曰:“《韶》，舜乐名，谓以圣德受禅，故尽善。《武》，武王乐也。以征伐取天下，故未尽善。”(《论语集解》)

《汉书·董仲舒传》:“对策曰:尧在位七十载，乃逊于位，以禅虞舜。舜因尧之辅佐，继其统业，是以垂拱无为而天下治。孔子曰‘《韶》，尽美矣，又尽善矣’。此之谓也。”(《论语正义》)

按语

据程复心《周孔子论语年谱》，此章与“子语鲁大师乐”(《八佾·23》) 为同时，即在哀十一年反鲁后，“乐正《雅》《颂》得所”之事。孔子正乐思政，感慨舜以禅让得天下，武以征伐得天下，以倡崇德之风。

原文

子与人歌而善，必使反之，而后和之。(《述而·32》)

译文

孔子同别人一起唱歌，如果唱得好，一定请他再唱一遍，然后跟着他唱。

语境

孙氏奇逢《四书近指》：“声比于琴瑟谓之歌。《史记》云：‘《诗》三百篇，夫子皆弦歌之，以求和《韶》《武》《雅》《颂》之音。’”如孙所说，是与人歌为教弟子乐也。和《韶》《武》《雅》《颂》则善矣。(《论语正义》)

孔子共人歌，彼人歌善，和于《雅》《颂》者，乐其善，故使重歌之，审其歌意，然后自和而答之。(邢昺《疏》)

原文

子曰：“《关雎》，乐而不淫，哀而不伤。”(《八佾·20》)

译文

孔子说：“《关雎》这篇诗，快乐而不放荡，悲哀而不伤损。”

语境

《关雎》者，《诗·国风·周南》首篇名，兴后妃之德也。《诗序》云：“乐得淑女以配君子，忧在进贤，不淫其色。”是乐而不淫也。“哀窈窕，思贤才，而无伤善之心焉。”是哀而不伤也。乐不至淫，哀不至伤，言其正乐之和也。(邢昺《疏》)

《关雎》，《国风》之首篇，周公所作。淫犹贪，哀犹爱也。伤，损也。《尚书大传》：“古者后夫人将侍于君，前息烛，后举烛，至于房中，释朝服，袭燕服，然后入御于君。鸡鸣，太师奏《鸡鸣》于阶下，夫人鸣佩玉于房中，告去也。然后应门击柝，告辟也。然后少师奏《质明》于阶下，然后夫人入庭立，君出朝。”此之谓不淫其色。及康王时，佩玉晏鸣，应门失朝，则毕公陈《关雎》以为刺。(《戴氏注论语小疏》)

周渐将衰，康王晏起，毕公喟然，深思古道，感彼《关雎》性不双侣，愿得周公，配以窈窕，防微消渐，讽谕君父。孔氏大之，列冠篇首。（《戴氏注论语小疏》引《古文苑》张超《诮青衣赋》）

《关雎》之诗，言后妃之德，宜配君子。（《论语集注》）

据《毛》说“淑女”，淑者，善也。后妃求此淑女，以事君子，谓三夫人以下也。“君子”谓文王。后妃乐得淑女，有德有容，以共事君子，佐助宗庙之祭祀，非为淫于色也。哀世夫妇之道，不得此人。《荀子·大略篇》：“《国风》之好色也，《传》曰‘盈其欲而不愆其止，其诚可比于金石，其声可内于宗庙’。《小雅》不以于汙上，自引而居下，疾今之政，以思往者。其言有文焉，其声有哀焉。”《史记·屈贾列传》：“《国风》好色而不淫，《小雅》怨诽而不乱。”皆言《诗》归于正也。（《论语正义》）

原文

子曰：“兴于诗，立于礼，成于乐。”（《泰伯·8》）

译文

孔子说：“人的修养开始于学诗，自立于学礼，完成于学乐。”

语境

抑在孔子时，《诗》《礼》《乐》之三者，已不免渐趋于分崩离析之境。如三家以《雍》彻，此即乐与礼相离，乐不附于礼而自为发展。孔子告颜子曰：“放郑声，郑声淫”，此即乐与《诗》相离，乐不附于《诗》而自为发展。孔子正乐，《雅》《颂》各得其所，乃欲使乐之于礼于《诗》，重回其相通合一之本始。（钱穆《孔子传》）

《礼·内则》云：“十年出就外傅，朝夕学幼仪。十有三年，学乐，诵《诗》舞《勺》，成童舞《象》。二十而冠，始学礼，舞《大夏》。”又《王制》言造士之教云：“乐正崇四术，立四教，顺先王《诗》《书》《礼》《乐》以造士。春秋教以礼乐，冬夏教以《诗》《书》。”并自古相传教学之法。夫子时，世卿持禄，人不由学进，故学制尽失。圣门弟子，自远至者，多是未学，夫子因略本古法教之，学《诗》之后即学礼，继乃学乐。盖《诗》即乐章，而乐随礼以行，礼立而后乐可用也。《大戴礼·卫将军文子篇》：“吾闻夫子之施教也，先以《诗》，世道者孝悌，说之以义而视诸体，成之以文德。盖入室升堂七十有余人。”体者，礼也。文德者，乐也。入室升堂，则能兴、能立、能成者也。《大戴》所言，正此文实意。立于礼、成于乐皆是修身，故言修身当先学《诗》。（《论语正义》）

原文

子曰："禹，吾无间然矣。菲饮食而致孝乎鬼神，恶衣服而致美乎黻冕，卑宫室而尽力乎沟洫。禹，吾无间然矣。"（《泰伯·21》）

译文

孔子说："禹，我无可挑剔了。他自己的饮食很简单而祭祀鬼神的祭品却很丰盛，他平时穿的衣服很破旧而祭祀时的礼服却很华美，他住的宫室很低矮却致力于修治沟渠水利。对于禹，我确实无可挑剔了。"

语境

尽力沟洫以急民事，若先岁祭言"农纬厥耒"是与。疏释："农纬厥耒"语出《夏小正》。孔广森曰："农为农官也，将有事于藉田，故修君耒。"（《戴氏注论语小疏》）

至于此章，方复以事迹叹禹者，而岂徒哉？盖以季世僻王，肆情纵欲，穷奢极侈，丽厚珍膳而简伪乎享祀，盛织靡而阙慢乎祭服，崇台榭而不恤乎农政，是以亡国丧身，莫不由乎此矣。于有国有家者，观夫禹之所以兴也，览三季之所以亡，可不慎与也。（《论语义疏》）

《左传》"晋侯以黻冕命士会"。《左传》亦言黻冕，但冕服自有尊卑耳。《周礼·司服》云："王之服，祀昊天上帝则服大裘而冕，祀五帝亦如之，享先王则衮冕，享先公飨射则鷩冕，祀四望山川则毳冕，祭社稷五祀则希冕，祭群小祀则玄冕。""孤之服，自希冕而下。"《左传》士会黻冕，当是希冕也。此禹之黻冕，则六冕皆是也。（《论语注疏》）

原文

子曰："如有周公之才之美，使骄且吝，其余不足观也已。"（《泰伯·11》）

译文

孔子说："一个在上位的君主如果有周公那样美好的才能，只要骄傲而吝啬，别的方面也就不值得一看了。"

语境

《韩诗外传》："周公践天子之位七年，布衣之士，所贽而师者十人，所友见者十二人，穷巷白屋，所先见者四十九人。时进善百人，教士千人，宫朝者万人。当此之时，诚使周公骄而且吝，则天下贤士至者寡矣。成王封伯禽于鲁，周公诫之曰：'往矣！子无以鲁国骄士。吾文王之子，武王之弟，成王之叔父也，又相天子，吾于天下亦不轻矣。然一沐三握发，一饭三吐哺，犹恐失天下之士。吾闻德行宽裕，守之以恭者荣；土地广大，守之以俭者安；禄位尊盛，守之以卑者贵；人众兵强，守之以畏者胜；聪明睿智，守之以愚者善；博闻强记，守之以浅者智。夫此六者，皆谦德也。’”是言周公之德，以骄吝为戒也。此周公生平之学，所以裕制作之原也。夫子因反其语，以戒后世之为人臣者。云“其余”者，言虽有余才，亦不足观，况骄吝者，必无周公才也。(《论语正义》)

周公告武王曰：“不骄不吝，时乃无敌。”夫子盖反其言以戒为人臣者。(《戴氏注论语小疏》)

原文

子曰：“加我数年，五十以学《易》，可以无大过矣。”(《述而·17》)

译文

孔子说：“再给我几年时间，到五十岁学习《易》，便可以没有大的过错了。”

语境

盖是时，孔子年已几七十矣，五十字误无疑也。(《论语集注》)

以知命之年，读至命之书，故可以无大过。《孔子世家》：“孔子晚而喜《易》，序《彖》《系》《象》《说卦》《文言》。读《易》，韦编三绝。曰‘假我数年，若是，我于《易》则彬彬矣’。”夫子五十前得《易》，冀以五十时学之，明《易》广大悉备，未可遽学之也。及晚年赞《易》既竟，复述从前“假我数年”之言，故曰：“加我数年，若是，我于《易》则彬彬矣。”夫子圣德，既学《易》，当无小疵。无过可补，而云“可无大过”者，谦言不敢自承无过也。(《论语正义》)

孔子言其学《易》年也。加我数年，方至五十，谓四十七时也。《易》之为书，穷理尽性以至于命，吉凶悔吝豫以告人，使人从吉，不从凶，故孔子言已四十七学《易》，可以无过咎矣。(邢昺《疏》)

此孔子重《易》，故欲令学者加功于此书也。当孔子尔时，年已四十五六，故云“加我数年，五十而学《易》”也。所以必五十而学《易》者，人年五十，是知命之年也，《易》有大演之数五十，是穷理尽命之书，故五十而学《易》也。既学得其理则极照精微，故身无过失也。(《论语义疏》)

加，当言假，假之言暇。时子尚周流四方，故言暇我数年也。(《戴氏注论语小疏》)

按语

孔子一生两次学《易》，第一次约在四十五岁至四十七岁间，“加我数年，五十以学《易》”，再给我几年，到了五十岁再学《易》，说明初读《易》时还不到五十岁。“无大过”是孔子自谦，意思是说不敢说自己没有过错。第二次是七十岁左右，喜《易》而且非常用功，“读《易》，韦编三绝”。《易》是中国远古时代留传下来的一部典籍，反映了远古中国人思想状况和精神世界的原初形态，一直以来很多人都把它当作卜筮之书来读，孔子不仅仅是这样，更主要的是在探究《易》的德义内涵。据帛书《易传·要》记载，孔子对子贡说：“我后其祝卜矣，我观其德义耳也。”

原文

子曰：“人无远虑，必有近忧。”（《卫灵公·12》）

译文

孔子说：“一个人如果没有长远的考虑，一定会有眼前的忧患。”

语境

此《周易·既济·象辞》也。王曰：“君子当思患而预防之。”（《论语注疏》）

原文

子曰：“盖有不知而作之者，我无是也。多闻，择其善者而从之；多见而识之；知之次也。”（《述而·28》）

译文

孔子说：“大概有自己不懂却凭空妄作的人，我没有这种毛病。多听，选择其中好的来学习；多看，然后记在心里。这样的知，是仅次于‘生而知之’的。”

语境

此言作《春秋》也。于所传闻世、所闻世，兼采列国史文，取足张法以加王心；于所见世，识其行事而已。《传》曰：“《春秋》何以始乎隐？祖之所逮闻也。所见异辞，所闻异辞，所传闻异辞。”（《戴氏注论语小疏》）

包曰：“时人有穿凿妄作篇籍者，故云然。”（《论语集解》）

《春秋繁露·楚庄王篇》：“《春秋》分十二世以为三等：有见，有闻，有传闻。有见三世，有闻四世，有传闻五世。故哀、定、昭，君子之所见也。襄、成、宣、文，君子之所闻也。僖、闵、庄、桓、隐，君子之所传闻也。所见六十一年，所闻八十五年，所传闻九十六年。于所见微其辞，于所闻痛其祸，于传闻杀其恩，与情俱也。”此夫子修《春秋》，证之于所闻所见者也。《汉书·朱云传·赞》：“世传朱云言过其实，盖有不知而作之者，我无是也。”谓世人传述云事多失实，则为不知而作。(《论语正义》)

原文

子曰："躬自厚而薄责于人，则远怨矣。"(《卫灵公·15》)

译文

孔子说："重责备自己而轻责备别人，就可以避免别人的怨恨了。"

语境

《春秋》详内小恶，略外小恶，以此。《春秋》以鲁为治地，“内其国而外诸夏，内诸夏而外夷狄”。在内外关系上，详内略外，先治理“内”，以己为榜样，然后再去治理“外”，从而由内到外，先己后人。进而在这一内外关系上，应该严于律己，宽以待人，故内有小恶要谴责，外有小恶可宽恕，即所谓“内小恶书，外小恶不书”。刘逢禄《论语述何》：“《春秋》详内小恶，略外小恶，正其身以为天下先也。”(《戴氏注论语小疏》)

《中论·修本篇》：孔子之制《春秋》也，详内而略外，急己而宽人。故于鲁也，小恶必书；于众国也，大恶始笔。夫见人而不自见者谓之蒙，闻人而不自闻者谓之聩，虑人而不自虑者谓之瞀。故明莫大乎自见，听莫大乎自闻，睿莫大乎自虑。(《论语集释》)

捷语

人们彼此合作共事，难免发生意见分歧，俗话说一个巴掌拍不响，双方往往都各有一定责任，只是主次多少而已，是重在责己还是重在责他体现着一个人的素养。本章重在讲“厚责”“薄责”。如果发生了问题总是找别人的毛病，把责任一股脑儿地推给对方，致别人于不义，这叫“厚责”别人，结果会招致别人的怨恨，与你合作的人会越来越少；如果能做到厚责于己，敢于担当，则会有更多的人愿意与你合作。同时，“薄责”不等于“不责”，如果你身为领导，仅有自责的修养而没有责人的勇气，就是放弃原则，纵容错误，等于是害了对方，等他醒悟过来后照样会怨恨你的。

原文

子曰："过而不改，是谓过矣。"（《卫灵公·30》）

译文

孔子说："有过错而不改正，这就真叫过错了。"

语境

《谷梁》僖二十年《传》：过而不改，是谓之过。宋襄公之谓也。（《论语集释》）

戒人改过也。（邢昺《疏》）

按语

有错就改不是丢人的事，人非圣贤，孰能无过？人们都赞赏那些勇于改错的人，可是偏偏有些人出错后急于掩饰，蒙混过关，用新的错误掩盖旧的错误，错上加错，一误再误，最后身陷泥潭不能自拔，导致身心悔伤。

原文

子曰："晋文公谲而不正，齐桓公正而不谲。"（《宪问·15》）

译文

孔子说："晋文公诡诈而不正派，齐桓公正派而不诡诈。"

语境

晋文公，是晋献公之子重耳也。文公为霸主，行诡诈而不得为正礼。时天子是周襄王，微弱。文公欲为霸主，大合诸侯，而欲事天子以为名义，自嫌强大，不敢朝天子，乃喻诸天子，令出畋狩，因此尽君臣之礼。天子遂至晋河阳之地。此是文公谲而不正礼也。事在僖公廿八年。故《春秋》不云晋公召君，但云"天王狩于河阳"，言是天子自狩以至河阳也。齐侯为霸主依正而行，不为诈谲，是胜于晋文公也。接《春秋》，齐侯伐楚，责此二事，是正不诡也。（《论语义疏》）

二公皆诸侯盟主，攘夷狄以尊周室者也。虽其以力假仁，心皆不正，然桓公伐楚，仗义执言，不由诡道，犹为彼善于此。文公则伐卫以致楚，而阴谋以取胜，其诡甚矣。二君他事亦多类此，故夫子言此以发其隐。（《论语集注》）

晋文公曾召周天子而使诸侯朝之，故孔子认为他"谲而不正"。齐桓公讨

伐楚国，用的是周天子的名义，责包茅之贡不入，问昭王南征不还，故孔子认为他“正而不谲”。（唐满先《论语今译》）

原文

子曰：“以不教民战，是谓弃之。”（《子路·30》）

译文

孔子说：“用没有受过训练的人民去作战，这叫弃绝生命。”

语境

战斗不可空习，必因四时田猎以教之，故“礼，比年简徒谓之蒐，三年简车谓之大阅，五年大简车徒谓之大蒐，存不忘亡，安不忘危，《春秋》所以讥罕也”。疏释：《春秋》桓公六年，“秋，八月，壬午，大阅”。《公羊传》曰：“大阅者何？简车徒也。何以书？盖以罕书也。”《春秋》所以讥罕者，讥桓公疏于武备。（《戴氏注论语小疏》）

原文

子路曰：“桓公杀公子纠，召忽死之，管仲不死。”曰：“未仁乎？”子曰：“桓公九合诸侯，不以兵车，管仲之力也。如其仁，如其仁。”（《宪问·16》）

译文

子路说：“齐桓公杀了他哥哥公子纠，公子纠的师傅召忽自杀以殉，但他的另一个师傅管仲却活着。”接着又说：“管仲不仁德吧？”孔子说：“桓公多次主持诸侯间的盟会，停止了战争，都是管仲的力量。这就是管仲的仁德，这就是管仲的仁德。”

语境

公子纠，齐襄公弟，桓公兄也。齐无知杀襄公，小白奔莒，子纠奔鲁。齐迎子纠欲立之，鲁不与，而与之盟于暨。齐为是更迎小白，然后鲁伐齐，欲纳子纠，不能纳。小白立，是为桓公，乃胁鲁，使杀子纠，求管仲、召忽。鲁惶恐杀子纠，归管仲，召忽死之。鲍叔牙荐管仲以相齐，国人皆曰管仲有功而未仁，故举以问。（《戴氏注论语小疏》）

按《春秋传》，齐襄公无道，鲍叔牙奉公子小白奔莒。及无知弑襄公，管夷吾、召忽奉公子纠奔鲁。鲁人纳之，未克，而小白入，是为桓公。使鲁杀子纠而请管、召，召忽死之，管仲请囚。鲍叔牙言于桓公以为相。子路疑管

仲忘君事仇，忍心害理，不得为仁也。（《论语集注》）

楼语

管仲不因易主而失忠，桓公不因前嫌而废人。桓公不满足于治理一个齐国，他想的是成就天下霸业，鲍叔牙对他说，哪个国家有了管仲，哪个国家就会强盛，远大的政治抱负使他不计管仲的一箭之仇，不但不杀反而拜相，终于在管仲的辅佐下成为春秋五霸之首。西周建立初始，伯禽分封到鲁国，临行前周公特别告诫伯禽："无求备于一人。"事业的成败归根结底取决于人才，谁掌握了人才谁就掌握了未来。

原文

子贡曰："管仲非仁者与？桓公杀公子纠，不能死，又相之。"子曰："管仲相桓公，霸诸侯，一匡天下，民到于今受其赐。微管仲，吾其被发左衽矣。岂若匹夫匹妇之为谅也，自经于沟渎而莫之知也？"（《宪问·17》）

译文

子贡问："管仲不是仁人吧？桓公杀了他的主人公子纠，他不但不以身殉死，还去辅佐他。"孔子说："管仲辅佐桓公，称霸诸侯，匡正了天下，老百姓直到今天还受到他的好处。如果没有管仲，我们恐怕都要沦为披头散发、衣襟向左开的落后民族了。他难道要像普通百姓那样恪守小节小信，在山沟中自杀而没人知道他吗？"

语境

子贡意不死犹可，相之则已甚矣。（《论语集注》）

管仲相桓公，霸诸侯：霸之言伯也，长也。谓幽之盟，诸侯同欲共长桓公为伯。《春秋》庄公十六年："冬，十有二月，公会齐侯、宋公、陈侯、卫侯、郑伯、许男、曹伯、滑伯、滕子同盟于幽。"《公羊传》曰："同盟者何？同欲也。"何休注曰："同心欲盟也。"（《戴氏注论语小疏》）

原文

子曰："管仲之器小哉！"或曰："管仲俭乎？"曰："管氏有三归，官事不摄，焉得俭？""然则管仲知礼乎？"曰："邦君树塞门，管氏亦树塞门。邦君为两君之好，有反坫，管氏亦有反坫。管氏而知礼，孰不知礼？"（《八佾·22》）

译文

孔子说："管仲的器量小呀！"有人问："管仲节俭吗？"孔子说："他收取了人民的大量的市租，他手下的人员一人一职从不兼任，怎么能说是节俭呢？"那人又问："那么，管仲懂得礼节吗？"孔子回答："国君大门口设立照壁，管仲在大门口也设立照壁。国君为了招待别国君主有放酒杯的土台，管仲也有放酒杯的土台。如果说管仲懂得礼节，那谁不懂得礼节呢？"

语境

言其器量小也。包曰："或人见孔子小之，以为谓之大俭。"（《论语集解》）

器小，言易盈也。管仲相桓公，但成霸业而已，未致太平。"葵丘之会，桓公震而矜之，叛者九国。"（疏释：语出《公羊传》僖公九年）故孔子虽大其功，而又惜其器小。礼：大夫不得具官，故当祭时，职兼数事。今管仲不然，失于泰侈，非为俭。（《戴氏注论语小疏》）

管仲，齐大夫管夷吾也。孔子言其器量小也。或人见孔子言管仲器小，以为谓其大俭，孔子答或人以管仲不俭之事也。（邢昺《疏》）

器小，言其不知圣贤大学之道，故局量褊浅、规模卑狭，不能正身修德以致主于王道。故程子曰："奢而犯礼，其器之小可知。盖器大，则自知礼无此失矣。"（《论语集注》）

《史记》太史公曰："管仲世所谓贤臣，然孔子小之。岂以为周道衰微，桓公既贤，而不勉之至王，乃称霸哉？"《新序·杂事篇》："桓公用管仲则小也。故至于霸而不能以王。故孔子曰：'小哉！管仲之器。'盖善其遇桓公，惜其不能以王也。"惠氏栋《管子·小匡篇》："施伯谓鲁侯曰：'管仲者，天下之贤人也，大器也。'"盖当时有以管仲为大器者，故夫子辨之。俞氏正燮《癸巳类稿》：古者夫家余子受田悬殊，立一妻，则多一室家礼节之费，管子家有三宫之费，故曰"焉得俭"？包氏慎言《温故录》：管氏不摄，盖自同于诸侯，与三归同为宗庙僭侈之事。包曰："或人以俭问，故答以安得俭。或人问不俭，便谓为得礼。"过俭为不中礼，故不俭疑为得礼。郑曰："人君别内外，于门树屏以蔽之。反坫在两楹之间，若与邻国为好会，其献酢之礼更酌，酌毕则各反爵于坫上。今管仲皆僭为之，如是，是不知礼也。"礼：天子外屏，诸侯内屏，大夫以帘，士以帷。大夫无坫，以《乡饮酒礼》考之，凡奠爵皆于篚，即君与臣燕，亦但设二篚以承爵，且皆在堂下，不在堂上。是大夫不得有反坫，今管仲僭为之。（《论语正义》）

原文

子曰："宁武子，邦有道，则知；邦无道，则愚。其知可及也，其愚不可及也。"（《公冶长·21》）

译文

孔子说："宁武子这个人，当国家安定时，便聪明；当国家危乱时，便装傻。他那聪明别人赶得上，他那装傻别人就赶不上了。"

语境

考《春秋》，是终文之世，武子未尝仕卫。计其入仕，当在成公元年之后，三年之前。庄子谢世，而后武子得袭位。《四书人物备考》：武子未尝仕文公。古者公族世为大夫，父死子继。成元年速犹会盟于向，至三年俞始盟宛濮，可知有道无道，均属成公朝。卫文、成二君，皆不得为有道，而亦未尝大无道。此有道无道，当以卫成公时国之安定危乱言之。樊氏廷枚《四书释地补》引汪廷珍说："此有道乃对祸乱而言，与《史鱼章》两有道正同。成公复国后，武子辅政凡十余年，其间如请改祀命，不答《彤弓》等事，皆所谓有道则知也。"宋氏翔凤《论语发微》说同。《集注》失于考证，毋庸深讳。陆稼书谓春秋父子并在朝者甚多，只当依《注》。然亦未有事以指实之，不足据也。《四书辨疑》：于武子行事中，必有所指能自韬晦之事，故叹其人所不能及也。鲁文赋《湛露》《彤弓》，武子佯为不知，此亦自晦之一事。杜预以为愚不可及，亦有取也。程子曰："邦无道，能沉晦免患。"此说为是。（《论语集释》）

宁武子，卫大夫，名俞。按《春秋传》，武子仕卫，当文公、成公之时。文公有道，而武子无事可见，此其知之可及也。成公无道，至于失国，而武子周旋其间，尽心竭力，不避艰险。凡其所处，皆智巧之士所深避而不肯为者，而能卒保其身以济其君，此其愚之不可及也。程子曰："邦无道能沉晦以免患，故曰不可及也。亦有不当愚者，比干是也。"（《论语集注》）

善其佯愚得以明哲保身。《春秋》襄二十六年，经书："卫宁喜弑其君剽""卫侯衎复归于卫""卫杀其大夫宁喜"。喜者，武子曾孙，从其父殖乱命，弑剽纳衎，亡其卿族，故美武子之能愚，以悼喜之不知。（《戴氏注论语小疏》）

美卫大夫宁武子之德也。若遇邦国有道，则显其知谋。若遇无道，则韬藏其知而佯愚。（邢昺《疏》）

— 楼语 —

“邦无道，则愚”说有所指，根据《四书辨疑》所考，指不答《彤弓》之事。《左传·文公四年》：“卫宁武子来聘，公与之宴，为赋《湛露》及《彤弓》。”《毛诗序》说：“《彤弓》，天子赐有功诸侯也。”武子装傻不作答，自能韬晦，故夫子叹这是别人不能及的。

— 原文 —

季文子三思而后行。子闻之，曰：“再，斯可矣。”（《公冶长·20》）

— 译文 —

人们称道季文子，说他办事总要考虑多次才行动。孔子听到了，说：“考虑两次也就可以了。”

— 语境 —

文子忠而有贤行，其举事寡过，不必及三思。《春秋》于其代公为晋执，特言“舍之于招丘”，仁之也。（《戴氏注论语小疏》）

时人称季孙，名过其实，故孔子矫之，言季孙行事多阙，许其再思则可矣，无缘乃至三思也。此盖矫抑之谈耳，非称美之言也。（《论语义疏》）

程子曰：“为恶之人，未尝知有思，有思则为善矣。然至于再则已审，三则私意起而反惑矣，故夫子讥之。”（《论语集注》）

《论语稽》：文子生平盖祸福利害之计太明，故其美恶两不相掩，皆三思之病也。其思之至三者，特以世故太深，过为谨慎。然其流弊，将至利害徇一己之私矣。（《论语集释》）

郑曰：“季文子，鲁大夫季孙行父，文，谥也。”（《论语集解》）

— 原文 —

子曰：“藏文仲其窃位者与！知柳下惠之贤而不与立也。”（《卫灵公·14》）

— 译文 —

孔子说：“臧文仲大概是个知贤而不举的人吧！他明知柳下惠贤良却不给他官位。”

— 语境 —

《春秋》于庄公二十八年书“臧孙辰告籴于齐”，讥其为国不以礼，自后历闵、僖、文三公四十余年，而录其卒，余事皆所不著，恶其窃位而削之。

（《戴氏注论语小疏》）

臧文仲为政于鲁，若不知贤，是不明也；知而不举，是蔽贤也。不明之罪小，蔽贤之罪大。故孔子以为不仁，又以为窃位。（《论语集注》）

李氏惇《群经识小》：“案臧氏世为司寇，文仲当己为之，或为司空而兼司寇也。柳下惠为士师，正其属官，无容不知。此与文子同升事正作一反照。”“知贤而不举，是为窃位”，言窃居其位不让进贤能也。（《论语正义》）

原文

柳下惠为士师，三黜。人曰：“子未可以去乎？”曰：“直道而事人，焉往而不三黜？枉道而事人，何必去父母之邦？”（《微子·2》）

译文

柳下惠做法官，多次被撤职。有人对他说：“你不可以离开鲁国吗？”柳下惠说：“按照正道侍奉君主，到哪里去不被多次撤职？按照邪道侍奉君主，又何必要离开祖国呢？”

语境

礼，同姓之臣无去国之义。惠为展氏，出自惠公，故不欲违宗国也。《公羊传》庄公九年徐彦疏：“同姓之臣，本无去国之义。”（《戴氏注论语小疏》）

时柳下惠为鲁典狱之官，任其直道，群邪丑直，故三被黜退。（邢昺《疏》）

柳下惠，典禽也。士师，狱官也。惠时为狱官也，无罪而三过被黜退也。故李充曰：“举世丧乱，不容正直，以国观国，何往不黜也。”（《论语义疏》）

原文

子曰：“臧文仲居蔡，山节藻棁，何如其知也？”（《公冶长·18》）

译文

孔子说：“臧文仲私藏了一只大龟，藏龟屋子的斗拱雕成山的形状，短柱上画以水草花纹，装饰得像天子奉祖宗的庙一般，人们都说他是聪明人，他的聪明怎么这样呢？”

语境

刻棁为水藻文，刻节为山形，皆天子之庙饰。左氏所谓“作虚器”者也。文见《左传》文公二年。杜预注曰：“谓居蔡山节藻棁也。有其器，而无其

位，故曰虚。”（《戴氏注论语小疏》）

礼：唯诸侯以上得畜大龟，以卜国之吉凶，大夫以下不得畜之。文仲是鲁大夫，而畜龟，是僭人君礼也。时人皆谓文仲是有智之人，故孔子出其僭奢之事而讥时人也，故云“何如其智也”。（《论语义疏》）

原文

子曰：“臧武仲以防求为后于鲁，虽曰不要君，吾不信也。”（《宪问·14》）

译文

孔子说：“臧武仲逃到齐国之前，凭借防邑请求鲁君立自己的后代为鲁国的卿大夫，虽然有人说他不是要挟君主，我是不相信的。”

语境

臧武仲，姓臧，名纥。武，谥也。防是武仲故食采邑也。为后，谓立后也。武仲鲁襄公二十三年为孟氏所谮，出奔邾。后从邾还防，而使人请于鲁，为其后于防，故云以防为后于鲁。武仲出奔，而犹求立后于其故邑，时人皆谓武仲此事非要。孔子据其理是要，故云“虽曰不要，吾不信也”，是不信时人不要之言也。（《论语义疏》）

夫子之言，亦《春秋》诛意之法也。（《论语集注》）

《春秋》于内大夫奔例月，罪不明者乃日。而纥之奔，书乙亥日。疏释：“《春秋》于内大夫奔例月，罪不明者乃日”，见孔广森《公羊通义》闵公二年。“纥之奔，书乙亥日”，纥之罪不明，故书日以彰其罪。（《戴氏注论语小疏》）

臧武仲因为得罪孟孙氏而逃到邻国，不久从邻国回到他的封地防城，并凭借防城这块根据地而派人向鲁国国君要求立臧氏的子弟为卿大夫，得到允许后才流亡到齐国。（唐满先《论语今译》）

原文

子曰：“孟公绰为赵魏老则优，不可以为滕、薛大夫。”（《宪问·11》）

译文

孔子说：“孟公绰做晋国赵氏、魏氏的家臣是才力有余的，但不能胜任滕、薛这样小国的大夫。”

语境

滕、薛于《春秋》最为微国。赵、魏，晋之强家。微国政烦而强家事简，

公卓性寡欲，若为采地之臣，则饶有余裕也。(《戴氏注论语小疏》)

此明人生性分各有所能。孔安国曰："公绰，鲁大夫也。赵、魏皆晋卿也。家臣称老。公绰性寡欲，赵、魏贪贤，贤人多，职不繁杂，故家臣无事，所以优也。家老无职，故优。藤、薛小国，大夫职烦，故不可为也。"藤、薛两国不贪贤，贤人少，其职烦杂，故不可使公绰为之。(《论语义疏》)

原文

子绝四——毋意，毋必，毋固，毋我。(《子罕·4》)

译文

孔子杜绝了四种毛病：不凭空臆测，不绝对肯定，不拘泥固执，不自以为是。

语境

毋意，不妄亿措。《春秋》书伯于阳，子曰："我乃知之矣。"在侧者曰："子知之，何以不革？"曰："如尔所不知何。"疏释：《公羊传》昭公十二年文。何休注曰："此夫子欲为后人法，不欲令人妄亿措。'子绝四：毋意，毋必，毋固，毋我。'"(《戴氏注论语小疏》)

四事世人未能绝，而孔子绝之。(《论语义疏》)

原文

子曰："吾之于人也，谁毁谁誉？如有所誉者，其有所试矣。斯民也，三代之所以直道而行也。"(《卫灵公·25》)

译文

孔子说："我对于别人，诋毁过谁？赞美过谁？如有所赞美的，必然是经过考验的。当代的百姓，就是夏、商、周三代依靠他们而使直道得以通行的人呀。"

语境

至于为《春秋》，笔则笔，削则削，游夏之徒不能赞一词。弟子受《春秋》，孔子曰："知我者其唯《春秋》乎！罪我者其唯《春秋》乎！"曰："吾之于人也，谁毁谁誉？如有所誉者，其有所试矣。斯民也，三代之所以直道而行也。"(程复心《周孔子论语年谱》)

《春秋》采毫毛之善，贬纤介之恶，采善不踰其美，贬恶不溢其实，悉本于三代之法。刘逢禄《论语述何》："《春秋》不虚美，不隐恶，褒贬与夺，悉本三代之法，无虚加之辞也。"(《戴氏注论语小疏》)

原文

子曰：“巧言、令色、足恭，左丘明耻之，丘亦耻之。匿怨而友其人，左丘明耻之，丘亦耻之。”（《公冶长·25》）

译文

孔子说：“花言巧语，面目伪善，过分卑恭，左丘明认为可耻，我也认为可耻。心藏怨恨，而仍与之为友，左丘明认为可耻，我也认为可耻。”

语境

左丘明，受《春秋》于仲尼者也。其既良直，故凡有可耻之事，而仲尼皆从之为耻也。（《论语义疏》）

左丘明与孔子同时，而卒于孔子后。汉刘歆称“其好恶同于圣人”。（《论语正义》）

内隐其怨，外诈相亲，此两者行异微生，而同为乡原，故并耻之，疾作伪者甚尔。（《戴氏注论语小疏》）

程子曰：“左丘明，古之闻人也。”谢氏曰：“二者之可耻，有甚于穿窬也。左丘明耻之，其所养可知矣。夫子自言‘丘亦耻之’，盖窃比老彭之意。又以深戒学者，使察乎此而立心以直也。”（《论语集注》）

教授弟子

原文

林放问礼之本。子曰：“大哉问！礼，与其奢也，宁俭；丧，与其易也，宁戚。”（《八佾·4》）

译文

林放问礼的本原。孔子说：“你问的问题意义重大呀！所有的礼，与其奢侈，不如节俭；就丧礼来说，与其仪式周到，宁可真正悲痛。”

语境

林放73代孙林秀成说，当得知孔子带着自己的同学到处游说，四处碰壁，精神受到刺激，情绪抑郁地回来时，林放立即前去迎接。林详义是林放第72代孙，对林家家史了如指掌。林详义说：当年孔子周游列国回国时，第一个迎接孔子的是学生林放，并设宴庆贺。（钱钧华《跟孔子周游列国》）

《阙里文献考》：林放字子丘，或曰孔子门人。《经义考》：《家语·弟子解》《史记·弟子传》均无林放姓名，唯《蜀礼殿图》有之。又曰：《汉人表》，孔子弟子居五等者有林放。特春秋时酬酢往来，专尚繁文，而临丧不哀，至原壤敢为登木之歌，宰我且发短丧之问，则奢易而竟忘其本矣。夫子既大放之问，又曰与其奢易宁俭戚者，盖有感于时俗之言也。(《论语集释》)

林放，鲁人也。问于夫子，礼之本意如何？夫子将答礼本，先叹美之也。礼之末节，人尚不知，林放能问其本，其意非小，故曰“大哉问”也。(邢昺《疏》)

重林放能问礼之本，故美其问而称之“大哉”也。故王弼云：“时人弃本崇末，故大其能寻本礼意也。”(《论语义疏》)

见世之为礼者，专事繁文，而疑其本之不在是也，故以为问。孔子以时方逐末，而放独有志于本，故大其问。盖得其本，则礼之全体无不在其中矣。(《论语集注》)

《大戴记·礼三本》云：“凡礼始于脱，成于文，终于隆。故至备，情文俱尽；其次，情文迭兴；其下，复情以归太一。”“太一”者，至质无文，然为礼之本。当夫子时，奢僭失礼，大非文、周制作之旧，故夫子屡言“从周”。从周者，从乎文、周之所制以修明之而已。然事变已亟，或犹虑从周不足以胜之，则唯欲以质救文。《春秋》今文家以夫子作《春秋》，欲变周从殷，即此义也。林放意亦欲以质救文，故夫子闻其所问，深美大之。大之者，大其有维世之意，拨乱反正，不失仁术也。言丧礼徒守仪文之节，而哀戚之心浸以怠弛，则礼之本失矣。(《论语正义》)

原文

子曰：“中人以上，可以语上也；中人以下，不可以语上也。”(《雍也·21》)

译文

孔子说：“中等水平以上的人，可以告诉他高深学问；中等水平以下的人，不可以告诉他高深学问。”

语境

孔子罕言利、命、仁、性与天道，弟子不可得闻，则是不可语上。观所答弟子、诸时人语，各有不同，正是因人才知量为语之，可知夫子循循善诱之法。若夫性质既愚，又不能自勉于学问，是夫子所谓“下愚”，非唯“不可语上”，且并不可语之矣。孔子五十学《易》，唯子夏、商瞿晚年弟子得传是学。然则子贡言“性与天道不可得闻，《易》是也”。(《论语正义》)

言教人者，当随其高下而告语之，则其言易入而无躐等之弊也。(《论语集注》)

性与天道，语上之事，中人以下，其知不远，故不可以语上。《春秋》有据鲁、新周、故宋、黜杞之文，应天制作以治百世，而不知者疑于倍上，故夫子曰："后世知我者以《春秋》，而罪我者亦以《春秋》。"(《戴氏注论语小疏》)

楼语

人的智商有高下之分，孔子将其分为三类九等，因材施教，智商高的才可以教授深奥的道理。晚年传《易》于弟子商瞿。

原文

仲弓问仁。子曰："出门如见大宾，使民如承大祭。己所不欲，勿施于人。在邦无怨，在家无怨。"仲弓曰："雍虽不敏，请事斯语矣。"(《颜渊·2》)

译文

仲弓问怎样才是仁。孔子说："出门办事如同去接待贵宾，使唤百姓如同去承当重大祭祀，都要恭敬谨慎。自己不想要的，不要强加于别人。在诸侯的邦国中，在大夫的家中都不要有怨气。"仲弓说："我虽然不聪明，让我照您的话去做吧。"

语境

《左传》仲尼曰："古也有志，克己复礼，仁也。"盖古有此语，唯颜子可以从事于此。又曰："出门如宾，承事如祭，仁之则也。"古有此语，唯仲弓可以从事于此。(《论语集释》)

人之出门，失在倨傲，故戒之出门如见公侯之宾。使民失于骄易，故戒之如承奉禘郊之祭。(邢昺《疏》)

原文

子谓颜渊曰："用之则行，舍之则藏，唯我与尔有是夫！"子路曰："子行三军，则谁与？"子曰："暴虎冯河，死而无悔者，吾不与也。必也临事而惧，好谋而成者也。"(《述而·11》)

译文

孔子对颜渊说："用我，就去干；不用我，就藏起来，只有我和你才能这样吧！"子路问："老师您若率领军队，找谁共事？"孔子说："那种空手打老虎、徒步过大河、轻死而不追悔的人，我不和他共事。我要找的，一定是遇事谨慎小心、善于谋划而决定的人。”

语境

孔曰：“大国三军。子路见孔子独美颜渊，以为己勇，至于夫子为三军将，亦当谁与己同，故发此问。”（《论语集解》）

孔子言己行藏与颜回同也，时用之则行，舍之则藏。子路见孔子独美颜渊，以己有勇，故发此问曰：“若子行三军之事，为三军之将，则当谁与同?”子路意其与己也。孔子言人若暴虎冯河，轻死而不追悔者，吾不与之同也。子路之勇若此，故孔子抑之也。又言行三军所与之人，必须临事而能戒惧，好谋而有成功者，吾则与之行三军之事也，所以诱子路使慎其勇也。（邢昺《疏》）

无兵搏虎曰暴虎，无舟楫渡河曰冯河。王者行师，以全取胜，不以轻敌为上。《传》曰：“善为国者不师，善师者不陈，善陈者不战，善战者不死，善死者不亡。”疏释：《传》，指《谷梁传》，文见庄公八年。（《戴氏注论语小疏》）

尹氏曰：“用舍无与于己，行藏安于所遇，命不足道也。颜子几于圣人，故亦能之。”子路见孔子独美颜渊，自负其勇，意夫子若行三军，必与己同。言此皆以抑其勇而教之，然行师之要实不外此，子路盖不知也。谢氏曰：“夫子之言，盖因其失而救之。夫不谋无成，不惧必败，小事尚然，而况于行三军乎?”（《论语集注》）

悟语

《中庸》：“知、仁、勇三者，天下之达德也。”“知、仁、勇”是相互联系的一个整体，“勇”不能脱离“知、仁”而单独存在，当以“知”为基础，以“仁”为前提，脱离了“知”“仁”的勇不是真勇，反而会招致祸害。子路以为自己的勇会得到夫子的表扬，没想到夫子答曰：“暴虎冯河，死而无悔者，吾不与也。”徒手搏虎、徒足过河之勇，这样死了都不后悔的人，我是不和他共事的。

原文

子路问：“闻斯行诸?”子曰：“有父兄在，如之何其闻斯行之?”冉有问：“闻斯行诸?”子曰：“闻斯行之。”公西华曰：“由也问闻斯行诸，子曰‘有父兄在’，求也问闻斯行诸，子曰‘闻斯行之’。赤也惑，敢问。”子曰：“求也退，故进之；由也兼人，故退之。”（《先进·22》）

评文

子路问："赈穷救乏之事听到了就去做吗?"孔子说："有父兄在，怎么能听到就做呢?"冉有问："赈穷救乏之事听到了就去做吗?"孔子说："听到了就去做。"公西华说："仲由问听到了就去做吗，您回答说'有父兄健在'(当禀命而行)，冉求问听到了就去做吗?您回答'听到了就去做'。我被弄糊涂了，大胆地来问问。"孔子说："冉求对此事退缩，所以我鼓励他；仲由对此事果敢，所以我约束他。"

语境

包曰："赈穷救乏之事。"子路问于孔子曰："若闻人穷乏当赈救之事于斯，即得行之乎?"郑曰："言冉求性谦退，子路务在胜尚人，各因其人之失而正之。"故答异也。(《论语注疏》)

张敬夫曰："闻义固当勇为，然有父兄在，则有不可得而专者。若不禀命而行，则反伤于义矣。子路有闻，未之能行，唯恐有闻。则于所当为，不患其不能为矣；特患为之之意或过，而于所当禀命者有阙耳。若冉求之资禀失之弱，不患其不禀命也，患其于所当为者逡巡畏缩，而为之不勇耳。圣人一进之，一退之，所以约之于义理之中，而使之无过不及之患也。"(《论语集注》)

旧说云，朋友之道，亲在不得行者二：不许友以其身，不得专通财之恩。友饥则白之于父兄，父兄许之，乃称父兄与之，不听即止。冉有当仁或退让，故进之；子路恤人之急，常若不逮，未之能行，唯恐有闻，是兼人之事为之者也，故退之。(《戴氏注论语小疏》)

按语

此章讲孔子根据弟子的不同性情因才施教。盖"六艺"乃孔门基础课程，全面系统，利于培养健全的君子人格，从陈亢问"子亦有异闻乎"可知，伯鱼学的也是《诗》《礼》，与众相同；针对具体问题就要因人而异了，除此章外，还有不同弟子的问政、问仁、问孝，孔子均作不同回答。孔门多英才的事实证明孔子的教学原则、方法是成功的，孔子留给后世的教育思想极其宝贵，直到今天仍有巨大价值。

原文

子路有闻，未之能行，唯恐有闻。(《公冶长·14》)

评文

子路听到一条道理，还没有能够去做，只怕又听到新的道理。

语境

盖子路当时有声闻之一事，为人所称道，子路自度尚未能行，故唯恐复有闻。（《论语正义》）

范氏曰："子路闻善，勇于必行，门人自以为弗及也，故著之。"（《论语集注》）

闻读如闻斯行诸之闻，行读如闻斯行诸之行。子路恤人之急，常若不逮，孔子以为博施济众，尧、舜犹病，故常戒其兼人也。（《戴氏注论语小疏》）

原文

子路问君子。子曰："修己以敬。"曰："如斯而已乎？"曰："修己以安人。"曰："如斯而已乎？"曰："修己以安百姓。修己以安百姓，尧舜其犹病诸？"（《宪问·42》）

译文

子路问执政者应该是怎样的人。孔子说："修养自己，保持严肃恭敬的态度。"子路说："像这样就够了吗？"孔子说："修养自己，使上层人物安乐。"子路说："像这样就够了吗？"孔子说："修养自己，使所有百姓都安乐。修养自己使所有百姓都安乐，尧舜还担心自己做不到呢！"

语境

孔子告哀公曰："君子言不过辞，动不过则，如是则能敬其身。人谓臣也。择德而任官，度材而定次，百僚称职，天工不旷，是谓安人也。百姓，众族姓也。视百姓之身犹吾身，百姓之妻子犹吾妻子。不以天下害所养，是谓安百姓也。"（《戴氏注论语小疏》）

修己以敬，夫子之言至矣尽矣。而子路少之，故再以其充积之盛，自然及物者告之，无他道也。人者，对己而言。百姓，则尽乎人矣。尧、舜犹病，言不可以有加于此。以抑子路，使反求诸近也。（《论语集注》）

悦语

齐家治国平天下者无不以修身为始，身不正何以齐家治国平天下，古人云"德不配位，必有灾殃"。

原文

子路问成人。子曰："若臧武仲之知，公绰之不欲，卞庄子之勇，冉求之艺，文之以礼乐，亦可以为成人矣。"曰："今之成人者何必然？见利思义，

见危授命，久要不忘平生之言，亦可以为成人矣。”（《宪问·12》）

译文

子路问怎样才是人格完备的人。孔子说：“像臧武仲的智慧，孟公绰的寡欲，卞庄子的勇敢，冉求的才艺，再用礼乐加以修饰，也就可以算是一个人格完备的人了。”孔子又说：“现在人格完备的人何必这样呢？见到财利能想到义，遇到危险能献出命，长久处于穷困还不忘平日的诺言，也就可以算是人格完备的人了。”

语境

是成人为成德之人，最所难能。此告子路，但举鲁四人，是降等论之，故言“亦可”也。于时四子已出仕，未尝学问，若能文以礼乐，是亦后进于礼乐者也。皇、邢《疏》以“曰”为夫子语，《文选》曹植《责躬诗·注》、沈约《别范安成诗·注》引此文“曰”上有“子”字，盖夫子移时复语也。《集注》引胡说，独以为子路言，于义似较长。（《论语正义》）

问人何所行德可为成人乎。（《论语义疏》）

言兼此四子之长，则知足以穷理，廉足以养心，勇足以力行，艺足以泛应，而又节之以礼，和之以乐，使德成于内，而文见乎外，则材全德备，浑然不见一善成名之迹，中正和乐，粹然无复偏倚驳杂之弊，而其为人也亦成矣。然亦之为言，非其至者，盖就子路之所可及而语之也。若论其至，则非圣人之尽人道，不足以语此。（《论语集注》）

臧武仲，鲁大夫臧孙纥。他很聪明，逃到齐国之后，能预见齐庄公的被杀而设法辞去庄公给他的田。事见《左传》襄公二十三年。（《论语译注》）

原文

子路、曾皙、冉有、公西华侍坐。子曰：“以吾一日长乎尔，毋吾以也。居则曰：‘不吾知也！’如或知尔，则何以哉？”子路率尔而对曰：“千乘之国，摄乎大国之间，加之以师旅，因之以饥馑；由也为之，比及三年，可使有勇，且知方也。”夫子哂之。“求！尔何如？”对曰：“方六七十，如五六十，求也为之，比及三年，可使足民。如其礼乐，以俟君子。”“赤！尔何如？”对曰：“非曰能之，愿学焉。宗庙之事，如会同，端章甫，愿为小相焉。”“点！尔何如？”鼓瑟希，铿尔，舍瑟而作，对曰：“异乎三子者之撰。”子曰：“何伤乎？亦各言其志也。”曰：“莫春者，春服既成，冠者五六人，童子六七人，浴乎沂，风乎舞雩，咏而归。”夫子喟然叹曰：“吾与点也！”三子者出，曾皙后。曾皙曰：“夫三子者之言何如？”子曰：“亦各言其志也已

矣。”曰：“夫子何哂由也？”曰：“为国以礼，其言不让，是故哂之。”“唯求则非邦也与？”“安见方六七十如五六十而非邦也者？”“唯赤则非邦也与？”“宗庙会同，非诸侯而何？赤也为之小，孰能为之大？”（《先进·26》）

译文

子路、曾皙、冉有、公西华四个人陪孔子坐着。孔子说：“因为我比你们年纪都大，你们不要因为我年长而不敢尽情说话。你们平日常说：‘没人了解我呀！’假如有人了解你们，任用你们，你们怎么办呢？”子路不假思索地答道：“一个有兵车一千辆的国家，夹在大国中间，大国军队常来侵犯，加上国内又闹饥荒，我去治理，等到三年，就可以使百姓勇敢，而且懂得礼义。”孔子讥讽地微微一笑。孔子问：“冉求！你怎么样？”冉求回答说：“国土纵横各六七十里或五六十里的小国家，我去治理，等到三年，可以使百姓富足。至于礼乐教化，那只有等待君子了。”孔子问：“公西赤，你怎么样？”公西赤回答说：“我不敢说有能力做到，我愿意这样学习：祭祀的工作，或者同别国盟会，我愿意穿着礼服，戴着礼帽，做一个小司仪者。”孔子问：“曾点，你怎么样呢？”曾点弹瑟声调逐渐稀疏，最后“铿”的一声结束，他放下瑟站起来，回答说：“我和他们三人说的不同。”孔子说：“那有什么妨碍呢？也就是各人讲自己的志向而已。”曾皙说：“暮春三月，已经穿得上春装了，约上五六位成年人，六七个少年，一起到沂河边洗洗澡，在舞雩台吹吹风，一路唱着歌回来。”孔子长叹一声说：“我赞成曾皙的想法呀！”子路、冉有、公西华三人都出来了，曾皙后走。曾皙问：“那三位同学的话怎么样？”孔子说：“也就是各自谈谈自己的志向罢了。”曾皙说：“您为什么要笑仲由呢？”孔子说：“治国要讲礼让，仲由说话不谦让，所以我笑他。”曾皙又问：“难道冉求讲的就不是国家吗？”孔子说：“怎么见得纵横各六七十里或五六十里的土地就不是一个国家呢？”曾皙又问：“公西赤所讲的不是国家吗？”孔子说：“有宗庙祭祀，有诸侯会盟，不是国家是什么？公西赤如果只能做一个小司仪，那谁又能做大司仪呢？”

语境

孔子乘间四弟子侍坐，因使各言其志，以观其器能也。子路性刚，故率尔先三人而对也。夫子笑之也。求性谦退，言欲得方六七十如五六十里小国治之而已。公西华愿为小相焉。曾点咏而归，即歌咏先王之道，而归夫子之门也。夫子闻其乐道，故喟然而叹曰：吾与点之志。善其独知时，而不求为政也。仲尼祖述尧、舜，宪章文、武，生值乱时而君不用。三子不能相时，

志在为政，唯曾皙独能知时，志在澡身浴德，咏怀乐道，故夫子与之也。（邢昺《疏》）

当时道消世乱，驰竞者众，故诸弟子皆以仕进为心，唯点独识时变，故与之也。（《论语义疏》）

程子曰：“三子皆欲得国而治之，故夫子不取。曾点，狂者也，未必能为圣人之事，而能知夫子之志。故曰浴乎沂，风乎舞雩，咏而归，言乐而得其所也。孔子之志，在于老者安之，朋友信之，少者怀之，使万物莫不遂其性。曾点知之，故孔子喟然叹曰‘吾与点也’。”又曰：“曾点、漆雕开，已见大意。”（《论语集注》）

礼：“侍坐弗使，不执琴瑟。”则点鼓瑟，殆由夫子使之。四子皆志于为国与天下，由、求志在拨乱，赤、点志在致太平。（《戴氏注论语小疏》）

原文

冉求曰：“非不说子之道，力不足也。”子曰：“力不足者，中道而废。今女画。”（《雍也·12》）

译文

冉求说：“我不是不喜欢您的学说，是我能力不够。”孔子说：“能力不够的人，是走到半路走不动了才停下来。现在你是给自己划定了界限不想前进。”

诸说

今季氏既重用冉子，孔子极望冉子能挽季氏于大道，而冉子自诿力不足。（钱穆《孔子传》）

胡氏曰：“夫子称颜回不改其乐，冉求闻之，故有是言。画而不进，则日退而已矣，此冉求之所以局于艺也。”（《论语集注》）

弟子冉求言己非不说乐子之道而勤学之，但以力不足故也。孔子责冉求之不说学也。（邢昺《疏》）

《里仁篇》：“夫子云：‘有能用其力于仁矣乎？我未见力不足者。’”若此言“力不足者，中道而废”，盖特就冉求之言，指出真力不足之人以晓之。当时若颜子未达一间，而遽以早死，是亦中道而废者也。冉求未至罢顿力极，而曰力不足，则是自为画止，非力不足可知。（《论语正义》）

原文

子华使于齐，冉子为其母请粟。子曰：“与之釜。”请益。曰：“与之庾。”冉子与之粟五秉。子曰：“赤之适齐也，乘肥马，衣轻裘。吾闻之也：

君子周急不继富。”(《雍也·4》)

译文

子华出使到齐国去，冉求替子华的母亲向孔子请求补助一些小米。孔子说：“给她一釜吧。”冉求请求再增加一些。孔子说：“再给她一庾。”冉求却给了她五秉。孔子说：“公西赤到齐国去，坐着肥马驾的车子，穿着又轻又暖的皮袍。我听说过，君子是只救济急需的穷人而不接济富人的。”

语境

子华仕鲁，为鲁使齐，冉子时宰季氏，掌赋粟。君言不宿于家（语出《礼记·曲礼上》)，故冉子代为其母请粟，谒其数于夫子。殆古者出使，君待之优加于常禄外，如礼他国使臣然与。古者“十月纳禾稼”，献裘颁马，皆于其时，明赤适齐已在禄人之后，则母不缺粟。仕有禄曰富。君子行权以救急，不急而与，为继富也。(《戴氏注论语小疏》)

《史记·弟子传》云：“公西赤，字子华。”郑玄曰：“鲁人，少孔子四十二岁。”时仕鲁，为鲁使适于齐也。冉子，即冉有也，为其子华之母请粟于夫子，言其子出使而家贫也。(邢昺《疏》)

郑曰：“非冉有与之太多。”“使”者，夫子使之也。此与原宪为宰，不必同在一时。弟子类记之，以见圣人取予之际，各有所宜尔。“请粟”，是请于夫子。“与粟五秉”，则冉有自以藏粟与其母也。(《论语正义》)

子华，弟子，字冉也，姓公西，名赤。有容仪，故为使往齐国也。但不知时为鲁君之使、为孔子之使耳。时子华既出使，而母在家，冉有由朋友之情，故为子华之母就孔子请粟也。孔子得冉求之情，故命与粟一釜。釜容六斗四升也。孔子与粟既竟，故冉子又自以己粟八十斛与之也。孔子此语，是讥冉求与子华母粟之太多也。(《论语义疏》)

孔子为鲁司寇，其弟子相随出仕者，自子路外，又见此三人。子华，公西赤字，少孔子三十二岁。若以鲁定公十一年计，是年应二十一。子华长于外交礼仪，适以有事，孔子试使之于齐。(钱穆《孔子传》)

孔子通问于高昭子，于是子华使于齐，冉子为其母请粟。子曰：“与之釜。”请益。曰：“与之庾。”冉子与之粟五秉。子曰：“赤之适齐也，乘肥马，衣轻裘。吾闻之也：君子周急不继富。”(程复心《周孔子论语年谱》)

原文

子曰：“回也其庶乎，屡空。赐不受命，而货殖焉，亿则屡中。”(《先进·19》)

译文

孔子说："颜回的学问道德差不多了吧，却常常穷得没有办法。端木赐没有受公家之命而以其私财贱买贵卖，却总能猜对行情。"

语境

《货殖传》云："子赣既学于仲尼，退而仕卫。发贮鬻财曹、鲁之间，七十子之徒最为饶。而颜渊箪食瓢饮，在于陋巷。子赣结驷连骑，束帛之币，聘享诸侯，所至，国君无不分庭与之抗礼。然孔子贤颜渊而讥子赣曰：'回也其庶乎，屡空。赐不受命而货殖焉，意则屡中。'"（《论语集释》）

古者商贾皆贵族官主，子贡则不受命于官而自为之也。盖子贡以外交使节往来各地，在彼积贮，在此发卖，其事轻而易举，非若专为商贾之务于籴贱贩贵也。颜渊箪瓢屡空，孔子深赏之。子贡货殖，为中国历史上私家经商之第一人，孔子亦不加斥责。（钱穆《孔子传》）

程子曰："子贡之货殖，非若后人之丰财，但此心未忘耳，然此亦子贡少时事，至闻性与天道，则不为此矣。"（《论语集注》）

原文

子贡方人。子曰："赐也贤乎哉？夫我则不暇。"（《宪问·29》）

译文

子贡讥评别人。孔子说："你就那么好吗？我可没这闲工夫。"

语境

《释文》云："方人，郑本作谤，谓'言人之过恶'。"卢氏文弨《考证》："《古论》'谤'字作'方'，盖以声近通借。子贡言人过恶，故子曰'赐也贤乎哉'，言汝己身果皆贤乎！而谤人也，夫我则不暇谤人而自治。"《注》："比方人也。"《庄子·田子方篇》："鲁多儒者，少为先生方者。"是"方"训比也。学以相辅而成，故朋友切磋，最为学道之益。夫子尝问子贡与回孰愈？又子贡问子张、子夏孰愈？夫子亦未斥言不当问，是正取其能比方人也。此文何反讥之？《注》说误。（《论语正义》）

子贡多言，尝举其人伦以相比方，孔子怒其轻易，故曰"赐也贤乎哉"，所以抑之也。（邢昺《疏》）

子贡以甲比乙，论彼此之胜劣者。夫人行难知，故比方人优劣之不易，且谁闻己之劣？故圣人不言。圣人不言，而子贡专辄比方之，故抑之而云贤乎哉。江熙云："比方人不得不长短相倾，圣人诲人不倦，岂当相藏否？故云

‘我则不暇’。”（《论语义疏》）

子贡好废举，与时转货资。喜扬人之美，不能匿人之过。（《史记·仲尼弟子列传》）

原文

子谓子贡曰：“女与回也孰愈？”对曰：“赐也何敢望回？回也闻一以知十，赐也闻一以知二。”子曰：“弗如也，吾与女弗如也。”（《公冶长·9》）

译文

孔子对子贡说：“你和颜回谁强一些？”子贡回答说：“我怎么敢和颜回比？颜回能闻一知十，推知全体，我只能闻一知二，由此及彼。”孔子说：“是不如他呀，我和你都不如他呀。”

语境

潘氏《集笺》：或曰欲抑子贡也。当此之时，子贡之名凌颜渊之上。孔子恐子贡志骄意溢，故抑之也。（《论语集释》）

胡氏曰：“子贡方人，夫子既语以不暇，又问其与回孰愈，以观其自知之如何。”（《论语集注》）

子贡利口巧辞，孔子常黜其辩。问曰：“女与回也孰愈？”（《史记·仲尼弟子列传》）

孔子乘间问弟子子贡曰：“女之才能与颜回谁胜？”子贡更言不敢望回之事。夫子见子贡之答识有悬殊，故云不如也。既然答子贡不如，又恐子贡惭愧，故复云吾与女俱不如，欲以安慰子贡之心，使无惭也。（邢昺《疏》）

皇《疏》引顾欢曰：“回为德行之俊，赐为言语之冠，浅深虽殊，而品裁未辨，欲使名实无滥，故假问‘孰愈’？子贡既审回、赐之际，又得发问之旨，故举十与二，以明悬殊愚智之异。夫子嘉其有自见之明，而无矜克之貌，故判之以‘弗如’，同之以‘吾与女’。此言‘我’与‘尔’虽异，而同言‘弗如’，能与圣师齐见，所以为慰也。”（《论语正义》）

孔子问子贡：汝与颜回二人才伎谁胜者也？所以须此问者，缪播曰：“学末尚名者多，顾其实者寡。回则崇本弃末，赐也未能忘名。存名则美着于物，精本则名损于当时，故发问以要赐对，以示优劣也。所以抑赐而进回也。”（《论语义疏》）

原文

子贡问：“师与商也孰贤？”子曰：“师也过，商也不及。”曰：“然则师

愈与？”子曰：“过犹不及。”（《先进·16》）

评文

子贡问：“子张和子夏谁更好些？”孔子说：“子张有些过分，子夏有些赶不上。”子贡说：“那么是子张好些了？”孔子说：“过分和赶不上是一样的。”

语境

师，子张；商，子夏也。子贡问孔子，欲辨师、商谁为贤胜也。（《论语义疏》）

子张才高意广，而好为苟难，故常过中。子夏笃信谨守，而规模狭隘，故常不及。道以中庸为至。尹氏曰：“圣人之教，抑其过，引其不及，归于中道而已。”（《论语集注》）

原文

闵子侍侧，訚訚如也；子路，行行如也；冉有、子贡，侃侃如也。子乐。“若由也，不得其死然。”（《先进·13》）

评文

几个弟子陪孔子闲坐时都呈现着真实的性情，闵子骞站在孔子身旁，正直而恭敬的样子；子路很刚强的样子；冉有、子贡温和而快乐的样子。孔子很高兴。但又说：“像仲由这样的人，恐怕是不能善终的。”

语境

孔子见四子之各极其性，无所隐情，故我亦欢乐也。孔子见子路独刚强，故发此言也。不得其死然，谓必不得寿终也，后果死卫乱中。袁氏曰：“道直时邪，自然速祸也。”（《论语义疏》）

子乐者，乐得英材而教育之。尹氏曰：“子路刚强，有不得其死之理，故因以戒之。其后子路卒死于卫孔悝之难。”（《论语集注》）

原文

子谓子贱：“君子哉若人！鲁无君子者，斯焉取斯？”（《公冶长·3》）

评文

孔子评论子贱说：“这人是君子呀！如果鲁国没有君子，他从哪里得到这么多人才呢？”

语境

师挚去官久，感被乐者无人云，于是明习礼乐者称子游、子夏、有若。

时宓子贱为单父宰，弹琴不下堂而单父治。子谓子贱："君子哉若人！鲁无君子者，斯焉取斯？"（程复心《周孔子论语年谱》）

《吕氏春秋·察贤篇》："宓子贱治单父，弹鸣琴，身不下堂，而单父治。巫马期以星出，以星入，日夜不居，以身亲之，而单父亦治。巫马期问其故于宓子。曰：'我之谓任人，子之谓任力，任力者故劳，任人者故逸。'宓子则君子矣。"子贱为政，在能得人，故《说苑》文载子贱告夫子以三得，终之以朋友益亲，夫子赞美子贱能取人，而又以见鲁多君子，故云："若鲁无君子，子贱安所取法以成其治乎？"《新序·杂事二》："鲁君使宓子贱为单父宰，子贱辞去，因请借善书者二人，使书宪书教品，鲁君予之。至单父使书，子贱从旁引其肘，丑则怒之，欲好书则又引之。书者患之，请辞而去，归以告鲁君。鲁君曰：'子贱苦吾扰之，使不得施其善政也。'乃命有司无得擅征发单父，单父之化大治。故孔子曰：'君子哉子贱！鲁无君子者，斯安取斯？'美其德也。"《新序》与《说苑》同出刘向。盖鲁君信用子贱，而子贱又能取人以辅其治，故孔子美之。（《论语正义》）

《说苑·政理篇》：宓子贱与孔蔑皆仕。孔子往见子贱曰："自子之仕，何得何亡？"子贱曰："自吾之仕，未有所亡，而所得者三。"孔子谓之曰："君子哉若人！君子哉若人！鲁无君子也，斯焉取斯？"（《论语集释》）

明鲁多君子，故子贱得学为君子也。《家语·弟子篇》云："宓不齐，鲁人，字子贱，少孔子四十九岁。为单父宰，有才知，仁爱百姓，不忍欺之，故孔子大之也。"（邢昺《疏》）

子贱盖能尊贤取友以成其德者。故夫子既叹其贤，而又言若鲁无君子，则此人何所取以成此德乎？因以见鲁之多贤也。（《论语集注》）

原文

子贡问曰："赐也何如？"子曰："女，器也。"曰："何器也？"曰："瑚琏也。"（《公冶长·4》）

译文

子贡问："我怎么样？"孔子说："你呀，是一个器皿。"子贡问："什么器皿？"孔子说："是宗庙里盛粮食的瑚琏。"

语境

子贡见孔子以君子许子贱，故以己为问，而孔子告之以此。（《论语集注》）

夫子论诸弟子，非在一时，记者以次书之。皇《疏》谓"子贡闻孔子评诸弟子而不及己，故有此问"，非也。夫子言"赐也达，可使从政"，故以宗

庙贵器比之。言女器若瑚琏者，则可荐鬼神，羞王公矣。(《论语正义》)

子贡见夫子历说诸弟子，不及于己，故问之。夫子答之，言女器用之人也。子贡虽得夫子言己为器用之人，但器有善恶，犹未知己器云何，故复问之也。夫子又为指其定分。瑚琏，黍稷之器，宗庙之器贵者也。言女是贵器也。(邢昺《疏》)

喻其材可王左，不当大用。夏曰连，殷曰胡，皆宗庙荐黍稷之器。近舍簠簋，远称二代者，譬此器用则一，而时有兴废。(《戴氏注论语小疏》)

原文

子贡曰："如有博施于民而能济众，何如？可谓仁乎？"子曰："何事于仁！必也圣乎！尧舜其犹病诸！夫仁者，己欲立而立人，己欲达而达人。能近取譬，可谓仁之方也已。"(《雍也·30》)

译文

子贡说："假若有一个人，他能给老百姓很多好处又能周济大众，怎么样？可以算是仁人了吗？"孔子说："岂止是仁人，一定是圣人了！就连尧、舜还愁做不到呢！所谓仁者，就是自己要想站得住，也要帮助别人站得住；自己要想行得通，也要帮助别人行得通。凡事能就近以自己的心作比而推及别人，可以说就是为仁的方法了。"

语境

阮氏元《论仁篇》："孔子论人以圣为第一，仁即次之，仁固甚难能矣。圣、仁，孔子皆谦不敢当。子贡视仁过高，误入圣域，故孔子分别圣字，将仁字论之曰：'所谓仁者，己之身欲立则亦立人，己之身欲达则亦达人。'即如己欲立孝道，亦必使人立孝道。己欲达德行，亦必使人达德行。"恕、仁本一理，子贡未能至恕，故夫子以为非尔所及。他日问终身行之，又告以恕，皆此教也。(《论语正义》)

吕氏曰："子贡有志于仁，徒事高远，未知其方。孔子教以于己取之，庶近而可入。是乃为仁之方，虽博施济众，亦由此进。"(《论语集注》)

原文

子贡问曰："有一言而可以终身行之者乎？"子曰："其恕乎！己所不欲，勿施于人。"(《卫灵公·24》)

译文

子贡问道："有没有一个字可以终身奉行的呢？"孔子说："那就是'恕'

吧！自己不想要的，不要强加给别人。”

语境

尹氏曰：“学贵以知要。子贡之问，可谓知要矣。孔子告以求仁之方也。”（《论语集注》）

求问善事，欲以终身奉行之也。（《论语义疏》）

子贡问于孔子，求修身之要道也。（邢昺《疏》）

楼语

忠恕之道是孔子学说的精髓。子贡是个非常聪明的弟子，他不贪多，向夫子只求一字而终身行之，孔子的博大学说如果浓缩为一个字，一定是最精华的东西，孔子答曰：“恕”，接着又进一步解释“己所不欲，勿施于人”。自己不想要的，不要强加给别人。这个思想是孔子一以贯之的，其伟大精神就在于人际交往中要将心比心，换位思考，替他人着想，尊重对方，不把自己的意志强加于人，这种精神不仅在当时就是在两千多年后的今天仍然是社会最为缺乏而宝贵的品质。

原文

子贡曰：“我不欲人之加诸我也，吾亦欲无加诸人。”子曰：“赐也，非尔所及也。”（《公冶长·12》）

译文

子贡说：“我不想别人欺侮我，我也不想欺侮别人。”孔子说：“赐啊，这不是你能做到的。”

语境

子贡言我所不欲人加于我之事，我亦不欲以此加之于人。此仁者之事，不待勉强，故夫子以为非子贡所及。（《论语集注》）

加，陵也。人以非义陵己，己所不欲，吾则欲使其人无陵于人。自彼视己，己亦他人。子贡盖欲以恕道喻之，使自化。欲化人，使不加非义于己，其道则难，故曰“非尔所及也”。（《戴氏注论语小疏》）

原文

子贡问政。子曰：“足食，足兵，民信之矣。”子贡曰：“必不得已而去，于斯三者何先？”曰：“去兵。”子贡曰：“必不得已而去，于斯二者何先？”曰：“去食。自古皆有死，民无信不立。”（《颜渊·7》）

译文

子贡问怎样治理政事。孔子说："充足粮食，充足军备，人民信任，如此而已。"子贡说："如果迫不得已要去掉一项，在这三项中先去掉哪一项呢？"孔子说："去掉军备。"子贡说："如果迫不得已要去掉一项，在剩下的两项中先去掉哪一项呢？"孔子说："去掉粮食。没粮必死，但自古以来谁人不死，如果失去人民的信任，国家是站不起来的，必将走向衰亡。"

语境

孔曰："死者，古今常道，人皆有之。治邦不可失信。"（《论语集解》）

"民信之"与"足食""足兵"为三政，故子贡言于斯三者。郑《注》："政有此三者，则国强也。"言"国强"者，明夫子此言为国贫弱言之。若本强国，但须民信之，不烦言"足食、足兵"矣。（《论语正义》）

食为民本，故先须足食也。时浇后须防卫，故次足兵也。虽有食有兵，若君无信，则民众离背，故必使民信之也。（《论语义疏》）

程子曰："孔门弟子善问，直穷到底，如此章者，非子贡不能问，非圣人不能答也。"愚谓以人情而言，则兵食足而后吾之信可以孚于民。以民德而言，则信本人之所固有，非兵食所得而先也。是以为政者，当身率其民而以死守之，不以危急而可弃也。（《论语集注》）

子贡仅少颜渊一岁，同为孔子前期学生中之秀杰，列言语科。孔子自卫反鲁，子贡常为鲁使吴齐。《左传》多载子路、冉有、子贡三人之事，而子贡为尤多，然亦不得大用。孔子问其与回孰愈，又称吾与汝俱弗如，见孔子于两人皆所深喜。孔子晚年反鲁，其门墙之内英才重叠，其对教育上一番快乐愉悦之情，即从吾与汝弗如一语中亦可想见。（钱穆《孔子传》）

原文

子贡问曰："何如斯可谓之士矣？"子曰："行己有耻，使于四方，不辱君命，可谓士矣。"曰："敢问其次。"曰："宗族称孝焉，乡党称弟焉。"曰："敢问其次。"曰："言必信，行必果，硁硁然小人哉！——抑亦可以为次矣。"曰："今之从政者何如？"子曰："噫！斗筲之人，何足算也？"（《子路·20》）

译文

子贡问道："怎样才可以叫作士？"孔子说："自己为人有知耻之心，出使外国能完成君主的使命，可以叫作士了。"子贡说："请问次一等的呢？"孔子说："宗族人称赞他孝敬父母，乡党们称赞他尊敬兄长。"子贡又问："请问再次一等的呢？"孔子说："言语一定信实，行为一定坚决，那是不问是非固执己见的小人啊！但也可以说是再次一等的士了。"子贡说："现在的执政者怎么样？"孔子说："咳！这些器量狭小的人算得什么？"

语境

子贡能言，故以使事告之。盖为使之难，不独贵于能言而已。今之从政者，盖如鲁三家之属。程子曰："子贡之意，盖欲为皎皎之行闻于人者。夫子告之，皆笃实自得之事。"（《论语集注》）

斗筲之人：一说：谓其仅知聚敛。（《论语新解》）

孔子见时从政者皆无士行，唯小器耳，故心不平之，而曰："噫！今斗筲小器之人，何足数也！"言不足数，故不述其行。（邢昺《疏》）

原文

子贡欲去告朔之饩羊。子曰："赐也！尔爱其羊，我爱其礼。"（《八佾·17》）

译文

子贡要去掉每月初一告祭祖庙用的活羊。孔子说："赐呀！你爱惜那只羊，我爱惜那种礼。"

语境

《春秋》载，殆在哀公时而此礼废，而有司犹供此羊。子贡惜其无实枉杀，故欲去之。孔子则谓告朔之礼虽不行，而每朔犹杀羊送庙，则使人尚知有此礼。若惜羊不送，则此礼便忘，更可惜。（《论语新解》）

于时鲁家昏乱，自鲁文公而不复告朔。以至子贡之时也，时君虽不告朔，而其国之旧官犹进告朔之羊。子贡见告朔之礼久废而空有其羊，故使除去其羊也。孔子不许子贡去羊也。我不欲去羊者，君虽不告朔，而后人见有告朔之羊，犹识旧有告朔之礼。（《论语义疏》）

郑曰："牲生曰饩。礼，人君每月告朔，于庙有祭，谓之朝享。鲁自文公始不视朔。子贡见其礼废，故欲去其羊。"包曰："羊存犹以识其礼，羊亡礼遂废。"（《论语集解》）

告朔，古代制度，每年秋冬之际，周天子把第二年历书颁给诸侯，内容包括有无闰月，每年朔日是哪一天等，称为"颁告朔"。诸侯接受历书后，藏于祖庙。每逢初一，要杀一只羊，祭于祖庙，称"告朔"，然后回朝听政，称

"视朔"或"听朔"。到子贡的时候，每年初一，鲁君不但不亲临祖庙，而且也不听政，只是杀一只活羊"虚应故事"罢了。所以子贡认为不必留此形式，不如干脆连羊也不杀，孔子却认为尽管这是残存的形式，也比什么也不留好。(《论语译注》)

三王之正若循环，穷则反本。天下有道，则不失纪序；无道，则正朔不行于诸侯。幽、厉之后，周室微，陪臣执政，史不记时，君不告朔。(《史记·历书》)

先叔丹徒君《骈枝》曰："幽王以后，不告朔于诸侯，而鲁之有司循例供羊，至于定、哀之间犹秩之。"谨按：此说最确。天子颁告诸侯，谓之告朔，又谓之告月。诸侯视天子所颁者而行之，谓之视朔，又谓之听朔。当时天子犹颁告朔，故鲁视朔之礼尚未废。至定、哀之时，天子益微弱，告朔不行，而鲁之有司犹供饩羊，故子贡欲去之。(《论语正义》)

原文

子贡问曰："孔文子何以谓之'文'也？"子曰："敏而好学，不耻下问，是以谓之'文'也。"(《公冶长·15》)

译文

子贡问道："为什么给孔文子一个'文'的谥号呢？"孔子说："他为人勤敏，爱好学问，不以向不如他的人请教为耻，所以给他谥号叫'文'。"

语境

卫孔圉既葬，谥曰文。子贡闻之，问曰："孔文子何以谓之'文'也？"子曰："敏而好学，不耻下问，是以谓之'文'也。"(程复心《周孔子论语年谱》)

考孔文子死于鲁哀公十五年，或者在此稍前；孔子卒于十六年夏四月，那么，这次问答一定在鲁哀公十五年到十六年初的一段时间内。(《论语译注》)

《左传》哀公十一年："孔文子之将攻大叔也，访于仲尼。鲁人以币召之，乃归。"是孔子归鲁在鲁哀公之十一年。孔子称孔圉能治宾客，《左传》载孔圉使太叔疾出其妻，而妻之以己女。疾通于初妻之娣，圉怒，遂将攻太叔。太叔出奔，孔圉又使太叔之弟妻其女。是子贡亦鄙孔圉为人而问之，唯孔子不没其善，言若此亦足以为文矣。(钱穆《孔子传》)

凡人性敏者多不好学，位高者多耻下问。故谥法有以"勤学好问"为文者，盖亦人所难也。孔圉得谥为文，以此而已。(《论语集注》)

春秋时，谥法虽失实，然犹不轻谥"文"，故子贡问孔文子之谥，而夫子

于公叔文子之谥文，亦特表其行，明凡谥“文”当慎之也。(《论语正义》)

《左传》载其人私德有秽，子贡疑其何以得谥为文，故问。(《论语新解》)

原文

宰予昼寝。子曰：“朽木不可雕也；粪土之墙不可圬也；于予与何诛?”子曰：“始吾于人也，听其言而信其行；今吾于人也，听其言而观其行。于予与改是。”(《公冶长·10》)

译文

宰予白天睡觉。孔子说：“腐朽了的木头是没法雕刻的，腐土筑的墙是没法粉刷的。对于宰予，有什么值得责备的?”孔子说：“以前我对人，听了他的话就相信他的行为；现在我对人，听了他的话还要观察一下他的行为。从宰予这件事后我改变了态度。”

语境

朽木，腐朽之木。粪土，秽土。二者以喻世乱不可为治。宰我伤道不行，故假昼寝以自晦其明。夫子意谓天下虽乱，吾心自治，君子乐天知命，虽毁弃，何伤乎？诛，伤也。《春秋》至定、哀世，鲁益微，而《春秋》之化益广；世愈乱，而《春秋》之文益治。刘逢禄《春秋公羊经何氏释例·张三世例》：“鲁愈微，而《春秋》之化益广，内诸夏，不言鄙疆，是也；世愈乱，而《春秋》之文益治，讥二名，西狩获麟，是也。”(《戴氏注论语小疏》)

弟子宰我昼日寝寐也。此孔子责宰我之辞也。(邢昺《疏》)

宰予惰学而昼寝，孔子责宰予，故为之作譬也。(《论语义疏》)

宰予能言而行不逮，故孔子自言于予之事而改此失，亦以重警之也。胡氏曰：“宰予不能以志帅气，居然而倦。是宴安之气胜，儆戒之志惰也。特因此立教，以警群弟子，使谨于言而敏于行耳。”(《论语集注》)

江氏声《论语竢质》：“凡人鸡鸣而起，宰我日出后尚寝寐未起，故责之。”

原文

宰我问：“三年之丧，期已久矣。君子三年不为礼，礼必坏；三年不为乐，乐必崩。旧谷既没，新谷既升，钻燧改火，期可已矣。”子曰：“食夫稻，衣夫锦，于女安乎?”曰：“安。”“女安，则为之！夫君子之居丧，食旨不甘，闻乐不乐，居处不安，故不为也。今女安，则为之!”宰我出，子曰：“予之不仁也！子生三年，然后免于父母之怀。夫三年之丧，天下之通丧也，

予也有三年之爱于其父母乎?”(《阳货·21》)

译文

宰我问:“父母死了,守孝三年,为期也太久了。君子三年不习礼仪,礼仪一定会废弃;三年不奏音乐,音乐一定会失传。陈谷已吃完了,新谷又已登场;取火用的燧木又轮过一遍,守孝一年就可以了。”孔子说:“才一年时间就吃那白米饭,穿那锦缎衣,你心安吗?”宰我说:“安。”孔子说:“你心安,那你就去做吧!君子守孝,吃美味不觉得香甜,听音乐不觉得快乐,住在家里不觉得舒适,所以不那样做。如今你既然觉得心安,那就去做好了!”宰我出去后,孔子说:“宰予真是不仁啊!小孩生下来,三年才能脱离父母的怀抱。守孝三年,这是天下通行的丧礼,宰予难道就没有从他父母那里得到过三年怀抱的爱抚吗?”

诸说

梁玉绳《瞥记》:闵二年,“吉禘于庄公”。《传》云:“讥始不三年也。”文二年,“公子遂如齐纳币”。《传》云:“讥丧娶也。”盖周衰礼废,三年之丧久已不行。梁氏《旁证》:冯氏椅曰:夫子之门,子夏、子张既除丧而见,予之琴,和之而不和,弹之而不成声,曰:先王制礼,不敢过也,不敢不至焉。宰我与二子处久,岂不习闻其概,而安于食稻衣锦也?夫鲁庄公之丧,既葬而绖不入库门,士大夫既卒哭,麻不入,然则三年之丧不行久矣,至是而夫子举行之。宰我,门人高流也,日闻至论,而犹以期为安,况斯世乎?其后滕世子欲行三年丧,父兄百官皆不欲,是则三年之丧强行于孔、孟之门,而朝廷未尝行。甚至以日易月,而无复有听于冢宰,三年不言之制,然则三年之丧迄今行之天下者,宰我一问之力也。(《论语集释》)

言为至亲执三年之丧,为期已久。“鲁庄公之丧,既葬,而绖不入库门。士大夫既卒哭,麻不入。”《春秋》闵公元年,“夏,五月,乙酉,吉禘于庄公”。《传》曰:“何以书?讥始不三年也。”言始不三年,则自是鲁先君无行三年之丧者。宰我心非之,故发问以明义也。于时丧制渐衰,孝道弥薄,鲁以宗国,莫之能正,反循其失,流极所至,致有不能尽哀于期者,虽引之三年,俞失其本。宰我闵其若此,故反言“期可已矣”。(《戴氏注论语小疏》)

《礼·丧服》为至亲者三年。宰我嫌其期月大远,故问于夫子。缪协云:“尔时礼坏乐崩,三年不行。宰我大惧其往,以为圣人无微旨以戒将来,故假时人之谓,启愤于夫子,义在屈己以明道也。”(邢昺《疏》)

恐居丧不习而崩坏也。言期年则天运一周,时物皆变,丧至此可止也。

尹氏曰："短丧之说，下愚且耻言之。宰我亲学圣人之门，而以是为问者，有所疑于心而不敢强焉尔。"夫子欲宰我反求诸心，自得其所以不忍者。故问之以此，而宰我不察也。初言女安则为之，绝之之辞。又发其不忍之端，以警其不察。而再言女安则为之以深责之。宰我既出，夫子惧其真以为可安而遂行之，故深探其本而斥之。言由其不仁，故爱亲之薄如此也。又言君子所以不忍于亲，而丧必三年之故。使之闻之，或能反求而终得其本心也。(《论语集注》)

原文

子游问孝。子曰："今之孝者，是谓能养。至于犬马，皆能有养；不敬，何以别乎？"(《为政·7》)

译文

子游问孝道。孔子说："现在的所谓孝，就是说能养活父母就行了。可是，人们连狗马都能养活；如果对父母不敬，那跟养活狗马有什么区别呢？"

语境

盖庶人能养不能敬，若语于士，则养未足为孝。故《坊记》言："小人皆能养其亲，君子不敬，何以辨？""小人"即庶人，"君子"则士以上通称。(《论语正义》)

胡氏曰："世俗事亲，能养足矣。狎恩恃爱，而不知其渐流于不敬，则非小失也。子游圣门高第，未必至此，圣人直恐其爱逾于敬，故以是深警发之也。"程子曰："子游能养而或失于敬，与其所失而告之。"(《论语集注》)

弟子子游问行孝之道于孔子也。今之人所谓孝者，是唯谓能以饮食供养者也。言皆无敬心。(邢昺《疏》)

父子之道具有君臣之义，故虽主恩，亦当尚敬。子云："小人皆能养其亲，君子不敬，何以辨。"(语出《礼记·坊记》)(《戴氏注论语小疏》)

原文

子之武城，闻弦歌之声。夫子莞尔而笑，曰："割鸡焉用牛刀？"子游对曰："昔者偃也闻诸夫子曰：'君子学道则爱人，小人学道则易使也。'"子曰："二三子！偃之言是也。前言戏之耳。"(《阳货·4》)

译文

孔子到了子游做县长的武城，听见弹琴瑟唱诗歌的声音。孔子微笑着说："宰鸡何必用宰牛的刀呢？（治理这么个小地方，还用得着礼乐教化吗？）"

子游回答说：“以前我听先生说过，教化总是有用的，做官的学了道就会有仁爱之心，百姓学了道就容易听使唤。”孔子对从游的学生们说：“诸位！言偃的话对呀。我刚才那句话不过是同他开个玩笑罢了。”

语境

师挚去官久，感被乐者无人云，于是明习礼乐者称子游、子夏、有若。（程复心《周孔子论语年谱》）

武城在鲁边境，孔子特以子游年少为宰，亲率门弟子往观政，见子游能兴庠序之教，得闻其弦歌之声，孔子意态之欢乐亦可知。（钱穆《孔子传》）

武城，鲁邑名。时子游为武城宰，意欲以礼乐化导于民，故弦歌。孔子因适武城，而闻其声也。（邢昺《疏》）

治有大小，而其治之必用礼乐，则其为道一也。但众人多不能用，而子游独行之。故夫子骤闻而深喜之，因反其言以戏之。（《论语集注》）

原文

子游为武城宰。子曰：“女得人焉耳乎？”曰：“有澹台灭明者，行不由径，非公事，未尝至于偃之室也。”（《雍也·14》）

译文

子游做了武城的县长。孔子说：“你在这里求得人才了吗？”子游说：“有一个叫澹台灭明的人，走路不插小道，不是公事从不到我屋里来。”

语境

武城，鲁下邑。子游时为之宰也。（邢昺《疏》）

澹台灭明，字子羽，《史记·仲尼弟子列传》也把他列为弟子。但从这里子游的答话语气来看，说这话时还没有向孔子受业。（《论语译注》）

径，路之小而捷者。公事，如饮射读法之类。不由径，则动必以正，而无见小欲速之意可知。非公事不见邑宰，则其有以自守，而无枉己殉人之私可见矣。愚谓持身以灭明为法，则无苟贱之羞；取人以子游为法，则无邪媚之惑。（《论语集注》）

古者乡大夫以时献贤能之书于王，诸侯又岁贡士于天子，是以古之明王，必尽知天下良士之名。既知其名，又知其数，既知其数，又知其所在。（《戴氏注论语小疏》）

《弟子列传》：“澹台灭明，状貌甚恶，欲事孔子，孔子以为材薄。既已受业，退而修行，行不由径，非公事不见卿大夫。”是灭明先受学孔子，与子游同门。“同门”者，谓同在一师门也。春秋禁书虽存，而官失其职，道禁之不行久矣。子羽独奉而行之，以为先王之道存焉，则一步一趋，无在而非先王之道也。(《论语正义》)

原文

子夏问孝。子曰：“色难。有事，弟子服其劳；有酒食，先生馔，曾是以为孝乎?”(《为政·8》)

译文

子夏问孝道。孔子说：“面有敬意。有事情年轻人效劳，有酒饭让年长的人吃，难道这就认为是孝吗?”

语境

程子曰：“子游能养而或失于敬，子夏能直义而或少温润之色。各因其材之高下，与其所失而告之，故不同也。”(《论语集注》)

丹徒君《骈枝》曰：“有事，幼子服其劳；有酒食，长者共具之。是皆子职之常，何足为孝?《内则》曰：‘男女未冠笄者，味爽而朝，问何食饮矣。若已食，则退；若未食，则佐长者视具。’”窃谓服劳视馔，并言庶人之孝，视馔即能养。孔氏广森《补注》：“庶人之孝，夫子以士之孝告子夏，故示以色难，明非士之达于学术者未能几此也。”《祭法》云：“孝子之有深爱者，必有和气；有和气者，必有愉色，有愉色者，必有婉容。”又云：“严恭俨恪，非事亲之道。”皇《疏》引颜延之曰：“夫气色和，则情志通。善养亲之志者，必先和其色，故曰难也。”(《论语正义》)

弟子子夏问于孔子为孝之道也。言若家有劳辱之事，或弟或子服其勤劳，有酒有食，进与父母饮食，汝则谓是以为孝乎?言此未孝也，必须承顺父母颜色，乃为孝也。(邢昺《疏》)

根于心，见于色。文王之为世子，朝于王季日三。问内竖安否，安，文王色喜；有不安节，文王色忧，行不能正履。有事，弟子服其劳；礼尊者不亲小事，服任也。(《戴氏注论语小疏》)

楼语

孔子答孝，说“养”“敬”“无违”“无改”“无怨”“疾之忧”等，唯独不说“顺”，反而说“谏”(《里仁·18》)，在《论语》孔子的孝道中是没有“孝顺”一词的。《论语》中说到“顺”的只有一处，即“名不正，则言不顺”(《子路·3》)。今人研读《论语》当还原春秋，细读体味。

原文

子谓子夏曰："女为君子儒！无为小人儒！"（《雍也·13》）

译文

孔子对子夏说："你要做宏大济世的儒者，不要做溺情典籍的儒者！"

语境

子夏于时设教，有门人，故夫子告以为儒之道。君子儒，能识大而可大受；小人儒，则但务卑近而已。君子、小人，以广狭异，不以邪正分。（《论语正义》）

谢氏曰："子夏文学虽有余，然意其远者大者或昧焉，故夫子语之以此。"（《论语集注》）

孔子之诫子夏，盖逆知其所长，而预防其所短。推孔子之所谓小人儒者，不出两义：一则溺情典籍，而心忘世道。一则专务章句训诂，而忽于义理。子夏之学，或谨密有余，而宏大不足，然终可免于小人儒之讥。孔子之善为教育，亦即此可见。（《论语新解》）

赵佑《温故录》：子夏规模狭隘，盖未免过于拘谨，故圣人进之以远大。（《论语集释》）

孔曰："君子为儒，将以明道。小人为儒，则矜其名。"此章戒子夏为君子也，言女当明道，无得矜名也。（《论语注疏》）

君子所习者道，道是君子儒也。小人所习者矜夸，矜夸是小人儒也。孔子语子夏曰："当为君子儒，不得习为小人儒也。"（《论语义疏》）

原文

子夏为莒父宰，问政。子曰："无欲速，无见小利。欲速，则不达；见小利，则大事不成。"（《子路·17》）

译文

子夏要去莒父做县长，临行前请教怎样管理政事。孔子说："不要图快，不要贪求小利。图快反而达不到目的，贪求小利就做不成大事。"

语境

子夏欲往莒父为宰，故先问孔子为政之法也。（《论语义疏》）

莒父——鲁国之一邑，现在已经不能确知其所在。《山东通志》认为在今山东高密县东南。（《论语译注》）

程子曰："子张问政，子曰：'居之无倦，行之以忠。'子夏问政，子曰：'无欲速，无见小利。'子张常过高而未仁，子夏之病常在近小，故各以切己之事告之。"（《论语集注》）

—— 楼语 ——

子夏要做莒父县长了，临行前向孔子讨教为政之法，孔子深知子夏之性情，提醒说："无欲速，无见小利。欲速，则不达；见小利，则大事不成。"用今天的话来说就是：不要急功近利。为政是一项长期不间断的事业，要遵循事物的发展规律一代一代地接续努力，不能为了突出个人政绩而图快求利，这样只能适得其反。

—— 原文 ——

子曰："不在其位，不谋其政。"（《泰伯·14》）

—— 译文 ——

孔子说："不在那个职位，就不要考虑那个职位上的事情。"

—— 语境 ——

孔曰："欲各专一于其职。"此章戒人侵官也。言不在此位，则不得谋此位之政，欲使各专一守于其本职也。（《论语义疏》）

《孟子·离娄》云："位卑而言高，罪也。"（《论语正义》）

—— 原文 ——

子曰："不在其位，不谋其政。"曾子曰："君子思不出其位。"（《宪问·26》）

—— 译文 ——

孔子说："不在那个职位，就不要考虑那个职位上的事情。"曾子说："君子考虑问题不超出自己的职位。"

—— 语境 ——

《论语竢质》：曾子云云，申夫子之言也。夫子之言已见《泰伯》，曾子之言则彼文未有，盖记彼文者未之闻耳。此则兼闻曾子之言，正相印合，遂并记之也。《论语训》：曾子引《易·象》以释孔子不谋政之意，初所未思，临事何谋乎？（《论语集释》）

戒人之僭滥侵官也。（邢昺《疏》）

原文

曾子曰："吾日三省吾身——为人谋而不忠乎？与朋友交而不信乎？传不习乎？"（《学而·4》）

译文

曾子说："我每天多次反省自己：替别人办事是否尽心竭力了？同朋友交往是否遵守诚信了？老师传授的学业是否用心复习了？"

语境

曾子言，我生平戒慎，每一日之中，三过自视察我身有过失否也。（《论语义疏》）

以谋贵尽忠，朋友主信，传恶穿凿，故曾子省慎之。（邢昺《疏》）

同门为朋，同志为友。传不习乎，明传艺与人，当调节之。《礼》："凡学世子及学士必时。"疏释：语出《礼记·文王世子》。学，郑玄注："教也。"时，合四时之所宜，如春诵夏弦之类。（《戴氏注论语小疏》）

楼语

"三"因与后面的三件事巧合，故有人把"三"理解为实指三件事，其实，"三"是"多"的意思，古语中"三"和"九"常有这样的用法。人在自省的时候，不可能仅限于这三件事，不同的时候、不同的境况下都会有不同的反省内容。学习《论语》，一个很重要的内容就是要学会自省，自省是修身的基本方法，是修身者的高度自觉，一个懂得自省的人才会不埋怨别人而审视自己，才能避免大的过错而不断提高完善自己。

原文

子曰："参乎！吾道一以贯之。"曾子曰："唯。"子出，门人问曰："何谓也？"曾子曰："夫子之道，忠恕而已矣。"（《里仁·15》）

译文

孔子说："参啊！我的学说可以用一个根本的原则贯通起来。"曾子说："是。"孔子出去之后，弟子问曾子："这是什么意思？"曾子说："老师的学说，就是忠恕罢了。"

语境

鲁哀公十五年，公元前480年，曾子二十六岁。孔子呼而告之，曰："参乎，吾道一以贯之。"曾子曰："唯。夫子之道，忠恕而已矣。"孔子亲以《大学》授曾参。（冯云鹓《曾子年谱》）

曾子之唯是三省以后的事，未唯之前但知就事索理而不知就心索理，但知理之为万而不知理之本一，既唯之后，真见天地万物皆一体。（刘必绍《四书传习心谭》）

洪颐煊《读书丛录》：孔子因能行者少，故偶呼曾氏以发之。（《论语集释》）

孔子以吾道一以贯之告子贡，同亦以此告曾子。此乃孔子晚年始发之新义。（钱穆《孔子传》）

曾子时与门人同侍夫子，深知圣道，故夫子呼告之也。一以贯之，犹言壹是皆以行事为教也。弟子不知所行为何道，故曾子曰："夫子之道，忠恕而已矣。""门人"者，谓受学于夫子之门之人也。唯曾子谓门弟子，则曾子门人。自古圣贤至德要道，皆不外忠恕，能行忠恕，便是仁圣，故夫子言"忠恕违道不远"也。忠恕之道，即一以贯之之道，故门人闻曾子此言，不复更问矣。（《论语正义》）

当是孔子往曾子处，得曾子答竟后，而孔子出户去。言孔子之道，更无他法，故用忠恕之心，以己测物，则万物之理皆可穷验也。（《论语义疏》）

圣人之心，浑然一理，而泛应曲当，用各不同。曾子于其用处，盖已随事精察而力行之，但未知其体之一尔。夫子知其真积力久，将有所得，是以呼而告之。曾子果能默契其指，即应之速而无疑也。程子曰："圣人教人各因其才，吾道一以贯之，惟曾子为能达此，孔子所以告之也。"（《论语集注》）

原文

子温而厉，威而不猛，恭而安。（《述而·38》）

译文

孔子温和而严厉，威严而不可怕，庄重而安详。

语境

门人熟察而详记之。程子以为曾子之言。（《论语集注》）

言孔子体貌温和而能严正，俨然人望而畏之而无刚暴，虽为恭孙而能安泰，此皆与常度相反。若《皋陶谟》之"九德"也。他人不能，唯孔子能

然，故记之也。（邢昺《疏》）

凡人生质，皆由受天地五行之气，刚柔厚薄，各各不同，故唯备中和为难也。《书·皋陶谟》言“九德之事”云：“宽而栗，柔而立，愿而恭，乱而敬，扰而毅，直而温，简而廉，刚而塞，强而义。”郑《注》：“凡人之性有异，有其上者，不必有下；有其下者，不必有上；上下相协，乃成其德。”即此义也。（《论语正义》）

原文

子夏曰：“君子有三变：望之俨然，即之也温，听其言也厉。”（《子张·9》）

译文

子夏说：“君子有三种变化：远看他庄严可畏，接近他温和可亲，听他说话严厉不苟。”

语境

程子曰：“他人俨然则不温，温则不厉，唯孔子全之。”（《论语集注》）

原文

子张问仁于孔子。孔子曰：“能行五者于天下为仁矣。”“请问之。”曰：“恭，宽，信，敏，惠。恭则不侮，宽则得众，信则人任焉，敏则有功，惠则足以使人。”（《阳货·6》）

译文

子张向孔子问怎样才是仁。孔子说：“能处处实行五种品德就是仁了。”子张说：“请问哪五种。”孔子说：“庄重、宽厚、诚实、勤敏、慈惠。庄重就不致遭受侮辱，宽厚就会得到众人的拥护，诚信就能得到别人的任用，勤敏就能取得成功，慈惠就能够使唤人。”

语境

行是五者，则心存而理得矣。于天下，言无适而不然，犹所谓虽之夷狄不可弃者。五者之目，盖因子张所不足而言耳。（《论语集注》）

夫子言“宽则得众”，其答子张问仁，告之以宽，是宽为仁德。礼无足观，斯懈于位，而民不可得而治也。（《论语正义》）

原文

子张问曰：“令尹子文三仕为令尹，无喜色；三已之，无愠色。旧令尹之政，必以告新令尹。何如？”子曰：“忠矣。”曰：“仁矣乎？”曰：“未知——焉得仁？”“崔子弑齐君，陈文子有马十乘，弃而违之。至于他邦，则曰：‘犹吾大夫崔子也。’违之。之一邦，则又曰：‘犹吾大夫崔子也。’违之。何如？”子曰：“清矣。”曰：“仁矣乎？”曰：“未知——焉得仁？”（《公冶长·19》）

译文

子张问孔子说：“令尹子文几次担任令尹，没有显出高兴的样子；几次被免职，也没有显出怨恨的样了。每次交接一定把自己的一切政事全部告诉接位的人。这个人怎么样？”孔子说：“可算尽忠了。”子张问：“算得上仁吗？”孔子说：“不知道。这怎么能算得上仁呢？”

子张又问：“崔杼无理地杀了他的君主齐庄公，陈文子有四十匹马，都舍弃不要了，离开了齐国。到了另一个国家，他说：‘这里的执政者和我们齐国的大夫崔子差不多。’就离开了。到了另一个国家，又说：‘这里的执政者和我们齐国的大夫崔子差不多。’又离开了。这个人怎么样？”孔子说：“算得上清高了。”子张说：“算得上仁吗？”孔子说：“不知道。这怎么能算得上仁呢？”

语境

令尹，官名，楚上卿执政者也。子文，姓斗，名谷于菟。其为人也，喜怒不形，物我无间，知有其国而不知有其身，其忠盛矣，故子张疑其仁。（《论语集注》）

孔安国曰：“崔杼作乱，陈文子恶之，捐其四十匹马，违而去之。”又曰：“文子避恶逆，去无道，求有道。当春秋时，臣陵其君，皆如崔子，无有可止者。”（《论语集解》）

二大夫事迹，于鲁之《春秋》无一焉，夫子安从知之？而安从论之？故为此存不论不议之辞，而亦不置一讥贬。他日告子张曰：“多闻阙疑。”盖有以也。（《论语集释》）

原文

子张学干禄。子曰：“多闻阙疑，慎言其余，则寡尤；多见阙殆，慎行其余，则寡悔。言寡尤，行寡悔，禄在其中矣。”（《为政·18》）

评文

子张要学谋求官职的方法。孔子说："多听，有怀疑的地方先放在一旁不说，其余有把握的谨慎地去说，就会减少过错；多看，有怀疑的地方先放在一旁不做，其余有把握的谨慎地去做，就能减少后悔。官位不必外求，自己说话少过错，做事少后悔，官职自然就在这里了。"

语境

凡言在其中者，皆不求而自至之辞。言此以救子张之失而进之也。程子曰："修天爵则人爵至，君子言行能谨，得禄之道也。子张学干禄，故告之以此，使定其心而不为利禄动，若颜、闵则无此问矣。"（《论语集注》）

倪氏思宽《读书记》："子张是以请学之，犹樊迟请学为稼、为圃之事也。"《春秋》定、哀多微辞，上以讳尊隆恩，下以避害容身，慎之至也。"禄在其中"，谓在寡尤、寡悔之中，明禄不待外求也。当春秋时，废选举之务，世卿持禄，贤者隐处，多不在位，故郑以寡尤、寡悔有不得禄，而与古者得禄之道相同，明学者干禄，当不失其道，其得之不得，则有命矣。（《论语正义》）

弟子子张师事孔子，学求禄位之法。（邢昺《疏》）

张自烈《四书大全辨》：按史传子张未尝出仕，生平仅一见鲁哀公耳。即其逸事不传，必非希荣慕禄之辈。盖子张之学近于求为世用，故记者目之为干禄耳。（《论语集释》）

《诗》曰："干禄岂弟。"子张学《诗》，求干禄之义，若南容三复白圭。孔子曰："听远音者，闻其疾而不闻其舒；望远者，察其貌而不察其形。立乎定、哀以指隐、桓，隐、桓之际远矣。夏五，传疑也。"所引"孔子曰"者，见《谷梁传》桓公十四年。（《戴氏注论语小疏》）

原文

子张问政。子曰："居之无倦，行之以忠。"（《颜渊·14》）

评文

子张问如何治理政事。孔子说："居于官位不要懈怠，执行政令要忠实。"

语境

程子曰："子张少仁。无诚心爱民，则必倦而不尽心，故告之以此。"（《论语集注》）

"无倦者，朝以听政，昼以访问，夕以修令，夜以安身。"《左传》昭公

元年："君子有四时，朝以听政，昼以访问，夕以修令，夜以安身。"(《戴氏注论语小疏》)

原文

子张问于孔子曰："何如斯可以从政矣？"子曰："尊五美，屏四恶，斯可以从政矣。"子张曰："何谓五美？"子曰："君子惠而不费，劳而不怨，欲而不贪，泰而不骄，威而不猛。"子张曰："何谓惠而不费？"子曰："因民之所利而利之，斯不亦惠而不费乎？择可劳而劳之，又谁怨？欲仁而得仁，又焉贪？君子无众寡，无小大，无敢慢，斯不亦泰而不骄乎？君子正其衣冠，尊其瞻视，俨然人望而畏之，斯不亦威而不猛乎？"子张曰："何谓四恶？"子曰："不教而杀谓之虐；不戒视成谓之暴；慢令致期谓之贼；犹之与人也，出纳之吝谓之有司。"(《尧曰·2》)

译文

子张向孔子问道："怎样才可以治理政事呢？"孔子说："尊重五种美德，排除四种恶政，这样就可以治理政事了。"子张问："五种美德是什么？"孔子说："在上位的人要给百姓以恩惠而自己却无所耗费；劳役百姓而又不使他们怨恨；追求仁德而不贪图财利；庄重而不傲慢；威严而不凶猛。"子张问："怎样叫作给百姓以恩惠而自己却无所耗费呢？"孔子说："让百姓去做对他们有利的事，这不就是对百姓有利而自己无所耗费吗？选择可以劳作的时间和事情让百姓去劳作，这又有谁会怨恨呢？自己追求仁德便得到了仁德，又贪求什么呢？在上位的人对人，无论人员多少，无论势力大小，都不敢怠慢他们，这不就是庄重而不傲慢吗？在上位的人对自己，衣冠整齐，目光严肃，庄严地让人见了就敬畏你，这不就是威严而不凶猛吗？"子张问："什么叫四种恶政呢？"孔子说："不经教化就加以杀戮叫作虐；不先告诫而要求成功叫作暴；开始不加督促而到时候又限期完成叫作贼；同样是给人财物，却出手吝啬，叫作有失身份。"

语境

子张问于孔子，求为政之法也。(《论语义疏》)

夫子言从政之道，而人君为政亦不异此。(《论语正义》)

尹氏曰："告为政者多矣，未有如此之备者也。故记之以继帝王之治，则夫子之为政可知也。"(《论语集注》)

原文

子张曰："《书》云：'高宗谅阴，三年不言。'何谓也？"子曰："何必高

宗，古之人皆然。君薨，百官总己以听于冢宰三年。”（《宪问·40》）

译文

子张说：“《尚书》上说：‘殷高宗守孝，住在凶庐，三年不谈政事。’这是什么意思?”孔子说：“不仅是高宗，古人都是这样。国君死了，继位的君王三年不谈政事，文武百官各司其职以听命于宰相。”

语境

胡氏曰：“位有贵贱，而生于父母无以异者。故三年之丧，自天子达。子张非疑此也，殆以为人君三年不言，则臣下无所禀令，祸乱或由以起也。孔子告以听于冢宰，则祸乱非所忧也。”（《论语集注》）

原文

子张问善人之道。子曰：“不践迹，亦不入于室。”（《先进·20》）

译文

子张问做善人的行为。孔子说：“善人不踩着前人的脚印走，学问和修养也就达不到精深的境界。”

语境

子张问行何道可谓善人，孔子答其善人之道也。善人不但循追旧迹而已，当自立功立事也，而善人好谦，亦少能创业，故亦不能入于圣人之奥室也。（邢昺《疏》）

孔氏广森《经学卮言》：“问善人之道，则非问何如而可以为善人，乃问善人当何道以自处也。故子告以善人所行之道，当效前言往行，以成其德，譬诸入室，必践陈涂堂户之迹，而后循循然至也。”“践迹”者，谓学礼乐之事也。善人质美未学，故必进于礼乐，乃可入室。《汉书·刑法志》：“孔子曰：‘如有王者，必世而后仁。善人为国百年，可以胜残去杀矣。’言圣王承衰拨乱而起，被民以德教，变而化之，必世然后仁道成焉。至于善人，不入于室，然犹百年胜残去杀矣。”据《志》此言，以善人指诸侯言。（《论语正义》）

原文

子张问崇德辨惑。子曰：“主忠信，徙义，崇德也。爱之欲其生，恶之欲其死。既欲其生，又欲其死，是惑也。‘诚不以富，亦祇以异。’”（颜渊·10》）

译文

子张问怎样提高道德，明辨疑惑。孔子说："亲近忠诚信实的人，向义靠拢，这就是提高道德。对一个人，爱他的时候就希望他活，厌恶他的时候就巴不得他死，既要他活，又要他死，这就是迷惑。'这种做法不会带来什么好处，只说明自己用心无常。'"

语境

此章言人当有常德也。言人有忠信者则亲友之，见义事则迁意而从之，此所以充盛其德也。言人心爱恶当须有常。既能别此是惑，则当祛之。"诚不以富，亦祇以异"者，此《诗·小雅·我行其野篇》文也。祇，适也。言此行诚不足以致富，适足以为异耳。取此诗之异义，以非人之惑也。（《论语注疏》）

杨氏曰："堂堂乎张也，难与并为仁矣。则非诚善补过不弊于私者，故告之如此。"（《论语集注》）

原文

子张问明。子曰："浸润之谮，肤受之愬，不行焉，可谓明也已矣。浸润之谮，肤受之愬，不行焉，可谓远也已矣。"（《颜渊·6》）

译文

子张问怎样才是明智。孔子说："像水浸润般的谗言和像切肤之痛般的诽谤，在你那里都行不通，那你可以算是明智了。像水浸润般的谗言和像切肤之痛般的诽谤，在你那里都行不通，那你可以算是有远见了。"

语境

毁人者渐渍而不骤，则听者不觉其入，而信之深矣。愬冤者急迫而切身，则听者不及致详，而发之暴矣。二者难察而能察之，则可见其心之明，而不蔽于近矣。此亦必因子张之失而告之，故其辞繁而不杀，以致丁宁之意云。（《论语集注》）

《论语稽》：子张才高意广，好为苟难，其以明问，已有无远不烛之意。然谗惑之祸，其所蔽者正在近不及防之地，苟能不蔽于近，则远者自不能蔽矣。两曰不行，正除蔽之要旨也。（《论语集释》）

"明"者，言任用贤人，能不疑也。《汉书·五行志》："故尧、舜举群贤而命之朝，远四佞而放诸野。孔子曰：'浸润之谮、肤受之诉不行焉，可谓明矣。'""远"者，言明之所及者远，凡民情事，无不周知也。《汉书·刘向传》："谗邪之所以并进者，由上多疑心，既已用贤人而行善政，如或谮之，则贤人退而善政还。夫执狐疑之心者，来谗贼之口；持不断之意者，开群枉之门。谗邪进则众贤退，群枉盛则正士消。"由向此言观之，凡人君信谮愬之言，皆由君心多疑所致，多疑即是不明也。（《论语正义》）

原文

子张问："士何如斯可谓之达矣？"子曰："何哉，尔所谓达者？"子张对曰："在邦必闻，在家必闻。"子曰："是闻也，非达也。夫达也者，质直而好义，察言而观色，虑以下人。在邦必达，在家必达。夫闻也者，色取仁而行违，居之不疑。在邦必闻，在家必闻。"（《颜渊·20》）

译文

子张问："读书人怎样才可以叫作通达？"孔子说："你说的通达是什么意思？"子张答道："在诸侯的国家做官一定有名望，在大夫的封地做事一定有名望。"孔子说："这叫名望，不叫通达。所谓通达，品质正直，爱好礼义，揣摩别人的话语，观察别人的脸色，总想着谦让待人。这样的人，在诸侯的国家做官一定通达，在大夫的封地做事一定通达。所谓名望，容貌上装作仁德而行动上违背仁德，还以仁人自居而不疑惑。这样的人，在诸侯的国家一定是骗取名望，在大夫的封地一定是骗取名望。"

评说

子张务外，夫子盖已知其发问之意，故反诘之，将以发其病而药之也。尹氏曰："子张之学，病在乎不务实。故孔子告之，皆笃实之事，充乎内而发乎外者也。当时门人亲受圣人之教，而差失有如此者，况后世乎？"（《论语集注》）

世衰道微，士有非道德而达名者，故夫子审之。（《戴氏注论语小疏》）

时多佞颜色，一往亦能假颜色为仁，而不能行之，故云"色取仁而行违"也。既佞人党多，故所在必闻也。缪协云："世乱则佞人多，党盛则多闻，斯所谓叹衰运，疾弊俗。"（《论语义疏》）

原文

樊迟请学稼。子曰："吾不如老农。"请学为圃。曰："吾不如老圃。"樊迟出。子曰："小人哉，樊须也！上好礼，则民莫敢不敬；上好义，则民莫敢不服；上好信，则民莫敢不用情。夫如是，则四方之民襁负其子而至矣，焉用稼？"（《子路·4》）

译文

樊迟请教学种庄稼。孔子说："我不如老农民。"又请教学种蔬菜。孔子说："我不如老菜农。"樊迟退了出来。孔子说："樊迟真是个地位低下的百姓！在上位者只要重视礼，老百姓就不敢不敬畏；在上位者只要重视义，老百姓就不敢不服从；在上位的人只要重视信，老百姓就不敢不真心对待你。要是做到这样，四面八方的老百姓就是背着自己的小孩也会来投奔，哪里用得着自己去种庄稼呢？"

语境

哀公时鲁数年饥，樊迟请教稼圃以集流民。古者"有分土，无分民"。天子诸侯皆南面而治，有不纯臣之义，苟能修德，则四方之民归往之，可以王也。(《戴氏注论语小疏》)

弟子樊须谓于夫子，学播种之法，欲以教民也。孔子怒其不学礼义而学稼种，故拒之。(邢昺《疏》)

樊迟请于孔子，求学种五谷之术也。樊迟既请学稼于孔子，孔子言我门唯有先王之典籍，非耕稼之所，汝若欲学稼，当就农夫之老者学之。既请农不许，又更就孔子求学种菜之术也。樊迟出后，孔子呼名骂之。君子喻于义，小人喻于利，樊迟在孔子之门，不请学仁义忠信之道，而学求利之术，故云"小人"也。李充云："余谓樊迟虽非入室之流，然亦从游侍侧，对扬崇德辨惑之义。且圣教殷勤，唯学为先，故言'君子谋道不谋食'。又曰'耕也馁在其中矣，学也禄在其中矣'，而迟亲禀明诲，乃咨圃稼，何顽之固甚哉！纵使樊迟欲舍学营生，犹足知非圣师之谋矣。将恐三千之徒，虽同学圣门，而未能皆忘荣禄。迟之斯问，将必有由，亦如宰我问丧之谓也。"苞氏曰："礼义与信，足以成德，何用学稼以教民乎！"(《论语义疏》)

杨氏曰："樊须游圣人之门，而问稼圃，志则陋矣，辞而辟之可也。待其出而后言其非，何也？盖于其问也，自谓农圃之不如，则拒之者至矣。须之学疑不及此而不能问，不能以三隅反矣，故不复。及其既出，则惧其终不喻也，求老农老圃而学焉，则其失愈远矣。故复言之，使知前所言者意有在也。"(《论语集注》)

原文

樊迟问仁。子曰："居处恭，执事敬，与人忠。虽之夷狄，不可弃也。"(《子路·19》)

译文

樊迟问怎样才是仁。孔子说："在家恭敬有礼，办事严肃认真，待人忠心诚实。即使到了夷狄之地，这三种品德也是不能废弃的。"

语境

孔子曰："在体曰恭，加于人、施于事曰敬。"（语出萧吉《五行大义》）言以此行之夷狄，亦不可弃。明君子不从物化。《春秋》卒郑伯髡原，"不使夷狄之民加乎中国之君也"。疏释：《春秋》襄公七年，郑伯髡原不与楚而欲与诸夏，为亲楚之诸大夫所杀。（《戴氏注论语小疏》）

胡氏曰："樊迟问仁者三：此最先，先难次之，爱人其最后乎？"（《论语集注》）

原文

樊迟问知。子曰："务民之义，敬鬼神而远之，可谓知矣。"

问仁。曰："仁者先难而后获，可谓仁矣。"（《雍也·22》）

译文

樊迟问怎样才算是明智。孔子说："专心致力于百姓认为该做的事，严肃地对待鬼神但远离他，可以说是明智了。"樊迟又问怎样做才算是仁德。孔子说："仁人先把难事做了而后再收获，可以说是仁德了。"

语境

《礼运》曰："何谓人义？父慈，子孝，兄良，弟弟，夫义，妇听，长惠，幼顺，君仁，臣忠，十者谓之人义。"是也。《表记》："子曰：'夏道尊命，事鬼敬神而远之，近人而忠焉。殷人尊神，率民以事神，先鬼而后礼。周人尊礼尚施，事鬼敬神而远之，近人而忠焉。'"尊命、尊礼、尚施，皆近人之事。周道与夏道，略相似也。"近人而忠"，即是务民之义。于鬼称"事"、神称"敬"者，礼数故言事，礼疏故言远也。但事亦是敬，故《论语》此文，统言"敬鬼神"。夫子所以告樊迟者，正是教之从周道。《春秋繁露·仁义法篇》："孔子谓冉子曰：'治民者，先富之，而后加教。'语樊迟曰：'治身者，先难后获。'以此之谓治身之与治民，所先后者不同焉矣。《诗》云：'饮之食之，教之诲之。'先饮食而后教诲，谓治人也。又曰：'坎坎伐辐，彼君子兮，不素餐兮。'先其事，后其食，谓治身也。"窃以夫子此文论仁知，皆居位临民之事，意樊迟时或出仕故也。下篇言"事君，敬其事而后其食"，义同。世衰则神教兴，其始亦以祸福示戒，而终必归于渎祀，以长其谄慢之罪。春秋时，如黄能、实沈，多非礼之祀，在上者僭越无等，在下者习于风俗，竟为祈禳，而不知所惩，究之获罪鬼神，莫能徼福而免于患，斯惑之甚者矣。唯知敬远之义，则吉凶顺逆，皆可顺受其正，修其在己而不为无妄之求，斯可谓知矣。（《论语正义》）

知者务民，富、教之，宜不黩鬼神。季梁曰："民，神之主也。圣王先成民而后致力于神。"疏释：季梁语见《左传》桓公六年。（《戴氏注论语小疏》）

此必因樊迟之失而告之。程子曰："人多信鬼神，惑也。不信者又不能敬，能敬能远，可谓知矣。"（《论语集注》）

楼语

孔子对待鬼神的态度如何，到底信不信鬼神，学界始终探究不已。有人说信，有人说不信，这是一个复杂而玄妙的问题，仅以信与不信简单作答，恐怕难以说清。笔者根据孔子所处的时代和他的言行略作粗浅梳理。

从历史文化发展来看，殷商以前，宗教思想占据统治地位，人们的日常行为要靠占卜，听命于鬼神，"殷人尊神，率民以事神，先鬼而后礼"。（《小戴礼·表记》）西周继商而立，思想有了大发展，从商纣王失德而失位的历史教训中看到了"人"的因素，"天听自我民听，天视自我民视"。（《孟子·万章上》）第一次提出了"人"，使之成为与"天"对应的新的力量，由此有了天人关系。也正是由于这一深刻的转变，西周政治、道德等精神领域迅速发展，建立起了完备的礼乐制度，孔子曾感叹："周监于二代，郁郁乎文哉！吾从周。"（《论语·八佾》）郑国子产说："天道远，人道迩，非所及也。"（《左传》昭公十八年）是对自然和人类社会的吉凶有必然关系的否认。齐国晏婴说："天道不謟。"（《左传》昭公二十六年）虽然是用人类的美德来衡量自然之神，反对禳灾，也是对当时迷信习惯的破除。这两人都与孔子同时而年龄较大，而且为孔子所称道。这是孔子所处的时代大背景。再具体一点说，孔子是殷商苗裔，商亡后其祖先被分封到了宋国，他的出生地是鲁国，宋、鲁两国迷信盛行，崇尚鬼神。"春秋时，如黄能、实沈，多非礼之祀，在上者僭越无等，在下者习于风俗，竟为祈禳，而不知所惩，究之获罪鬼神，莫能徼福而免于患，斯惑之甚者矣。唯知敬远之义，则吉凶顺逆，皆可顺受其正，修其在己而不为无妄之求，斯可谓知矣。"（《论语正义》）"国之大事，在祀与戎。"（《左传·成公十三年》）如果有战争，军队得载着鬼神牌位而行，这个牌位就视为神灵之依托。（《论语译注》）朝野上下多有僭祭、淫祭、谄祭。"季氏旅于泰山。"（《论语·八佾》）鲁国执政者季康子僭越天子之礼，去祭祀泰山神。"臧文仲居蔡，山节藻棁，何如其知也？"（《论语·公冶长》）鲁国大夫臧文仲僭越天子之礼，家里养了一只大龟以卜问吉凶，认为大乌龟有神灵。这就是鲁国时人对待鬼神的实际情况。孔子对待鬼神的思想观念、态度就是在这样的背景下孕育而生的。具体有以下四点：

一是疑而阙之。孔子治学严谨，学思结合，“学而不思则罔，思而不学则殆”。（《论语·为政》）言之所及或言之未及都在所思的范围，尽管孔子是当时最博学的人，但也有不明白的东西，比如鬼神之类，难以说清，既然说不清就采取搁置的态度不去说它，子路问如何事奉鬼神，孔子说：“未能事人，焉能事鬼?”（《论语·先进》）不予正面回答。对有疑问的事，孔子采取“阙”的态度，即放置一旁。孔子告诫子张“多闻阙疑”“多见阙殆”（《论语·为政》）即是。子贡说：“夫子之文章，可得而闻也；夫子之言性与天道，不可得而闻也。”（《论语·公冶长》）弟子记述夫子“不语怪、力、乱、神”。（《论语·述而》）这些都说明孔子对所疑之事采取回避的态度，而对赞赏的东西不但语，而且还予以庄重的雅言，“《诗》、《书》、执礼，皆雅言也”。（《论语·述而》）。庄子早年是儒家弟子，他说孔子“六合之外，圣人存而不论”（《庄子·齐物论篇》），鬼神即属“六合之外”，对此保留它而不置可否，不论其有或无。实际上也就是疑，不大相信。

二是敬而远之。本章是孔子答弟子樊迟问知，孔子说：“敬鬼神而远之。”“敬”的观念由来已久，是历史形成的，孔子在评价夏禹的时候说：“菲饮食而致孝乎鬼神。”（《论语·泰伯》）祭礼本对鬼神而设，古人认为先有鬼神，然后才有祭礼，孔子虽然怀疑鬼神的存在，平常并不认真讨论鬼神的有无，但临祭时必诚必敬，好像真有鬼神在面前。“祭如在，祭神如神在。”（《论语·八佾》）所谓“如在”“如神在”即鬼神并不在现场，但要当作在现场一样去恭敬地对待。现场不在，世间在不在？孔子也说不清楚。孔子在斋戒的时候十分虔诚恭敬，衣食住必合礼制，“齐，必有明衣，布；齐必变食，居必迁坐”。（《论语·乡党》）即是说将欲接事鬼神，一定要有浴衣，用麻布做的；一定要改变饮食，迁移卧室。“远”的背后有两层意思：一是反对当时盛行的淫祭、僭祭，如“非其鬼而祭之，谄也”。（《论语·为政》）“曾谓泰山不如林放乎?”（《论语·八佾》）参加朝廷和乡间的各类祭祀是孔子的一项经常性的活动，如“祭于公，不宿肉”。（《论语·乡党》）“乡人傩，朝服而立于阼阶。”（《论语·乡党》）但孔子不会主动亲近鬼神，更不会谄祭。一是孔子在鬼神与人的关系上，更注重社会现实问题，更重视人的努力。《太平御览》引《庄子》曰：“孔子病，子贡出卜。孔子曰：‘子待也。吾坐席不敢先，居处若斋，食饮若祭，吾卜之久矣。’”“子疾病，子路请祷。”（《论语·述而》）孔子病重，子路祷告鬼神，祈求夫子早日康复。孔子所谓“我早就祈祷过了”，是说自己平时心存兢业，恭肃鬼神，言行谨严无大过，等于是用实际行动祈祷了，不待有疾而祷也。人们常说“敬鬼神而远之”，但往往忽略了它前面的一句话：“务民之义”，即专心致力于百姓认为该做的事。

三是先德后卜。认为有“古之遗言焉”，即文王遗教。“德义”是《易》本质的体现，如果没有“德义”，则纯粹为“史巫之筮”，因此，孔子读《易》当然把“德义”放在首要的位置：“我观其德义耳也。”孔子对《易经·恒卦》爻辞说：“‘不恒其德，或承之羞。’子曰：‘不占而已矣。’”（《论语·子路》）即没有长久德行的人不必占筮，即使占筮，也不会得到神灵的护佑，免不了要招致羞辱。尽管如此，他并不因此而否定占筮，只是把占筮放在次要的地位，即“我后其祝卜矣”。《帛书·要》记载子赣曰：“夫子亦信其筮乎？”子曰：“吾百占而七十当，唯周梁山之占也，亦必从其多者而已矣。”子曰：“《易》，我后其祝卜矣，我观其德义耳也。”孔子尚德，强调以德行仁义来求福求吉，而占筮只是迫于无奈时最后的选择：“君子德行焉求福，故祭祀而寡也；仁义焉求吉，故卜筮而希也。祝巫卜筮其后乎。”（《帛书·要》）

四是言而不语。孔子一生两度学《易》，孔子自述：“加我数年，五十以学《易》，可以无大过矣。”（《论语·述而》）“夫子老而好《易》，居则在席，行则在囊。”（《帛书·要》）“孔子晚而喜《易》，序《彖》《系》《象》《说卦》《文言》，读《易》，韦编三绝。曰：‘假我数年，若是，我于《易》则彬彬矣。’”（《史记·孔子世家》）孔子对《易》经历了知之、好之、乐之的全过程，《易》之要道精妙正赖孔子发明。《易·系辞》屡言神，如“阴阳不测之谓神”“之德圆而神”“神以知来”“是兴神物以前民用”“圣人以此斋戒，以神明其德夫”“鼓之舞之以尽神”等，但平时弟子看到听到的却是“子不语怪力乱神”。为何不语？孔子注重因材施教，“中人以上，可以语上也；中人以下，不可以语上也”。（《雍也·21》）《易》是玄妙精深形而上的学问，智商不够的自然不可语之，如果语之反而惑乱其志，晚年时只有子夏、商瞿受《易》。由此推之，孔子的全部学问及其思想或许后人没有完整继承下来。柳诒徵如是说：“孔子圣人，决非不解《易》象之哲理。第孔子一生志向，专以对人宣明伦理一门，作入世法，至孔子之真实本领，哲理一门之出世法，始终未欲与世人道之，此正是孔子之高大处。故至今儒家所知之孔子，第知孔子本领之半而已。”（《中国文化史》）

原文

樊迟问仁。子曰：“爱人。”问知。子曰：“知人。”樊迟未达。子曰：

“举直错诸枉，能使枉者直。”樊迟退，见子夏曰：“乡也吾见于夫子而问知，子曰‘举直错诸枉，能使枉者直’，何谓也？”子夏曰：“富哉言乎！舜有天下，选于众，举皋陶，不仁者远矣。汤有天下，选于众，举伊尹，不仁者远矣。”（《颜渊·22》）

译文

樊迟问什么是仁。孔子说：“爱人。”樊迟问什么是智，孔子说：“善于鉴别人。”樊迟还不完全明白。孔子说：“选拔正直的人，罢黜邪恶的人，这样就能使邪者归正。”樊迟退出来，见到子夏说：“刚才我见到老师，问他什么是智，他说‘选拔正直的人，罢黜邪恶的人，这样就能使邪者归正’，这是什么意思？”子夏说：“这句话的内涵是多么丰富呀！舜有天下，在众人中挑选人才，把皋陶选拔出来，坏人就难以存在了。汤有天下，在众人中挑选人才，把伊尹选拔出来，坏人就难以存在了。”

语境

亦感昭公之祸而问仁知也。知人当能官人。当春秋时，世卿专国，君虽知人，无由官之，故迟疑专知不足以尽智也。举正直而废邪枉，邪枉皆化为正直，如鲁用孔子而会夹谷、隳三都是也。然以季孟故，卒去鲁，故迟又疑其难。子夏知孔子意，必尧、舜、禹、汤为君，乃尽用人之法，故叹其盛也。言舜举咎繇，汤举伊尹，皆不以世而以贤，故《春秋》讥世卿以明大法，又言不仁者，远申举直措枉之义。（《戴氏注论语小疏》）

《公羊》隐元年何休说：“当春秋时，废选举之务，置不肖于位，辄退绝之，以生过失，至于君臣愤争出奔，国家之所以昏乱，社稷之所以危亡，故皆录之。”盖卿大夫世，则举直错枉之法不行，有国者宜以不知人为患，故子夏述舜举皋陶，汤举伊尹，皆不以世而以贤，以明大法。（《论语正义》）

原文

樊迟从游于舞雩之下，曰：“敢问崇德，修慝，辨惑。”子曰：“善哉问！先事后得，非崇德与？攻其恶，无攻人之恶，非修慝与？一朝之忿，忘其身，以及其亲，非惑与？”（《颜渊·21》）

译文

樊迟陪着孔子在舞雩台下游逛，说：“请问怎样提高品德，改正邪念，辨别迷惑？”孔子说：“问得好！先努力做事，然后才有所收获，不就是提高品德了吗？检讨自己的缺点，不指责别人的缺点，不就是改正邪念了吗？由于一时的气愤，就忘记了自身的安危，以致牵连自己的亲人，不就是迷惑吗？”

语境

《春秋》昭二十五年，“秋，七月，上辛，大雩。季辛，又雩。”《传》曰：“又雩者，非雩也，聚众以逐季氏也。”樊迟从游，有感昭公孙齐之事，因以发问。先勤求贤者，任之以政，乃能得民。昭公不用子家驹，失民失政，以致出奔，是不能崇德也。子家驹言：“诸侯僭于天子，大夫僭于诸侯，久矣。”公曰：“吾何僭乎哉？”是攻人之恶，不知攻其恶也。昭公不从其言，终弑之而败焉，走之齐。是不忍一时之忿，忘身以及宗庙，惑之甚也。时哀公亦欲去三家，故微其辞以危其事。(《戴氏注论语小疏》)

樊迟粗鄙近利，故告之以此，三者皆所以救其失也。(《论语集注》)

此舞雩之处近孔子家，故孔子往游其檀树之下，而弟子樊迟从也。苞氏曰：“舞雩之处有墠埠树木，故其下可游也。”(《论语义疏》)

樊须字子迟，少孔子三十六岁。(《史记·仲尼弟子列传》)

原文

司马牛问仁。子曰：“仁者，其言也讱。”曰：“其言也讱，斯谓之仁已乎？”子曰：“为之难，言之得无讱乎？”(《颜渊·3》)

译文

司马牛问怎样才是仁。孔子说：“仁者说话迟钝。”司马牛说：“说话迟钝，这就叫作仁了吗？”孔子说：“因为知道做起来很难，说话能不迟钝吗？”

语境

《论语古训》：盖人有所不忍言者，其词必顿。郑《注》云：“讱，不忍言也。”说与何氏同。牛之兄桓魋有宠于宋景公，而为害于公。牛忧之，情见乎辞，兄弟怡怡，不以义伤恩也。而魋之不共，上则祸国，下致绝族，为之弟者必须涕泣而道。徐遵明《公羊疏》申解《论语》云：“言难言之事，必须讱而言之。”盖讱而言正所以致其不忍之情，故夫子以为仁。(《论语集释》)

夫子以牛多言而躁，故告之以此，使其于此而谨之，则所以为仁之方，不外是矣。(《论语集注》)

牛之兄桓魋，有宠于宋君，将为乱，牛忧之，请见乎辞。然兄弟之亲，必有所难言者。孔子就此加以指点，使易于体悟。(《论语新解》)

《史记·弟子传》云：“司马耕字子牛。多言而躁。问仁于孔子，孔子曰：‘仁者，其言也讱。’”是也。(《论语注疏》)

原文

司马牛问君子。子曰："君子不忧不惧。"曰："不忧不惧，斯谓之君子已乎？"子曰："内省不疚，夫何忧何惧？"（《颜渊·4》）

译文

司马牛问怎样才是君子。孔子说："君子不忧愁，不恐惧。"

司马牛说："不忧愁，不恐惧，这就可以叫作君子了吗？"孔子说："自己问心无愧，那还有什么忧愁和恐惧的呢？"

语境

孔曰："牛兄桓魋将为乱，牛自宋来学，常忧惧，故孔子解之。"包曰："自省无罪恶，无可忧惧。"（《论语集解》）

《松阳讲义》：君子所以异于人者，以其心常泰然。此夫子知牛在忧患中，而示以处忧患之道。刘氏《正义》：夫桓魋谋乱，有覆宗绝世之祸，牛为之弟，岂得漠然无动于心？孟子谓："越人关弓射我，我谈笑而道之。其兄关弓而射我，则己垂涕泣而道之。"如此乃为亲亲，乃为仁。今牛因兄为乱，常致忧惧，乃人伦之变，人情之所万不能已者。夫子解以不忧不惧，是教牛以待越人者待兄也。悖义伤教，远失此经之旨。云"自宋来学"者，据桓魋未作乱，司马牛来学于夫子时也。按：刘氏之说非也。（《论语集释》）

牛常愁其兄之罪过及己，故孔子释云：君子不应忧惧者也。（《论语义疏》）

自来的注释家都说这个司马牛就是宋国桓魋的兄弟。桓魋为人很坏，结果是谋反失败，他的几个弟兄也都跟着失败了。其中只有司马牛不赞同他这些兄弟的行为。但结果也是逃亡在外，死于道路。但孔子的学生司马牛和宋国桓魋的弟弟司马牛可能是两个不同的人，难于混为一谈。第一，《史记·仲尼弟子列传》既不说这一个司马牛是宋人，更没有把《左传》上司马牛的事情记载上去，太史公如果看到了这类史料而不采取，可见他是把两个司马牛作不同的人看待的。第二，说《论语》的司马牛就是《左传》的司马牛者始于孔安国。孔安国又说司马牛名犁，又和《史记·仲尼弟子列传》说司马牛名耕的不同。如果孔安国之言有所本，那么，原本就有两个司马牛，一个名耕，孔子弟子；一个名犁，恒魋之弟。但自孔安国以后的若干人却误把名犁的也当作孔子学生了。姑识于此，以供参考。（《论语译注》）

原文

孟武伯问孝。子曰："父母唯其疾之忧。"（《为政·6》）

译文

孟武伯向孔子请教孝道。孔子说："让父母担忧的只是自己的疾病，不要让父母担忧其他事。"

语境

言孝子不妄为非，唯疾病然后使父母忧。（《论语集解》）

武伯，懿子之子仲孙彘，问于夫子为孝之道。夫子答之曰："子事父母，唯其疾病然后可使父母忧之，疾病之外，不得妄为非法，贻忧于父母也。"《春秋》，懿子以哀十四年卒，而武伯嗣。（邢昺《疏》）

告武伯者，以其人多可忧之事。与其所失而告之。（《论语集注》）

疾字有含蓄，不止身上病痛，内省有疚亦疾也，凡志行处病痛皆可以疾名，故曰，以其人多可忧之事，本注；无所不至及凡所以守其身者句，可玩武伯之为人必多可忧之事者，故夫子以此告之欲其体父母之心，知所以自爱也。（刘必绍《四书传习心谭》）

楼语

本章历来有"孝子担忧父母""父母担忧孝子"两说，窃以为"父母担忧孝子"说意更长。结合"居上不宽，为礼不敬，临丧不哀，吾何以观之哉？"（《八佾·26》）《论语训》认为此章讥孟武伯也。孟武伯之父孟懿子哀十四年卒，此时其母尚在。孔子对孟武伯之祖父孟僖子尚有好感，一则因出使失礼而懂得自责，作为鲁国统治阶层的重要成员能做到这一点在当时尤为难能可贵；二则临终前仍耿耿于怀，嘱其二子拜孔子为师学礼，以弥补自己因不懂礼使国蒙羞之憾。孟懿子虽拜孔子为师，但隳三都时有违孔子政治意图，使得孔子强公室、弱三家的谋划毁于一旦。此时的孟武伯世袭卿位，僭越更甚，多可忧之事，疚而不省，从"吾何以观之哉"可知有妄作之行，所以孔子提醒他要体会母亲之心，懂得自爱，不要僭越礼制做出格的事，能让母亲安心才是孝。《论语集注》亦云："告武伯者，以其人多可忧之事。"因此笔者译文为"让父母担忧的只是自己的疾病，不要让父母担忧其他事"，这个"其他事"即"居上不宽，为礼不敬，临丧不哀"的违礼妄作。

原文

孺悲欲见孔子，孔子辞以疾。将命者出户，取瑟而歌，使之闻之。（《阳货·20》）

译文

孺悲想见孔子，孔子以有病为由推辞不见。传话的人刚出门，孔子便取来瑟边弹边唱，有意让传话的人听到，知道孔子没有病，只是用这种方式教育孺悲以后要讲礼。

语境

《礼·杂记》云：“恤由之丧，哀公使孺悲之孔子，学士丧礼，《士丧礼》于是乎书。”是孺悲实亲学圣门，而孔子不见之者，此“欲见”是始来见，尚未受学时也。（《论语正义》）

郑玄注：“时人转而僭上，士之丧礼已废矣，孔子以教孺悲，国人乃复书而存之。”（《礼·杂记》）

《礼记》：“‘恤由之丧，公使孺悲之孔子学士丧礼。’按：恤由，哀公子。”（林宝《元和姓纂》）

孺悲，鲁人也。来欲见孔子，孔子不欲见，故辞之以疾也。（邢昺《疏》）

孺悲欲见孔子，不由介绍，故孔子辞以疾。（《仪礼·士相见礼》）

礼，士无介绍不相见。孺悲欲见孔子，不由其道，故辞以疾。（《戴氏注论语小疏》）

使人召孔子，欲与孔子相见也。孔子不欲应孺悲之召，故辞云有疾不堪往也。将命者，谓孺悲所使之人也。所以然者，辞唯有疾而不往，恐孺悲问疾差，又召之不止也，故取瑟而歌，使使者闻之，知孔子辞疾非实，以还白孺悲，令孺悲知故不来耳，非为疾不来也。李充曰：“孔子曰：‘人洁己以进，与其洁，不保其往。’所以不逆乎互乡也。今不见孺悲者何？明非崇道归圣，发其蒙矣。苟不崇道，必有舛写之心，则非教之所崇，言之所喻，将欲化之，未若不见也。圣人不显物短，使无日新之途，故辞之以疾，犹未足以诱之，故弦歌以表旨，使抑之而不彰，挫之而不绝，则矜鄙之心颓，而思善之路长也。”（《论语义疏》）

孺悲，鲁人，尝学士丧礼于孔子。当是时必有以得罪者。故辞以疾，而又使知其非疾，以警教之也。程子曰：“此孟子所谓不屑之教诲，所以深教之也。”（《论语集注》）

教亦多术矣，予不屑之教诲也者，是亦教诲之而已矣。（《孟子·告子下》）

悟语

孔子最看重的是礼，当时的礼制规定，士来见要经人介绍，而孺悲失礼，未经任何人介绍就贸然前来，引起孔子的嗔怪，自然不愿见他。但孔子还是想教育他一下，故“取瑟而歌”让孺悲反思省悟。孺悲果然是可教之才，后来拜在孔子门下学士丧礼，士丧礼由此以传。

原文

子曰：“先进于礼乐，野人也；后进于礼乐，君子也。如用之，则吾从先进。”（《先进·1》）

译文

孔子说：“先学习礼乐而后再做官的人，是原来没有爵禄的一般人；先当了官而后再学习礼乐的人是卿大夫子弟。如果要我选用人才，我主张选用先学习礼乐的人。”

语境

先进后进：一说：先进指五帝，后进指三王。一说：先进指殷以前，后进指周初。一说：先进谓文王武王时，后进指春秋之世。另一说：先进后进，犹言前辈后辈，皆指孔子弟子。先进如颜、闵、仲弓、子路。后进如子游、子夏。孔子分别其门弟子先后不同。说最近是。今从之。孔子五十以前，有用世之志，当时诸弟子相从，所讲多重实用。自周游返鲁，以值晚年，用世之心稍淡，后进弟子于礼乐文章研讨益精，然渐有文胜之风。故孔子谓礼乐如复见用于世，吾当从先进诸弟子后。（《论语新解》）

先进后进，犹言前辈后辈。程子曰：“先进于礼乐，文质得宜，今反谓之质朴，而以为野人。后进之于礼乐，文过其质，今之反谓彬彬，而以为君子。”盖周末文胜，故时人之言如此，不自知其过于文也。孔子既述时人之言，又自言其如此，盖欲损过以就中也。（《论语集注》）

《礼·王制》言：“乐正崇四术，立四教，顺先王《诗》《书》《礼》《乐》以造士，春秋教以礼乐，冬夏教以《诗》《书》，王太子、王子、群后之太子、卿大夫、元士之适子，国之俊选，皆造焉。”春秋时，选举之法废，卿大夫皆世爵禄，皆未尝学问。及服官之后，其贤者则思为礼乐之事，故其时后进于礼乐为君子。当时子路、冉有皆已仕，未遑礼乐，而夫子以礼乐为重，故欲从先进，变当时世爵禄之法，从古选举正制也。（《论语正义》）

原文

子曰：“默而识之，学而不厌，诲人不倦，何有于我哉？”（《述而·2》）

译文

孔子说：“把所见所闻默默地记在心里，学习不厌烦，教人不疲倦，这对我有什么难的呢?”

语境

夫子自强不息，日有孳孳，不知年数之不足，故能不厌于学也。(《论语正义》)

何有于我，言不足为难也。人以是三者多孔子，孔子不以自足。(《戴氏注论语小疏》)

仲尼言己不言而记识之，学古而心不厌，教诲于人不有倦息。他人无是行，于我，我独有之，故曰“何有于我哉”。(邢昺《疏》)

见事必识而口不言，谓之默识也；又学先王之道而不厌也；又教一切之人而不疲倦也。言人无此诸行，故天下贵于我耳。若世人皆有此三行，则何复贵有于我哉？郑玄曰：“人无有是行，言天下人皆无此三行也。于我我独有之也。”言由我独有之，故天下贵有于我也。(《论语义疏》)

原文

子曰：“若圣与仁，则吾岂敢？抑为之不厌，诲人不倦，则可谓云尔已矣。”公西华曰：“正唯弟子不能学也。”(《述而·34》)

译文

孔子说：“如果说到圣和仁，那我怎么敢当！不过是学习总不厌烦，教人总不疲倦，就是如此如此罢了。”公西华说：“这不厌不倦正是我们学不到手的。”

语境

《群经评议》：圣与仁，犹言智与仁也。子贡曰：“学不厌，智也。教不倦，仁也。”盖诸弟子之称夫子如此。孔子闻之而不敢居仁智之名，故曰：“若圣与仁，则吾岂敢？抑为之不厌，诲人不倦，则可谓云尔已矣。”(《论语集释》)

晁氏曰：当时有称夫子圣且仁者，以故夫子辞之。苟辞之而已焉，则无以进天下之才，率天下之善，将使圣与仁为虚器，而人终莫能至矣。故夫子虽不居仁圣，而必以为之不厌、诲人不倦自处也。可谓云尔已矣者，无他之辞也。公西华仰而叹之，其亦深知夫子之意矣。(《论语集注》)

盖当时有称孔子圣且仁者，故为此谦辞。(《论语新解》)

子贡问于孔子曰：“夫子圣矣乎？”孔子曰：“圣则吾不能，我学不厌而教不倦也。”子贡曰：“学不厌，知也；教不倦，仁也。仁且智，夫子既圣矣。”

(《孟子·公孙丑上》)

商太宰见孔子曰:“丘圣者与?”孔子曰:“圣则丘何敢?然则丘博学多识者也。”(《列子·仲尼篇》)

原文

子曰:“吾十有五而志于学,三十而立,四十而不惑,五十而知天命,六十而耳顺,七十而从心所欲,不逾矩。”(《为政·4》)

译文

孔子说:“我十五岁有志于学问;三十岁懂礼仪能在社会立稳脚跟;四十岁掌握了各种知识,不致迷惑;五十岁懂得了天命;六十岁能听出话的是非、真假;七十岁即便是随心所欲,任何念头也不会越出规矩。”

语境

夫子七十时追述所历年数也。张栻《论语解》:“圣人之所以为圣人者,以其有始有卒,常久日新,必积十年而一进者,成章而后达也。”(《论语正义》)

孔子年七十,适当哀公十四年获麟之岁,使子夏等十四人求周史记,得百二十国宝书,以作《春秋》,九月而经立。《春秋》之义,有正春,无乱秋,有正君,无乱国。始元终麟,仁道备矣。所谓“始元终麟”,指《春秋》文本始于“元年春王正月”,终于“西狩获麟”。(《戴氏注论语小疏》)

尝考得《论语》中十五志学一章,乃孔子自序一升年谱,都是实心、实理、实事、实话,节节可按年岁履历而明,其言去梦奠不远,盖作《春秋》后语也。(程复心《周孔子论语年谱》)

公元前537年,周景王八年,鲁昭公五年,“吾十有五而志于学”。鲁改三军为四军,叔孙、孟孙各领一军,季孙领两军。当时军、赋统一,分军即分赋,此举为“四分公室”。(《左传·昭公五年》)

楼语

孔子所说的十有五、三十以至七十,并非确指,十有五志于学以后,圣人十年一进阶,概指整数前后的那一段。“志”是志向,要有别于职业,我们常问小孩子长大了做什么,或答开飞机,或答当老师等,这是职业,并不是志向,志向相对来讲是长期的,隐于内心的,职业是不固定的,往往随各种变化而调整。“知天命”不是知道了客观规律,而是知道了世间存在着我们力所不及的东西。“天之将丧斯文也,后死者不得与于斯文也;天之未丧斯文也，匡人其如予何？”（《子罕·5》）“天生德于予，桓魋其如予何？”（《述而·23》）孔子在无能为力的情况下信奉天命。

原文

孔子曰：“君子有三戒：少之时，血气未定，戒之在色；及其壮也，血气方刚，戒之在斗；及其老也，血气既衰，戒之在得。”（《季氏·7》）

译文

孔子说：“君子当有三戒：少年的时候，血气还不成熟，当戒在好色上；等到壮年的时候，血气正旺盛，当戒在好斗上；等到老年，血气已经衰弱了，当戒在贪得上。”

语境

《孟子》言七十者衣帛食肉，又言老者衣帛食肉，亦足明老是七十也。（《论语集释》）

原文

子曰：“志于道，据于德，依于仁，游于艺。”（《述而·6》）

译文

孔子说：“立志于道，据守于德，依靠在仁，而游憩于礼、乐、射、御、书、数六艺之中。”

语境

孔子以《诗》《书》《礼》《乐》教，弟子盖三千焉，身通六艺者七十有二人，皆异能之士也。子曰：“志于道，据于德，依于仁，游于艺。”如颜浊邹之徒，颇受业者甚众。子曰：“学而时习之，不亦说乎？有朋自远方来，不亦乐乎？人不知，而不愠，不亦君子乎？”又曰：“二三子以我为隐乎？吾无隐乎尔。吾无行而不与二三子者，是丘也。”子曰：“予欲无言。”子贡曰：“子如不言，则小子何述焉？”子曰：“天何言哉？四时行焉，百物生焉，天何言哉？”子贡曰：“夫子之文章，可得而闻也；夫子之言性与天道，不可得而闻也。”颜渊喟然叹曰：“仰之弥高，钻之弥坚。瞻之在前，忽焉在后。夫子循循然善诱人，博我以文，约我以礼，欲罢不能。既竭吾才，如有所立卓尔。虽欲从之，末由也已。”子曰：“语之而不惰者，其回也与！”（程复心《周孔子论语年谱》）

此夫子诲弟子进德修业之法。（《论语正义》）

读语

“艺”居“道、德、仁”之后，而世人常常本末倒置把它放在最前而忽略前三，因“艺”短期就能见效，好博取名声，“道、德、仁”来得太慢，要靠长期的积累，所以图虚荣顾眼前的人常把“艺”作为首要追求，正如孔子所说“古之学者为己，今之学者为人”。甚或大多根本就不知“道、德、仁”为何物，何以“志、据、依”？历史反复证明，没有“道、德、仁”的深厚积淀，即使你身怀绝技也不会走得太远。

原文

子曰：“学而时习之，不亦说乎？有朋自远方来，不亦乐乎？人不知，而不愠，不亦君子乎？”（《学而·1》）

译文

孔子说：“学了以后在一定的时候去实习它，不也很高兴吗？有弟子从远方来我门下求学，不也很快乐吗？人家不了解我，我也不抱怨，不也是有德的君子吗？”

语境

学，谓学六艺。习，调节也。春夏顺阳气，秋冬顺阴气，以时调节，得天中和，故说也。周衰学废，孔子明王道，故首陈瞽宗上庠教士之法。疏释：《礼记·明堂位》：“瞽宗，殷学也。”《礼记·王制》：“有虞氏养国老于上庠，养庶老于下庠。”郑玄注：“上庠，右学，大学也。”宋翔凤《论语说义》卷一：“时习，即瞽宗上庠教士之法。”“人不知而不愠，不亦君子乎？”下学上达，君子之事。《春秋传》曰“末不亦乐乎尧舜之知君子”，明凡人不知。疏释：《春秋传》指《春秋公羊传》，文见鲁哀公十四年。（《戴氏注论语小疏》）

定公五年，鲁自大夫以下，皆僭离于正道，故孔子不仕，退而修《诗》《书》《礼》《乐》，弟子弥众，至自远方，莫不受业焉。（《史记·孔子世家》）

此乃叙述一理想学者之毕生经历，实亦孔子毕生为学之自述。学而时习，乃初学事，孔子十五志学以后当之。有朋远来，则中年成学后事，孔子三十而立后当之。苟非学邃行尊，达于最高境界，不宜轻言人不我知，孔子五十知命后当之。（《论语新解》）

春秋时，废选举之务，故学校多废，礼乐崩坏，职此之由。夫子十五志学，及后不仕，乃更删定诸经。《史记·孔子世家》言孔子当定公五年已修

《诗》《书》《礼》《乐》，即谓此也。删定之后，学业复存。孔《疏》：“周礼，百里之内，二十五家为閭，同共一巷，巷首有门，门边有塾。”当夫子时，学校已废，仕焉而已者多不任为师，夫子乃始设教于鲁，以师道自任，开门授业，洙、泗之间，必别有讲肆之所，而非为旧时家塾矣。“人不知”者，谓当时君卿大夫不知己学有成举用之也。（《论语正义》）

按语

“人不知，而不愠”说明孔子修身之境界远高于时人，时人故不知，别人不知，自己实属无奈，故不愠。今人遇到别人不理解时不宜轻言“人不知，而不愠”。

原文

子曰：“二三子以我为隐乎？吾无隐乎尔。吾无行而不与二三子者，是丘也。”（《述而·24》）

译文

孔子说：“你们这些学生以为我有所隐瞒吗？我是毫无隐瞒的。我没有什么事不告诉你们的，这就是我孔丘的为人呀。”

语境

孔子之教，有可得闻者，有不可得闻者，弟子疑之，以为有所深隐，故解之。（《戴氏注论语小疏》）

孔子圣道深远，诸弟子学所不及，而有怨者，恒言孔子于己有所隐惜，故孔子合呼而问之。（《论语义疏》）

圣人知广道深，弟子学之不能及，常以为夫子有所隐匿，故以此言解之。（邢昺《疏》）

原文

子曰：“予欲无言。”子贡曰：“子如不言，则小子何述焉？”子曰：“天何言哉？四时行焉，百物生焉，天何言哉？”（《阳货·19》）

译文

孔子说：“我想不再说话了。”子贡说：“你如果不说话，那我们传述什么呢？”孔子说：“天说了什么呢？四季照常运行，百物照样生长。天说了什么呢？”

语境

孔子愤世不用其言，其言为益之少，故欲无所复言也。(《论语义疏》)

学者多以言语观圣人，而不察其天理流行之实，有不待言而著者。是以徒得其言，而不得其所以言，故夫子发此以警之。子贡正以言语观圣人者，故疑而问之。(《论语集注》)

为何孔子无端发欲无言之叹？或说：孔子惧学者徒以言语求道，故发此以警之。或说：孔子有见于道之非可以言说为功，不如默而存之，转足以厚德而敦化。此两义皆可通，当与前篇无隐之义相参。(《论语新解》)

原文

子贡曰："夫子之文章，可得而闻也；夫子之言性与天道，不可得而闻也。"(《公冶长·13》)

译文

子贡说："老师讲《诗》《书》《礼》《乐》，是可以听到的；老师讲人性与天道，是难得听到的了。"

语境

至春秋时，其学浸废，夫子特修明之，而以之为教。故记夫子四教，首在于文，颜子亦言"夫子博我以文"，此群弟子所以得闻也。据《世家》诸文，则夫子文章谓《诗》《书》《礼》《乐》也。《世家》又云："孔子晚而喜《易》，序《彖》《系》《象》《说卦》《文言》。读《易》，韦编三绝。盖《易》藏太史氏，学者不可得见，故韩宣子适鲁，观书太史氏，始见《周易》。孔子五十学《易》，唯子夏、商瞿晚年弟子得传是学。然则子贡言'性与天道不可得闻'，《易》是也。"(《论语正义》)

言夫子之文章，日见乎外，固学者所共闻；至于性与天道，则夫子罕言之，而学者有不得闻者。盖圣门教不躐等，子贡至是始得闻之，而叹其美也。程子曰："此子贡闻夫子之至论而叹美之言也。"(《论语集注》)

《后汉书·桓谭传》："天道性命，圣人所难言。自子贡以下，不得而闻。"皇《疏》引太史叔明云：文章者，六籍是也。性与天道如何《注》。以此言之，举是夫子死后，七十子之徒，追思曩日圣师平生之德音难可复值。以此条为孔子死后之言，可谓创解。亦备一义。(《论语集释》)

子贡曰："夫子亦信其筮乎？"子曰："吾百占而七十当。"(《易传·要》)

筮于庙门。(《仪礼·士冠礼》)

文章指《诗》《书》《礼》《乐》文物制度，亦可谓之形而下。此即孔子博文之教也。性与天道，性指人之内心深处所潜藏，天道指天命之流行，孔子平日较少言之。（钱穆《孔子传》）

原文

颜渊问仁。子曰："克己复礼为仁。一日克己复礼，天下归仁焉。为仁由己，而由人乎哉?"颜渊曰："请问其目。"子曰："非礼勿视，非礼勿听，非礼勿言，非礼勿动。"颜渊曰："回虽不敏，请事斯语矣。"（《颜渊·1》）

译文

颜渊问仁。孔子说："克制自己，使言行归于礼就是仁。君主一旦这样做了，天下的人都会归顺于这个仁君。实行仁德完全靠自己，还靠别人吗?"颜渊说："请问实行仁的条目。"孔子说："不合于礼的不看，不合于礼的不听，不合于礼的不说，不合于礼的不做。"颜渊说："我虽然不聪明，让我按照您的这些话去做吧。"

语境

颜渊、仲弓皆具君德，故以天子诸侯之仁告之。（《戴氏注论语小疏》）

言若能自约俭己身还反于礼中，则为仁也。于时为奢泰过礼，故云"礼"也。（《论语义疏》）

颜渊闻夫子之言，则于天理人欲之际已判然矣，故不复有所疑问，而直请其条目也。愚按：此章问答，乃传授心法切要之言，非至明不能察其几，非至健不能致其决，故唯颜子得闻之，而凡学者亦不可以不勉也。（《论语集注》）

《左传》昭公十二年说："仲尼曰：'古也有志：克己复礼，仁也。'"那么，孔子"克己复礼为仁"是孔子用前人的话赋予新的含义。（《论语译注》）

原文

子曰："回也，其心三月不违仁，其余则日月至焉而已矣。"（《雍也·7》）

译文

孔子说："颜回呀，他的心长久不离开仁，其余的学生则只是在短时间内做到仁罢了。"

语境

颜子体仁，未得位行道，其仁无所施于人，然其心则能不违，故夫子许之。（《论语正义》）

原文

子曰："知之者不如好之者，好之者不如乐之者。"（《雍也·20》）

译文

孔子说："懂得学习的人不如爱好学习的人，爱好学习的人不如以学习为乐的人。"

语境

至春秋时，庠塾之制废，诗书之泽衰，人多不知学，故此言"知之者"，明与不知有异也。至"好之""乐之"，更不多觏，故夫子于门人中，独称"颜子好学"。又谓"一箪食，一瓢饮，在陋巷，不改其乐"，正谓不改其好学之乐。夫子疏食饮水，乐在其中，亦是此乐，故曰"发愤忘食，乐以忘忧"。乐者，乐其有得于己也。故《论语》首章即以"时习"之说示人。（《论语正义》）

按语

当时多不学者，即便是学者亦有所不同，分为知之、好之、乐之三重境界。知之而不好之，知不笃；好之而不觉其乐，好不深；达于自强不息欲罢不能之境，乐在其中。

原文

颜渊喟然叹曰："仰之弥高，钻之弥坚。瞻之在前，忽焉在后。夫子循循然善诱人，博我以文，约我以礼，欲罢不能。既竭吾才，如有所立卓尔。虽欲从之，末由也已。"（《子罕·11》）

译文

颜渊感叹地说："老师的学问道德，我抬头仰望，越看越觉得高；我深入钻研，越钻越觉得深。看着它好像在前面，忽然又像在后面。老师善于一步一步地诱导人，用文献来丰富我的知识，用礼节来约束我的行为，使我想停止学习都不可能。我已经用尽了才力，好像有一个高大的东西立在前面，我虽然想追随上去，但找不到路径哩。"

语境

颜渊深知夫子之道，无穷尽、无方体，而叹之也。夫子道虽高妙，而教人有序也。颜子自言其学之所至也。盖悦之深而力之尽，所见益亲，而又无

所用其力也。胡氏曰:“抑斯叹也,其在请事斯语之后,三月不违之时乎?”(《论语集注》)

孔子至圣,颜生上贤,贤圣道绝,故颜致叹也。“仰之弥高,钻之弥坚”,此所叹之事也。颜于孔子道,愈瞻愈高,弥钻弥坚,非己厝力之所得也。(《论语义疏》)

博我以文者,如孔子告颜子以夏时、殷辂、周冕、《韶》、《武》之类是也。约我以礼者:颜渊问仁。子曰“克己复礼为仁,一日克己复礼,天下归仁焉”。颜子实践此工夫,其身心无时无刻不约束于礼之中而不复有私,故能绵密于不迁怒、不贰过,其心三月不违仁。(钱穆《孔子传》)

此章美夫子之道也。(邢昺《疏》)

夫子告颜子以“克己复礼”。复者,反也,反之于礼,是为约矣。他日颜子言夫子善诱,“博我以文,约我以礼”,约礼即复礼之教也。(《论语正义》)

原文

子曰:“语之而不惰者,其回也与!”(《子罕·20》)

译文

孔子说:“告诉他的话能全部理解因而不疲懈的,大概只有颜回吧!”

语境

余人不能尽解,故闻孔子语而有疲懈。唯颜回体之,故闻语即解,所以曰:“语之而不惰者,其回也与!”(《论语义疏》)

颜渊解,故语之而不惰。余人不解,故有惰语之时。(《论语集解》)

原文

子曰:“回也非助我者也,于吾言无所不说。”(《先进·4》)

译文

孔子说:“颜回不是质疑问难而增益于我的人,对我的话一听就懂,没有不理解的。”

语境

孔曰:“助,益也。回闻言即解,无可起发增益于己。”正义曰:教学本是相长,故夫子言子夏为起予,正以质疑问难,义益可明也。“说”如“说释”之“说”。《曾子立事》云:“问而不决,承间观色而复之,虽不说,亦不强争也。”“不说”犹言不解。徐干《中论·智行篇》:“仲尼亦奇颜渊之有盛才也，故曰‘回也，非助我者也，于吾言无所不说’。颜渊达于圣人之情，故无穷难之辞。是以能独获亹亹之誉，为七十之子冠。”（《论语正义》）

助我，若子夏之起予，因疑问而有以相长也。颜子于圣人之言，默识心通，无所疑问，故夫子云然。其辞若有憾焉，其实乃深喜之。（《论语集注》）

楼语

“说”通常训为“悦”，《论语正义》训为“说释”之“说”，“不说”犹言不解，更接近原义。理由有三：第一，古时有这样的用法，《曾子立事》云：“问而不决，承间观色而复之，虽不说，亦不强争也。”第二，联系上句“非助我”，“不解”有承接作用。徐干《中论·智行篇》：“仲尼亦奇颜渊之有盛才也，故曰‘回也，非助我者也，于吾言无所不说’。颜渊达于圣人之情，故无穷难之辞。是以能独获亹亹之誉，为七十之子冠。”子夏善于提问，读《诗》不达其旨，问夫子：“巧笑倩兮，美目盼兮，素以为绚兮。何谓也?”这个问题提得很有质量，意味深长，对夫子也有启发，孔子从教学相长的角度夸奖子夏说：“起予者商也!”颜回的聪颖无人能及，子贡曾说自己是闻一知二，颜回是闻一知十，颜回一听就懂，甚至还能发挥，故无须提问，也就谈不上“起予者”“助我者”了。第三，训为“说释”之“说”，是在夸颜回；如训为“悦”，就成了“颜回对我说的话没有不喜欢的”，就带有孔子自夸的意思了，显然与孔子的谦逊不符。训为“悦”也讲得通，可备一说。

原文

伯牛有疾，子问之，自牖执其手，曰：“亡之，命矣夫！斯人也而有斯疾也！斯人也而有斯疾也！”（《雍也·10》）

译文

伯牛病了，孔子前去探望他，从南面窗口伸手进去握着他的手。孔子退下后痛惜地说：“活不了啦，这是命呀！这样的好人竟得这样的恶病！这样的好人竟得这样的恶病！”

语境

孔子七十二岁，孟懿子卒，孔子往吊。冉伯牛有疾，子问之，自牖执其手，曰：“亡之，命矣夫！斯人也而有斯疾也！斯人也而有斯疾也！”是年，伯牛卒。仲弓亦卒。（程复心《周孔子论语年谱》）

包曰：“牛有恶疾，不欲见人，故孔子从牖执其手也。”（《论语集解》）

礼：病者居北牖下。君视之，则迁于南牖下，使君得以南面视己。时伯牛家以此礼尊孔子，孔子不敢当，故不入其室，而自牖执其手，盖与之永诀也。侯氏曰："伯牛以德行称，亚于颜、闵。故其将死也，孔子尤痛惜之。"（《论语集注》）

冉伯牛危言正行，而遭恶疾。孔子此叹，盖伤时无贤君，有道之士多致夭病，与哭颜回同意。（《论语正义》）

《圣门志阙里广志》称伯牛少孔子七岁。《论语竢质》：孔子圣无不通，焉有不知医者？执其手者，切其脉也。既切脉而知其疾不可治，故曰"亡之，命矣夫"。《乡党篇》云："康子馈药，拜而受之，曰：'丘未达，不敢尝。'"是夫子知医之证。江氏切脉之说是也。（《论语集释》）

据《读史方舆纪要·汶山县》条说："夫子为中都宰，入为司寇，以冉伯牛摄宰事。"（《孔子评传》）

原文

德行：颜渊，闵子骞，冉伯牛，仲弓。言语：宰我，子贡。政事：冉有，季路。文学：子游，子夏。（《先进·3》）

译文

德行好的：颜渊、闵子骞、冉伯牛、仲弓。会说话的：宰我、子贡。能办理政事的：冉有、季路。熟悉古代文献的：子游、子夏。

语境

孔子七十二岁，孟懿子卒，孔子往吊。是年，伯牛卒。仲弓亦卒。（程复心《周孔子论语年谱》）

悟语

孔子晚年凄凉，面对颜渊、伯牛、仲弓先他而去，十分伤感，不由得思念起其他弟子。《论语集注》将此章与子曰"从我于陈、蔡者，皆不及门也"（《先进·2》）合二为一，认为是同时事。注曰："孔子尝厄于陈、蔡之间，弟子多从之者，此时皆不在门。故孔子思之，盖不忘其相从于患难之中也。""不及门"为"不及孔门"意；另有郑玄"不及仕门"意（《论语集解》），两解都通。《论语集注》之所以解为"孔门"，大概认为子游、子夏因年少未曾经历陈蔡之难，误也。子游、子夏分别少孔子四十五岁、四十四岁，陈蔡之难为公元前489年，鲁哀公六年，孔子时六十三岁，那么，子游、子夏分别为十八岁、十九岁，从游也在情理之中。子张少孔子四十八岁，据《史记》

载尚经历了陈蔡之难呢，何况子游、子夏。有人认为《史记》不可靠，不可否认，《史记》固然有不足信处，但不能以此怀疑甚至否定全部。按理说，越近古越可靠，东汉郑玄、战国孟子均持“仕进之门”说，我个人倾向于此说。本章列于此，是说明朱熹的“不及孔门”说，即此时这些弟子都不在身边求学了，实际情况也正是这样：子贡使诸侯国，冉有为季氏宰，子路为孔悝宰，子游为武城宰，子夏为莒父宰。此十弟子，后世俗称“孔门十哲”，其实门人贤者远不止此，曾参、有若、子张、原宪、樊迟、公西赤、公冶长、子贱、南宫括、澹台灭明、商瞿、漆雕开等，比比皆是。

交往时人

原文

微生亩谓孔子曰：“丘何为是栖栖者与？无乃为佞乎？”孔子曰：“非敢为佞也，疾固也。”（《宪问·32》）

译文

隐士微生亩对孔子说：“你为什么这样东奔西跑到处周游呢？不就是想以口辩取信吗？”孔子说：“我不敢以口辩取信，只是痛恨世人固陋，想推行仁道来教化他们。”

语境

日在西方，则鸟栖。栖栖非一辞也。孔子曰：“鸟则择木，木岂能择鸟？”疏释：孔子语见《左传》哀公十一年。（《戴氏注论语小疏》）

微生亩见孔子东西惶惶，屡适不合，故呼孔子名而问之也。言丘何是为此栖栖乎？将欲行诈佞之事于时世乎也？孔子答云：我之栖栖，非敢诈佞，政是愤疾世固陋，我欲行道以化之故耳。（《论语义疏》）

亩名呼夫子而辞甚倨，盖有齿德而隐者。（《论语集注》）

原文

或谓孔子曰：“子奚不为政？”子曰：“《书》云：‘孝乎唯孝，友于兄弟，施于有政。’是亦为政，奚其为为政？”（《为政·21》）

译文

有人对孔子说：“你为什么不当官参与政治呢？”孔子回答说：“《尚书》上说：‘孝啊！只有孝敬父母，才能友爱兄弟，把这种孝悌风气影响到政治上去。’这也就是参与政治，为什么一定要当官才算是参与政治呢？”

语境

《白虎通》云："孔子所以定《五经》何？孔子居周末世，王道凌迟，礼义废坏，强凌弱，众暴寡，天子不敢诛，方伯不敢问，闵道德之不行，故周流冀行其道，自卫返鲁，知道之不行，故定《五经》以行其道。"故孔子曰："《书》云'孝于唯孝，友于兄弟，施于有政'。是亦为政也。"依《白虎通》说，则孔子之对或人，盖在哀公十一年后也。《五经》有五常之道，教人使成其德行，故曰"施于有政，是亦为政"。夫子以司寇去鲁，故反鲁犹从大夫之后，且亦与闻国政，但不出仕居位而为之，故或人有不为政之问。弟子记此章，在哀公、季康子问孔子两章之后，当亦以时相次。夫子定《五经》以张治本，而首重孝、友。孝友者，齐家之要，政之所莫先焉者也。为政之道，不外明伦，故但能明孝弟之义，即有政道，与居位为政无异。故曰："天下之无道也久矣，天将以夫子为木铎。"（《论语正义》）

包曰："或人以为，居位乃是为政。"（《论语集解》）

有一人，亡其姓名，谓孔子曰："子既多才多艺，何不居官为政？"或人以为，居位乃是为政也。言此孝、友亦为政之道，此外何事其为为政乎？言所行有政道，即与为政同，不必居位乃是为政。（邢昺《疏》）

或人见孔子栖惶，故问孔子曰："何不为政处官位乎？"言施行孝友有政，家家皆正，则邦国自然得正。亦又何用为官位乃是为政乎？或人贵官位而不存孝道，故孔子言乎此也。（《论语义疏》）

孔子既施教有名，故时人皆期孔子出仕。此章或在适齐前，或在自齐返鲁后，不可定。（钱穆《孔子传》）

定公初年，孔子不仕，故或人疑其不为政也。孔子引之，言如此，则是亦为政矣，何必居位乃为为政乎？盖孔子之不仕，有难以语或人者，故托此以告之，要之至理亦不外是。（《论语集注》）

昭公孙齐，孔子适齐。定公元年返鲁不仕，故或人问之。施，陈也。为居位者陈说孝友之道，虽不为政，与为政同。（《戴氏注论语小疏》）

奚是何，为政是出仕。孔子居鲁而不仕，其故有三：待价而沽，一也；季氏逐君，二也；阳虎作乱，三也。此正或人之所不知、孔子之所难言者。至于定公初年，新君嗣服，孔子时年四十有三，正礼称强仕时。不仕之意则以昭公为季氏所逐，薨于干侯，六月癸亥丧。（刘必绍《四书传习心谭》）

原文

达巷党人曰："大哉孔子！博学而无所成名。"子闻之，谓门弟子曰："吾

何执？执御乎？执射乎？吾执御矣。”（《子罕·2》）

译文

达街有人说：“大学问啊孔子！无所不学只可惜没有成就名声的一艺之长。”孔子听了，对他的学生说：“那我该专长哪一项呢？驾车呢？还是射箭呢？我看还是驾车好了。”

语境

《曾子问》记孔子与老聃助葬于巷党。彼周京之地，此达巷盖里名。党人，党正下士，称人也。主乡饮之礼。孔子归老为撰者，因公会相见。称孔子，知已为大夫也。惜其不仕，仅传博学名。门弟子，门人弟子也。弟子受学者，门人在其家执事者，家臣之类。归老教授，故有门弟子。门弟子别于国子及里塾者。吾何执，言人不用吾，非吾不仕。大夫有马，其子曰能御未能御。执御，言复仕也。党正以射选士，孔子已仕，不能复选也。言曾为大夫，非党正所能用也。（《论语集释》）

尹氏曰：“达巷党人见孔子之大，意其所学者博，而惜其不以一善得名于世，盖慕圣人而不知者也。”（《论语集注》）

五百家为党，党各有名。此党名达巷。达巷党中人美孔子道大，故曰“大哉”也。（《论语义疏》）

孔子闻党人之称美，自谦我将何执，射与御，皆属一艺，而御较卑。古人常为尊者御车，其职若为人下。又以较射择士，擅射则为人上。故孔子谦言若我能专执一艺而成名，则宜于执御也。（《论语新解》）

原文

朋友死，无所归，曰：“于我殡。”（《乡党·22》）

译文

朋友死了，没有亲属来敛埋，孔子说：“丧葬由我来办吧。”

语境

《家语·子夏问篇》：客至无所舍，而夫子曰：“生于我乎馆。”客死无所殡，夫子曰：“于我乎殡。”刘宝楠释此文云：“其殡资皆出自夫子，就其所在殡之，不迎于家也。”（《论语集释》）

时孔子有朋友在孔子之家死，而此朋友无亲情来奔丧者，故云“无所归”也。既未有所归，故曰“于我殡”也。（《论语义疏》）

孔子重朋友之恩也。言朋友若死，更无亲昵可归，孔子则曰：“于我殡。”

与之为丧主也。（邢昺《疏》）

原文

蘧伯玉使人于孔子。孔子与之坐而问焉，曰："夫子何为？"对曰："夫子欲寡其过而未能也。"使者出。子曰："使乎！使乎！"（《宪问·25》）

译文

蘧伯玉派使者去拜访孔子。孔子给他座位，然后问道："他老人家近来在做什么？"使者回答说："他老人家想减少自己的过错却还没能做到啊。"使者走后，孔子说："好一位使者啊，好一位使者啊！"

语境

蘧伯玉，卫大夫，名瑗。孔子居卫，尝主于其家。既而反鲁，故伯玉使人来也。（《论语集注》）

史鱼、蘧伯玉两人，屡见于晚周诸子之称引，盖卫之贤人也。此两人皆当长孔子三十以上。然孔子至卫，两人当尚在，故孔子特称引及之。唯此两人当不为灵公所信用。（钱穆《孔子传》）

原文

师冕见，及阶，子曰："阶也。"及席，子曰："席也。"皆坐，子告之曰："某在斯，某在斯。"师冕出。子张问曰："与师言之道与？"子曰："然，固相师之道也。"（《卫灵公·42》）

译文

乐师冕来见孔子，走到台阶沿，孔子说："这儿是台阶。"走到座席旁，孔子说："这儿是座席。"等大家都坐下来，孔子告诉他："某某在这里，某某在这里。"师冕走后，子张问："这就是同盲人讲话的方式吗？"孔子说："对，这本来就是帮助盲人的方式。"

语境

师冕，鲁之乐师也，来见孔子也。师冕盲，来见至阶，孔子语之云"阶也"，使之知而登之也。孔子历告之以座上人之姓名也。（《论语义疏》）

赵氏佑《温故禄》："礼，迎客于门，每门必让；降等之客，则于门内。此师冕见，当先有坐客，则第俟诸阶，故纪从阶始。"案：赵说是也。但师冕来见，必亦有扶工者，入门之后，当立堂下，故此及阶、及席，夫子若为扶工者，一一诏告之。又告以某某在斯者，令师冕知之，得与为礼也。（《论语正义》）

原文

子曰："乡愿，德之贼也。"（《阳货·13》）

译文

孔子说："乡里原壤这种人是道德的祸害。"

语境

张凭云："乡原，原壤也。孔子乡人，故曰乡原也。彼游方之外也，而行不应规矩，不可以训，故每抑其迹，所以弘德也。"《斋》本、《库》本放在解经文处，接于"此是贼德也"句下。（《论语义疏》）

盖其同流合污以媚于世，故在乡人之中，独以愿称。夫子以其似德非德，而反乱乎德，故以为德之贼而深恶之。（《论语集注》）

疾时人之诡随也。（邢昺《疏》）

阉然媚于世也者，是乡原也。一乡皆称原人焉，无所往而不为原人，孔子以为德之贼，何哉？曰："非之无举也，刺之无刺也，同乎流俗，合乎污世，居之似忠信，行之似廉洁，众皆说之，自以为是，而不可与入尧舜之道，故曰'德之贼'也。"（《孟子·尽心章句下》）

按语

"乡愿"，孟子作"乡原"。《论语义疏》引张凭云："乡原，原壤也。孔子乡人，故曰乡原也。"《论语》中类似的语法结构还有"吾党之小子"（《公冶长·22》）、"阙党童子"（《宪问·44》）、"仪封人"（《八佾·24》）等。

原壤是孔子故交，平时也有来往，但与孔子价值观截然不同，颇有方外意味，玩世不恭，随波逐流，根本不把孔子主张的礼制放在眼里。原壤母亲去世，孔子作为老朋友又是丧礼专家前去帮忙治丧，而原壤却跳到母亲的棺材上又唱又跳，亵渎丧礼，故意给孔子难堪。还有一回，原壤听说孔子要来，就换成一种夷人不礼貌的蹲踞姿势，显示出对孔子的轻视，孔子生气地用拐杖敲他的小腿，并骂道"是为贼"，这种与周礼格格不入的恶习惑乱社会公德，因此说原壤的所作所为是道德之害。在周室衰微的大背景下，礼乐废，《诗》《书》缺，社风日下，人心不古，维护社会秩序的根本制度周礼废弃了，像原壤这样的人不止其一，孔子忧虑社会之混乱并对异端恶习深斥之。

《孟子·尽心下》万方、孟子问答一段对"乡原"有具体的描述：万子曰："一乡皆称原人焉，无所往而不为原人，孔子以为德之贼，何哉？"曰："非之无举也，刺之无刺也，同乎流俗，合乎污世，居之似忠信，行之似廉洁，众皆悦之，自以为是，而不可与入尧舜之道，故曰‘德之贼’也。”

译为现汉则是：万章说：“全乡的人都说他是个诚谨善良的人，他也到处表现为是个诚谨善良的人，孔子竟把他看作戕害道德的人。为什么呢？”答道：“这种人，要非难他，却又举不出什么大错误来；要讥刺他，却也没什么可讥刺，他只是向世间通行的恶俗看齐，和这个污秽的世界合流，居家好像忠诚老实，行动好像清正廉洁，大家也都喜欢他，他自己也以为正确，但是不能和他一道走上尧舜的大道，所以说他是戕害道德的人。”

原文

原壤夷俟。子曰：“幼而不孙弟，长而无述焉，老而不死，是为贼。”以杖叩其胫。（《宪问·43》）

译文

原壤叉开双腿坐着等待孔子。孔子骂道：“你年幼时不懂礼节，长大了毫无贡献，老了还白吃粮食，真是个害人精。”说着，用手杖敲了敲他的小腿。

语境

原壤，鲁人，孔子故旧。原壤闻孔子来，乃申两足，箕踞以待孔子也。（邢昺《疏》）

原壤，孔子之故人。母死而歌，盖老氏之流，自放于礼法之外也。见孔子来而蹲踞以待之也。以其自幼至长，无一善状，而久生于世，徒足以败常乱俗，则是贼而已矣。孔子既责之，而因以所曳之杖，微击其胫，若使勿蹲踞然。（《论语集注》）

原壤者，方外之圣人也，不拘礼教，与孔子为朋友。（《论语义疏》）

原文

阙党童子将命。或问之曰：“益者与？”子曰：“吾见其居于位也。见其与先生并行也。非求益者也，欲速成者也。”（《宪问·44》）

译文

阙里的一个童子来向孔子传话。有人问：“这孩子是个求上进的人吗？”孔子说：“我看见他大模大样地坐在成年人的位子上，又见他和长辈并肩而行，他不是求上进的人，只是个急于求成的人。”

语境

阙党童子叔仲会于孔族，年相比，俱执笔迭侍于夫子。将命出入，或问之曰："益者与？"子曰："吾见其居于位也。见其与先生并行也。非求益者也，欲速成者也。"他日，语武伯曰："少年若天性，习惯成自然。"（程复心《周孔子论语年谱》）

谓阙党之中有一小儿，能传宾主之辞出入也。或见小儿传辞，故问孔子云：此童子而传辞，是自求进益之道也与？孔子答云：其非求益之事也。礼：童子隅坐无有别位，而此童子不让，乃与或人并居位也。《礼》："父之齿随行，兄之齿雁行。"此童子行不让于长，故云"与先生并行也"。违礼欲速成者，非是求益之道也。（《论语义疏》）

《论语注义问答通释》：礼之于人大矣，老者无礼，则足以为人害，少者无礼，则足以自害。夫子于原壤、童子皆以是教之，述《论语》者以类相从，所以著人无老少皆不可以无礼义也。（《论语集释》）

或人疑此童子学有进益，故孔子使之传命以宠异之也。礼，童子当隅坐随行。孔子言吾见此童子，不循此礼。非能求益，但欲速成尔。故使之给使令之役，观长少之序，习揖逊之容。盖所以抑而教之，非宠而异之也。（《论语集注》）

《荀子·儒效篇》："仲尼居于阙党。阙党之子弟罔不分，有亲者取多，孝悌以化之也。"阙党是孔子所居。阙里即阙党。此童子自为党人将命者，或疑为求益者。居于成人之位。郑《注》云："《玉藻》无事则立主人之北，南面。"谓童子侍长者，皆立而不坐。今此童子俨居成人之位，不复面立，与礼异也。（《论语正义》）

西狩获麟

原文

子曰："凤鸟不至，河不出图，吾已矣夫！"（《子罕·9》）

译文

孔子说："凤凰不来了，黄河中也不出现八卦图了，明君不会再有了，我的学说没人采纳，我这辈子恐怕是完了！"

语境

鲁哀公十四年春，狩大野。叔孙氏车子钼商获兽，以为不祥。仲尼视之，曰："麟也。"取之。曰："河不出图，洛不出书，吾已矣夫！"（《史记·孔子世家》）

孔子伤时无明君也。圣人受命则凤鸟至，河出图。今天无此瑞，则时无圣人也。故叹曰"吾已矣夫"，伤不得见也。（邢昺《疏》）

夫时人皆愿孔子有人主之事，故孔子释己不得以塞之也。言昔之圣人应王者，必有凤鸟、河图之瑞。今天无此瑞，故云“吾已矣夫”。(《论语义疏》)

凤，灵鸟，舜时来仪，文王时鸣于岐山。河图，河中龙马负图，伏羲时出，皆圣王之瑞也。张子曰：“凤至图出，文明之祥。伏羲、舜、文之瑞不至，则夫子之文章，知其已矣。”(《论语集注》)

原文

子曰：“莫我知也夫！”子贡曰：“何为其莫知子也？”子曰：“不怨天，不尤人。下学而上达。知我者其天乎！”(《宪问·35》)

译文

孔子叹道：“没有人了解我啊！”子贡说：“为什么没有人了解您呢？”孔子说：“我不怨恨天，也不责备人，下学人事而上达天命。了解我的，大概只有天吧！”

语境

颜渊死，孔子曰：“天丧予！”及西狩见麟，曰：“吾道穷矣！”喟然叹曰：“莫知我夫！”子贡曰：“何为莫知子？”子曰：“不怨天，不尤人，下学而上达，知我者其天乎！”(《史记·孔子世家》)

此言盖在获麟之后。获麟道穷，故叹世主无知我也。《春秋传》曰：“末不亦乐乎尧、舜之知君子也。”疏释：《春秋传》指《公羊传》，文见鲁哀公十四年。(《戴氏注论语小疏》)

夫子自叹，以发子贡之问也。盖在孔门，唯子贡之智几足以及此，故特语以发之。(《论语集注》)

孔子叹世人无知我者。子贡怪夫子言何为莫知己，故问也。言我不见用，而世人咸言我应怨天责人，而我实无此心也。人不见知而我不责人，天不见用我亦不怨天也。我既学人事，人事有否有泰，故我不尤人。上达天命，天命有穷有通，故我不怨天也。圣人与天地合其德，故曰唯天知己也。圣人德合天地，天地无怨责，故亦不怨责之也。(《论语义疏》)

原文

逸民：伯夷、叔齐、虞仲、夷逸、朱张、柳下惠、少连。子曰：“不降其志，不辱其身，伯夷、叔齐与！”谓“柳下惠、少连，降志辱身矣，言中伦，行中虑，其斯而已矣”。谓“虞仲、夷逸，隐居放言，身中清，废中权。我则异于是，无可无不可”。(《微子·8》)

译文

被遗落的人才有：伯夷、叔齐、虞仲、夷逸、朱张、柳下惠、少连。孔子说："不动摇自己的意志，不屈辱自己的身份，这是伯夷、叔齐吧。"又说："柳下惠、少连降低自己的意志，屈辱自己的身份，但说话合乎伦理，行为合乎人心，那也不过如此罢了。"又说："虞仲、夷逸避世隐居，不谈论世事，他们的隐身合乎洁身的要求，废言合乎权变的要求。我却同这些人不同，没有什么可以，也没有什么不可以。"

语境

西狩获麟，孔子观之，反袂拭面涕泣沾襟。他日曰："凤鸟不至，河不出图，吾已矣夫！"喟然叹曰："莫吾知也夫！"子贡曰："何为其莫子知也?"子曰："不怨天，不尤人。下学而上达。知我者其天乎！"曰："不降其志，不辱其身，伯夷、叔齐与！"谓"柳下惠、少连，降志辱身矣，言中伦，行中虑，其斯而已矣。"谓"虞仲、夷逸，隐居放言，身中清，废中权。我则异于是，无可无不可"。(程复心《周孔子论语年谱》)

原文

子曰："君子疾没世而名不称焉。"(《卫灵公·20》)

译文

孔子说："君子引以为恨的是他死后名字不为人们所称颂。"

语境

哀公十四年，西狩获麟，孔子曰："吾道穷矣。"子曰："弗乎弗乎，君子疾没世而名不称焉，吾道不行矣，吾何以自见于后世哉?"疏释：语出《公羊传》哀十四年。(《戴氏注论语小疏》)

原文

子曰："文，莫吾犹人也。躬行君子，则吾未之有得。"(《述而·33》)

译文

孔子说："书本上的学问，大约我和别人差不多，在生活实践中做一个君子，那我还没有成功。"

语境

哀公十四年，西狩获麟，孔子曰："吾道穷矣。"子曰："弗乎弗乎，君子疾没世而名不称焉，吾道不行矣，吾何以自见于后世哉?”“文，莫吾犹人也。躬行君子，则吾未之有得。”（程复心《周孔子论语年谱》）

莫，疑词。谢氏曰：“文虽圣人无不与人同，故不逊；能躬行君子，斯可以入圣，故不居；犹言君子道者三，我无能焉。”（《论语集注》）

颜渊去世

原文

颜渊死。子曰：“噫！天丧予！天丧予！”（《先进·9》）

译文

颜渊死了。孔子说：“唉！老天爷要我的命呀！老天爷要我的命呀！”

语境

渊死，遣使报孔子，孔子伤痛之，故云“噫”也。夫圣人出世也，必须贤辅，如天将降雨，必先山泽出云。渊未死，则孔道犹可冀，纵不为君，则亦得共为教化。今渊既死，是孔道亦亡，故云天丧我也。（《论语义疏》）

天生颜渊，为夫子辅相，死者，是天将亡夫子之征也。（《戴氏注论语小疏》）

前481年，鲁哀公十四年，颜回死。时孔子七十一岁。（匡亚明《孔子评传·孔子年谱》）

原文

颜渊死，子哭之恸。从者曰：“子恸矣！”曰：“有恸乎？非夫人之为恸而谁为？”（《先进·10》）

译文

颜渊死了，孔子哭得极度悲痛。跟随的人说：“您太悲痛了！”孔子说：“我太悲痛吗？我不为他悲痛，还为谁呢？”

语境

颜渊死，孔子往颜家哭之也。（《论语义疏》）

夫子哭颜渊，其悲哀过甚。（邢昺《疏》）

原文

颜渊死，颜路请子之车以为之椁。子曰：“才不才，亦各言其子也。鲤也死，有棺而无椁。吾不徒行以为之椁。以吾从大夫之后，不可徒行也。”（《先进·8》）

译文

颜渊死了，他的父亲颜路请求孔子卖掉车子，给颜渊买个外椁。孔子说：“颜渊和鲤，不管有才能还是没有才能，也都是各自的儿子。孔鲤死的时候，也是有棺无椁。我不能为了给他买椁就卖掉自己的车子徒步而行。因为我也曾做过大夫，是不可以徒步而行的。”

语境

颜路，颜渊父也。渊家贫，死无椁，故其父就孔子请车，卖以营椁也。二三子之徒将厚其礼，路率情而行，恐有未允。缪协云：“子虽才，不可贫求备；虽不才，而丰俭亦各有礼，制之由父。故鲤也死，无椁也。”（《论语义疏》）

颜路，渊之父，明无繇。少孔子六岁，孔子始教而受学焉。（《论语集注》）

颜子之死为获麟之岁，即鲁哀公十四年，夫子年七十一矣。颜路，颜子之父，名无繇，亦孔子弟子。鲤，孔子之子，伯鱼也，先颜子卒二年。礼，士有棺而无椁。（《戴氏注论语小疏》）

悟语

葬礼的厚薄都要依礼而行。颜回家贫，贫不可求备，要根据家庭经济状况来办。孔子卖车徒行不合礼，因为曾是大夫。颜回属于士阶层，有棺而无椁是合乎礼制的。

原文

颜渊死，门人欲厚葬之。子曰：“不可。”门人厚葬之。子曰：“回也视予犹父也，予不得视犹子也。非我也，夫二三子也。”（《先进·11》）

译文

颜渊死了，他的学生们想要隆重地安葬他。孔子说：“不能这样做。”学生们仍然隆重地安葬了他。孔子说：“颜回把我当父亲一样看待，我却不能把他当儿子一样看待。厚葬不是我的主意，是那些学生要这样办呀。”

语境

颜渊之弟子，以其师有贤行，故欲丰厚其礼以葬之也。（邢昺《疏》）

颜渊之门徒也，见师贫而已欲厚葬之也。范宁云：“厚葬非礼，故不许也。门人欲厚葬何也？缘回父有厚葬之意，故欲遂门人之深情也。”（《论语义疏》）

丧具称家之有无，贫而厚葬，不循理也。故夫子止之。（《论语集注》）

根据《檀弓》所记载孔子的话，丧葬应该“称家之有无，有，毋过礼；

苟亡矣，敛手足形，还葬，县棺而封”。颜子家中本穷，而用厚葬，从孔子看来，是不应该的。孔子的叹，实是责备那些主持厚葬的学生。(《论语译注》)

原文

子谓颜渊，曰："惜乎！吾见其进也，未见其止也。"(《子罕·21》)

译文

孔子说到颜渊，叹道："死得可惜呀！我只见他进步，没见他停步。"

语境

以颜回早死，孔子于后叹惜之也。(邢昺《疏》)

颜渊死后，孔子有此叹也。(《论语义疏》)

颜子既死而孔子惜之，言其方进而未已也。(《论语集注》)

视颜渊疾不可为而痛惜之。(《戴氏注论语小疏》)

原文

子曰："苗而不秀者有矣夫！秀而不实者有矣夫！"(《子罕·22》)

译文

孔子说："庄稼出了苗而不能吐穗开花的有呀！吐穗开花而不结果实的有呀！"

语境

以颜回早卒，孔子痛惜之，为之作譬也。(邢昺《疏》)

亦所以悼颜子也。言谷有生而不长成者，喻人亦然。(《戴氏注论语小疏》)

原文

孔子曰："见善如不及，见不善如探汤。吾见其人矣，吾闻其语矣。隐居以求其志，行义以达其道。吾闻其语矣，未见其人也。"(《季氏·11》)

译文

孔子说："看到好的行为，就像赶不上似的努力追求。看到不好的行为，就像把手伸到开水里似的赶快避开。我见过这样的人，也听过这样的话。隐居避世来保全他的志向，仗义而行来贯彻他的主张。我听过这样的话，却没见过这样的人。"

语境

真知善恶而诚好恶之，颜、曾、闵、冉之徒盖能之矣。求其志，守其所达之道也。达其道，行其所求之志也。盖唯伊尹、太公之流可以当之。当时若颜子，亦庶乎此，然隐而未见，又不幸而蚤死，故夫子云然。(《论语集注》)

春秋之末，贤人多隐，故长沮、桀溺、接舆、丈人，皆洁己自高，不复求其所志。夫子“未见”，正缘于此。(《论语正义》)

举上事以证所闻语也。景公始由崔杼得立，后信陈乞之谖，讬舍见弑。尝善夫子之言而不能用，故无德可称，合于探汤之喻。伯夷、叔齐让国而逃，非其君不事，故民称至今，合于求志达道之喻。鲁定公亦景公之类也，受国于隐如而不知讨，相夫子不能终其业。不讥定公言景公者，所谓“义不讪上，智不危身”。《春秋繁露·楚庄王》：“义不讪上，智不危身。故远者以义讳，近者以智畏。畏与义兼，则世逾近而逾谨矣。此定、哀之所以微其辞。”(《戴氏注论语小疏》)

原文

哀公问：“弟子孰为好学？”孔子对曰：“有颜回者好学，不迁怒，不贰过，不幸短命死矣。今也则亡，未闻好学者也。”(《雍也·3》)

译文

鲁哀公问：“你的学生中哪个好学？”孔子回答说：“有个叫颜回的好学，不拿别人出气，也不再犯同样的过错，不幸短命死了。现在没有这样的人了，没有听说谁是好学的。”

语境

按《谱》孔子七十而伯鱼卒，是颜子之卒，当在孔子七十一之年，颜子少孔子三十岁，是享年四十有一矣。江氏永《乡党图考》同。鲁哀、季康之问，皆在哀十一年孔子反鲁之后，时颜子新卒，故圣人述之。有余痛焉。(《论语正义》)

《诗》《书》六艺，七十子非不习而通也，而夫子独称颜子为好学。(《论语集注》)

原文

季康子问：“弟子孰为好学？”孔子对曰：“有颜回者好学，不幸短命死矣，今也则亡。”(《先进·7》)

译文

季康子问孔子："你的学生中谁好学？"孔子回答说："有一个叫颜回的很好学，不幸短命死了。现在没有了。"

语境

此与哀公问同而答异者，以哀公迁怒贰过，故因答以谏之。康子无之，故不云也。（邢昺《疏》）

悟语

"好学"在《论语》中包含德行、学问两方面，弟子中只有颜回达到了这个程度，其他弟子确如公西华所说"正唯弟子不能学也"。"好学"最重在修身克己，不是专门读书讲学，颜回虽说夫子"博我以文"，但孔子并未以"博文"许之，而是说"不迁怒，不贰过"，这即是"好学"。如果不明此意，疏于修身克己，学了以后还是原来的自己，即便是读破万卷书，说尽天下理，也不是孔门之"好学"。

孔子病重

原文

子曰："谁能出不由户？何莫由斯道也？"（《雍也·17》）

译文

孔子说："谁能不经屋门而出去呢？为什么没有人按着我的这个大道走呢？"

语境

孔子病，子贡请见。孔子方负杖逍遥于门，曰："赐，汝来何其晚也？"孔子因叹，歌曰："太山坏乎！梁柱摧乎！哲人萎乎！"因以涕下。谓子贡曰："天下无道久矣，莫能宗予。夏人殡于东阶，周人于西阶，殷人两柱间。昨暮予梦奠两柱之间，予始殷人也。"（《史记·孔子世家》）

人生得在世，皆由于先王道理而通，而世人多违礼背道，故孔子为譬以示解时惑也。（《论语义疏》）

言衰世之君，莫能由是道也，明当示显德行，使民不迷。（《戴氏注论语小疏》）

原文

子曰："朝闻道，夕死可矣。"（《里仁·8》）

译文

孔子说："早晨听到治世大道，即便是当晚死去，也可以没有遗恨了。"

语境

言将至死不闻世之有道。(《论语集解》)

此章疾世无道也。设若早朝闻世有道，暮夕而死，可无恨矣。言将至死不闻世之有道也。(邢昺《疏》)

天下无道久矣，莫能宗予。夏人殡于东阶，周人于西阶，殷人两柱间。昨暮予梦坐奠两柱之间，予始殷人也。(《史记·孔子世家》)

疾时君不能闻道，以惑暗终其身。楚共王能知筦苏，犹俞没身不寤者也。(《戴氏注论语小疏》)

原文

康子馈药，拜而受之。曰："丘未达，不敢尝。"(《乡党·16》)

译文

季康子送药给孔子治病，孔子拜谢之后接受了。接着说："我不懂馈赠之礼，也不了解药性，不敢吃。"

语境

孔子晨作，负手曳杖，逍遥于门而歌曰："泰山其颓乎！梁木其坏乎！哲人其萎乎！"既歌而入，当户而坐。子贡闻之曰："泰山其颓，则吾将安仰；梁木其坏，吾将安杖？哲人其萎，吾将安放？夫子殆将病也。"遂趋而入。夫子叹而言曰："赐，汝来何迟？予畴昔梦坐奠于两楹之间，夏后氏殡于东阶之上，则犹在阼，殷人殡于两楹之间，即与宾主夹之，周人殡于西阶之上，则犹宾之。而丘也，殷人也。夫明王不兴，则天下其孰能宗余？逮将死矣。"遂病。康子馈药，拜而受之。曰："丘未达，不敢尝。"(程复心《周孔子论语年谱》)

鲁季康子饷孔子药也，孔子虽拜受而不遂饮，故称名曰：丘未晓此药治何病，故不敢饮尝之也。(《论语义疏》)

凡受人馈遗可食之物，必先尝而谢之。孔子未达其药之故，不敢先尝，故曰"丘未达，不敢尝"，亦其礼也。(邢昺《疏》)

古者致物于人，尊之曰献，通行曰馈。礼有馈食，无馈药，故曰未达，若未学其礼然，孙辞也。馈食必尝以拜，药物恒多毒，故不敢尝。(《戴氏注论语小疏》)

按语

“未达”有两义：其一，没弄明白药性不敢贸然服用；其二，礼，送食不送药，康子送药背礼，孔子谦辞不懂这是何礼，暗讽康子。

原文

疾，君视之，东首，加朝服，拖绅。（《乡党·19》）

译文

孔子病了，鲁哀公来探视，他躺着抬头朝东迎着国君，身上盖上朝服，拖着大带子。

语境

孔子遂病。康子馈药，拜而受之。曰：“丘未达，不敢尝。”疾革，哀公视之，东首，加朝服，拖绅。前后寝疾七日而终。（程复心《周孔子论语年谱》）

孔子病而鲁君来视之也。此君，是哀公也。（《论语义疏》）

孔子有疾，君来视之时也。病者，常居北牖下，为君来视，则暂时迁向南牖下。以病卧，不能衣朝服及大带，又不敢不衣朝服见君，故但加朝服于身，又加大带于上，是礼也。（邢昺《疏》）

孔子年七十三，以鲁哀公十六年四月己丑卒。哀公诔之曰：“旻天不吊，不憖遗一老，俾屏余一人以在位，茕茕余在疚。呜呼哀哉！尼父，毋自律！”孔子葬鲁城北泗上，弟子皆服三年。三年心丧毕，相诀而去，则哭，各复尽哀；或复留。唯子贡庐于冢上，凡六年，然后去。弟子及鲁人往从冢而家者百有余室，因命曰孔里。（《史记·孔子世家》）

按语

孔子对尊君之礼丝毫不敢懈怠，哀公来探望，孔子病卧不能起，就把朝衣盖在身上以示穿着朝服见君，尽管对哀公很失望，但孔子还是在礼崩乐坏不可挽回的颓势中极力维护周礼，即使是在病中。

五、孔子卒后（鲁哀公十六年至鲁元公元年，孔子卒至曾子病）

概况

鲁哀公十六年（公元前479年），孔子去世。鲁哀公为孔子致悼词。子贡主持了孔子的丧事，并出资厚葬了孔子。丧葬后，子贡和师兄弟为孔子服丧守孝。（《子贡年谱》）

孔子葬鲁城北泗上，弟子皆服三年。三年心丧毕，相诀而去，则哭，各复尽哀；或复留。唯子贡庐于冢上，凡六年，然后去。（《史记·孔子世家》）

宰我曰："以予观于夫子，贤于尧舜远矣。"子贡曰："见其礼而知其政，闻其乐而知其德。由百世之后，等百世之王，莫之能违也。自生民以来，未有夫子也。"有若曰："岂唯民哉？麒麟之于走兽，凤凰之于飞鸟，太山之于丘垤，河海之于行潦，类也。圣人之于民，亦类也。出于其类，拔乎其萃，自生民以来，未有盛于孔子也。"（《孟子·公孙丑章句上》）

孔子既没，弟子思慕，有若状似孔子，弟子相与共立为师，师之如夫子时也。（《史记·仲尼弟子列传》）

夫子殁后，诸弟子切劘砥砺，以成其学。故当时以有若似圣人，子夏疑夫子，而叔孙武叔、陈子禽皆以子贡贤于仲尼，可见，子贡晚年进德修业之功，几几乎超贤入圣。（扬雄《法言义疏·问明卷第六》）

自孔子卒后，七十子之徒散游诸侯，大者为师傅卿相，小者友教士大夫，或隐而不见。故子路居卫，子张居陈，澹台子羽居楚，子夏居西河，子贡终于齐。如田子方、段干木、吴起、禽滑釐之属，皆受业于子夏之伦，为王者师。（《史记·儒林列传》）

孔子既没，子夏居西河教授，为魏文侯师。（《史记·仲尼弟子列传》）

孔子卒，原宪遂亡在草泽中。子贡相卫，而结驷连骑，排藜藋入穷阎，过谢原宪。宪摄敝衣冠见子贡。（《史记·仲尼弟子列传》）

自孔子之死也，有子张氏之儒，有子思氏之儒，有颜氏之儒，有孟氏之儒，有漆雕氏之儒，有仲良氏之儒，有孙氏之儒，有乐正氏之儒……儒分为八。（《韩非子·显学》）

《论语·学而第一》先说："子曰：'学而时习之，不亦说乎！'"继说：

"有子曰：'其为人也孝悌，而好犯上者鲜矣。'"又说："曾子曰：'吾日三省吾身。'"子是孔子。总观《论语》全书，除孔子外，称子者，唯有若、曾参二人。颜渊称渊而不称子，因颜渊早死，其学不传。子夏、子贡，亦不称子。此中消息，殊耐寻味啊！《孟子·滕文公上》说："昔者孔子没……他日子夏、子张、子游以有若似圣人，欲以所事孔子事之，强曾子。曾子曰不可……"孔子死后，门弟子析为两派：一派注重外观的典章文物，以有若、子夏、子游、子张为代表；一派注重内省的身心修养，以曾子、子思、孟子为代表。（梁启超《中国儒学史》）

子贡卫道

原文

卫公孙朝问于子贡曰："仲尼焉学？"子贡曰："文武之道，未坠于地，在人。贤者识其大者，不贤者识其小者。莫不有文武之道焉。夫子焉不学？而亦何常师之有？"（《子张·22》）

译文

卫国的公孙朝向子贡问道："仲尼的学问是从哪里学来的？"子贡说："文王、武王之道并没有失传，还在人间。贤能的人认识道的根本，不贤能的人认识道的末节，在他们身上无不都有文王、武王之道。我的老师何处不学？哪有固定的老师呢？"

语境

《论语》唯此下四章称仲尼，篇末且有其死也哀之语，似皆在孔子卒后。（《论语新解》）

朝以夫子生知大圣，疑无所学而然，故问之。（《戴氏注论语小疏》）

公孙问意故嫌孔子无师，故问云"仲尼焉学"也。（《论语义疏》）

马曰："公孙朝，卫大夫。"（《论语集解》）

二十七岁，公元前525年，郯子朝鲁，谈及少皞氏官制。据《左传·昭公十七年》记载："仲尼闻之，见于郯子而学之，既而告人曰：'吾闻之，天子失官，学在四夷，犹信。'"孔子好学，学无常师。

二十九岁，公元前523年，孔子学琴于师襄子（《阙里志》）。学艺勤而精。（匡亚明《孔子评传·孔子年谱》）

圣人无常师。孔子师郯子、苌弘、师襄、老聃。（韩愈《师说》）

原文

叔孙武叔语大夫于朝曰："子贡贤于仲尼。"子服景伯以告子贡。子贡曰："譬之宫墙，赐之墙也及肩，窥见室家之好。夫子之墙数仞，不得其门而入，不见宗庙之美，百官之富。得其门者或寡矣。夫子之云，不亦宜乎！"（《子张·23》）

译文

叔孙武叔在朝廷上对大夫们说："子贡比他的老师仲尼还要好。"子服景伯把这话告诉了子贡。子贡说："拿围墙来作比喻，我家的围墙只有肩膀那么高，人们在墙外可以看到房屋的美好。老师家的围墙却有几丈高，如果找不到门户进去，你就看不到宗庙的富丽堂皇和房屋的多种多样。能够找到门户的人或许不多吧。叔孙武叔那么讲，不也是很自然的吗？"

语境

武叔身是大夫，又语他大夫于朝廷，以说（齐本、库本作"讥"）孔子也。言子贡人身识量贤于孔子也。景伯亦鲁大夫，当是于时在朝，闻叔孙之语，故来告子贡道之也。子贡呼武叔为夫子也。贱者不得入富贵之门，愚人不得入圣人之奥室。武叔凡愚，云赐贤于孔子，是其不入圣门而有此言，故是其宜也。袁氏云；"武叔凡人，应不达圣也。"（《论语义疏》）

夫子殁后，诸弟子切劘砥砺，以成其学。故当时以有若似圣人，子夏疑夫子，而叔孙武叔、陈子禽皆以子贡贤于仲尼，可见，子贡晚年进德修业之功，几几乎超贤入圣。武叔未亲圣教，本在门外，而但自宫墙窥之，故于士庶人室家之好能见之，于天子诸侯宗庙百官则不得见焉。今但举所见者称之，则谓子贡贤于夫子，固其宜也。（《论语正义》）

此以宗庙百官喻孔子道也。孔子道美，故喻以宗庙。众多非一，故喻以百官。（《戴氏注论语小疏》）

马曰："鲁大夫叔孙州仇。武，谥。"（《论语集解》）

原文

叔孙武叔毁仲尼。子贡曰："无以为也！仲尼不可毁也。他人之贤者，丘陵也，犹可逾也；仲尼，日月也，无得而逾焉。人虽欲自绝，其何伤于日月乎？多见其不知量也。"（《子张·24》）

译文

叔孙武叔毁谤仲尼。子贡说："不要这样做吧！仲尼是毁谤不了的。别人的贤德好比丘陵，还可超越过去，仲尼的贤德好比是太阳和月亮，是无法超越的。虽然有人要自绝于日月，那对日月又有什么损害呢？只是表明他自不量力罢了。”

语境

犹是前之武叔，又訾毁孔子也。子贡闻武叔之言，故抑止之，使无以为訾毁。（《论语义疏》）

按语

先贤高超的预见力不得不令人叹服，编辑《论语》的弟子们预料到孔子死后会遭到诋毁，当时就有叔孙武叔之流，千百年后也不乏其人其事。孔子是中华优秀传统文化的代表，诋毁孔子无异于诋毁中华文化，若是孩童，我们应正确教育引导，若是那些自作高明善于狡辩的成人，大可不必理睬，子贡的话早就准备好了，我们取来送之就是最好的回敬：“人虽欲自绝，其何伤于日月乎？多见其不知量也。”众所周知，传统文化中精华与糟粕并存，糟粕是时代发展的产物，今天看似糟粕的东西在当时不一定是糟粕，一定是在某个时段起过积极有益的作用，我们不能用今天发展了的现实、深化了的认识去苛求古人，否则，我们又要犯历史性的错误。在世界格局多极化、文化取向多元化的今天，从文化安全的角度看，有良知的知识分子要自觉地成为优秀传统文化的“卫道士”，有责任守护好我们的根与魂。

原文

陈子禽谓子贡曰：“子为恭也，仲尼岂贤于子乎？”子贡曰：“君子一言以为知，一言以为不知，言不可不慎也。夫子之不可及也，犹天之不可阶而升也。夫子之得邦家者，所谓立之斯立，道之斯行，绥之斯来，动之斯和。其生也荣，其死也哀，如之何其可及也？”（《子张·25》）

译文

陈子禽对子贡说：“你是谦恭吧，仲尼难道比你还好吗？”子贡说：“君子由一句话表现出有知，也由一句话表现出无知，所以说话不能不慎重啊。老师的高不可攀，正像天不能登梯而上。我的老师如果成为诸侯或卿大夫，那正如人们所说的那样，教百姓立于礼，百姓就能立；引导百姓，百姓就会跟着走；安抚百姓，百姓就会来归顺；动员百姓，百姓就会同心协力。他活着受人尊敬，死了令人怀念，我们怎么能够赶得上呢？”

语境

此子禽必非陈亢，当是同姓名之子禽也。其见子贡每事称师，故谓子贡云："汝何每事事崇述仲尼乎？故政当是汝为人性多恭敬故尔耳！仲尼才德岂贤胜于汝乎？"子禽当是见孔子恓惶不被时用，故发此不智之言。子贡抑之既竟，故此更广为陈孔子圣德不与世人同也。言孔子若为时所用，得为诸侯及卿大夫之日，则其风化与尧舜无殊。（《论语义疏》）

夫子未得大用，故世人莫知其圣而或毁之。然至诚必能动物，存神过化，理有不忒。夫子仕鲁未几，政化大行，亦可识其略也。（《论语正义》）

孔子处在一个天下无道的时代，他的学说不被时代接受，本人也常受到误解、诽谤甚至攻击。每当此时，子贡总是用自己的智慧来维护孔子的思想。叔孙武叔和子禽皆认为子贡比孔子贤能，可见子贡之学识亦非同寻常，也表明了他在孔门中的重要地位。扬雄《法言义疏·问明卷第六》引刘疏云："夫子殁后，诸弟子切劘砥砺，以成其学。故当时以有若似圣人，子夏疑夫子，而叔孙武叔、陈子禽皆以子贡贤于仲尼，可见，子贡晚年进德修业之功，几几乎超贤入圣。"（《论语诠解》）

孟子曰："以德服人者，中心说而诚服也。如七十子之服孔子也。"昔者孔子没，三年之外，门人治任将归，入揖于子贡，相向而哭，皆失声，然后归。子贡反筑室于场，独居三年，然后归。圣人德可配天，为民父母，民失圣人，若无天然，故曰"如之何其可及也"。（《戴氏注论语小疏》）

陈子禽亦孔子弟子陈亢。此一问答当在孔子卒后。其时孔门诸弟子前辈如颜渊、子路以及闵子骞、仲弓诸人皆已先卒。后辈如游、夏、有、曾之徒，名德未显。子贡适居前后辈之间，其名誉事业早已著闻，而晚年进德亦必有过人者。故子禽意谓先师虽贤，亦未必胜子贡也。（钱穆《孔子传》）

原文

子贡曰："君子之过也，如日月之食焉：过也，人皆见之；更也，人皆仰之。"（《子张·21》）

译文

子贡说："君子的过失好比日蚀月蚀一样：他有过错，人们都看得见；他改正了，人们都仰望他。"

语境

更，变。《春秋》贤缪公，以为能变也。（《戴氏注论语小疏》）

日月之食（齐本、库本作蚀），非日月故为，君子之过，非君子故为，故云“如日月之蚀也”。日月之食，人并见之。如君子有过不隐，人亦见之也。日月食罢，改暗更明，则天下皆并瞻仰，君子之德亦不以先过为累也。（《论语义疏》）

有子

原文

有子曰：“其为人也孝悌，而好犯上者，鲜矣；不好犯上，而好作乱者，未之有也。君子务本，本立而道生。孝悌也者，其为仁之本与！”（《学而·2》）

译文

有子说：“一个人为人孝悌却又喜好犯上，这种人是很少见的。不喜好犯上却喜好造反，这种人从来没有过。君子专心致力于根本，根本建立起来了，仁道就产生了。孝悌，这就是仁道的根本吧！”

语境

春秋之时，学校已废，卿大夫多世官，不复知有孝悌之道。故事君事长，鲜克由礼，而乱臣贼子，遂至接踵以起也。时世教衰，民知德者鲜，故孝悌之人容有犯上，故云“鲜”也。（《论语正义》）

“昔者孔子没。他日，子张、子夏、子游以有若似圣人，欲以所事孔子事之，强曾子。曾子曰不可。”（《孟子·滕文公上》）

楼语

孔子卒后弟子之言，或述遗教以诱后学，或同门切磋以发明圣义，此部分时间跨度大，具体年代难考，故笼统地以“孔子卒后”概括，按有若、曾参、子贡、子夏、子游、子张以及曾子临终排序。

原文

有子曰：“礼之用，和为贵。先王之道，斯为美，小大由之。有所不行，知和而和，不以礼节之，亦不可行也。”（《学而·12》）

译文

有子说：“礼的运用以和谐为可贵。古代圣明君主治国之道可贵的地方就在这里，不论小事大事都遵循这个原则。遇有行不通的时候，为和谐而求和谐，不用规矩制度来节制，也是不可行的。”

语境

明人君行化，必礼乐相须。用乐和民心，以礼检民跡。跡检心和，故风化乃美。(《论语义疏》)

刘氏正义：案有子此章之旨，所以发明夫子中庸之义也。(《论语集释》)

礼本于天，亦宜上下合和以陶化万民。但循礼，不用和，则有时不行。知和之为贵，而不以礼制和，故亦不行，若夷王下堂而见诸侯。夷王指西周夷王姬燮。夷王时王室衰弱，诸侯多不能朝。时因纪侯进谗，夷王烹杀齐哀公。夷王的残虐引起各国诸侯的不满，为安抚诸侯，周夷王不得不纡尊降贵，下堂而接见来朝觐的诸侯。《礼记·郊特牲》说："觐礼，天子不下堂而见诸侯。下堂而见诸侯，天子之失礼也，由夷王以下。"夷王下堂而见诸侯，虽是为了"制和"，但却是失礼的行为，故戴氏说"不以礼制和，故亦不行"。(《戴氏注论语小疏》)

原文

有子曰："信近于义，言可复也。恭近于礼，远耻辱也。因不失其亲，亦可宗也。"(《学而·13》)

译文

有子说："所守的约言符合义，说的话就能兑现。态度恭敬而近于礼，就可以远离耻辱。依靠关系深的人，也就可靠了。"

语境

本章言与人交往，当慎始，而后可以善终。亦见道有先后高下之别。信与恭皆美德，然当近义合礼。有所因依亦不可非，然必择其可亲。(《论语新解》)

曾子

原文

曾子曰："慎终，追远，民德归厚矣。"(《学而·9》)

译文

曾子说："在位者谨慎地对待父母的去世，虔诚地追念久远的祖先，百姓的道德风尚就会日趋淳厚了。"

语境

当春秋时，礼教衰微，民多薄于其亲，故曾子讽在位者，但能慎终追远，民自知感厉，亦归于厚也。言君者，以曾子言民德，民是对君之称，盖化民成俗，必由在上者有以导之也。(《论语正义》)

原文

曾子曰："吾闻诸夫子：人未有自致者也，必也亲丧乎！"(《子张·17》)

译文

曾子说："我听老师说过，人不会自动地充分发挥感情的，如果有，一定是父母去世的时候吧！"

语境

此所闻于孔子之事也。言人于他行，了可有时不得自极，然及君亲丧，则必宜自极其哀，故云"必也亲丧乎"也。(《论语义疏》)

《礼》："亲丧外除，兄弟之丧内除。"文见《礼记·杂记下》。亲丧外除，指父母之丧，丧服犹外随日月渐除，而内心之哀未忘。兄弟之丧内除，谓服兄弟之丧，丧服未除，而内心悲哀已渐减。日月已竟，而哀未忘，故曰外除矣。(《戴氏注论语小疏》)

盖人之真情所不能自已者。尹氏曰："亲丧固所自尽也，于此不用其诚，恶乎用其诚。"(《论语集注》)

原文

曾子曰："可以托六尺之孤，可以寄百里之命，临大节而不可夺也——君子人与？君子人也。"(《泰伯·6》)

译文

曾子说："可以把年幼的君主托付给他，可以把国家的政权托付给他，面临生死存亡的紧急关头而不动摇屈服。这样的人是君子吗？是君子啊！"

语境

"君子"者，卿大夫之称。曾子言此人才德能称其位，故重言"君子"以美之。"大节"犹大事，故《注》以国家、社稷言之。明此"大节"所关在宗社安危存亡也。能安国家社稷，则不得以利害移、威武屈，故知不可倾夺。倾者，覆也，谓覆而取之也。(《论语正义》)

原文

曾子曰："士不可以不弘毅，任重而道远。仁以为己任，不亦重乎？死而后已，不亦远乎？"（《泰伯·7》）

译文

曾子说："读书人不可以不弘大刚毅，因为他担负重任而道路遥远。以实现仁作为自己的任务，不也沉重吗？到死方休，不也遥远吗？"

语境

《白虎通·爵篇》："士者，事也，任事之称也。"言士虽先未仕，后或有爵位，当任事也。（《论语正义》）

按语

士以仁为己任，"仁"是孔子学说的核心，那么"仁"是什么？虽然《论语》中多处说"仁"，但孔子没有给出定义，这一点与西方学说凡事先下定义不同。"仁"在"知、仁、勇"并提中是一个德目，但在多数情况下它统揽各个具体德目，如"温、良、恭、俭、让、宽、信、敏、惠、恕、和、直、刚、慎、孝悌、忠信、中庸"等都包含在"仁"中，德目之间是有层次的，不是平行并列的关系，"爱人"是"仁"的根本精神。

原文

曾子曰："以能问于不能，以多问于寡；有若无，实若虚；犯而不校——昔者吾友尝从事于斯矣。"（《泰伯·5》）

译文

曾子说："有才能而向无才能的人请教，知识丰富而向知识贫乏的人请教；有像没有一样，充实像空虚一样；受人侵犯也不计较。从前我的朋友颜回就曾这样做过了。"

语境

曾子言时，颜子已卒，故称"昔者"，与孔子言"今也则亡"意同。（《论语正义》）

时多夸竞，无而为有，虚而为盈，唯颜渊谦而反之也。（《论语义疏》）

曾子谓曾元、曾华曰："吾无夫颜氏之言，吾何以语女哉？"知颜渊为曾子所甚服也。（《大戴礼·曾子疾病篇》）

原文

曾子曰："君子以文会友，以友辅仁。"（《颜渊·24》）

译文

曾子说："君子以文章学问来聚合朋友，靠朋友来帮助培养仁德。"

语境

《反身录》：问：君子以文会友，可见古人会友亦必以文，舍文则无以会友。曰：文乃斯文之文，在兹之文，布帛菽粟之文，非古文之文，时文之文，雕虫藻丽之文。会友以收摄身心，此学人第一切务。（《论语集释》）

孔安国曰："友有相切磋之道，所以辅成己之仁也。"讲学以会友，则道益明；取善以辅仁，则德日进。（《论语义疏》）

《仪礼·士冠礼》："有吉事则乐与贤者欢成之，有凶事则欲与贤者哀戚之。"《礼记·学记》："独学而无友，则孤陋而寡闻。"（《戴氏注论语小疏》）

樸语

以什么样的方式会友对人的成长影响很大，芸芸众生，形形色色，不乏酒友、牌友、舞友、球友等，兴趣使然亦无可厚非。儒家从修身角度讲，提倡以文会友，这样的朋友有助于培养和提高自己的仁德。朋友就像是一面镜子，观察你的朋友就能折射出你的样子。

原文

曾子曰："吾闻诸夫子：孟庄子之孝也，其他可能也；其不改父之臣与父之政，是难能也。"（《子张·18》）

译文

曾子说："我听老师说过，孟庄子的孝，别的都容易做到；但他不改变父亲的旧臣和父亲的施政纲领，这是难以做到的。"

语境

马曰："孟庄子，鲁大夫仲孙速也。谓在谅阴之中，父臣及父政虽有不善者，不忍改也。"（《论语集解》）

时人有丧，三年之内，皆改易其父平生时臣及于政事，而庄子居丧，父臣、父政虽有不善者，而庄子犹不忍改之，能如此者，所以是难也。（《论语义疏》）

其父献子，名蔑。献子有贤德，而庄子能用其臣，守其政。故其他孝行虽有可称，而皆不若此事之为难。(《论语集注》)

原文

孟氏使阳肤为士师，问于曾子。曾子曰："上失其道，民散久矣。如得其情，则哀矜而勿喜！"(《子张·19》)

译文

孟氏任命阳肤做典狱官，阳肤向曾子请教。曾子说："在上位的人不按规矩办事，百姓早就离心离德了。你如果能审出他们犯罪的真情，就应当怜悯他们，切不要自喜明察。"

语境

孟氏，鲁下卿也。阳肤，曾子之弟子也。孟氏使阳肤为己家狱官也。阳肤将为狱官，而还问师，求其法术也。当于尔时，君上失道既久，故民下犯罪离散者众，故云久也。(《论语义疏》)

失其道，失富之、教之之道。礼，司寇行戮，君为之不举乐。《国语·周语上》："司寇行戮，君为之不举。"韦昭注："不举乐也。"自责失道而致于刑。(《戴氏注论语小疏》)

原文

曾子曰："堂堂乎张也，难与并为仁矣。"(《子张·16》)

译文

曾子说："子张外表堂堂，很难与他一起修养仁德。"

语境

曾子言子张容仪堂堂然盛，于仁道则薄，故难与并为仁矣。(邢昺《疏》)

范氏曰："子张外有余而内不足，故门人皆不与其为仁。子曰：'刚毅木讷近仁。'宁外不足而内有余，庶可以为仁矣。"(《论语集注》)

子贡

原文

子贡曰："纣之不善，不如是之甚也。是以君子恶居下流，天下之恶皆归焉。"(《子张·20》)

评文

子贡说："纣王的无道，不像传说中的那么厉害吧。所以君子憎恨身有污行，一旦这样，天下的坏事就都会归到他头上。"

语境

喻人身有污贱之实，亦恶名之所聚也。子贡言此，欲人常自警省，不可一置其身于不善之地。(《论语集注》)

孔曰："纣为不善，以丧天下，后世憎甚之，皆以天下之恶归之于纣。"人之为恶处下，众恶所归，是以君子常为善，不为恶，恶居下流故也。纣为恶行，居下流，则人皆以天下之恶归之于纣也。(《论语注疏》)

《列子·杨朱篇》："天下之美归之舜、禹、周、孔，天下之恶归之桀、纣。"《论语稽》："千古恶名纣独当之，纣岂无一毫之善哉？特亲小人而远君子，集众小人之恶为纣一人之恶耳。若只纣一身为恶，何至如是之甚？唯集众恶以为恶，所以天下之恶皆其恶也。"(《论语集释》)

悟语

此章告诫人们不要做坏事，一旦恶名传扬出去，所有的坏事都会算到你头上，桀、纣就是例子。其实真实的桀、纣并不像人们所传的那么坏，就是因为他的名声太坏了，所以就把所有的坏事都堆到他身上了。《三国志·蜀书·先主传》说"勿以善小而不为，勿以恶小而为之"是也。

子夏

原文

司马牛忧曰："人皆有兄弟，我独亡。"子夏曰："商闻之矣：死生有命，富贵在天。君子敬而无失，与人恭而有礼。四海之内，皆兄弟也——君子何患乎无兄弟也？"(《颜渊·5》)

评文

司马牛忧愁地说："别人都有好兄弟，我唯独没有。"子夏说："我听老师说过：死生听之命运，富贵由天安排。君子只要做事严肃认真而没有过失，对人恭敬而有礼，天下之大，到处都是好兄弟。君子何愁没有好兄弟呢？"

语境

《左氏》哀十四年《传》："宋景公将讨桓魋。"牛独亡兄弟之忧，似发于向巢、向魋出奔之后。盖魋等叛迹未彰，牛亦未能不以之为兄弟，隐忧虽深，何能举以告人？因悟夫子卒于向魋作乱之后二年，“商闻之矣”之言，亦是夫子没后语，如《檀弓》“曾子曰闻之矣”之类。（《论语集释》）

牛兄桓魋行恶，死亡无日，故牛常忧而告人曰：“他人皆有兄弟，若桓魋死亡之后，我为独无兄弟也。”哀十四年《左传》云：“宋桓魋之宠害于公，公将讨之。未及，魋先谋公。公知之，召皇司马子仲及左师向巢，以命其徒攻桓氏。向魋遂入于曹以叛。民叛之，而奔卫，遂奔齐。”是其行恶死亡之事也。桓氏即向魋也，又谓之桓司马，即此桓魋也。（邢昺《疏》）

牛兄行恶，必致残灭，不旦则夕，即今虽暂在，与无何异，故云“我独亡”也。（《论语义疏》）

牛有兄弟而云然者，忧其为乱而将死也。盖子夏欲以宽牛之忧，故为是不得已之辞，读者不以辞害意可也。（《论语集注》）

司马牛兄向魋，魋又有兄巢，有弟子颀、子车，皆与魋在宋作乱。孔子卒在桓魋作乱后两年，子夏言此时，孔子当已卒。魋、巢等或奔或死，牛身栖异国，故有独无兄弟之感。《左传》：桓魋诸兄弟为乱而败，魋奔卫，牛致邑与珪而适齐。魋后奔齐，牛复致邑而适吴。吴人恶之而返。赵简子召之，陈成子亦召之，因过鲁而卒于鲁郭门之外。牛之诸兄弟，全是戾气，惟牛凄然孤立，流离无归，忧可知也。读此三章，孔子子夏当时师友诲导之情，千载之下，宛然可见。然则本章四海皆兄弟之语，乃是当时一番极真挚恳切之慰藉。（《论语新解》）

原文

子夏曰：“贤贤易色；事父母，能竭其力；事君，能致其身；与朋友交，言而有信。虽曰未学，吾必谓之学矣。”（《学而·7》）

译文

子夏说：“对妻子，重品德不重容貌；侍奉父母，能竭尽全力；服事君主，能豁出性命；同朋友交往，说话诚实守信。这种人，虽然自谦没学习过，我一定说他已经学习过了。”

语境

当时多世卿，废选举之务，虽不学亦得出仕，故有未学已事君也。子夏以此人所行，于人伦大端无所违失，与已学无异，故云。（《论语正义》）

《京房易传》：“夫王道之始，先正夫妇，夫妇正则父子亲，父子亲则君臣忠，君臣忠则化行。王道之兴，无不以德；衰，无不以色。”（《戴氏注论语小疏》）

原文

子夏曰："君子信而后劳其民；未信，则以为厉己也。信而后谏；未信，则以为谤己也。"（《子张·10》）

译文

子夏说："君子受到信任以后才去役使百姓；否则，百姓就会以为你在折磨他们。受到信任以后才去进谏；否则，君主就会以为你在诽谤他。"

语境

子夏此言，亦无欲速之意。（《论语正义》）

事上使下，皆必诚意交孚，而后可以有为。（《论语集注》）

明于教令，使民信之，然后劳之。言为君所信近，乃可以谏。孔子曰："事君，远而谏，则陷也；近而不谏，则尸利也。"疏释：孔子之语见《礼记·表记》。陷谏非圣人所贵，故曰吾从于讽。（《戴氏注论语小疏》）

楼语

信任是交往共事的基础，如果上下级之间、朋友之间没有信任，或者已经失信，那么说话就要小心些了，最好是不要去提意见，好意可能会被误解，带来不必要的麻烦。

原文

子夏曰："大德不逾闲，小德出入可也。"（《子张·11》）

译文

子夏说："大节上不能超越界限，小节上有些出入是可以的。"

语境

《韩诗外传》云："孔子遭齐程木子于郯之间，倾盖而语终日，有间，顾子路曰：'由！束帛十匹，以赠先生。'子路曰：'昔者由也闻之于夫子，士不中道相见。女无媒而嫁者，君子不行也。'孔子曰：'大德不逾闲，小德出入可也。'"此相传夫子轶事，于义得证者也。（《论语正义》）

原文

子夏曰："博学而笃志，切问而近思，仁在其中矣。"（《子张·6》）

译文

子夏说："广泛学习，坚守志向；恳切询问，从近处思考，仁德就在里面了。"

语境

不知则勤问有道，不能则近思诸身。仁道在远，求之则近，故虽未及行仁，而仁在其中矣。(《戴氏注论语小疏》)

原文

子夏曰："百工居肆以成其事，君子学以致其道。"(《子张·7》)

译文

子夏说："各种工匠在作坊里来完成他的工作，君子通过学习来掌握道理。"

语境

古者百工各有肆。百工居肆，相观而善，故能造作成其事也。学以尽其道，亦相观而善，如百工然。古者四民勿使杂处。处士就闲燕，处工就官府，处商就市井，处农就田野，故其事治。(《戴氏注论语小疏》)

肆，谓官府造作之处。工不居肆，则迁于异物而业不精。君子不学，则夺于外诱而志不笃。尹氏曰："学所以致其道也。百工居肆，必务成其事。君子之于学，可不知所务哉？"(《论语集注》)

市中百物俱集，工居于此，则物之良苦，民之好恶，无不知之，故能成其事。(《论语正义》)

江熙曰："亦非生巧也，居肆则是见广，见广而巧成。君子未能体足也，学以广其思，思广而道成也。"(《论语义疏》)

原文

子夏曰："日知其所亡，月无忘其所能，可谓好学也已矣。"(《子张·5》)

译文

子夏说："每天知道所不知的东西，每月不忘所学会的东西，可以说是好学了。"

语境

尹氏曰："好学者日新而不失。"(《论语集注》)

君子于学，当日进而无疆。日知所无，此孔子博文之教。月无忘其所能，此孔子约礼之教。亦颜子所谓得一善则拳拳服膺而弗失之。故日知所无则学

进，月无忘所能则德立。(《论语新解》)

原文

子夏曰："仕而优则学，学而优则仕。"(《子张·13》)

译文

子夏说："做官的有余力应去学习，学者有余力应去做官。"

语境

古者大夫士，年七十致事，则设教于其乡，大夫为大师，士为少师，是仕而优则学也。学之大成乃仕，是学而优则仕也。言人从事于所当务而后及其余，不泛骛也。此又一意。(《论语正义》)

言仕而优异则教。此学为教也。礼，七十致仕，然后为人师。《礼记·曲礼上》："大夫七十而致事。"《尚书大传》："大夫七十而致仕。老于乡里，大夫为父师，士为少师。"学而优异则仕。礼，三十而有室，博学无方，四十始仕。《礼记·曲礼上》："三十曰壮，有室。四十曰强，而仕。"(《戴氏注论语小疏》)

原文

子夏曰："虽小道，必有可观者焉；致远恐泥，是以君子不为也。"(《子张·4》)

译文

子夏说："即使小技艺，也一定有可取的地方；但用它来达到远大目标就行不通了，所以君子不干。"

语境

小道，谓不在六艺之科、孔子之术者。然而其原皆出先王，故必有可观。执定于一而不相通，故"致远恐泥"。(《戴氏注论语小疏》)

小道，如农圃医卜之属。泥，不通也。杨氏曰："百家众技，犹耳目鼻口，皆有所明而不能相通。非无可观也，致远恐泥矣，故君子不为也。"(《论语集注》)

原文

子夏曰："小人之过也必文。"(《子张·8》)

译文

子夏说："小人犯了过错一定加以掩饰。"

语境

小人不欲改过，故于人之责之也。则为文饰之言以自解说，若为无过者然。《史记·孔子世家》齐群臣对景公曰：“君子有过，则谢以质；小人有过，则谢以文。”《孟子》云：“且古之君子，过则改之；今之君子，过则顺之。”（《论语正义》）

小人惮于改过，而不惮于自欺，故必文以重其过。（《论语集注》）

君子有过，是己误行，非故为也，故知之则改。小人有过，是知而故为，故愈文饰之，不肯言己非也。（《论语义疏》）

子游

原文

子游曰：“子夏之门人小子，当洒扫应对进退，则可矣，抑末也。本之则无，如之何？”子夏闻之，曰：“噫！言游过矣！君子之道，孰先传焉？孰后倦焉？譬诸草木，区以别矣。君子之道，焉可诬也？有始有卒者，其唯圣人乎！”（《子张·12》）

译文

子游说：“子夏的学生，做些洒水扫地和迎送宾客的事情是可以的，不过这只是末节罢了。根本的东西却没有学到，这怎么行呢？”子夏听了这话，说：“唉！子游说错了！君子之道，哪些先传授，哪些后教诲，就像草和木一样，都是分类区别的。君子之道怎么可以歪曲呢？能有次序地传授末节和根本的，恐怕只有圣人吧！”

语境

子游习于礼乐，以学道为本，而以洒扫、应对、进退为礼仪之末，故讥子夏为失教法。谁当为先而传之？谁当为后而倦教？皆因弟子学有深浅，故教之亦异。草木区别，即深浅之喻。今子游所讥，则欲以君子之道概传之门人，是诬之也。（《论语正义》）

子游讥子夏弟子，于威仪容节之间则可矣。然此小学之末耳，推其本，如大学正心诚意之事，则无有。程子曰：“君子教人有序，先传以小者近者，而后教以大者远者。非先传以近小，而后不教以远大也。”（《论语集注》）

言偃有时评论子夏之弟子，但当对宾客修威仪礼节之事则可。然此但是人之末事耳，不可无其本。今子夏弟子于其本先王之道则无有，不可奈何，

故云如之何也。子夏既闻子游之言，中心不平之，故曰噫。（邢昺《疏》）

札语

学习当循序渐进，不能急于求成，基础的东西不可跨越，最初的礼节不能不学，这是走稳人生第一步的必要条件，然后方可施以大道，正如《孟子》："大学之道在明明德。"（《宪问·44》）阙党童子就是一个不懂礼数而急于求成的人，结果遭人质疑。哪些人适宜学什么、怎么学，要根据志向、性情、智商等情况区别对待，因材施教。

原文

子游曰："事君数，斯辱矣；朋友数，斯疏矣。"（《里仁·26》）

译文

子游说："在君主面前自夸，就会受辱；在朋友面前自夸就会被疏远。"

语境

《释文》云："数，郑世主反，谓数己之功劳。"《隋书·李谔传》："时当官者好自矜伐。谔上疏云：'舜戒禹云：女唯不矜，天下莫与汝争能，女唯不伐，天下莫与汝争功。'言偃又云：'事君数，斯辱矣，朋友数，斯疏矣。'此皆先哲之格言。"（《论语正义》）

札语

杨伯峻《论语译注》将"数"解释为"密，屡屡"。人们都希望与领导、朋友处好关系，似乎走得越近越好，其实不然，万事都有个度，要保持适当距离。关系太近了，就免不了多说进谏、劝告的话，这类话少则显得珍贵，多则招人厌烦，结果不是关系疏远就是自取其辱。《论语正义》引《释文》云："数，郑世主反，谓数己之功劳。"提醒我们在领导、朋友面前不要自夸表功，这样会取辱致疏。此解对修身意更深远。

原文

子游曰："丧致乎哀而止。"（《子张·14》）

译文

子游说："丧事做到尽哀就可以了。"

语境

尽哀而止，不以死伤生。《礼记·杂记下》孔子曰："毁而死，君子谓之

无子。”谓因丧致哀而死，非孝子之所当为。（《戴氏注论语小疏》）

人有父母之丧，当致极哀戚，不得过毁以至灭性，灭性则非孝。（邢昺《疏》）

捷语

父母去世了，孝子的悲痛往往是难以控制的，常常见到丧礼上孝子女声泪俱下、悲痛欲绝，甚至有的当场昏厥，这种对父母爱之深、不忍离的情感令人感动，但儒家主张不能因悲伤过度而毁伤身体，身体是父母给的，要倍加爱惜保护，毁伤了就有失于孝道，丧礼只要表达出内心的哀戚就可以了。有人偏激地认为似乎哭得越厉害越孝敬，其实不然，过度的哀痛是不可取的。

原文

子游曰："吾友张也为难能也，然而未仁。"（《子张·15》）

译文

子游说："我的朋友子张是难能可贵的了，然而还不能做到仁。"

语境

子张诚仁，而子游讥其未仁者，以其容仪过盛，难与并为仁，但能成己而不能遍成物，即是未仁。未仁者，未为仁也。以此见仁道之至难矣。（《论语正义》）

言吾友子张用力于仁，为人所难能，然而未成于仁人之名。孔子言："若圣与仁，则吾岂敢。"疏释：孔子语见《论语·述而》。又言："仁之难成久矣。"疏释：孔子语见《礼记·表记》。（《戴氏注论语小疏》）

子张行过高，而少诚实恻怛之意。（《论语集注》）

子张

原文

子夏之门人问交于子张。子张曰："子夏云何？"对曰："子夏曰：'可者与之，其不可者拒之。'"子张曰："异乎吾所闻：君子尊贤而容众，嘉善而矜不能。我之大贤与，于人何所不容？我之不贤与，人将拒我，如之何其拒人也？"（《子张·3》）

译文

子夏的学生向子张问怎样结交朋友。子张说："子夏是怎么说的？"答道：

"子夏说：'可以交的就交，不可以交的就拒绝他。'"子张说："跟我所听到的不一样：君子应该既尊重贤人，又能容纳众人；赞美善人，又能同情那些能力不够的人。如果我特别贤良，对什么人不能容纳呢？如果我不贤良，那人家就会拒绝我，哪还轮得着我去拒绝别人呢？"

语境

子夏弟子问子张求交友之道也。(《论语义疏》)

子夏之言迫狭，子张讥之是也，但其所言亦有过高之病。(《论语集注》)

子张以子夏之言为过，故以所闻于孔子之言正之。泛爱众而亲仁，故曰"尊贤而容众"。与其进不与其退，人洁己以进，与其洁不保其往，故曰"嘉善而矜不能"。(《戴氏注论语小疏》)

包曰："交友当如子夏，泛交当如子张。"二子论交，各有所宜，非互訾也。郑《注》云："子夏所云，伦党之交也；子张所云，尊卑之交也，伦党则与为同类，是友交矣。"蔡邕《正交论》："子夏之门人问交于子张，而二子各有所闻乎夫子。然则其以交诲也：商也宽，故告之以距人；师也褊，故告之以容众，各从其行而矫之。若夫仲尼之正道，则泛爱众而亲仁，故非善不喜，非仁不亲，交游以方，会友以仁，可无贬也。"蔡邕此言，以二子所闻，各得一偏，其正道则泛爱众即泛交，亲仁即友交，义与包、郑相发矣。世儒多徇子张之言，以子夏为失。子夏之行，抑由所闻而然，固无失矣。(《论语正义》)

原文

子张曰："士见危致命，见得思义，祭思敬，丧思哀，其可已矣。"(《子张·1》)

译文

子张说："读书人遇见国家危难时肯豁出生命，见利时就想到是否该得，祭祀时就想到恭敬，居丧时就想到哀痛，这样就可以了。"

语境

真德秀《四书集编》："义、敬、哀皆言'思'，致命独不言'思'者，死生之际，唯义是徇，有不待思而决也。"(《论语正义》)

见君有危难，不爱其身，致命以救之；见得利禄，思义然后取；有祭事，思尽其敬；有丧事，思尽其哀，有此行者，其可以为士已矣。(邢昺《疏》)

按语

遇到无须舍命的"得、祭、丧"要思，遇到为国舍命的"危"反而不思，置身度外，舍生取义，儒家文化何等之伟大，士人胸怀何等之宏阔，恐怕没有任何一种文化可与比拟。千百年来多少仁人志士为追求真理，不惜为国捐躯，不正是儒家文化的浸润滋养吗？曾子说“士不可以不弘毅。”（《论语·泰伯》）鲁迅先生也曾说：“我们从古以来，就有埋头苦干的人，有拼命硬干的人，有为民请命的人，有舍身求法的人……虽是等于为帝王将相作家谱的所谓‘正史’，也往往掩不住他们的光耀，这就是中国的脊梁。”（《且介亭杂文·中国人失掉自信力了吗》）士之精神由此可见。

原文

子张曰：“执德不弘，信道不笃，焉能为有？焉能为亡？”（《子张·2》）

译文

子张说：“固守德而不弘大，信仰道而不忠实，这种人有他不多，没他不少。”

语境

当时容有安于小成，惑于异端，故子张讥之。（《论语正义》）

曾子病

原文

曾子有疾，召门弟子曰：“启予足！启予手！《诗》云：‘战战兢兢，如临深渊，如履薄冰。’而今而后，吾知免夫！小子！”（《泰伯·3》）

译文

曾子有病，召集学生们到他身边，说：“看看我的脚！看看我的手有没有损伤！《诗经》上说：‘小心谨慎呀，就好像经常面临着深渊，就好像经常行走在薄冰。’从今以后，我知道可以免于祸害了！学生们！”

语境

鲁悼公三十一年，公元前436年，曾参七十岁。是年，曾参有病卧床不起，把弟子们叫到跟前说：“你们掀开被子，看看我的脚和手，都保全得很好吧！我一生正像《诗经》上说的‘战战兢兢，如临深渊，如履薄冰’小心谨慎，以保其身。从今以后，我知道身体能够免于毁伤了。小子们，要记住啊！”并且他自言自语地说，君子修养之道贵在三条：“动容貌斯远暴慢矣，正颜色斯近信矣，出辞气斯远鄙倍矣。这三条我能做到吗？”始终不忘修养功夫。（清·冯云鹓《曾子年谱》）

孔子昔授《孝经》于曾子，曰“身体发肤受之父母，不敢毁伤”，曾子禀受至死不忘，故疾病临终日，召己门徒弟子，令开衾视我手足毁伤与不，亦示父母全而生己，己亦全而归之也。(《论语义疏》)

郑曰：“曾子以为受身体于父母，不敢毁伤，故使弟子开衾而视之也。”(《论语集解》)

乃今日后吾自知免于患难矣。深以乱世能终为幸也。(《戴氏注论语小疏》)

孔曰：“此言《诗》者，喻己常戒慎，恐有所毁伤。”故曾子呼弟子启其手足，以疾重，预戒之也。曾子既预戒之，又引《诗》言，自道其平日致谨其身，不敢毁伤之意，皆所以守身也。曾子知未有毁伤，自今日后，当无有患难致毁伤矣。患难，指刑辱颠陨之事。(《论语正义》)

按语

《孝经·开宗明义》记载，孔子教导曾子：“身体发肤，受之父母，不敢毁伤，孝之始也。”曾子一生小心谨慎，临终前让弟子掀开被子察看自己的手足，知道完好无损后深有感慨，从此免于毁伤了，父母全而生己，己又全而归之。生逢乱世，侥幸得以保全，未失孝道。

原文

曾子有疾，孟敬子问之。曾子言曰：“鸟之将死，其鸣也哀；人之将死，其言也善。君子所贵乎道者三：动容貌，斯远暴慢矣；正颜色，斯近信矣；出辞气，斯远鄙倍矣。笾豆之事，则有司存。”(《泰伯·4》)

译文

曾子有病，孟敬子去探望他。曾子对他说：“鸟快死时，它的叫声是悲哀的；人快死时，他的话语是善意的。在上位的人所重视的道有三个方面：严肃自己的容貌，就可以避免粗暴和放肆；端正自己的脸色，就会接近于诚信；注意说话的言辞和声调，就会远离粗野和背理。至于祭祀等礼仪方面的事情，自有主管部门的官吏在那里负责。”

语境

敬子，鲁大夫也。来参问曾子之疾也。曾子得敬子之问疾，因而戒之也。将欲戒之，故先发此言，欲明我所以相戒之意也。言鸟之临死，唯知哀鸣，而不知出善言，此则是鸟之常。人之将死，必宜云善言，此则是人之常也。若人临死而无善言，则与鸟兽不异。今我将临死，故欲出善言以诫汝也。(《论语义疏》)

孟敬子，鲁大夫仲孙捷。敬子是大夫，故告以君子之道。卿大夫容貌、颜色、辞气之礼，《曲礼》《玉藻》及《贾子容经》言之详矣。邢《疏》云："人之相接，先见容貌，次观颜色，次交言语，故三者相次而言也。"是容貌、颜色、辞气皆道所发见之处，故君子谨之。（《论语正义》）

书中记了曾子去世前的内容，此为鲁元公元年（公元前436年），有人以此作为《论语》内容下限，不无道理。（骆承烈《孔子故里解论语》）

下编

论语语境

一、《学而篇》四章

原文

子曰："巧言令色，鲜矣仁！"（《学而·3》）

译文

孔子说："花言巧语、面目伪善的人，缺少仁心！"

语境

以巧言令色为甚佞，则不仁可知。然夫子犹云"鲜矣"者，不忍重斥之，犹若有未绝于仁也。（《论语正义》）

悟语

巧言令色取悦于人以有所图，真诚正直的人无须巧言令色。此章虽简，却是修身做人之借鉴，识人用人所必知。

原文

子曰："弟子，入则孝，出则悌，谨而信，泛爱众，而亲仁。行有余力，则以学文。"（《学而·6》）

译文

孔子说："后生小子，进父母住处讲孝，到外面就学讲悌，寡言少语，诚实可信，博爱众人，亲近仁人。这样做了还有多余的精力，就用来学习《诗》《书》六艺。"

语境

学幼仪既毕，乃令学文也。言有余力学文，则无余力不得学文可知。先之以孝悌诸行，而学文后之者，文有理谊，非童子所知。（《论语正义》）

文，谓《诗》《书》六艺之文。程子曰："为弟子之职，力有余则学文，不修其职而先文，非为己之学也。"愚谓力行而不学文，则无以考圣贤之成法，识事理之当然，而所行或出于私意，非但失之于野而已。（《论语集注》）

按语

儒家首先强调德行，其次是学文。幼小的后生小子把孝悌、谨信、爱众、亲仁这些德目都做好了，还有多余的精力，就再去学文。后世讲德才兼备，总把德放在第一位，可见儒家思想的影响何其深远。

原文

子禽问于子贡曰："夫子至于是邦也，必闻其政，求之与？抑与之与？"子贡曰："夫子温、良、恭、俭、让以得之。夫子之求之也，其诸异乎人之求之与？"（《学而·10》）

译文

子禽向子贡问道："老师一到这个国家，一定听到这个国家的政事。求来的呢？还是别人主动告诉他的呢？"子贡说："老师是靠温和、善良、庄敬、俭朴、谦让来取得的。老师这种求得的方法，大概不同于别人求得的方法吧？"

语境

陈亢，陈人，字子禽，少孔子四十岁。（《家语·七十二弟子篇》）

陈亢字子禽。从《子张篇》所载的事看来，恐怕不是孔子的学生。《史记·仲尼弟子列传》也不载此人。但郑玄注《论语》和《檀弓》都说他是孔子学生，不晓得有什么根据。（《论语译注》）

亢怪孔子所至之邦，必与闻其国政，求而得之耶，抑人君自愿与之为治。言夫子行此五德而得之，与人求之异，明人君自与之。皇《疏》云："礼，身经为大夫者，得称为夫子。孔子，鲁大夫，故弟子呼为夫子也。"时人君有大政事，皆就夫子咨度之，故言"必闻其政"也。《论衡·知实篇》引此文解之云："温良恭俭让，尊行也。有尊行于人，人亲附之，则人告语之矣。但其迹有似于求而得之，故子贡就其求之之言，以明其得闻之故。明夫子得闻政，是人君与之，非夫子求之矣。"（《论语正义》）

亢怪孔子所至之邦必与闻其国政，求而得之邪？抑人君自愿与之为治？（《论语集解》）

禽问子贡，怪孔子每所至之国，必早逆闻其国之风政也。故问。（《论语义疏》）

明夫子有尊行而人自与之，如亢言求者，以甚其不知。（《戴氏注论语小疏》）

原文

子曰："父在，观其志；父没，观其行；三年无改于父之道，可谓孝矣。"

(《学而·11》)

译文

孔子说："父亲在世的时候，因他还无权主事，要观察他的志向；父亲死后，要考察他的行为；若是长期不改变父亲遗留的合理部分，可以说是做到孝了。"

诸说

龚元玠以此章为孟庄子而发，可备一说。(《论语集释》)

孔曰："父在，子不得自专，故观其志而已。父没乃观其行。孝子在丧，哀慕犹若父存，无所改于父之道。"(《论语集解》)

诸侯父在称世子，无所与于政事，可观者志耳；父没继体为政，然后观其行若何也。礼：诸侯世子三年丧毕，服士服，上受爵命于天子。《春秋》系闵公于庄公篇末，以明三年无改之义。于诸侯未终丧者称"子"。《传》曰："缘孝子之心，三年不忍当也。"(《戴氏注论语小疏》)

二、《为政篇》七章

原文

子曰："道之以政，齐之以刑，民免而无耻；道之以德，齐之以礼，有耻且格。"（《为政·3》）

译文

孔子说："用政法来引导他们，用刑罚来整顿他们，人民只是暂时地免于罪过，却没有羞耻之心；用道德来引导他们，用礼教来整顿他们，人民不仅会有羞耻之心，而且人心归服。"

语境

《朱子语类》：圣人为当时专用政刑治民，不用德礼，所以有此言。圣人为天下，何曾废刑政？（《论语集释》）

《孔丛子·刑论篇》："仲弓问古之刑教与今之刑教。孔子曰：'古之刑省，今之刑繁。其为教，古有礼然后有刑，是以刑省，今无礼以教，而齐之以刑，刑是以繁。'"又："孔子答卫将军文子曰：'齐之以礼，则民耻矣；刑以止刑，则民惧矣。'文子曰：'今齐之以刑，刑犹弗胜，何礼之有？'孔子曰：'以礼齐民，譬之于御则辔也；以刑齐民，譬之于御则鞭也。执辔于此而动于彼，御之良也；无辔而用策，则马失道矣。'文子曰：'以御言之，左手执辔，右手运策，不亦速乎？若徒辔无策，马何惧哉？'孔子曰：'吾闻古之善御者，执辔如组，两骖如舞，非策之助也。是以先王盛于礼而薄于刑，故民从命。今也废礼而尚刑，故民弥暴。'"（《论语正义》）

原文

子曰："视其所以，观其所由，察其所安。人焉廋哉？人焉廋哉？"（《为政·10》）

译文

孔子说："考查他言行的动机，观察他做事的方法，观察他的心情安还是不安。观察始终，这个人怎么能隐藏得住自己的真情呢？这个人怎么能隐藏得住自己的真情呢？"

语境

言知人之法，但观察其始终，则人安所隐匿其情哉？再言之者，深明情不可隐也。(《论语注疏》)

《容斋四笔》：孔子论人之善恶，始之曰："视其所以"，继之以"观其所由，察其所安"，然后重言之曰："人焉廋哉？人焉廋哉？"盖以上之三语，详察之也。孟氏一断以眸子，其言曰："存乎人者，莫良于眸子。眸子不能掩其恶。胸中正，则眸子瞭焉。胸中不正，则眸子眊焉。听其言也，观其眸子，人焉廋哉？"说者谓人与物接之时，其神在目，故胸中正则神精而明，不正则神散而昏。心之所发，并此而观，则人之邪正不可匿也。言犹可以伪为，眸子则有不容伪者。孔圣既以发之于前，孟子知言之要，续为之说，故简亮如此。(《论语集释》)

视犹考也，"或以德进，或以事举，或以言扬"。观其所由，审其所从来之仕路，或由诸大夫国人乎，或由左右？察其所安，行善而安之则善日积，行过而安之则恶日积。廋，隐。礼：公、卿、大夫、士皆选贤而用之。当春秋时，世卿专国，闭贤者路，《春秋》有讥世卿之旨。《公羊传》隐公三年："世卿，非礼也。"何休注："世卿者，父死子继也。"故孔子陈文王官人之道以为大法。(《戴氏注论语小疏》)

原文

子曰："温故而知新，可以为师矣。"(《为政·11》)

译文

孔子说："知古通今，才有资格当老师。"

语境

故，古昔之事。新，新王之法。以其知类通达，故可以为师。疏释：新王之法，指孔子以《春秋》当新王所制之法。(《戴氏注论语小疏》)

伏生《书传》谓大夫、士年七十致事，大夫为父师，士为少师，以其爵为之差，即是以其德为之差也。孔子时，大夫、士不必有德，故致事后，有不为师，或有不学而妄居师位者。今此言"温故"者，谓旧时所学，致事时犹能温寻，不使忘失。且能日知所亡，足见其进德修业，髦而好学，故可以为人师也。刘氏逢禄《论语·述何篇》："故，古也。《六经》皆述古昔、称先王者也。知新，谓通其大义，以斟酌后世之制作，汉初经师皆是也。"(《论语正义》)

— 按语 —

“温故知新”现在常常解读为一种学习方法，即温习旧知识，获得新知识，但下半句“可以为师矣”就不讲了，因为讲不通了，学生每天都在做着温故知新的事情，他能当老师吗？显然不能。之所以讲不通，是因为脱离了语境。根据《论语正义》，当时的背景是：七十岁致事的大夫、士以德之高下分为父师、少师，但到了孔子时，整个社会礼崩乐坏了，大夫、士虽为父师、少师，但不一定有德，所以致事后，有的不为师，或有的不学而妄居师位，孔子认为这样的人是没有资格当老师的，故发此叹。

— 原文 —

子曰：“君子不器。”（《为政·12》）

— 译文 —

孔子说：“君子志于大道，不要像器皿那样只有一定的用途。”

— 语境 —

君子道无所不行，故《礼·学记》言“大道不器”。郑《注》：“谓圣人之道，不如器施于一物。”如者，似也。孔《疏》以孔子“博学而无所成名”解之。《注》云：“言以学为本，则其德于民无不化，于俗无不成。”按：此则学为修德之本。君子德成而上，艺成而下，行成而先，事成而后。故所知本，则由明明德以及亲民，由诚意、正心、修身以及治国、平天下，措则正，施则行，复奚役役于一才一艺为哉？（《论语正义》）

— 原文 —

子贡问君子。子曰：“先行其言而后从之。”（《为政·13》）

— 译文 —

子贡问怎样做一个君子。孔子说：“先实行你所要说的话，然后再照着做的去说。”

— 语境 —

孔曰：“疾小人多言，而行之不周。”（《论语集解》）
范氏曰：“子贡之患，非言之艰而行之艰，故告之以此。”（《论语集注》）

— 原文 —

子曰：“学而不思则罔，思而不学则殆。”（《为政·15》）

译文

孔子说："仅向外边学不知思考，就会惘然无得；仅是空想却不向外边学，就会思维枯竭。"

诠说

此章教学法也。(《论语义疏》)

陆世仪《思辨录》：悟处皆出于思，不思无由得悟。思处皆缘于学，不学则无可思。学者，所以求悟也。悟者，思而得通也。故孔子曰："学而不思则罔，思而不学则殆。"(《论语集释》)

原文

子曰："人而无信，不知其可也。大车无輗，小车无軏，其何以行之哉？"(《为政·22》)

译文

孔子说："王者不讲信用是不可以的。牛车、马车没有了连接辕与前面横木的销子，还怎么能走呢？"

诠说

《吕氏春秋·贵信篇》：故《周书》曰"允哉允哉"，以言非信则百事不满也。又云：君臣不信，则百姓诽谤，社稷不宁处。官不信，则少不畏长，贵贱相轻。赏罚不信，则民易犯法，不可使令。交友不信，则离散郁怨，不能相亲。百工不信，则器械苦伪，丹漆染色不贞。(《论语集释》)

善言而无信，人所恶也。人待信而成，犹车行不能无　。故《春秋》重信，其录盟，大信时，小信月，不信日，明王者当以至信先天下。疏释：按《公羊》之例，《春秋》录盟会，大信书时，小信书月，不信书日。(《戴氏注论语小疏》)

按语

"天下熙熙皆为利来，天下攘攘皆为利往。"(《史记·货殖列传》)做人没有信用就像没有轮子的车子，寸步难行，就更别谈为利而来往了。

三、《八佾篇》二章

原文

子曰："君子无所争。必也射乎！揖让而升，下而饮。其争也君子。"（《八佾·7》）

译文

孔子说："君子没有什么可争的。如果有的话，那一定是射箭吧。即使是射箭，也是先相互作揖谦让，然后登堂。射完后走下堂来，彼此作揖，胜者罚负者饮酒。这样的争不失为君子之争。"

语境

《礼经》言射有四：一曰大射，天子、诸侯、卿、大夫将祭而择士，天子于射宫，诸侯于大学，卿大夫于郊，士无臣，无所择，故无大射礼。二曰宾射，天子在治朝，诸侯则或在朝，或会盟在竟，卿、大夫、士皆有之，亦射于郊。三曰燕射，天子、诸侯在路寝，卿、大夫、士亦在郊。四曰乡射，州长春秋属民射于州序。天子、诸侯皆无此礼。《论语》此文指大射。郑氏《射义目录》云："名曰大射者，诸侯将有祭祀之事，与其群臣射以观其礼，数中者，得与于祭，不得数中者，不得与于祭。"按：此则射中乃君子所尚，必于平时讲肄，至射时以不胜为耻，盖不胜嫌于不肖，故君子必求中焉。求中即是争，即是争为贤者，故曰"其争也君子"。（《论语正义》）

这是讲古代射礼。登堂而射，射后计算谁中靶多，中靶少的被罚饮酒。（《论语译注》）

孔子射于矍相之圃，盖观者如堵墙。（《礼记·射义》）

子曰："射有似乎君子，失诸正鹄，反求诸其身。"（《中庸》）

原文

子曰："射不主皮，为力不同科，古之道也。"（《八佾·16》）

译文

孔子说："比射箭主要看是否射中，不以射穿靶子为主，因为各人的力气大小不同。这是古时的规矩。"

语境

周衰礼废，射者无复礼容，但以主皮为善，故孔子抑之云："古之射者不主皮也。"周衰政失，力役之事，贫富兼并，强弱无别，而同为一科，故孔子非之云："古之为力役，不如今同科也。"（邢昺《疏》）

周衰，礼废，列国兵争，复尚贯革，故孔子叹之。杨氏曰："中可以学而能，力不可以强而至。圣人言古之道，所以正今之失。"（《论语集注》）

马曰："射有五善焉：一曰和志，体和。二曰和容，有容仪。三曰主皮，能中质。四曰和颂，合《雅》《颂》。五曰兴武，与舞同。天子三侯，以熊虎豹皮为之，言射者不但以中皮为善，亦兼取和容也。"（《论语集解》）

《乡射记》"礼射不主皮"。时至春秋之末，乡射但以不贯不释为重，而容体比于礼节，比于乐，不复措意，故孔子叹之，以为古礼仍有不主皮之射也。马曰："为力，力役之事。亦有上、中、下，设三科焉，故曰不同科。"春秋时，征发频仍，兴筑无已，不复循三科之制，故孔子思古之道也。刘敞《七经小传》谓"不主皮者，以力不同之故"，则主皮之射为尚力。其说亦通。（《论语正义》）

《论语·稽求篇》："射不主皮"一句系周时《礼》文，夫子诵而释之。（《论语集释》）

楼语

孔子"射"的课程不在于它的军事意义，主要是要保留古有的射礼，以礼矫正穷兵黩武的做法。

四、《里仁篇》十五章

原文

子曰："里仁为美。择不处仁，焉得知？"（《里仁·1》）

译文

孔子说："居住在有仁者的地方才好。选择没有仁者居住的地方，怎么算得上聪明呢？"

语境

《大戴礼·王言》云："昔者明王之治民有法，必别地以州之，分属而治之，然后贤民无所隐，暴民无所伏。使有司日省，如时考之，岁诱贤焉，则贤者亲，不肖者惧。"是古有别地居民之法，故居于仁里即己亦有荣名，是为美也。求居而不处仁者之里，不得为有知者，此训择为求也。（《论语集释》）

明季氏恶由不近仁。今示避恶徙善，宜居仁里。（《论语义疏》）

原文

子曰："唯仁者能好人，能恶人。"（《里仁·3》）

译文

孔子说："只有仁人能做到喜好这个人的善处，厌恶这个人的恶处。"

语境

凡人用情，多由己爱憎之私，于人之善不善有所不计，故不能好人恶人也。若夫仁者，情得其正，于人之善者好之，人之不善者恶之，好恶咸当于理，斯唯仁者能之也。（《论语正义》）

撰语

真正的仁者爱憎分明，一方面是泛爱众，另一方面敢恶人，有些人认为，既然是仁者就该有一副慈善心肠，对谁都好，不会憎恶谁、厌恶谁，这种理解失于片面。

原文

子曰："苟志于仁矣，无恶也。"（《里仁·4》）

译文

孔子说："一个人真心立志行仁，是不会有恶行的。"

语境

人苟志于仁，君子不忍加恶。宋宣公兄弟相让，虽不居正，而《春秋》存其善志，故于与夷之弑，移之宋督，而不言冯，以此。疏释：据《春秋》，宋宣公临终前传位给其弟宋穆公，而不是传位于其子与夷。宋穆公临终前，为报其兄传位之德，则致国于其兄子与夷（殇公），并逐其子冯。桓公二年，华督弑殇公，立公子冯，是为庄公。以宋宣兄弟相让为不正。然虽不正，如戴氏所说"《春秋》存其善志""君子不忍加恶"。（《戴氏注论语小疏》）

原文

子曰："富与贵，是人之所欲也；不以其道得之，不处也。贫与贱，是人之所恶也；不以其道得之，不去也。君子去仁，恶乎成名？君子无终食之间违仁，造次必于是，颠沛必于是。"（《里仁·5》）

译文

孔子说："发财和做官是人人都想要的，但不用正当的方法得到它，就不去接受。贫穷和低贱是人人都厌恶的，但不用正当的方法摆脱它，就不去摆脱。君子如果离开了仁德，又怎样去成就美好的名声呢？君子哪怕一顿饭的时间也不离开仁德，就是在仓促匆忙的时候一定和仁德同在，就是在颠沛困顿的时候一定和仁德同在。"

语境

顾氏《四书讲义》：此章是孔门勘法。盖吾人有平居无事之时，有富贵贫贱造次颠沛之时。平居无事，不见可喜可嗔可疑可骇，行住坐卧即圣人与众人无异。至遇富贵贫贱造次颠沛，鲜不为之动矣，到此四关，直令人肺腑俱呈，手足尽露，非能勉强支吾者。故就源头上看，必其无终食之间违仁，然后于四者处之如一。就关头上看，必其能于四者处之如一，然后算得无终食之间违仁。（《论语集释》）

虽仓卒偃仆，犹不违仁。伯夷、伊尹、孔子，行一不义，杀一不辜，得天下不为。故《春秋》大宋襄，以为不由其道而胜，不如由其道而败，于泓之战特言朔是也。《春秋》僖公二十二年："冬，十有一月，己巳，朔，宋公及楚人战于泓，宋师败绩。"按楚宋约战于泓水之阳，此为偏战，例当书日，不需另书"朔"。《公羊传》曰："此偏战尔，其言朔何？《春秋》辞繁而不杀者，正也。"其所以为正者，楚人济泓而来，宋公不忍其未毕济而击；楚人既济而未毕陈，宋公又不忍其未毕陈而击，以为"君子不鼓不成列"。待楚人列陈完毕，然后襄公鼓之，结果宋师大败。故《公羊传》说："故君子大其不鼓不成列，临大事而不忘大礼，有君而无臣。"此即戴氏所谓"大宋襄"之意。（《戴氏注论语小疏》）

原文

子曰："我未见好仁者，恶不仁者。好仁者，无以尚之；恶不仁者，其为仁矣，不使不仁者加乎其身。有能一日用其力于仁矣乎？我未见力不足者。盖有之矣，我未之见也。"（《里仁·6》）

译文

孔子说："我没有见过爱好仁和憎恶不仁的人。爱好仁的人，会觉得仁是再好不过的了；厌恶不仁的人，他行仁只是不让不仁的东西加在自己身上。有人能花一天的力量用在行仁上吗？我没见过力量不够的。大概有力量不够的，只是我没见过罢了。"

语境

疾时无仁也。孔子谦，不欲尽诬时人言不能为仁，故曰盖有能为之者矣，但我未之见也。（邢昺《疏》）

原文

子曰："人之过也，各于其党。观过，斯知仁矣。"（《里仁·7》）

译文

孔子说："人的过失，跟他的同类相同。只观察他的过失，就知道他是哪一类人了。"

语境

人各为其党类受过。若周公使管叔监殷，孔子答昭公知礼，子路有姊丧期而勿除，皆是矣。《礼记·檀弓上》："子路有姊之丧，可以除之矣，而弗除也。孔子曰：'何弗除也？'子路曰：'吾寡兄弟而弗忍也。'孔子曰：'先王制礼，行道之人，皆弗忍也。'子路闻之，遂除之。"《春秋》之义，为尊者讳，为亲者讳，为贤者讳，为中国讳，人虽加以过，君子不辞，不忍言也。《公羊传》闵公元年：“《春秋》为尊者讳，为亲者讳，为贤者讳。”《谷梁传》成公九年：“为尊者讳耻，为贤者讳过，为亲者讳疾。”《春秋》襄公七年：“十有二月，公会晋侯、宋公、陈侯、卫侯、曹伯、莒子、邾娄子于鄬。郑伯髡原如会，未见诸侯。丙戌，卒于操。”《公羊传》以为因中国之不义，致使郑伯为大夫所弑，而不书“弑”者，是“为中国讳”。(《戴氏注论语小疏》)

人之有失，各有党类。小人不能为君子之行，则非小人之失也。犹如耕夫不能耕乃是其失，若不能书，则非耕夫之失也。若责之，当就其辈类责也。若观人之过，能随类而责，不求备一人，则知此观过之人有仁心人也。若非类而责，是不仁人，故云“观过，斯知仁矣”。(《论语义疏》)

功者人所贪，过者人所避。故于人之过，尤易见真情。如子路丧姊，期而不除，孔子非之。子路曰：“不幸寡兄弟，不忍除之。”昔人以此为观过知仁之例。(《论语新解》)

原文

子曰：“士志于道，而耻恶衣恶食者，未足与议也。”(《里仁·9》)

译文

孔子说：“士是要追求道的，而总以自己穿的吃的不好为耻辱的人，是不值得与他谈论道的。”

语境

士居四民之首，其习于学，有德行道义者，始出仕亦谓之士。故士为学人进身之阶。圣门弟子来学时多未仕，故夫子屡言士，而子张、子贡亦问士，皆循名责实之意。士既志道，而以口体之养不若人为耻，忮害贪求之心必不能免，故言“未足与议”，以绝之也。(《论语正义》)

心欲求道，而以口体之奉不若人为耻，其识趣之卑陋甚矣，何足与议于道哉？(《论语集注》)

按语

一味地攀比衣食住行，比别人差就觉得没面子，这种人不值得与他谈经论道，正所谓“道不同而不相为谋”。自古至今，有很多大学问家过着简朴的生活，但他们追求真理的精神、对社会做出的贡献随英名一起流芳百世。

原文

子曰：“君子之于天下也，无适也，无莫也，义之与比。”(《里仁·10》)

译文

孔子说："君子对于天下的事情，没规定要怎样干，也没规定不要怎样干，怎样适宜就怎样干。"

语境

比，比次也。"门外之治义断恩"，《春秋》于城邢、卫称师，"虽通其仁，以义而不与"，亦以此。疏释：《春秋》僖公元年前后，狄人南侵，灭邢、卫。僖公元年，"齐师、宋师、曹师城邢"。僖公二年，"城楚丘"。即在齐桓公帮助下，重建新城。然而，按礼，诚如《公羊传》说"诸侯之义，不得专封"，或如《谷梁传》所说"非天子不得专封诸侯"。因此，城邢、城卫可以认为是齐桓公之仁，但从义的角度看，齐桓公之为诸侯，则不得专封。（《戴氏注论语小疏》）

原文

子曰："君子怀德，小人怀土；君子怀刑，小人怀惠。"（《里仁·11》）

译文

孔子说："人君安于德治，百姓就安于乡土而不愿离去；人君安于刑罚，百姓就怀思别国恩惠而轻离。"

语境

《论语意原》：当时之君既无德政，又无刑章，何以安君子。争城争地，民不得一日安其居，重征厚敛，未尝有以惠其下，又无以安小人矣。君子小人皆失其所，是以微示伤叹之意也。（《论语集释》）

上务隆刑峻法，则下唯惠己者是归。《春秋》书"梁亡"，言自亡也。疏释：《春秋》僖公十九年，"梁亡"。《公羊传》称："此未有伐者，其言梁亡何？自亡也。其自亡奈何？鱼烂而亡也。"何休注曰："梁君隆刑峻法，一家犯罪，四家坐之，一国之中，无不被刑者，百姓一旦相率俱去，状若鱼烂。鱼烂从内发，古云尔。著其自亡者，明百姓得去之，君当绝者。"（《戴氏注论语小疏》）

一云："君子者，人君也；小人者，民下也。上之化下，如风靡草。君若化民安德，则下民安其土，所以不迁也。"故李充曰："凡言君子者，德足轨物，义兼君人，不唯独善而已也。言小人者，向化从风，博通下民，不但反是之谓也，故曰'君子之德风，小人之德草'也。此言君导之以德，则民安其居而乐其俗，邻国相望而不相与往来，化之至也。是以大王在岐，下辇成都，仁政感民，猛虎弗避，钟仪怀土，而谓之君子。”小人不安法，唯知安利惠也。又一云：“人君若安于刑辟，则民下怀利惠也。”故李充曰：“齐之以刑，则民惠利也。夫以刑制物者，刑胜则民离；以利望上者，利极则生叛也。”（《论语义疏》）

原文

子曰：“放于利而行，多怨。”（《里仁·12》）

译文

孔子说：“在位者为追逐利益而行事，必然招致民众对政事的怨刺。”

语境

《荀子·大略篇》：义胜利者为治世，利克义者为乱世。上重义则义克利，上重利则利克义，故天子不言多少，诸侯不言利害，大夫不言得失，士不通货财，有国之君不息牛羊，错质之臣不息鸡豚，冢卿不修币，大夫不为场园，从士以上皆羞利而不与民争业，乐分施而耻积臧，然故民不困财，贫窭者有所窜其手。（《论语集释》）

放，逐也。怨，怨刺上政。《礼》：“君子仕则不稼，田则不渔。”疏释：语出《礼记·坊记》。其上又引子云：“君子不尽利，以遗民。”郑注曰：“不与民争利也。”“抱关击柝，皆有常秩，不得兼利尽物。”疏释：语出《盐铁论·错币》。在此意指各行各业的人，均有其固定的收入，不允许兼收并取得多种财利。（《戴氏注论语小疏》）

程子曰：“欲利于己，必害于人，故多怨。”（《论语集注》）

原文

子曰：“不患无位，患所以立。不患莫己知，求为可知也。”（《里仁·14》）

译文

孔子说：“不要忧虑没有职位，应忧虑自己有没有获得职位的本领。不要担心没人知道自己，求得作为就有人知道自己了。”

语境

时多患无爵位，故孔子抑之也。言何患无位，但患己才暗无德以处立于位耳。（《论语义疏》）

—— 楼语 ——

不要抱怨无官或官小，要审视自己有没有任职的本领，用实绩证明自己。真有本事不用愁官，就算是不得任用，也只是机缘未到，相信天生我材必有用，是金子早晚要发光。假如你德才不备而居位，这才是你应该担忧的。

—— 原文 ——

子曰："君子喻于义，小人喻于利。"（《里仁·16》）

—— 译文 ——

孔子说："统治者懂得的在义，老百姓懂得的在利。"

—— 语境 ——

《笺》云："贾物而有三倍之利者，小人所宜知也。君子知之，非其宜也。孔子曰：'君子喻于义，小人喻于利。'"按：如郑氏说，则《论语》此章，盖为卿大夫之专利者而发，君子、小人以位言。董子对策曰："古之所予禄者，不食于力，不动于末，故利可均布，而民可家足。公仪子相鲁，见其家织帛，怒而出其妻，食于舍而茹葵，愠而拔其葵，曰：'吾已食禄，又夺园夫女红利乎？'古之贤人君子在列位者皆如是。及周之衰，其卿大夫缓于谊而急于利。尔好义，则民向仁而俗善；尔好利，则民向邪而俗败。由是观之，天子大夫，下民之所视傚，岂可居贤人之位而为庶人行哉？夫皇皇求利，唯恐匮乏者，庶人之意也；皇皇求仁义，常恐不能化民者，卿大夫之意也。"儒者知义利之辨，而舍利不言，可以守己，而不可以治天下之小人，小人利而后可义，君子以利天下为义。孔子此言，正欲君子之治小人者，知小人喻于利。（《论语正义》）

—— 原文 ——

子曰："见贤思齐焉，见不贤而内自省也。"（《里仁·17》）

—— 译文 ——

孔子说："见到贤人，就自思向他看齐；见到不贤的人，就反省自身品行。"

—— 语境 ——

齐，列也。高列所以广德，列贤则自进，列不贤则自退，是以《春秋》褒仪父而贱谷、邓。疏释：《春秋》隐公元年，"公及邾娄仪父盟于眛"。《公羊传》以为仪父是邾娄君之字，而称字是为了褒扬仪父能与隐公盟。《春秋》

桓公七年，“谷伯绥来朝，邓侯吾离来朝”。《公羊》以两君为“失地之君”，“贵者无后，待之以初”，故其称侯以朝。何休注曰：“失地君朝恶人，轻也。名者，见不世也。”按《公羊》以鲁桓公为恶君，故何休以两失地之君而朝恶君而轻之。（《戴氏注论语小疏》）

此章勉人为高行也。（邢昺《疏》）

此章当与三人行必有我师章合参。（《论语新解》）

楼语

相处的人无论贤与不贤，对己修德都有用，就看你怎么对待，见贤思齐，见不贤内省，这就是修身积德的好方法，长期坚持必成大德。可惜世人往往反其道而行之，见贤嫉妒，见不贤讥讽，有损己德而浑然不知，到头来长而无述。

原文

子曰：“三年无改于父之道，可谓孝矣。”（《里仁·20》）

译文

孔子说：“三年不改变父亲留下的合理部分，可以说是孝了。”

语境

居丧之礼。“升降不由阼阶，出入不当门隧”，三年之中，恒若父存。《春秋》书“武氏子来求赙”，义系乎父也。疏释：《春秋》隐公三年，“武氏子来求赙”。《公羊传》曰：“武氏子者何？天子之大夫也。其称武氏子何？讥。何讥尔？父卒，子未命也。”孔广森《公羊通义》曰：“时虽世大夫，亦俟三年丧毕，乃即先君之庙而命之。武氏子未没父丧，未受命为大夫，称子者犹系乎父之辞也。居丧之礼，升降不由阼阶，出入不当门隧，三年之中恒若父存，故义系乎父也。”（《戴氏注论语小疏》）

郑曰：“孝子在丧，哀戚思慕，无所改于父之道，非心所忍为。”（《论语集解》）

孝子在丧三年，哀慕犹若父存，无所改于父之道，可谓为孝也。（邢昺《疏》）

楼语

孔子时周礼遭到破坏，很多人都已不再遵守三年之丧，甚至孔子的弟子宰予也提出“三年之丧，期已久矣”，认为三年时间太长了。孔子是礼制的维护者，认为母亲怀抱婴儿三年，孝子理应为父母守孝三年，在这三年内不能改变父亲生前立下的规矩，这才叫孝。贵族孟懿子问孔子什么是孝时，孔子仅说“无违”二字，可见当时违礼之状况。

原文

子曰：“君子欲讷于言而敏于行。”（《里仁·24》）

译文

孔子说：“一个君子，要常想说话谨慎些，而做事敏捷些。”

语境

言君子但欲迟钝于言，敏疾于行，恶时人行不副言也。（邢昺《疏》）

谢氏曰：“放言易，故欲讷；力难行，故欲敏。”（《论语集注》）

捷语

轻言许愿、做事拖拉是一种不好的习气，与先天遗传、后天习染都有关系。怎样修养提高自己呢？以讷矫言，以敏矫行，通过长期的锻炼使自己成为一个说话谨慎而办事敏捷的人。那些惯于吹牛、轻易许愿的人不能轻信，他们往往是说的一套，做的一套，从不把做不到视为耻辱。

五、《公治长篇》五章

原文

子谓南容："邦有道，不废；邦无道，免于刑戮。"以其兄之子妻之。（《公冶长·2》）

译文

孔子评论南容："国家政治清明，他不会被废弃不用；国家政治黑暗，他谨于言行也不至被刑罚。"于是把自己的侄女嫁给了他。

语境

《家语》云："孟皮此时已卒，故孔子为兄子主婚。"（《论语正义》）

南容之德，若遇邦国有道，则常得见用在官，不被废弃。若遇邦国无道，则必危行言逊，以脱免于刑罚戮辱也。故以其兄之女与之为妻也。郑注《檀弓》云："南宫縚，孟僖子之子南宫阅。"以昭七年《左氏传》云孟僖子将卒，召其大夫云"属说与何忌于夫子"，以事仲尼，以南宫为氏，故《世本》云"仲孙获生南宫縚"是也。然则名縚，名括，又名阅，字子容，氏南宫，本孟氏之后也。（邢昺《疏》）

孟懿子之兄也。以其谨于言行，故能见用于治朝，免祸于乱世也。（《论语集注》）

原文

子曰："吾未见刚者。"或对曰："申枨。"子曰："枨也欲，焉得刚？"（《公冶长·11》）

译文

孔子说："我没看见过刚毅的人。"有人回答说："申枨。"孔子说："申枨欲望太多，怎么能刚毅？"

语境

夫子以时皆柔佞，故云吾未见刚者。或人闻孔子之言，乃对曰申枨性刚。夫子谓或人言，刚者质直寡欲，今枨也多情欲，情欲既多，或私佞媚，安得刚乎？（邢昺《疏》）

刚，坚强不屈之意，最人所难能也，故夫子叹其未见。（《论语集注》）

原文

子曰：“伯夷、叔齐不念旧恶，怨是用希。”（《公冶长·23》）

译文

孔子说：“伯夷、叔齐不记过去的仇恨，他们心中的怨恨也就少了。”

语境

伯夷、叔齐，孤竹君之二子。孟子称其“不立于恶人之朝，不与恶人言。与乡人立，其冠不正，望望然去之，若将浼焉”。其介如此，宜若无所容矣，然其所恶之人，能改即止，故人亦不甚怨之也。程子曰：“不念旧恶，此清者之量。”（《论语集注》）

言夷、齐所行，合乎忠恕。《春秋》狄秦，而于缪公能变则称伯，使有大夫，为大善辞，亦以此。（《戴氏注论语小疏》）

伯夷、叔齐：孤竹君的两个儿子，父亲死了，互相让位，而都逃到周文王那里。周武王起兵伐纣，他们拦住车马劝阻。周朝统一天下，他们以吃食周朝的粮食为可耻，饿死于首阳山。（《论语译注》）

原文

子曰：“孰谓微生高直？或乞醯焉，乞诸其邻而与之。”（《公冶长·24》）

译文

孔子说：“谁说微生高直率？有人向他要点醋，他不直说没有，却向邻居家要了点给人家。”

语境

于时世人多云微生高用性清直。孔子讥之，故云“孰谓微生高直”也。时微生家自无醯，而为乞者就己邻有醯者乞之，以与或人也。直人之行，不应委曲，今微生高用意委曲，故其讥非直也。（《论语义疏》）

微生姓，高名，鲁人，素有直名者。醯，醋也。人来乞时，其家无有，故乞诸邻家以与之。夫子言此，讥其曲意殉物，掠美市恩，不得为直也。范氏曰：“是曰是、非曰非、有谓有、无谓无，曰直。圣人观人于其一介之取予，而千驷万钟从可知焉。故以微事断之，所以教人不可不谨也。”（《论语集注》）

《庄子盗跖篇》：“尾生与女子期于梁下，女子不来，水至不去，抱梁柱而死。”高诱《注》云：“鲁人，则微生盖尝硁硁自守者，故当时或以为直也。”

(《论语正义》)

原文

子曰："十室之邑，必有忠信如丘者焉，不如丘之好学也。"(《公冶长·28》)

译文

孔子说："就是十户人家的地方，一定有像我这样具有忠信品质的人，但不像我这样好学。"

语境

夫子言己勤学也。(邢昺《疏》)

然有美质，必济之以学，斯可祛其所弊而进于知仁之道。(《论语正义》)

六、《雍也篇》三章

原文

子曰："质胜文则野，文胜质则史。文质彬彬，然后君子。"（《雍也·18》）

译文

孔子说："朴实多于文采，就未免粗俗；文采多于朴实，就未免虚浮。只有文采和朴实配合适当，这样才是君子。"

语境

此文"君子"，专指卿大夫、士。当时君子非质胜文，即文胜质，其名虽称君子，其实则曰野、曰史而已。夫子为之正其名，究其义，曰"文质彬彬，然后君子"，言非文质备，无以为君子矣。（《论语正义》）

文质，谓夏尚忠，商尚质，周尚文。（《论语集注》）

原文

子曰："觚不觚，觚哉！觚哉！"（《雍也·25》）

译文

孔子说："觚不像个觚，这哪里是觚啊！这哪里是觚啊！"

语境

《论语稽求篇》：觚不觚者，戒酗也。觚，酒器名。量可容二升者，其义寡也。古量酒以三升为当，五升为过，二升为寡，而制器者即因之。故凡设器命名，义各有取。君子顾其名当思其义，所谓名以实称也。今名虽为觚，而饮常不寡。实则不副，何以称名？故曰"觚哉觚哉"。今淫酗之家，饮常过多，虽复持觚，亦不寡少，故夫子借觚以叹之。（《论语集释》）

当于尔时，用觚酌酒，而沉湎无度，故孔子曰"觚不觚"也。觚失其礼，犹言君臣不君臣耳。（《论语义疏》）

觚哉！觚哉！言非觚也。以喻为政不得其道，则不成。郑注《礼器》云："凡觞，一升曰爵，二升曰觚，三升曰觯，四升曰角，五升曰散。"皇《疏》："一献之礼，宾主百拜，此则明有觚之用也。当于尔时用觚酌酒，而沉湎无度，故王肃曰：'当时沉湎于酒。'故孔子曰'觚不觚'，言不知礼也。'觚哉觚哉’，言用觚之失道也。”《诗》说所云“饮常寡少曰觚”，则此觚命名原与君子之称“孤”“寡”有同义也。今饮常不寡而仍称曰觚，名实乖矣，犹曰觚哉！政者，正也。其身不正，如正人何？政不得成，犹强名之。（《论语正义》）

原文

子曰：“君子博学于文，约之以礼，亦可以弗畔矣夫！”（《雍也·27》）

译文

孔子说：“君子广泛地学习古代的文化典籍，又以礼来约束自己，也就可以不离经叛道了！”

语境

《群经平议》：畔者，言畔喭也。博学于文，约之以礼，则自无畔喭之患矣。《先进篇》“由也喭”，郑《注》曰：“子路之行失于畔喭。”《正义》曰：“子路性刚，常失于礼容也。王弼云：‘刚猛也。’”据此，则畔喭为刚猛而无礼容，合言之曰畔喭，分言之则或曰畔，或曰喭矣。（《论语集释》）

畔犹反也，反礼即入刑，《春秋》所疾贬绝是也。（《戴氏注论语小疏》）

君子若博学于先王之遗文，复用礼以自检约，则不违道也。（邢昺《疏》）

七、《述而篇》十章

原文

子曰：“德之不修，学之不讲，闻义不能徙，不善不能改，是吾忧也。”（《述而·3》）

译文

孔子说：“品德不修养，学问不讲习，听到应当做的却不能亲身赴之，有缺点不能改正，这是我的忧虑啊。”

语境

四者是夫子诲人之语，而云“吾忧”者，正恐教术或疏，致有斯失，故引为己责也。（《论语正义》）

原文

子曰：“不愤不启，不悱不发。举一隅不以三隅反，则不复也。”（《述而·8》）

译文

孔子说：“教导学生，不到他实在想不通的时候，不去开导他；不到他实在说不出的时候，不去启发他。告诉他一个角，却不能推知另外三个角，那就不再教他了。”

语境

郑曰：“孔子与人言，必待其人心愤愤，口悱悱，乃后启发而说之。如此，则识思之深也，说则举一隅以语之，其人不思其类，则不复重教之。”郑注：“弟子初问，则告之以事义。不思其三隅相况以反解而筮者，此勤师而功寡，学者之灾也。渎筮则不复告，欲令思而得之，亦所以利义而干事也。”（《论语正义》）

欲学者勉于用力，以为受教之地也。程子曰：“愤悱，诚意之见于色辞者也，待其诚至而后告之。既告之，又必待其自得，乃复告尔。”又云：“不待愤悱而发，则知之不能坚固；待其愤悱而后发，则沛然矣。”（《论语集注》）

明孔子教人法也。（《论语义疏》）

按语

启发式教学是孔子留给世人的宝贵教育遗产，学子因启发而开悟，开悟而生智慧，遗憾的是现实教育中启发式教学越来越少了，取而代之的是满堂灌、题海战，有违教育教学的根本规律。人的悟性是在愤启悱发下培养出来的，古人知识总量远远不如现在，但我们却惊叹于他们能够认识到天地宇宙万物的发展变化规律，体察出我们至今都琢磨不透的世间大道，不能不说益于师者开悟启蒙之功。当世界都在追求快节奏的时候，教育不能盲目跟风，百年工程急不得，适于温火，要给思考留出时间。

原文

子食于有丧者之侧，未尝饱也。（《述而·9》）

评文

孔子帮人办理丧事时心情哀戚，吃饭从未饱过。

语境

《礼记·檀弓》记此文无“子”字“有”字。冯椅《论语解》曰：《檀弓》记此，盖古礼然也。是书所记礼仪多合《礼经》，当时不行而夫子举行之，故门人以度之耳。（《论语集释》）

孔子助丧家执事时，故得有食。饥而废事，非礼也。饱而忘哀，亦非礼。（邢昺《疏》）

礼：“斩衰三日不食，齐衰二日不食，大功三不食，小功、缌麻再不食，士与敛焉，则壹不食。”疏释：文见《礼记·间传》。（《戴氏注论语小疏》）

孔子助葬时也。为应执事，故必食也；必有哀色，故不饱也，故云。（《论语义疏》）

丧者哀戚，饱食于其侧，是无恻隐之心。（《论语集解》）

“吾少也贱，故多能鄙事。”（《论语》）究竟哪些“鄙事”，他未说，无从查考，大概扫地、做饭、洗衣、种菜、挑担、推车等家务劳动和给人放羊、放牛以至当人家有婚丧喜事时做吹鼓手之类的事，他都做过。（《孔子评传》）

原文

子于是日哭，则不歌。（《述而·10》）

评文

孔子在这天为吊丧哭过，就不再唱歌。

语境

孔子于是日闻丧或吊人而哭，则终是日不歌也。（邢昺《疏》）

此吊人之丧，既以情亲哀哭之故，一日之内，亦不得歌也。（《论语正义》）

天之道，寒燠不同时；人之情，哀乐不同日。故礼，“行吊之日不饮酒食肉”，而况于歌。疏释：文见《礼记·问传》。（《戴氏注论语小疏》）

原文

子之所慎：齐，战，疾。（《述而·13》）

译文

孔子所谨慎对待的是：斋戒、战争和疾病。

语境

斋者，先祭之名也。将欲祭祀，则先散斋七日、致斋三日也。斋之言齐也。人心有欲，散漫不齐，故将接神，先自宁静，变食迁坐，以自齐洁也。时人漫神，故于斋不慎，而孔子慎之也。战者，两刃相交，性命俄顷，身体发肤弥宜全重，时多暴虎，不避毁伤，唯孔子慎之，故后则云“子畏于匡”，及云“善人教民七年，亦不即戎”，又云“以不教民战，是谓弃之”，并是慎战也。疾者，宜将养制节饮食，以时人不慎，而孔子慎之也。（《论语义疏》）

慎齐，敬祖考；慎战，重民命；慎疾，爱性命。老子曰：“兵者不祥之器”“战胜以丧礼处之”。（《戴氏注论语小疏》）

原文

子曰：“我非生而知之者，好古，敏以求之者也。”（《述而·20》）

译文

孔子说：“我不是生来就有知识的人，而是爱好古代文化，靠勤奋获取知识的人。”

语境

时人必有以孔子为生知，故孔子直言其非。（《论语新解》）

《论语稽》：夫子当日即有圣人之称，然时人所谓圣者，第在多闻多知、博物强识、不待师学传授而无所不知，故震惊之也。不知夫子虽生知之圣，而亦未尝不藉学以成之。其不居生知者，谦辞。其言好古敏求者，亦自明其

功力之实也。（《论语集释》）

生知者，不待学而能知也。夫子亦是生知，特以生知为上，谦不敢居，且恐学者自恃聪质，将懈于学，故但以学知自承，且以劝勉人也。（《论语正义》）

原文

子曰："三人行，必有我师焉：择其善者而从之，其不善者而改之。"（《述而·22》）

译文

孔子说："三人同行，一定有我可以学习的：选择那些好的而师从，那些不好的反观自身而改正。"

语境

子产曰："其所善者，吾则行之；其所恶者，吾则改之。是吾师也。"《春秋》外离会不书，言不足别善恶，以此。疏释：子产语见《左传》襄公三十一年。离会，指春秋时期两国之间意见不合的盟会。（《戴氏注论语小疏》）

王朗曰："于时道消俗薄，鲜能崇贤尚胜，故讬斯言以厉之。夫三人之行，犹或有师，况四海之内，何求而不应哉！"（《论语义疏》）

原文

子以四教：文，行，忠，信。（《述而·25》）

译文

孔子用四种内容教育学生：历代文献，社会生活的实践，对待别人的忠心，与人交际的信实。

语境

"文"谓《诗》《书》《礼》《乐》，凡博学、审问、慎思、明辨，皆文之教也。"行"谓躬行也。中以尽心曰忠，恒有诸己曰信。人必忠信，而后可致知力行，故曰忠信之人，可以学礼。此四者，皆教成人之法，与教弟子先行后学文不同。（《论语正义》）

《义门读书记》：小学先行而后文，《弟子章》是也。大学先文而后行，此章是也。（《论语集释》）

孔子为教，恒用此四事为首，故云"子以四教"也。李充曰："其典籍辞义谓之文，孝悌恭睦谓之行，为人臣则忠，与朋友交则信，此四者，教之所

先也。故以文发其蒙，行以积其德，忠以立其节，信以全其终也。”（《论语义疏》）

按语

《学而·6》“弟子入则孝，出则悌，谨而信，泛爱众，而亲仁。行有余力，则以学文”。讲的是先行后文，阶段不同而已。《义门读书记》所言在理。小学阶段重行，后生小子的规矩、礼节在这个阶段很重要，这个做好了再去学文。“文”即《诗》《书》《礼》《乐》等先王遗文。此章所言之“文”表明已进入大学阶段，“大学之道在明明德”，学文才会多闻博识，开阔胸襟，通达事理，使“行”渐入自觉之境。杨伯峻《论语译注》将“行”解为“社会生活实践”，以对应于“历史文献”，译文从之。

原文

子钓而不纲，弋不射宿。（《述而·27》）

译文

孔子捕鱼用鱼竿不用鱼网，射鸟不射归巢的鸟。

语境

洪氏曰：“孔子少贫贱，为养与祭，或不得已而钓弋，如猎较是也。”（《论语集注》）

射飞不射宿，《春秋》之制不以夏田，以为飞鸟未去于巢，走兽未离于穴，恐伤害于幼稚，故于苑囿中取之，皆圣人恩及禽兽也。疏释：《春秋》桓公四年，“公狩于郎”。《公羊传》曰：“春曰苗，秋曰蒐，冬曰狩。”何休注曰：“不以夏田者，《春秋》制也。”按：周礼四时皆田，故何休以为不夏田是《春秋》制。（《戴氏注论语小疏》）

物茂卿《论语徵》云：“天子诸侯为祭及宾客则狩，岂无虞人之供，而躬自为之，所以敬也。狩之事大，而非士所得为，故为祭及宾客则钓弋，盖在礼所必然焉。古者贵礼不贵财，不欲必获。故在天子诸侯则三驱，在士则不纲不射宿。”（《论语正义》）

原文

子曰：“仁远乎哉？我欲仁，斯仁至矣。”（《述而·30》）

译文

孔子说：“仁离我们远吗？我想要实行仁，仁就到了。”

时人不肯行仁，故孔子引之也。（《论语义疏》）
《笔乘》："仁远乎哉？我欲仁，斯仁至矣。"此孔氏顿门也。（《论语集释》）
苞氏曰："仁道不远，行之即是。"（《论语注疏》）

八、《泰伯篇》八章

原文

子曰："泰伯，其可谓至德也已矣。三以天下让，民无得而称焉。"(《泰伯·1》)

译文

孔子说："泰伯可以说是品德最高了，他三次把天下让给季历，但民众拿不出实迹来称赞他。"

语境

泰伯，周太王之长子。次弟仲雍，少弟季历。季历贤，又生圣子文昌王，昌必有天下，故泰伯三以天下让于王季。其让隐，故民无得而称言之者，故所以为至德，而孔子美之也。郑玄注云："太王疾，泰伯因适吴、越采药，太王殁而不返，季历为丧主，一让也。季历赴之，不来奔丧，二让也。免丧之后，遂断发文身，三让也。三让之美，皆隐蔽不著，故人无得而称焉。"(邢昺《疏》)

《左》僖五年《传》："太伯、虞仲，太王之昭也。太伯不从，是以不嗣。"虞仲即仲雍。不从者，谓不从太王命立己为嗣也。《史记·周本纪》："古公有长子曰太伯，次曰虞仲。太姜生少子季历，季历生昌，有圣瑞。古公曰：'我世当有兴者，其在昌乎！'长子太伯、虞仲知古公欲立季历以传昌，乃二人亡如荆蛮，文身断发，以让季历。古公卒，季历立，是为公季。公季卒，子昌立，是为西伯。西伯曰文王。"当时民虽无称，而历世久远，夫子犹叹为至德，则亦王季厚明之所致矣。(《论语正义》)

原文

子曰："民可使由之，不可使知之。"(《泰伯·9》)

译文

孔子说："对于老百姓，可以使他们按照我们的意志去做，不能使他们懂得为什么要这样做。"

语境

此明天道深远，非人道所知也。张凭曰："为政以德，则各得其性，天下日用而不知，故曰‘可使由之’。若为政以刑，则防民之为奸，民知有防而为奸弥巧，故曰‘不可使知之’。言为政当以德，民由之而已，不可用刑，民知其术也。”（《论语义疏》）

由，用也。可使用而不可使知者，百姓能日用而不能知。凌氏鸣喈《论语解义》以此章承上章《诗》《礼》《乐》言，谓“《诗》《礼》《乐》可使民由之，不可使知之”，其说是也。愚谓上章是夫子教弟子之法，此“民”亦指弟子。《孔子世家》言：“孔子以《诗》《书》《礼》《乐》教，弟子盖三千焉，身通六艺者七十有二人。”身通六艺，则能兴、能立、能成者也。其能兴、能立、能成，是由夫子教之，故《大戴礼》言其事云“说之以义而视诸体”也。此则可使知之者也。自七十二人之外，凡未能通六艺者，夫子亦以《诗》《书》《礼》《乐》教之，则此所谓“可使由之，不可使知之”之民也。（《论语正义》）

原文

子曰：“好勇疾贫，乱也。人而不仁，疾之已甚，乱也。”（《泰伯·10》）

译文

孔子说：“好逞强又痛恨自己贫困，这种人容易作乱。对于不仁的人痛恨太过分，也容易出乱子。”

语境

人若本性不仁，则当以礼孙接，不可深疾之。若疾恶太甚，亦使为乱也。（邢昺《疏》）

夫不仁之人，当以理将养，冀其感悟，若憎疾之太甚，则此不仁者近无所在，必为逆乱也。（《论语义疏》）

原文

子曰：“三年学，不至于谷，不易得也。”（《泰伯·12》）

译文

孔子说：“读书三年并不存做官的念头，这是难得的。”

语境

《学记》：“比年入学，中年考校。一年视离经辨志，三年视敬业乐群，五年视博习亲师，七年视论学取友，谓之小成；九年知类通达，强立而不反，谓之大成。”若侯国取士，亦三年一行。后人躁于仕进，志在干禄，鲜有不安

小成者，故曰“不易得”。（《论语正义》）

原文

子曰：“笃信好学，守死善道。危邦不入，乱邦不居。天下有道则见，无道则隐。邦有道，贫且贱焉，耻也；邦无道，富且贵焉，耻也。”（《泰伯·13》）

译文

孔子说：“坚定地相信我们的道，努力学习它，誓死保全它。不进入政局不稳的国家，不居住在动乱的国家。天下太平就出来做官，天下不太平就隐居。国家政治清明而自己贫贱，是耻辱；国家政治黑暗而自己富贵，也是耻辱。”

语境

义之所在无贫穷，仁之所亡无富贵。鲁宣公篡子赤而立，公弟叔肸不仕其朝，不食其禄，终身于贫贱，《春秋》善之，以为盛德之士，故于其卒也，书而字之，以讽厉失俗。疏释：叔肸，鲁国公族，鲁文公之子，鲁宣公同母弟。《春秋》宣公十七年，“冬，十有一月，壬午，公弟叔肸卒”。《谷梁传》曰：“其曰公弟叔肸，贤之也。其贤之何也？宣弑而非之也。非之，则胡为不去也？曰：兄弟也，何去而之？与之财，则曰我足矣。织屦而食，终身不食宣公之食。君子以是为通恩也，以取贵乎《春秋》。”《公羊传》何休注：“称字者，贤之。宣公篡立，叔肸不仕其朝，不食其禄，终身于贫贱，故孔子曰‘笃信好学，守死善道。危邦不入，乱邦不居。天下有道则见，无道则隐’，此之谓也。”（《戴氏注论语小疏》）

原文

子曰：“狂而不直，侗而不愿，悾悾而不信，吾不知之矣。”（《泰伯·16》）

译文

孔子说：“狂妄而不直率，幼稚而不老实，无能而不诚信，这样的人我真不晓得他了。”

语境

叹时世与古反也。（《论语义疏》）

吾不知之者，甚绝之之辞，亦不屑之教诲也。苏氏曰：“天之生物，气质不齐。其中材以下，有是德则有是病。有是病必有是德，故马之蹄啮者必善走，其不善者必驯。有是病而无是德，则天下之弃才也。”（《论语集注》）

此为深绝之之辞。人之气质不齐，有美常兼有病，而有病亦兼有美。学问之功，贵能增其美而释其病，以期为一完人。一任乎天，则瑕瑜终不相掩。然苟具天真，终可以常情测之。今则仅见其病，不见其美，此非天之生人乃尔，盖习乎下流而天真已失。此等人不惟无可培育，抑亦不可测知，此孔子所以深绝之。(《论语新解》)

原文

子曰："巍巍乎，舜禹之有天下也而不与焉！"(《泰伯·18》)

译文

孔子说："多么崇高啊！舜、禹治理天下任贤使能，恭己无为而天下治。"

语境

孔子叹己不预见舜、禹之时也。若逢其时，则已宣道当用也。(《论语义疏》)

《论衡·语增》曰："舜承安继治，任贤使能，恭己无为而天下治。故孔子曰：巍巍乎舜禹之有天下也而不与焉。"(《论语诠解》)

原文

子曰："大哉尧之为君也！巍巍乎！唯天为大，唯尧则之。荡荡乎，民无能名焉。巍巍乎其有成功也，焕乎其有文章！"(《泰伯·19》)

译文

孔子说："伟大啊，尧这样的君主！多么崇高啊！只有天最高大，只有尧能效法天。他的恩德多么广大啊，百姓们不知道该用什么语言来称赞他。他的功绩是多么崇高呀，他制定的礼仪制度是多么光辉呀！"

语境

荡荡乎，民无能名焉，"大行受大名，细行受细名"。疏释：语出《逸周书·谥法解》。尧崩无谥，是"民无能名"。巍巍乎其有成功也，"通其变，使民不倦，神而化之，使民宜之"。疏释：语出《易·系辞下》。奂乎其有文章，文章，"五服五章"也，语出《尚书·皋陶谟》，孔安国曰："五服，天子、诸侯、卿、大夫、士之服也。尊卑彩章各异，所以命有德。"昔者孔子求书，得黄帝玄孙帝魁之书，迄秦穆公，定可为世法者百篇，郑玄《书论》引《尚书纬》之说。皆据周而录二王，运之三代，以见《春秋》通三统之义。至于上法唐、虞，加稽古之文，以周时《尧典》固《夏书》也。《尚书说》："孔子曰：使帝王受命，用吾道，述尧治世，平制礼乐，放唐之文。"此始尧之微旨。(《戴氏注论语小疏》)

九、《子罕篇》五章

原文

子罕言利与命与仁。(《子罕·1》)

译文

孔子平日很少谈利而赞同命、赞同仁。

语境

时至春秋，君之道微，故夫子罕言利，则以其理精微，人或误习其说，而唯知有利，不复知有义矣。(《论语正义》)

备箸于《易》《春秋》，不以设教，故见为罕言也。(《戴氏注论语小疏》)

原文

子曰："吾有知乎哉？无知也。有鄙夫问于我，空空如也。我叩其两端而竭焉。"(《子罕·8》)

译文

孔子说："我有知识吗？缺乏知识啊。有一个乡下人来问我，很诚恳的样子。我从他所疑问题的两端反过来叩问他，一步步问到穷竭处，使他开悟。"

语境

夫子应问不穷，当时之人，遂谓夫子无所不知，故此谦言"无知"也。此鄙夫来问夫子，其意甚诚恳，故曰"空空如"。因鄙夫力不能问，故反问而详告之也。(《论语正义》)

孔子谦言己无知识，但其告人，虽于至愚，不敢不尽耳。(《论语集注》)

原文

子曰："三军可夺帅也，匹夫不可夺志也。"(《子罕·26》)

译文

孔子说："可以夺取三军的统帅，谁也夺不走匹夫坚定的意志。"

语境

匹夫虽微，苟守其志，不可得而夺也。言人守志不移也。（《论语注疏》）

匹夫之守志，重于三军之死将。（《戴氏注论语小疏》）

楼语

孔子自述一生之经历，首言立志，“吾十有五而志于学”，然后才是三十、四十云云；在“道、德、仁、艺”的表述中，亦首言“志于道”，再言“据于德、依于仁、游于艺”，可见“志”之先决。儒家强调内求，志向是人的内在动因，有志则进，就像昼夜不停之川流，无志则止，就像为山亏于一篑。志向要牢固，既然确立就不再动摇，不为外物所动，要想动摇比夺三军之帅还难。志向要长远，但遗憾的是惯看俗人常立志，少见英才立志长。康有为《论语注》云：“立志，为学者第一事，志不立，则天下无可为者。”

原文

子曰：“衣敝缊袍，与衣狐貉者立，而不耻者，其由也与？‘不忮不求，何用不臧？’”子路终身诵之。子曰：“是道也，何足以臧？”（《子罕·27》）

译文

孔子说：“在这样一个崇尚奢华的社会，穿着破旧棉袍与穿着狐貉皮袍的人站在一起而没有感到不体面的，大概只有仲由吧！‘不嫉妒，不贪求，怎么会不善呢？’”子路老是叨念着这两句诗。孔子又说：“仅仅把这作为修身之道，怎么会足以成就大善呢？”

语境

当时人尚奢华，皆以恶衣为耻，唯子路能果敢率素，虽服败麻枲着袍裘，与服狐貉轻裘者并立而不为羞耻，故云“其由也与”。子路得孔子美己才以为美，故终身长诵“不忮不求，何用不臧”之言也。孔子见子路诵之不止，故抑之也。颜延之曰：“惧其伐善也。”（《论语义疏》）

于时人已服裘，子路犹衣敝袍也。（《论语集释》）

孔子言之，以善子路也。子路以夫子善己，故常称诵之。孔子见子路诵之不止，惧其伐善，故抑之。（邢昺《疏》）

子路之志如此，则能不以贫富动其心，而可以进于道矣，故夫子称之。终身诵之，则自喜其能，而不复求进于道矣，故夫子复言此以警之。（《论语集注》）

不疾害，不贪求，言远利也。子路志在乎是，故乐诵是言。言不忮不求

之行，何足以为善哉，欲进之以乐道好礼。（《戴氏注论语小疏》）

原文

子曰：“可与共学，未可与适道；可与适道，未可与立；可与立，未可与权。”（《子罕·30》）

译文

孔子说：“能够同他一起学习的人，未必能够同他一起学到道；能够同他一起学道的人，未必能够同他一起坚守道；能够同他一起坚守道的人，未必能够同他一起通权达变。”

语境

《春秋传》曰：“权者反乎经，然后有善者也。行权有道，自贬损以行权，不害人以行权。杀人以自生，亡人以自存，君子不为也。”《春秋传》，即《公羊传》，文见桓公十一年。（《戴氏注论语小疏》）

悟语

同门共学，若干年后德学有别；相处共事，若干年后富贵悬殊，同样富贵的人道亦有高低。此章诫人自省自励，有志方可进阶。

十、《先进篇》五章

原文

南容三复白圭，孔子以其兄之子妻之。(《先进·6》)

译文

南容把“白圭之玷，尚可磨也；斯言之玷，不可为也”的几句诗读了又读，孔子看他有慎言之德就把侄女嫁给了他。

诠说

孔曰：“《诗》云：‘白圭之玷，尚可磨也。斯言之玷，不可为也。’南容读《诗》至此，三反覆之，是其心慎言也。”孔子知其贤，故以其兄之女子妻之。此《大雅·抑篇》刺厉王之诗也。《毛传》云：“玷，缺也。”笺云：“斯，此也。玉之缺，尚可磨鑢而平，人君政教一失，谁能反覆之?”意言教令尤须谨慎。白玉为圭，圭有损缺，犹尚可更磨鑢而平，若此政教言语之有缺失，则遂往而不可改。为王者，安危在于出令，故特宜慎之。(《论语注疏》)

白圭有所玷缺，尚可磨治令其全好，若人言忽有瑕玷，则驷马不及，故云“不可为也”。南容慎言语，读《诗》至“白圭”之句，乃三过反复，修玩无已之意也。(《论语义疏》)

南容一日三复此言，事见《家语》，盖深有意于谨言也。此邦有道所以不废，邦无道所以免祸，故孔子以兄子妻之。(《论语集注》)

子贡说南宫韬之行曰：“独居思仁，公言言义，其闻《诗》也，一日三复‘白圭之玷’。”夫子信其仁，以为异姓，谓妻之也。子贡之语见《大戴礼记·卫将军文子》，其引《诗》见《大雅·抑》。(《戴氏注论语小疏》)

原文

季路问事鬼神。子曰：“未能事人，焉能事鬼?”曰：“敢问死。”曰：“未知生，焉知死?”(《先进·12》)

译文

季路问怎样去事奉鬼神。孔子说：“活人还不能事奉好，怎么能去事奉死人呢?”季路说：“我大胆地请问死是怎么回事?”孔子说：“活着的道理还没弄明白，怎么能明白死呢？”

语境

问事鬼神，盖求所以奉祭祀之意。死者人之所必有，不可不知，皆切问也。然非诚敬足以事人，则必不能事神；非原始而知所以生，则必不能反终而知所以死。盖幽明始终，初无二理，但学之有序，不可躐等，故夫子告之如此。(《论语集注》)

周孔之教，唯说现在，不明过去未来。(《论语义疏》)

孔子只教人求知人生大道，如孝悌，如忠恕，此应尽人所可知，亦是尽人所能学。孔子不教人闯越此关，于宇宙鬼神己所不知处去求，是孔子言知，极简约平易，可使人当下用力也。(钱穆《孔子传》)

原文

子曰："由之瑟奚为于丘之门？"门人不敬子路。子曰："由也升堂矣，未入于室也。"(《先进 · 15》)

译文

孔子说："仲由鼓瑟之声，为什么发在我文雅之门？"孔子的弟子因此而不尊敬子路。孔子说："仲由在学习上已经升堂了，只是还没有入室罢了。"

语境

子路性刚，其鼓琴瑟亦有壮气。孔子知其必不得以寿终，故每抑之，言：汝鼓瑟何得在于我门？我门文雅，非用武之所也。故自称名以抑之。侃谓：此门非谓孔子之所住之门，正是圣德深奥之门也。孔子讥瑟，本非谓子路可轻，政在于"行行"耳。而门人不达斯意，承而慢之，故孔子解说之也。(《论语义疏》)

《家语 · 辨乐解》：子路鼓琴，孔子闻之，谓冉有曰："甚矣由之不才也！夫先王之制音也，奏中声以为节，入于南，不归于北。南者，生育之乡。北者，杀伐之域。故君子之音温柔居中，以象生育之气，忧愁之戚不加于心也，暴厉之动不在于体也，夫然者乃所谓治安之风也。小人之风则不然，亢厉微末以象杀伐之气，中和之感不载于心，温和之动不存于体，夫然者乃所以为乱之风。由今也匹夫之徒，曾无意于先王之制，而习亡国之声，乌能保其六七尺之体也哉？"冉有以告子路，子路惧而自悔，静思不食，以至骨立。夫子曰："过而能改，其进矣乎。"(《论语集释》)

《家语》云："子路鼓瑟，有北鄙杀伐之声。"盖其气质刚勇，而不足于

中和，故其发于声者如此。（《论语集注》）

马曰：“子路鼓瑟，不和《雅》《颂》。”（《论语集解》）

原文

柴也愚，参也鲁，师也辟，由也喭。（《先进·18》）

译文

高柴愚笨，曾参迟钝，颛孙师偏激，仲由鲁莽。

语境

《四书湖南讲》：此必夫子平时零碎议论，门人汇记于此，故不用“子曰”字冠首。（《论语集释》）

杨氏曰：“四者性之偏，语之使知自励也。”吴氏曰：“此章之首，脱‘子曰’二字。”或疑下章子曰，当在此章之首，而通为一章。（《论语集注》）

原文

子曰：“论笃是与，君子者乎？色庄者乎？”（《先进·21》）

译文

孔子说：“赞许说话诚实的人，但要辨别他是真正的君子呢？还是仅在容貌上庄重的人呢？”

语境

此亦答善人之道也。当是异时之问，故更称“子曰”。俱是答善，故共在一章也。（《论语义疏》）

“论笃”者，谓口无择言。“君子”者，谓身无鄙行。“色庄”者，不恶而严，以远小人。言此三者，皆可以为善人。夫子言“善人不得见之”，及此言及“善人”，举所见论笃、君子、色庄三者以当之。盖此三者，皆可谓之善人。（《论语正义》）

十一、《颜渊篇》三章

原文

棘子成曰："君子质而已矣，何以文为？"子贡曰："惜乎，夫子之说君子也！驷不及舌。文犹质也，质犹文也。虎豹之鞟犹犬羊之鞟。"（《颜渊·8》）

译文

棘子成说："君子只要本质好就行了，何必要讲文采呢？"子贡说："您这样谈论君子，可惜说错了。一言既出，驷马难追。文采就像本质，本质就像文采，都是同等重要的。如果去掉有文采的毛，虎豹的皮就如同犬羊的皮了。"

诸说

棘子成，卫大夫子成，欲在位者皆去文存质也。虎豹喻君子，犬羊喻小人也。《春秋》捄周之文，从殷之质，三王之道相循环，非废文也。子成欲独存质，意过于野而无君子，故子贡非之。（《戴氏注论语小疏》）

夫子言"文质彬彬，然后君子"，棘子成或闻其语，妄以君子但当尚质，不必用文，故子贡惜其说君子为易言，虽追悔之，无及于舌也。（《论语正义》）

棘子城云：君子所行，但须质朴而足，何必用于文华乎？子贡闻子城之言而讥之也。虎豹所以贵于犬羊者，政以毛文炳蔚为异耳。今若取虎豹及犬羊皮，俱灭其毛，唯余皮在，则谁复识其贵贱，别于虎豹与犬羊乎？譬于君子所以贵者，政以文华为别。今若遂使质而不文，则何以别于君子与众人乎？（《论语义疏》）

郑曰："旧说云：棘子成，卫大夫。"棘子成意疾时多文章。（《论语注疏》）

按语

孔子时，周礼面临着废弃，他适时提出了仁，但仁也难以施行，孔子强调礼仁二者均不可偏废，只注重仁而不讲礼，仁就失去了存在的依托。

原文

子曰："博学于文，约之以礼，亦可以弗畔矣夫！"（《颜渊·15》）

译文

孔子说："广泛地学习文献，又用礼来约束自己，也就可以不离经叛道了。"

语境

君子若博学于先王之遗文，复用礼以自检约，则不违道也。与《雍也篇》同，当是弟子各记所闻，故重载之。（邢昺《疏》）

原文

子贡问友。子曰："忠告而善道之，不可则止，毋自辱焉。"（《颜渊·23》）

译文

子贡问怎样对待朋友。孔子说："忠心地劝告他，好好地劝导他，他不听就算了，不要自取其辱。"

语境

子贡咨求朋友之道也。朋友主切磋，若见有不善，当尽己忠心告语之，又以善事更相诱导也。若彼苟不见从，则便止而不重告也。若重告不止，则彼容反见骂辱，故云"无自辱焉"。（《论语义疏》）

责善，朋友之道也。然不可则宜止，不复言，所以全交，亦所以养其羞恶之心，使之自悟也。（《论语正义》）

按语

社会关系有五伦：君臣、父子、夫妇、兄弟、朋友，朋友是其一伦。友的作用是辅仁，朋友之间既要相互信任，还要善于劝谏。见友有非不可不真诚劝告，如友不听就不要再劝了，否则自取其辱，正与"数斯疏矣"吻合。友人不听劝，也可能是你劝说的方式不妥，不必再劝，也可能是对方固执地认为自己没错，亦不必再劝，只有待其自悟了。子贡之问必有所指，具体何指暂无考证。

十二、《子路篇》九章

原文

子曰："其身正，不令而行；其身不正，虽令不从。"（《子路·6》）

评文

孔子说："为政者自身正了，不用发令百姓就会去做；自身不正，即使发令百姓也不会信从。"

语境

《春秋》以仁治人，以义正我，天子不自正则去天称王，诸侯不自正则去爵称人，大夫不自正则去族称名。天子失礼不正，则不称"天王"，而是去"天"，直接称"王"，以示对天子的批评。桓十五年，"邾娄人、牟人、葛人来朝"。《公羊传》："皆何以称人？夷狄之也。"徐彦以为是"朝桓恶人而贬称人"。此即诸侯不自正去爵称人之例。隐二年，"无骇帅师入极"。《公羊传》以无骇为始灭人国而去氏，此即大夫不自正则去族称名。（《戴氏注论语小疏》）

为政者当以身先也。言人之上，其身若正，不在教令，民自观化而行之。（《论语注疏》）

《汉书·公孙弘传》："上古尧、舜之时，不贵爵赏而民观善，不重刑罚而民不犯，躬率以正而遇民信也。末世贵爵厚赏而民不劝，深刑重罚而奸不止，其上不正，遇民不信也。"（《论语正义》）

原文

子曰："'善人为邦百年，亦可以胜残去杀矣。'诚哉是言也！"（《子路·11》）

评文

孔子说："古语说过'善人治理国家，经过一百年之久，才可以使残暴之人不为恶，不再用刑杀之法了。'这话确实对呀！"

语境

盖古有是言，而夫子称之。尹氏曰："胜残去杀，不为恶而已，善人之功如是。若夫圣人，则不待百年，其化亦不止此。"（《论语集注》）

《论语意原》：此所以叹当世之习乱，而痛斯民未有反古之日也。（《论语集释》）

原文

子曰："如有王者，必世而后仁。"（《子路·12》）

译文

孔子说："如果有圣人受天命而兴起，也一定要三十年的时间才能使仁道行于天下。"

语境

《春秋》于所传闻世，著治始起；于所闻世，治禀禀进升平；于所见世，治太平见。新王反正之渐也。（《戴氏注论语小疏》）

王者谓圣人受命而兴也。三十年为一世。或问："三年、必世，迟速不同，何也？"程子曰："三年有成，谓法度纪纲有成而化行也。渐民以仁，摩民以义，使之浃于肌肤，沦于骨髓，而礼乐可兴，所谓仁也。此非积久，何以能致？"（《论语集注》）

原文

子曰："苟正其身矣，于从政乎何有？不能正其身，如正人何？"（《子路·13》）

译文

孔子说："在位者果真端正了自身的行为，管理政事有什么难的？不能端正自身，怎能去端正别人呢？"

语境

朱子《或问》：晁氏以为此专为为臣而发，理或然也。（《论语集释》）

言政者正也，欲正他人，在先正其身也。（《论语注疏》）

身弗正，欲以正人，君子弗予。"《春秋》之义，用贵治贱，用贤治不肖，不以乱治乱也。孔子曰：'怀恶而讨，虽死不服。'"故于楚虔之执蔡般，杀齐庆封，皆夺之，义辞也。楚虔之执蔡般，见《春秋》昭公十一年，"夏，四月，丁巳，楚子虔诱蔡侯般，杀之于申"。（《戴氏注论语小疏》）

原文

子曰："南人有言曰：'人而无恒，不可以作巫医。'善夫！""不恒其德，或承之羞。"子曰："不占而已矣。"（《子路·22》）

译文

孔子说："南方人有句话说：'人如果没有恒心，连巫医都做不了。'这句话说得真好啊！"《易经·恒卦》的爻辞说："人不能长久地坚持自己的德行，有的免不了要遭受羞辱。"孔子又说："这两句话是说，没有恒心的人用不着去占卦了。"

语境

孔曰："此《易·恒卦》之辞，言德无常则羞辱承之。"郑曰："《易》所以占吉凶，无恒之人，《易》所不占。"（《论语集解》）

孔子引《易·恒卦》不恒之辞，证无恒之恶。言人若为德不恒，则必羞辱承之。（《论语义疏》）

孔子曾引《易·恒卦》上的两句话"不恒其德，或承之羞"后，接着就说："不占而已矣"，意思是《恒卦》上说的这两句话，不是占卜的话，而是鼓励人做什么事都应持之以恒。（匡亚明《孔子评传》）

原文

子曰："君子和而不同，小人同而不和。"（《子路·23》）

译文

孔子说："君子能取长补短，协调各种不同的意见，但不盲从附和；小人盲从附和只求一致，不讲不同意见的协调。"

语境

史伯曰："和实生物，同则不继。"语出《国语·郑语》。（《戴氏注论语小疏》）

《左传》昭公二十年，晏子说："君臣亦然。君所谓可，而有否焉，臣献其否以成其可；君所谓否，而有可焉，臣献其可以去其否。"（《论语译注》）

楼语

"和"与"不同"是区分君子与小人的一个重要标志。如何理解"和"与"不同"呢？比如做汤，应有主料、辅料以及佐料，在一定的火候下放入不同的东西，经过熬制，一个颜色、味道、营养俱佳的汤做成了，这个汤就相当于是"和"，如果没有各个"不同"，只是加水断然是成不了汤的。正如一个方案的形成，出台前要广泛征求各方意见，方案才能切实可行，君子的态度是深入调研提出不同，以促成最后的和谐。小人则相反，有不同意见不说，而是察言观色、投其所好、唯上是从，表面上意见一致，实质上是不和谐。

原文

子贡问曰："乡人皆好之，何如？"子曰："未可也。""乡人皆恶之，何如？"子曰："未可也，不如乡人之善者好之，其不善者恶之。"（《子路·24》）

译文

子贡问："全乡人都喜欢他，这个人怎么样？"孔子说："还不能肯定。"子贡又问："全乡人都厌恶他，这个人怎么样？"孔子说："还不能肯定，不如全乡的好人都喜欢他，全乡的坏人都厌恶他。"

语境

《公羊》庄十七年《传·注》引此文。（《论语正义》）

乱世之民，以是为非，以伪乱真，故不如以己行观乡人之善恶，使善善明而恶恶著。（《戴氏注论语小疏》）

乡人皆好之，是善善不明；乡人皆恶之，是恶恶不著。若乡人之善者善之，恶者恶之，则是善善分明，恶恶显著也。（邢昺《疏》）

子贡问孔子云：设有一人，为乡人共所崇好之，则此人如何？孔子不许。更问：设其乡之人皆共憎恶此人，则何如？子曰："未可也。"（《论语义疏》）

原文

子曰："刚、毅、木、讷近仁。"（《子路·27》）

译文

孔子说："刚强、果敢、朴实、说话迟钝的人，接近于仁。"

语境

《四书困勉录》：春秋之末，渐成一利口世界。《庄子》以利口谈理，《战国策》以利口议事，夫子所以思木讷之近仁。然则思刚毅者何？曰此则以乡愿多也。《论语稽》：刚毅近于高明，木讷近于沉潜，虽各得一偏，然绝无取巧习气，故曰近仁。（《论语集释》）

四者行之质，若加文，则成仁矣，故近仁。（《戴氏注论语小疏》）

杨氏曰："刚毅则不屈于物欲，木讷则不至于外驰，故近仁。"（《论语集注》）

原文

子路问曰："何如斯可谓之士矣?"子曰："切切偲偲，怡怡如也，可谓士矣。朋友切切偲偲，兄弟怡怡。"(《子路·28》)

译文

子路问："怎么样才可以称为士呢?"孔子说："互相批评勉励，和睦共处，可以算是士了。朋友之间互相批评勉励，兄弟之间和睦共处。"

语境

兄弟骨肉，理在和顺，故须怡怡如也。缪协云："以为朋友不唯切磋，亦贵和谐；兄弟非但怡怡，亦须戒厉。然友道缺，则面朋而匿怨；兄弟道缺，则阋墙而外侮。何者?忧乐本殊，故重弊至于恨匿。将欲矫之，故云朋友切切偲偲、兄弟怡怡也。"(《论语义疏》)

子路行行，斯切切怡怡之意少矣，故孔子以此箴之。(《论语新解》)

十三、《宪问篇》十一章

原文

子曰：“士而怀居，不足以为士矣。”（《宪问 · 2》）

译文

孔子说：“作为读书人却留恋安逸，就不配做读书人了。”

语境

吴氏英《经句说》：“士初生时，设弧于门左，为将有事于四方也。膂力方刚，经营四方，士之志也。若系恋所居，乃偷安而无意人世者，故孔子警之。”（《论语正义》）

《左传》僖公二十三年记载着晋文公的流亡故事，说他在齐国安居下来，有老婆，有家财，便不肯再移动了。他老婆姜氏便对他说：“行也！怀与安，实败名。”便和此意相近。（《论语译注》）

原文

南宫适问于孔子曰：“羿善射，奡荡舟，俱不得其死然。禹稷躬稼而有天下。”夫子不答。南宫适出，子曰：“君子哉若人！尚德哉若人！”（《宪问 · 5》）

译文

南宫适向孔子问道：“羿善于射箭，奡善于水战，最后都不得好死。禹和稷都亲自种植庄稼，却得到了天下。”怎么解释这些历史呢？孔子没有回答。南宫适出去后，孔子说：“这个人真是个君子啊！这个人多么崇尚道德啊！”

语境

适疾时君好力战不修民事，而问称禹、稷，其意已明，故夫子不答，而于适出称美之，言若此人宜在高位为君子，知有天下以德服，不以力服也。（《戴氏注论语小疏》）

适之意盖以羿、奡比当世之有权力者，而以禹、稷比孔子也，故孔子不答。然适之言如此，可谓君子之人，而有尚德之心矣，不可以不与，故俟其出而赞美之。（《论语集注》）

南宫括字子容。问孔子曰：“羿善射……尚德哉若人！”三复“白圭之

玷"，以其兄之子妻之。（《史记·仲尼弟子列传》）

原文

子曰："爱之，能勿劳乎？忠焉，能勿诲乎？"（《宪问·7》）

译文

孔子说："爱他，能不教他勤劳吗？忠于他，能不以正道教诲他（执政者）吗？"

语境

《诗》曰："心乎爱矣，遐不谓矣。"文见《诗经·小雅·隰桑》。（《戴氏注论语小疏》）

《国语·鲁语》下说："夫民劳则思，思则善心生；逸则淫，淫则忘善，忘善则恶心生。"（《论语译注》）

原文

子曰："为命，裨谌草创之，世叔讨论之，行人子羽修饰之，东里子产润色之。"（《宪问·8》）

译文

孔子说："郑国拟定一项外交辞令，裨谌起草，世叔提出意见，外交官子羽修饰字句，东里子产润色完成。"

语境

郑国之为辞命，必更此四贤之手而成，详审精密，各尽所长。是以应对诸侯，鲜有败事。孔子言此，盖善之也。（《论语集注》）

孔曰："裨谌，谋于野则获，于国则否。郑国将有诸侯之事，则使乘车以适野，而谋作盟会之辞也。"（《论语注疏》）

原文

或问子产。子曰："惠人也。"问子西。曰："彼哉！彼哉！"问管仲。曰："人也。夺伯氏骈邑三百，饭疏食，没齿无怨言。"（《宪问·9》）

译文

有人问子产怎么样。孔子说："给人恩惠的人。"又问子西。孔子说："他呀！他呀！"又问管仲。孔子说："仁人。他剥夺了伯氏的骈邑三百家，伯氏一直吃粗饭过活，但至死没有怨言。"

语境

子产相郑，先恩而后法，故曰“古之遗爱”。子西，楚令尹公子申，有定楚功，故或以为问。再言彼哉者，切遽意，言不可久于彼国也。孔子至楚，昭王思用孔子，为子西所沮，故欲速去之矣。（《戴氏注论语小疏》）

春秋时有三个子西。一子产之同宗兄弟，此两人常以同事见优劣，且相继执政，齐、鲁间人熟知此两人，故连带问及。论郑事，此子西必系郑子西可知。其他二子西，皆楚大夫。一宜申，谋乱被诛，一公子申，后孔子死。（《论语新解》）

原文

子曰：“贫而无怨难，富而无骄易。”（《宪问·10》）

译文

孔子说：“贫穷而没有怨恨难做到，富贵而不骄傲好做到。”

语境

人之贫乏，多所怨恨，而无怨为难。江熙云：“颜渊无怨，不可及也。”人若丰富，好生骄逸，而无骄为易。江熙云：“子贡不骄，犹可能也。”（《论语注疏》）

贫交困于饥寒，所以有怨，若能无怨者，则为难矣。富贵丰足，无所应怨，然而无骄则为易也。（《论语义疏》）

使颜渊处子贡之富则易，使子贡居颜渊之贫则难。此处见学养高下，非孔门之奖贫贱富。（《论语新解》）

明在位者，当知所急也。（《戴氏注论语小疏》）

原文

子曰：“其言之不怍，则为之也难。”（《宪问·20》）

译文

孔子说：“说起来大言不惭，那他做起来就不容易。”

语境

疾时人内无其实而辞多惭怍。（邢昺《疏》）

曾子曰：“君子出言以鄂鄂，行身以战战，亦殆免于罪矣。”疏释：《大戴礼记·曾子立事》。鄂鄂，虑辩注：“鄂鄂，辨厉也。”（《戴氏注论语小疏》）

原文

子曰："古之学者为己，今之学者为人。"（《宪问·24》）

译文

古代学者修养自己的学问道德，现代学者装饰自己给别人看。

语境

《论语稽》：古者八岁入小学，十五入大学，人无不学也。其入学也，自洒扫应对而极于修齐治平，皆切于日用之事，故曰为己。三代以后，唯士入学，其他则否。士之为学，每以见知于人，博取富贵为心，较古人之学，名同而实异，故此章以为己、为人两言括之。（《论语集释》）

孔曰："为己，履而行之。为人，徒能言之。"（《论语集解》）

古人之学，则履而行之，是为己也。今人之学，空能为人言说之，己不能行，是为人也。（邢昺《疏》）

原文

子曰："骥不称其力，称其德也。"（《宪问·33》）

译文

孔子说："对于千里马，不是称赞它的气力，而是称赞它的品德。"

语境

骥，古之善马。德者，调良之谓，谓有五御之威仪。《周官·保氏职》"五驭"，郑司农云："五驭：鸣和鸾，逐水曲，过君表，舞交衢，逐禽左。"此谓御者之容。骥马调良，能有其德，故为善马。人之称之当以此。（《论语正义》）

"鸣和鸾"谓行车时和鸾之声相应，节奏统一；"逐水曲"指随逐水势之屈曲而不坠水；"过君表"指经天子的表位而有礼仪；"舞交衢"指过交叉道时驱驰自如而应于舞节；"逐禽左"谓行猎时追逐禽兽从左面射获。有此驭车者之容，则骥马有调良之德，故为善马。（《戴氏注论语小疏》）

疾时尚力取胜，而不重德。（邢昺《疏》）

于时轻德重力，故孔子引譬言之也。言伯乐曰，骥非重其力，政是称其美德耳。骥既如此，而人亦宜然。江熙曰："称伯乐曰，骥有力而不称，君子虽有兼能，而唯称其德也。"（《论语义疏》）

原文

或曰：“以德报怨，何如？”子曰：“何以报德？以直报怨，以德报德。”（《宪问·34》）

译文

有人说：“用恩德来报答怨恨，怎么样？”孔子说：“用什么来报答恩德呢？不如有怨恨用正直来报答，有恩德用恩德来报答。”

语境

直者，不以爱憎诬人以善恶。晋范氏之臣王生恶张柳朔，言诸昭子，使为柏人。昭子曰：“非而仇乎？”对曰：“私仇不及公，好不废过，恶不去善，义之经也。”事见《左传》哀公十五年。《表记》曰：“以德报怨，则宽身之仁；以怨报德，则刑僇之民。以德报德，则民有所劝；以怨报怨，则民有所惩。”言以怨报怨者，传久失其本矣。（《戴氏注论语小疏》）

楼语

在现实生活中，常有一些善良的人不分善恶总以恩德回报对方，明知恶人坑害他，可还是施以善心试图感化恶人，以为这样是在讲仁义。其实不然，孔子是不赞成以德报怨的，真正的仁者不仅仅是爱人，还要敢于憎恶恶人，做到是非分明，让恶人没有市场，无处藏身，如果以恩德相报，岂不压抑了好人而纵容了恶人，特别是在礼崩乐坏、世风日下的社会环境下更应坚守道义。

原文

子曰：“贤者辟世，其次辟地，其次辟色，其次辟言。”子曰：“作者七人矣。”（《宪问·37》）

译文

孔子说：“贤者逃避恶浊的社会，次一等的逃避动乱的地方，再次一等的避免难看的脸色，再次一等的回避伤人的恶言。”孔子又说：“这样做的已经有七人了。”

语境

包曰：“为之者凡七人，谓长沮、桀溺、丈人、石门、荷蒉、仪封人、楚狂接舆。”王弼云：“七人：伯夷、叔齐、虞仲、夷逸、朱张、柳下惠、少连。”郑康成云：“伯夷、叔齐、虞仲，辟世者；荷蓧、长沮、桀溺，辟地者；

柳下惠、少连，辟色者；荷蒉、楚狂接舆，辟言者。七当为十字之误也。”（《论语注疏》）

七人，长沮、桀溺、丈人、石门晨人、荷蒉、仪封人、楚狂接舆也。（《戴氏注论语小疏》）

此乃孔子慨叹世乱，以指同时人为是。《论语》记孔子所遇隐士，如长沮、桀溺、荷蓧丈人、石门、荷蒉、仪封人、狂接舆，适得七人之数。（《论语新解》）

十四、《卫灵公篇》十五章

原文

子曰："无为而治者其舜也与？夫何为哉？恭己正南面而已矣。"（《卫灵公·5》）

译文

孔子说："能够从容安静而使天下太平的人大概只有舜吧？他做了什么呢？庄严端正地坐在朝廷的王位上罢了。"

语境

言任官得其人，故无为而治。（《论语集解》）

原文

子曰："不曰'如之何，如之何'者，吾末如之何也已矣。"（《卫灵公·16》）

译文

孔子说："祸难已成，当权者不想方设法治理，我也不知该怎么办了。"

语境

陆贾《新语·慎微篇》："故孔子遭君暗臣乱，众邪在位，政道隔于王家，仁义闭于公门，故作公陵之歌，伤无权力于世。大化绝而不通，道德私而不用，故曰'无如之何者，吾末如之何也已矣'。夫言道因权而立，德因势而行。不在其位者，则无以齐其政；不操其柄者，则无以制其刚。"此《论语》家旧说，指世乱言之。（《论语正义》）

"不曰如之何"意思就是不动脑筋。《荀子·大略篇》说："天子即位，上卿进曰，如之何，忧之长也。"则说如之何的，便是深忧远虑的人。（《论语译注》）

此章戒人预防祸难也。若曰奈是何者，则是祸难已成，不可救药，吾亦无奈之何。（《论语注疏》）

如之何，谓事卒至，非己力势可奈何者也。言人生常当思虑，卒有不可如之何之事，逆而防之，不使有起。若无虑而事欻起，是"不曰如之何"事也。孔安国曰："如之何者，言祸难已成，吾亦无如之何也。"（《论语义疏》）

楼语

孔子时，王室衰落，诸侯群起，佞臣当道，众邪居位，鲁国连年饥荒，百姓流离失所，盗贼随之四起，季康子不是想方设法发展农桑、稳定人口，而是倒行逆施采取加田赋、杀无道的办法，加剧了社会的混乱无序，孔子仁政德治的主张没人采纳，深叹无位无权道无以行。

原文

子曰："群居终日，言不及义，好行小慧，难矣哉！"（《卫灵公·17》）

译文

孔子说："整天聚在一块，说话从不涉及道义，专好卖弄小聪明，难以做人啊！"

语境

此章是夫子家塾之戒。夫子言人群居当以善道相切磋，不可以非义小慧相诱引也。（《论语正义》）

或曰：孔子此言，乃为当时之学校发。当时学校详情，今已不可知。（《论语新解》）

原文

子曰："君子求诸己，小人求诸人。"（《卫灵公·21》）

译文

孔子说："君子要求自己，小人要求别人。"

语境

求，责也。董子曰："《春秋》为仁义法。仁在爱人，不在爱我。义在正我，不在正人。"（《戴氏注论语小疏》）

楼语

儒家修身强调内求。得孔子真传的曾子每天都要内省：替别人办事是否尽心竭力了？同朋友交往是否遵守诚信了？老师传授的学业是否用心复习了？不断内修最终成为儒家五圣之一。卫国老友蘧伯玉派人来看望孔子，孔子问来人他老人家在做什么，来人说"欲寡其过而未能也"，意思是说他老人家想减少自己的过错却还没能做到啊。孔子对蘧伯玉能经常反省以减少过失的做法十分赞赏，称其为君子。我们在日常人际交往中，由于主客观、内外部等多方面的原因难免会产生分歧和矛盾，在问题面前是检讨自身还是指责别人体现着一个人的人文修养和价值取向。儒家强调自省并不等于不顾客观事实，也不是忽略外部因素，内省的积极意义在于通过反思而发现自己的过失以吸取教训，避免再犯，成就君子人格，修身方可齐家、治国、平天下，孔子赞赏颜回“不迁怒，不贰过”说的就是不迁怒于别人，不犯同样的错误。君子把内求作为日课来提高修养，排除杂念私欲，近于仁义。小人则反，不知内省，遇事惯于埋怨别人，推脱责任，殊不知违道之行正在招致日后之恶名。

原文

子曰：“吾犹及史之阙文也。有马者借人乘之，今亡矣夫!”（《卫灵公·26》）

评文

孔子说：“我还能够看到史书存疑的地方。有马的人自己不会调教，先给别人使用，今天没有这种精神了！”

语说

宋氏翔凤《发微》云：“《周礼·保氏》教之六艺：四曰五驭，五曰六书。御与书同在六艺，皆国子监之所当教，故孔子言‘执御’。又言‘正名’，言‘雅言’，所以教门弟子者，与天子诸侯之设官无以异也。”班氏《艺文志》云：“古制书必同文，不知则阙，问诸故老。至于衰世，是非无正，人用其私。故孔子曰：‘吾犹及史之阙文也，今亡矣夫!’盖伤其浸不正。”夫子时，六艺之学将废，故俗多穿凿，不免自以为是也。(《论语正义》)

包曰：“古之良史，于书字有疑则阙之，以待知者。有马不能调良，则借人乘习之。孔子自谓及见其人如此，至今无有矣。言此者，以俗多穿凿。”(《论语集解》)

孔子此叹世浇流迅速，时异一时也。古史为书，若于字有不识者，则悬而阙之，以俟知者，不敢擅造为者也。孔子自云己及见昔史有此时阙文也。当孔子末年时，史不识字，辄擅而不阙，有马不调，则耻云其不能，必自乘之，以致倾覆，故云“今亡也矣夫”。(《论语义疏》)

原文

子曰：“众恶之，必察焉；众好之，必察焉。”（《卫灵公·28》）

评文

孔子说：“大家都厌恶的，一定要去考察；大家都喜欢的，也一定要去考察。”

语境

善言以逢世，则众或好之；正行不苟合，则众或恶之。纤微皆审，谓之察也。(《戴氏注论语小疏》)

原文

子曰：“人能弘道，非道弘人。”(《卫灵公·29》)

译文

孔子说：“人的德才能弘大道，道不能弘大人的德才。”

语境

《论语述要》：朱子谓道如扇，人如手，手能摇扇，扇如何能摇手。此谁不知，夫子何必为此闲言？意必有一义也。盖自有人类以来，初只浑浑噩噩，久而智力相积，文物灿然；一人由始生至长大，积以学思，道日推阐，亦然，是人能弘道之说也。夫子之时，老氏之流曰人法天，天法道，道法自然。曰道无为而无不为，是道能弘人之说也。彼以礼义为出于人为而不足贵，而欲不藉人力，一任道之自然，究必人事日就退化，是夫子非道弘人之说也。(《论语集释》)

道随才为大小，故人能自大其道，即可极仁圣之诣，而非道可以弘人。故行之不著，习矣不察，终身由之，而不知其道，则仍不免为众。《中庸记》所云“苟不至德，至道不凝焉”，即此意也。《汉书·董仲舒传》：“夫周道衰于幽、厉，非道亡也，幽、厉不繇也。至于宣王，思昔先王之德，兴滞补弊，明文、武之功业，周道粲然复兴。”(《论语正义》)

道由人兴，亦由人行。自有人类，始则浑浑噩噩，久而智德日成，文物日备，斯即人能弘道。人由始生，渐至长大，学思益积益进，才大则道随而大，才小则道随而小。《中庸》云：“苟不至德，至道不凝焉。”此言非有大德之人，大道亦不在其身凝聚，此亦人能弘道，非道弘人也。若道能弘人，则人人尽成君子，世世尽是治平，学不必讲，德不必修，坐待道弘矣。(《论语新解》)

原文

子曰：“吾尝终日不食，终夜不寝，以思，无益，不如学也。”(《卫灵公·31》)

译文

孔子说：“我曾经整天不吃、彻夜不睡地思索，结果也没受益，不如向人学问。”

语境

此为思而不学者言之，盖劳心以必求，不如逊志而自得也。(《论语集注》)

言我尝竟日终夕不食不眠，以思天下之理，唯学益人，余事皆无益，故云“不如学也”。(《论语义疏》)

原文

子曰：“知及之，仁不能守之；虽得之，必失之。知及之，仁能守之；不庄以莅之，则民不敬。知及之，仁能守之，庄以莅之，动之不以礼，未善也。”(《卫灵公·33》)

译文

孔子说：“一个人的聪明才智足以达到那治国之道，但他的仁德不能保持它；即使得到，也一定还会丧失。聪明才智达到了，仁德也足以保持它，但不能用严肃的态度来治理百姓，那么百姓就不会认真地生活和工作。聪明才智达到了，仁德足以保持它，也能用严肃的态度来治理百姓，但动员百姓时不能按礼的要求，那也是不够好的。”

语境

翟氏《考异》：旧注谓此章论居官临民之法。(《论语集释》)

知足以及之，而不能守其位，不仁故也。正其衣冠，尊其瞻视，以作民敬。《易》曰：“黄帝、尧、舜垂衣裳而天下治。”(《戴氏注论语小疏》)

原文

子曰：“君子不可小知而可大受也，小人不可大受而可小知也。”(《卫灵公·34》)

译文

孔子说：“君子不能用小事情考验他，但可以接受重大使命；小人不能接受重大使命，但可以用小事情考验他。”

语境

凡《春秋》于蔡季、纪季、季友、叔肸，皆书字贵之，明有王者当起为天子上大夫，可大任也。《春秋》桓公十七年，“秋，八月，蔡季自陈归于蔡”。何休注曰：“称字者，蔡侯封人无子，季次当立，封人欲立献舞而疾害季，季辟之陈。封人死，归反奔丧，思慕三年，卒无怨心，故贤而字之。出奔不书者，方以起季奔丧归，故使若非出奔归。不称弟者，见季不受父母之尊，起宜为天子大夫。天子大夫不得与诸侯亲通，故鲁季子、纪季皆去其氏，唯卒以恩录亲，季友、叔肸卒是也。”（《戴氏注论语小疏》）

原文

子曰：“当仁，不让于师。”（《卫灵公·36》）

译文

孔子说：“遇行仁之事，自己应率先向前，不必与老师谦让。”

语境

急于行仁，不暇复顾礼让。若救患周急之事。楚司马子反擅君命与宋人平。《春秋》鲁宣公十四年，“楚子围宋”，十五年，“宋人及楚人平”，即指的是“司马子反擅君命与宋人平”之事。其事备载于《公羊传》：“外平不书，此何以书？大其平乎己也。何大其平乎己？庄王围宋，军有七日之粮尔！尽此不胜，将去而归尔。于是使司马子反乘堙而窥宋城。宋华元亦乘堙而出见之。”司马子反曰：“子之国何如？”华元曰：“惫矣！”曰：“何如？”曰：“易子而食之，析骸而炊之。”司马子反曰：“嘻！甚矣，惫！虽然，吾闻之也，围者柑马而秣之，使肥者应客。是何子之情也？”华元曰：“吾闻之：君子见人之厄则矜之，小人见人之厄则幸之。吾见子之君子也，是以告情于子也。”司马子反曰：“诺，勉之矣！吾军亦有七日之粮尔！尽此不胜，将去而归尔。”揖而去之。反于庄王。庄王曰：“何如？”司马子反曰：“惫矣！”曰：“何如？”曰：“易子而食之，析骸而炊之。”庄王曰：“嘻！甚矣，惫！虽然，吾今取此，然后而归尔。”司马子反曰：“不可。臣已告之矣，军有七日之粮尔。”庄王怒曰：“吾使子往视之，子曷为告之？”司马子反曰：“以区区之宋，犹有不欺人之臣，可以楚而无乎？是以告之也。”庄王曰：“诺，舍而止。虽然，吾犹取此，然后归尔。”司马子反曰：“然则君请处于此，臣请归尔。”庄王曰：“子去我而归，吾孰与处于此？吾亦从子而归尔。”引师而去之。故君子大其平乎己也。（《戴氏注论语小疏》）

此章是夫子示门人语。盖事师之礼，必请命而后行，独当仁则宜急行，故告以不让于师之道，恐以辗转误人生死也。人于事，值有当行仁者，不复让于师，所谓“闻斯行之”也。（《论语正义》）

原文

子曰："事君，敬其事而后其食。"（《卫灵公·38》）

译文

孔子说："事奉君主，要认真办事而把领取俸禄的事放在后面。"

语境

《檀弓》云："仕而未有禄者"，可见当时人臣居位，有不得禄。然只去位则可，若在位而但计及食禄，不复敬君之事，则大不可。（《论语正义》）

江熙云："恪居官次，以达其道，事君之意也。盖伤时利禄以事君之也。"（《论语义疏》）

撩语

敬业是仕者永恒的精神，用今天的话来说就是先把工作干好，再考虑待遇问题。根据语境列举的文献可知，只谋求待遇而不认真对待工作的做法古已有之，孔子是很反对的，因此伤感时世利禄以事君。君子事君该采取怎样的做法呢？孔子答樊迟问仁时说："仁者先难而后获，可谓仁矣。"（《雍也·22》）弟子樊迟请教孔子什么是仁，孔子说"仁人先把难事做了而后再收获，可以说是仁德了"。朱熹《论语集注》讲："君子之仕也，有官守者修其职，有言责者尽其忠，皆以敬吾之事而已，不可先有求禄之心也。"儒家的义利观强调先义后利，见得思义。有志报国者当自觉地把个人利益与国家发展结合起来，关键时候能致其身无条件地服从国家需要。和平的社会环境容易滋生个人利己主义思想，择业先看待遇、做事先谈价钱而置国家民族大义于后的观念有违儒家根本道义，正侵蚀着优秀传统文化的根基，吾辈当深忧细思之。

原文

子曰："有教无类。"（《卫灵公·39》）

译文

孔子说："人只该有教化，不再分贵贱之类别。"

语境

人乃有贵贱，同宜资教，不可以其种类庶鄙而不教之。（《论语义疏》）

孔门富如冉有、子贡，贫如颜渊、原思，孟懿子为鲁之贵族，子路为卞

之野人，曾参之鲁，高柴之愚，皆为高第弟子，故东郭惠子有“夫子之门何其杂”之疑。(《论语新解》)

楼语

孔子之前，受教育者均为贵族子弟，平民子弟没有受教育的权利，孔子开办私学打破了贵贱类别，开始招收平民子弟，赋予平民同等的受教育的权利，使得平民出身的弟子有机会跨入士阶层，参与国家管理，从而改变了学子的个人命运和国家治理结构，开创了中国教育发展史的新纪元。

原文

子曰：“道不同，不相为谋。”(《卫灵公·40》)

译文

孔子说：“彼此主张不同，就不值得在一起商议。”

语境

唯与小人贼道者，有善恶邪正之分，斯难于相谋矣。(《论语新解》)

《史记·伯夷列传》引此文云：“亦各从其志也。”(《论语正义》)

原文

子曰：“辞达而已矣。”(《卫灵公·41》)

译文

孔子说：“言辞只要能表达意思就行了。”

语境

《群经义证》“辞多则史，少则不达，辞苟足以达，义之至也”，谓为当时邦交之辞而发。按：此说较有根据，可备一说。(《论语集释》)

言语之法，使辞足宜达其事而已，不须美奇其言以过事实也。(《论语义疏》)

十五、《季氏篇》五章

原文

孔子曰：“益者三乐，损者三乐。乐节礼乐，乐道人之善，乐多贤友，益矣。乐骄乐，乐佚游，乐宴乐，损矣。”（《季氏 · 5》）

译文

孔子说：“有益的快乐有三种，有害的快乐有三种。以礼乐调节自身为快乐，以称道别人的好处为快乐，以有许多贤德之友为快乐，这是有益的。以骄肆为快乐，以游荡为快乐，以饮食荒淫为快乐，这是有害的。”

语境

君子乐人有善，若详录宋伯姬是。“详录宋伯姬”，鲁襄公三十年，《春秋》书曰：“五月，甲午，宋灾。伯姬卒。”何休《解诂》曰：“外灾例时，此日者，为伯姬卒日。”以本当书时而书日，是为之详录。所以详录宋伯姬，为其能守妇道之礼。（《戴氏注论语小疏》）

原文

孔子曰：“侍于君子有三愆：言未及之而言谓之躁，言及之而不言谓之隐，未见颜色而言谓之瞽。”（《季氏 · 6》）

译文

孔子说：“陪着君子说话容易犯三种过失：没轮到你说话却先说，叫作急躁；该说话了却不说，叫作隐瞒；不先看君子的脸色而贸然说话叫作瞎了眼。”

语境

未见颜色而言谓之瞽，比之于无目者。《礼》：“凡与大人言，始视面，中视抱，卒视面，毋改。”见《仪礼 · 士相见礼》“始视面”，谓始时观其颜色可否进言；“中视抱”，抱指衣领下至带之间，谓既进言，视抱，容听者思之，且视下于面，以示尊敬；“卒视面”，最后视其是否听纳己言；“勿改”，谓端正容体以等待，不变动改容。（《戴氏注论语小疏》）

按语

“君子”在《论语》中有时指有位者，有时指有德者，此处兼而言之。这告诉我们在陪着君子说话时什么时候该说，什么时候不该说，以避免过失。太爱表现自己，不分场合、不看时机地抢话插话易讨人嫌，要学会倾听；太过矜持该说而不说易惹不诚实之嫌，说则辞达而已，勿巧言令色，意欲修为者当思而慎之。

原文

孔子曰：“君子有三畏：畏天命，畏大人，畏圣人之言。小人不知天命而不畏也，狎大人，侮圣人之言。”（《季氏·8》）

译文

孔子说：“君子有三项敬畏：敬畏天命，敬畏地位高贵的人，敬畏圣人的话。小人不懂得天命因而也不敬畏，不尊重地位高贵的人，轻侮圣人的话。”

语境

畏大人，大人谓天子诸侯，为政教者。《春秋》终始，治桓之无王，而绝卫侯朔，臭梁之会恶大夫盟，皆以著其无畏。疏释：鲁桓公弑隐公而立，从公羊家的角度看，《春秋》于桓公元年、二年、十年、十八年之外，均不书“王正月”，董仲舒《春秋繁露·玉英》曰：“桓之志无王，故不书王。”桓公三年何休注曰：“无王者，以见桓公无王而行也。二年有王者，见始也。十年有王者，数之终也。十八年有王者，桓公之终也，明终始有王，桓公无之尔。不就元年见始者，未无王也。”《春秋》桓十六年冬，“卫侯朔出奔齐”，《公羊传》曰：“卫侯朔何以名？绝。曷为绝之？得罪于天子也。”《春秋》襄公十六年：“三月，公会晋侯、宋公、卫侯、郑伯、曹伯、莒子、邾娄子、薛伯、杞伯、小邾娄子于臭梁。戊寅，大夫盟。”《公羊传》曰：“诸侯皆在是，其言大夫盟何？信在大夫也。何言乎信在大夫？遍刺天下之大夫也。曷为遍刺天下之大夫？君若赘旒然。”何休注曰：“以旒旒喻者，为下所执持东西。”侮圣人之言，好变古易常，以圣人为不足法，若鲁宣公。宣公十五年，“初税亩”，《公羊传》称之为“变古易常”。（《戴氏注论语小疏》）

原文

孔子曰：“生而知之者上也；学而知之者次也；困而学之，又其次也；困而不学，民斯为下矣。”（《季氏·9》）

译文

孔子说："生来就知道的人，是上等；经过学习而知道的人，是次等；遇到困难再去学习的人，又次一等；遇到困难还不学习，老百姓就是这种最下等的了。"

信境

困学之事，当百致其功也。若使困而不学，则蠢然罔觉，斯为材质之最下者，不得为士类矣。(《论语正义》)

困而学之，此中人也。困而不学，礼不下庶人，欲勉民使至于士也。(《戴氏注论语小疏》)

原文

孔子曰："君子有九思：视思明，听思聪，色思温，貌思恭，言思忠，事思敬，疑思问，忿思难，见得思义。"(《季氏 · 10》)

译文

孔子说："君子有九种要思考的事：看的时候，要思考是否看明白了；听的时候，要思考是否听清楚了；自己的脸色，要思考是否温和；容貌态度，要思考是否谦恭；言谈说话，要思考是否忠诚；办事要思考是否谨慎严肃；遇到疑问，要思考怎样向别人请教；愤怒时，要思考是否有后患；看见所得，要思考是否合乎义的准则。"

信境

皆所以畏天命也。"阳推五福以类升，阴幽六极以类降。"疏释：五福六极均据《尚书 · 洪范》："五福：一曰寿，二曰富，三曰康宁，四曰攸好德，五曰考终命；六极：一曰凶短折，二曰疾，三曰忧，四曰贫，五曰恶，六曰弱。"凡貌、言、视、听、思心，五者或失，则逆及人心，人心逆则五气为沴，谪见于天。五气，指金、木、水、火、土五行之气。五气为沴，指五行之气不和而生灾害。故《鸿范》别灾异之应，皆宣明天道以徵来事。(《戴氏注论语小疏》)

十六、《阳货篇》十一章

原文

子曰："性相近也，习相远也。"（《阳货·2》）

译文

孔子说："先天的性情是相近的，是后天的教育和习染把人的差距拉大了。"

语境

《中庸疏》：感五行在人为五常，得其清气备者为圣人，得其浊气简者为愚人，圣人以下，愚人以上，所禀或多或少，故分为九等。孔子云："唯上智与下愚不移。"二者之外，逐物移矣，故《论语》云："性相近，习相远也。"亦据中人七等也。王充《论衡·本性篇》曰："宓子贱、漆雕开、公孙尼子皆言性有善有恶。"此必闻诸夫子者也。《论语》诸弟子之言，汉、唐诸儒引之皆以为夫子之言，盖夫子所尝言，而诸弟子述之者也。然则三子之言性，皆本夫子之言性可知。《论衡》云："周人世硕以为性有善有恶，在所养焉，作《养书》一篇。宓子贱、漆雕开、公孙尼子之徒，亦论情性，与世子相出入，皆言性有善恶。孟子作《性善》之篇，以为人性皆善，未为实也。"又云："孟轲言人性善者，中人以上者也。孙卿言人性恶者，中人以下者也。扬雄言人性善恶混者，中人也。"（《论语集释》）

戴氏震《孟子字义疏证》："孔子但言善相近，意在于警人慎习，非因论性而发，故不必直断以善与！有人性即相近也，善也。《论语》言'性相近'，正见人无有不善。分别性与习，然后有不善，而不可以不善归性。凡得养失养及陷溺梏亡，咸属于习也。"（《论语正义》）

子贡曰："夫子之言性与天道不可得而闻。"《论语》唯本章言及性字，而仅言其相近。孔子责习不责性，以勉人为学。（《论语新解》）

孔曰："君子慎所习。"（《论语集解》）

原文

子曰："唯上知与下愚不移。"（《阳货·3》）

译文

孔子说："只有极善极恶的人是改变不了的。"

语境

程子曰："所谓下愚有二焉：自暴自弃也。人苟以善自治，则无不可移，虽昏愚之至，皆可渐磨而进也。唯自暴者拒之以不信，自弃者绝之以不为，虽圣人与居，不能化而入也，仲尼之所谓下愚也。然其质非必昏且愚也，往往强戾而才力有过人者，商辛是也。圣人以其自绝于善，谓之下愚，然考其归则诚愚也。"（《论语集注》）

孔曰："上知不可使为恶，下愚不可使强贤。"《论衡·本性篇》亦云："孔子曰：'性相近也，习相远也。'夫中人之性，在所习焉。习善而为善，习恶而为恶也。至于极善极恶，非复在习。故孔子曰：'唯上智与下愚不移。'性有善不善，圣化贤教，不能复移易也。"（《论语正义》）

原文

子曰："由也！女闻六言六蔽矣乎？"对曰："未也。""居！吾语女。好仁不好学，其蔽也愚；好知不好学，其蔽也荡；好信不好学，其蔽也贼；好直不好学，共蔽也绞；好勇不好学，其蔽也乱；好刚不好学，其蔽也狂。"（《阳货·8》）

译文

孔子说："仲由呀！你听说过六种品德和六种弊病吗？"子路回答说："没有。"孔子说："坐下！我告诉你。爱好仁德而不爱好学习，它的弊病是受人愚弄；爱好聪明而不爱好学习，它的弊病是行为放荡；爱好诚信而不爱好学习，它的弊病是受人伤害；爱好直率而不爱好学习，它的弊病是说话尖刻；爱好勇敢而不爱好学习，它的弊病是犯上作乱；爱好刚强而不爱好学习，它的弊病是狂妄自大。"

语境

范氏曰："子路勇于为善，其失之者，未能好学以明之也，故告之以此。"（《论语集注》）

"六言六弊"是古成语，夫子以其义问子路也。六言皆心知之善，而不好学皆有所弊。凡尊长问己，己将答之，皆起离席以申敬也。对毕就坐，若未毕，尊长命之坐，则坐。（《论语正义》）

《笔解》韩曰："由之为人直勇刚，故以绞乱狂戒之耳。"（《论语集释》）

礼："君子问更端，则起。"（邢昺《疏》）

夫所欲问子路：汝曾闻六言而每言以有弊塞之事乎？言既有六，故弊亦有六，故云"六言六弊"之。六言六弊，下六事，谓仁、智、信、直、勇、刚也。子路得孔子问，避席而对曰"未也"，故孔子呼之使复坐也，吾当语汝也。（《论语义疏》）

楼语

好学之德决定和影响着其他德目，"仁、知、信、直、勇、刚"之美德不是先天的，赖后天之好学方可成德于己。六德虽好，如不好学则不明其道，反而会走向六德之对立面，好学的重要性不言而喻。好学是一生之功，乃孔门修养之高境界，孔子只许颜回达于此境，其他弟子均不及。

原文

子曰："色厉而内荏，譬诸小人，其犹穿窬之盗也与？"（《阳货·12》）

译文

孔子说："外表装作威严而内心怯弱，以各色小人作比喻，大概就像是钻墙洞的小偷吧？"

语境

疾时人体与情反也。（邢昺《疏》）

原文

子曰："道听而途说，德之弃也。"（《阳货·14》）

译文

孔子说："在路上听到就在路上传播的那种人，是品德的弃物。"

语境

疾时人不习而传之也。言闻之于道路，则于道路传而说之，必多谬妄，为有德者所弃也。（邢昺《疏》）

德必由内心修而后成。故必尊师博文，获闻嘉言懿训，而反体之于我心，潜修密诣，深造而默成之，始得为己之德。道听，听之易。途说，说之易。入于耳，即出于口，不内入于心，纵闻善言，亦不为己有。其德终无可成。德不弃人，而曰"德之弃"，深言其无分于成德。（《论语新解》）

原文

子曰："鄙夫可与事君也与哉？其未得之也，患得之。既得之，患失之。苟患失之，无所不至矣。"（《阳货·15》）

译文

孔子说："卑鄙的小人，能和他一起事奉君主吗？他在没有得到富贵时，总担心得不到。已经得到了，又担心失去它。如果他担心失掉富贵，那他就什么事都干得出来了。"

语境

患得之者，患不能得之。楚俗言。楚之风俗，其言语如此也，呼患不得为患得之也。（《论语义疏》）

鄙夫，庸恶陋劣之称。小则吮痈舐痔，大则弑父与君，皆生于患失而已。胡氏曰："许昌靳裁之有言曰：'士之品大概有三：志于道德者，功名不足以累其心；志于功名者，富贵不足以累其心；志于富贵而已者，则亦无所不至矣。'志于富贵，即孔子所谓鄙夫也。"（《论语集注》）

原文

子曰："古者民有三疾，今也或是之亡也。古之狂也肆，今之狂也荡；古之矜也廉，今之矜也忿戾；古之愚也直，今之愚也诈而已矣。"（《阳货·16》）

译文

孔子说："古时的百姓有三种毛病，现在的人或许连这也没有了，有的却是比古时更恶的毛病。古代狂妄的人任意直言，现在狂妄的人放荡不羁；古代矜持的人威不可犯，现在矜持的人凶恶蛮横；古代愚笨的人直率，现在愚笨的人以此为手段欺骗人而已！"

语境

论今人浇薄，不如古人也。（邢昺《疏》）

江熙云："今之民无古者之疾，而病过之也矣。"（《论语义疏》）

昔所谓疾，今亦无之，伤俗之益衰也。（《论语集注》）

《四书辨疑》：夫子止是伤其时风益衰，民俗所习，渐不如古，故有此叹，非论气禀偏正也。（《论语集释》）

原文

子曰："巧言令色，鲜矣仁。"（《阳货·17》）

译文

孔子说："花言巧语、面目伪善的人，缺少仁心！"

语境

以巧言令色为甚佞，则不仁可知。然夫子犹云"鲜矣"者，不忍重斥之，犹若有未绝于仁也。（《论语正义》）

原文

子曰："恶紫之夺朱也，恶郑声之乱雅乐也，恶利口之覆邦家者。"（《阳货·18》）

译文

孔子说："我厌恶用紫色取代红色，厌恶郑国的靡靡之音扰乱了正统的雅乐，厌恶花言巧语导致国家倾覆的小人。"

语境

《群经补义》曰："玄冠紫緌自鲁桓公始，此尚紫之渐。齐桓公有则紫欲卖之，先自服之，国人争买，其价十倍。春秋末，卫浑良夫紫衣狐裘，太子数其罪而杀之。则当时竞尚紫矣，故曰恶紫之夺朱。"（《论语集释》）

孔子讲"放郑声""恶郑声之乱雅乐"，都是把郑之乐曲与《韶》《舞》对应提出的。春秋后期，礼崩乐坏，郑卫之声蓬勃而起，并逐步形成一股"新乐"的洪流，冲击荡涤着雅乐。（匡亚明《孔子评传》）

紫是间色，朱是正色，正色宜行，间色宜降，不得用间色之物，以妨夺正色之用也。言此者，为时多以邪人夺正人，故孔子讬云恶之者也。（《论语义疏》）

古代以朱为正色。但春秋时代有些君主喜欢穿紫色衣服，以紫色取代了朱色的正统地位。（唐满先《论语今译》）

《韩诗外传》："人之利口赡辞者，人畏之，畏之斯恶之。子曰：'恶利口之覆邦家者。'"（《论语正义》）

原文

子曰："饱食终日，无所用心，难矣哉！不有博弈者乎？为之，犹贤乎

已。”（《阳货·22》）

译文

孔子说：“整天吃饱了饭，什么心思也不用，难有出息呀！不是有掷采下棋的游戏吗？干这也比闲着好。”

语境

疾人之不学也。夫子为其饱食终日，无所据乐，善生淫欲，故教之曰：“不有博弈之戏者乎？若其为之，犹胜乎止也。”欲令据此为乐，则不生淫欲也。（邢昺《疏》）

《论语稽》：博弈之事，不惟使人费时失业，而又易启贪争之心，是岂可为者哉？然饱食而心无所用，则淫辟之念生，而将无所不为矣，故不如博弈者之为害犹小也。（《论语集释》）

原文

子贡曰：“君子亦有恶乎？”子曰：“有恶：恶称人之恶者，恶居下流而讪上者，恶勇而无礼者，恶果敢而窒者。”曰：“赐也亦有恶乎？”“恶徼以为知者，恶不孙以为勇者，恶讦以为直者。”（《阳货·24》）

译文

子贡说：“您也有厌恶的人吗？”孔子说：“有厌恶：厌恶宣扬别人坏处的人，厌恶身居下位而诽谤上位的人，厌恶勇敢而不懂礼节的人，厌恶果敢而不通事理的人。”孔子说：“赐，你也有厌恶的人吗？”子贡说：“厌恶偷袭别人的成绩当作聪明的人，厌恶把不谦逊当作勇敢的人，厌恶把揭发别人短处当作正直的人。”

语境

不当暴扬人恶。《春秋》之义，讥其重者而已。《春秋》之义，有数事可讥，讥不胜讥，则择其重者而讥。如庄公四年，“冬，公及齐人狩于郜。”《公羊传》曰：“公曷为与微者狩？齐侯也。齐侯则其称人何？讳与仇狩也。前此者有事矣，则曷为独于此焉讥？于仇者，将壹讥而已，故择其重者而讥焉，莫重乎其与仇狩也。于仇者则曷为将壹讥而已？仇者无时焉可与通，通则为大讥，不可胜讥，故将壹讥而已，其余从同同。”礼：“为人臣下者，有谏而无讪。”语出《礼记·少仪》。（《戴氏注论语小疏》）

称人恶，则无仁厚之意。下讪上，则无忠敬之心。勇无礼，则为乱。果而窒，则妄作。故夫子恶之。杨氏曰：“仁者无不爱，则君子疑若无恶矣。子

贡之有是心也，故问焉以质其是非。”侯氏曰：“圣贤之所恶如此，所谓唯仁者能恶人也。”（《论语集注》）

旧说子贡问孔子曰：天下君子之道，有所憎疾以不乎？江熙曰：“君子即夫子也。”《礼记》云：“昔者仲尼与于蜡宾，事毕出，喟然而叹。言偃曰：‘君子何叹乎？’”子曰：“有恶。孔子答言：君子亦有所憎恶也。”（《论语义疏》）

十七、《尧曰篇》一章

原文

孔子曰："不知命，无以为君子也；不知礼，无以立也；不知言，无以知人也。"（《尧曰·3》）

译文

孔子说："不懂得天命，没不能做君子；不懂得礼节，就不能立身处世；不懂得分辨别人的言语，就不能认识人。"

语境

《易·系辞传》："将叛者其辞惭，中心疑者其辞枝，吉人之辞寡，躁人之辞多，诬善之人其辞游，失其守者其辞屈。"此孔子知言即知人之学。（《论语集释》）

明若不知命，无以为君子。所以更明孔子知命，故不为政也。命，谓穷通夭寿也。人生而有命，受之由天，故不可不知也。若不知而强求，则不成为君子之德，故云"无以为君子也"。礼主恭俭庄敬，为立身之本。人若不知礼者，无以得立其身于世也。故《礼运》云："得之者生，失之者死。"江熙云："不知言则不能赏言，不能赏言则不能量彼，犹短绠不可测于深井，故无以知人。"（《论语义疏》）

程子曰："知命者，知有命而信之也。人不知命，则见害必避，见利必趋，何以为君子？不知礼，则耳目无所加，手足无所措。言之得失，可以知人之邪正。"（《论语集注》）

按语

君子是儒家的理想人格，《论语》中多有提及，够不够君子，"知天命"也是一项，正像本章所言"不知命，无以为君子也"，孔子自述五十知天命。孔子在无能为力的情况下也提到天命。子畏于匡，曰："文王既没，文不在兹乎？天之将丧斯文也，后死者不得与于斯文也；天之未丧斯文也，匡人其如予何？"（《子罕·5》）在宋遇难时说："天生德于予，桓魋其如予何？"（《述而·23》）西狩获麟，孔子哀叹"吾道穷矣"。（《史记·孔子世家》）颜回死，孔子连叹："天丧予！天丧予！"（《论语·先进》）弟子伯牛得了恶疾，孔子自牖执其手，曰："亡之，命矣夫！"（《论语·雍也》）孔子晚年两次提到梦："甚矣吾衰也！久矣吾不复梦见周公！"（《论语·述而》）对子贡说："昨暮予梦坐奠两柱之间，予始殷人也。"（《史记·孔子世家》）天命到底指什么，有人说是指认识和掌握了规律。其实，恰恰相反，孔子所说的天命是指在我们人类认识水平之外，还存在着尚未认识的人力所不及的领域，孔子将其归为天命。

参考书目

［1］何晏《论语注疏》，中国致公出版社 2016 年版。

［2］皇侃《论语义疏》，中华书局 2013 年版。

［3］朱熹《四书章句集注》，中华书局 2011 年版。

［4］刘必绍《四书传习心谭》，山东省威海市文登区图书馆藏清末重修明万历家刻本。

［5］刘宝楠《论语正义》，中华书局 1990 年版。

［6］程树德《论语集释》，中华书局 2014 年版。

［7］戴望《戴氏注论语小疏》，华东师范大学出版社 2014 年版。

［8］钱穆《论语新解》，生活·读书·新知三联书店 2012 年版。

［9］杨伯峻《论语译注》，中华书局 2009 年版。

［10］钱逊《论语浅解》，北京古籍出版社 1988 年版。

［11］钱逊《钱逊讲〈论语〉》，中国盲文出版社 2014 年版。

［12］骆承烈《孔子故里解论语》，中国文史出版社 2017 年版。

［13］唐满先《论语今译》，江西人民出版社 1982 年版。

［14］杨朝明《论语诠解》，山东友谊出版社 2013 年版。

［15］崔述《洙泗考信录》，山东友谊出版社 1990 年版。

［16］林语堂《孔子的智慧》，陕西师范大学出版社 2004 年版。

［17］宋淑萍《中国人的圣书：〈论语〉》，河北人民出版社 1988 年版。

［18］钱穆《孔子传》，生活·读书·新知三联书店 2002 年版。

［19］匡亚明《孔子评传》，南京大学出版社 1990 年版。

［20］鲍鹏山《孔子传》，中国青年出版社 2017 年版。

［21］钱钧华《跟孔子周游列国》，上海社会科学院出版社 2009 年版。

［22］陈传平《曲阜孔庙孔林孔府》，三秦出版社 2004 年版。

［23］杨伯峻《孟子译注》，中华书局 2010 年版。

［24］杨朝明《孔子家语》，齐鲁书社 2013 年版。

［25］司马迁《史记》，中华书局 2006 年版。

[26] 梁启超《中国儒学史》，山东文艺出版社 2016 年版。
[27] 梁启超《梁启超论先秦政治思想史》，商务印书馆 2012 年版。
[28] 柳诒徵《中国文化史》，中国人民大学出版社 2012 年版。

附录一　不同语境统计表及说明

章＼篇	一	二	三	四	五	六	七	八	九	十	十一	十二	十三	十四	十五	十六	十七	十八	十九	二十
1	○	○	○	△	○	○	○	△	△	*	○	○	○	○	*	○	*	○	○	○
2	○	○	○		△	○	○	○	○	*	○	○	○	△	*	○	△	○	○	○
3	△	△	○	△	○	*	△	○	○	*	○	○	○	○	○	○	△	*	○	△
4	○	○	○	△	○	○	*	○	○	*	○	○	○		○		○	*	○	
5	○	○	○	△	○	*	○	○	*	*	○	○	○	△	△	△	*	*	○	
6	△	○	○	△	○	○	△	○	○	○	△	○	△		○	△	○	*	○	
7	○	○	△	△	○	○	○	○	○	○	*	○	○	△	○	○	*	*	○	
8		○	○	○	○	*	△	○	△	○	*	△	○	△		△	△	○	○	
9	○	○	○	△	○	○	△	△	○	○	*	*	*	△		△	○	○	○	
10	△	△	○	△	○	○	△	△	○	○	*	○	○	△	○	△	○	○	○	
11	△	△	○	△	△	○	○	○	○	○	*	*	△	○	○	○	○		○	
12	○	△	○	△	○	○	○	△	○	○	△	○	△	○	○	○	△		○	
13	○	△	○	○	○	○	△	△	○	○	○	○	△	○	○	○	○		○	
14	○		○	△	○	○	*	○	○	*	○	○	*	○	○	○	△		○	
15	○	△	○	○	○	○	○	○	*	○	△	△	*	○	○		△		○	
16		○	△	△	○	○	○	△	○	○	○	○	*	○	△		△		○	
17		○	○	△	○	○	○		○	*	*	*	○	○	△		△		○	
18		○	○		○	△	○	△	○	○	△	*	*	○			△		○	
19		*	*		○		*	△		○	○	*	○	*			○		○	
20		*	○	△	○	○	△		○	*	○	○	○	△	○		○		○	

续表

章＼篇	一	二	三	四	五	六	七	八	九	十	十一	十二	十三	十四	十五	十六	十七	十八	十九	二十
21		○	○		○	○	○	○	○	○	△	○	○	*	△		○		○	
22		△	○	○	*	○	△		○	○	○	○	△	○			△		○	
23		○	○		△	○	*			○	*	△	△				○		○	
24		○	○	△	△	○	○		○	○	○	○	△	△	○		△		○	
25			○		○	△	△			○	○			○	○		○		○	
26			○	○	○	○	○		△	○	○			○	△		○			
27					○	△	△		△	○			△		○					
28					△	*	○		○				△		△					
29						○	○						○	○	△					
30						○	△		△				○		○					
31							○								△					
32							○							○						
33							○							△	△					
34							○							△	△					
35							○							○						
36							○							○	△					
37														△	○					
38							○							○	△					
39														*	△					
40														○	△					
41															△					
42														○	○					
43														*						
44														○						

注：*表示字面可见语境，53 章；○表示完整语境，355 章（包括*）；△不完整语境，119 章。共 474 章。

《不同语境统计表》说明

据笔者研究统计，《论语》全书512章中有语境的为474章，这474章又分为完整语境、不完整语境。完整语境即包括时间或场景、受话人、事件、时势、礼制、民俗等主要因素；不完整语境缺少主要因素，特别是时间要素。

完整语境有355章，其中53章字面可见语境，如：

在陈绝粮，从者病，莫能兴。子路愠见曰："君子亦有穷乎？"子曰："君子固穷，小人穷斯滥矣。"（《卫灵公·2》）

从字面就可看出，人物是子路与孔子问答，场景说的是陈蔡之难，因为断粮，跟随的弟子都饿病了，不能起身。史料显示此事发生在鲁哀公六年。

子见南子，子路不说。夫子矢之曰："予所否者，天厌之！天厌之！"（《雍也·28》）

同样可看出，此事发生在孔子在卫国期间，事情是孔子见卫灵公夫人南子，子路很不高兴，孔子如是说。

君命召，不俟驾行矣。（《乡党·20》）

哀公问曰："何为则民服？"孔子对曰："举直错诸枉，则民服；举枉错诸直，则民不服。"（《为政·19》）

子之燕居，申申如也，夭夭如也。（《述而·4》）

其中302章字面不见语境，由古籍中考出，如：

子路曰："君子尚勇乎？"子曰："君子义以为上，君子有勇而无义为乱，小人有勇而无义为盗。"（《阳货·23》）

从字面仅能看出是子路与孔子的问答，时间、场景等不知。经考，不同古籍文献均证实此章发生在子路初见孔子时，子路是孔子最早的一批弟子之一，而孔子开始授徒则在三十岁前后。子路为什么提这样的问题，是子路性格所致；孔子之所以这样回答是因材施教的教育理念所致。至于孔子是怎样诱导子路为学的，《金楼子》《孔子家语》记载了具体情节。

季氏旅于泰山。子谓冉有曰："女弗能救与？"对曰："不能。"子曰："呜呼！曾谓泰山不如林放乎？"（《八佾·6》）

此章从字面仅能看出事件：季氏旅于泰山，孔子与冉有问答及孔子感叹。至于说在何时、季氏确指谁均难以确定。经考钱穆《孔子传》，季氏为季康子，既知季康子，那么就断定出时间是在孔子自卫返鲁后，即孔子晚年时。从

《论语集解》《论语正义》等古籍可证，冉有此时正仕于季氏，孔子责备弟子冉有，而冉有没有能力阻止季氏的僭礼行为。这样，原义就很明白了。

子疾病，子路使门人为臣。病间，曰：“久矣哉，由之行诈也！无臣而为有臣。吾谁欺？欺天乎！且予与其死于臣之手也，无宁死于二三子之手乎！且予纵不得大葬，予死于道路乎？”（《子罕·12》）

子贡欲去告朔之饩羊。子曰：“赐也！尔爱其羊，我爱其礼。”（《八佾·17》）

曾子有疾，召门弟子曰：“启予足！启予手！《诗》云：‘战战兢兢，如临深渊，如履薄冰。’而今而后，吾知免夫！小子！”（《泰伯·3》）

不完整语境有119章，如：

子曰：“不患无位，患所以立。不患莫己知，求为可知也。”（《里仁·14》）

不知何时、对谁所说，从《论语义疏》仅知当时状况及孔子态度：时多患无爵位，故孔子抑之也。

子曰：“狂而不直，侗而不愿，悾悾而不信，吾不知之矣。”（《泰伯·16》）

同样也看不出孔子何时、何因、对谁而说，从《论语义疏》《论语集注》等古籍可知，孔子此章为叹时世与古反也，对此人或此类人不屑于教诲也。

子曰：“为命，裨谌草创之，世叔讨论之，行人子羽修饰之，东里子产润色之。”（《宪问·8》）

子曰：“为命，裨谌草创之，世叔讨论之，行人子羽修饰之，东里子产润色之。”（《宪问·8》）

子曰：“放于利而行，多怨。”（《里仁·12》）

附录二　按语统计表

章＼篇	一	二	三	四	五	六	七	八	九	十	十一	十二	十三	十四	十五	十六	十七	十八	十九	二十
1	*						*								*	*			*	*
2	*							*												
3	*			*				*			*									*
4	*	*									*							*		
5			*		*				*				*							
6	*	*					*									*				
7								*			*									
8		*					*			*	*	*					*	*		
9			*	*								*	*							
10										*								*	*	
11		*				*	*													
12												*				*			*	
13									*								*			
14				*															*	
15															*					
16			*						*	*				*	*					
17				*	*		*					*	*							
18																				
19			*							*		*								
20				*		*											*		*	

续表

章＼篇	一	二	三	四	五	六	七	八	九	十	十一	十二	十三	十四	十五	十六	十七	十八	十九	二十
21					*	*				*				*	*					
22		*				*					*									
23		*				*					*	*	*				*			
24			*	*								*			*				*	
25							*										*			
26				*					*								*			
27																				
28						*														
29																				
30									*						*					
31																				
32																				
33							*													
34														*						
35																				
36							*							*						
37																				
38															*					
39															*					
40																				
41																				
42														*						
43																				
44																				

注：共 102 章。

后　记

谈到国学经典，不可不读的当首推《论语》。《论语》基本上是无序的，“是若干断片的篇章集合体。这些篇章的排列不一定有什么道理；就是前后两章间，也不一定有什么关联。”（杨伯峻《论语译注》）过去认为，《论语》是圣人的书，谁也不能动，但读法绝非一种。

继《论语仑读》之后，我又编写了《论语语境》。《仑读》是按照逻辑关系将原书重新整合为“论仁”“论修身”“论为政”等九章二十六节，这样便于查询，起到工具书的作用；《语境》是按历史年代顺序编写，主要介绍当时的语言环境，以便理解原义。如果说《仑读》是横向读，那么，《语境》则是纵向读。好好读原著不就行了嘛，为何非要横读纵读的？第一，对《论语》而言，它是儒家最重要的著作，蕴含着深邃无穷的思想，对社会、人生有启发和指导作用，多角度反复研读很有必要；第二，对作者而言，重编本身就是一次更深入的学习；第三，对读者而言，阅读方式变了，增加了新的兴趣点，会获得新的感受。

就本书而言，纵向读的意义就在于弄清孔子思想学说的发展变化，有助于我们看到一个立体的孔子。仅举几例。首先，对礼、仁的认识，孔子三十岁之前多谈礼，三十而立就是指因礼而立，“不学礼，无以立”。（《季氏》）孔子要跻身社会上流必须要学礼，可喜的是孔子十有五而志于学，年方十七就已经得到鲁国贵族孟氏的认可，并预言孔子将来是个了不起的人物，孔子知礼誉满诸侯，但为何又转而强调仁呢？社会现实存在着大量的僭礼行为，一般人司空见惯熟视无睹，而孔子痛心地感到周礼的失缺与被践踏定会对社会秩序造成混乱，他深刻地认识到礼崩乐坏的根本原因，就是“仁”上出了问题，人们缺少了仁德，就自然地不把礼当回事了，从而动摇了社会稳定的根基。“人而不仁，如礼何？人而不仁，如乐何？”（《八佾》）这就是孔子思想由礼到仁的飞跃。其次，对义的看法，孔子早年推崇直义之德，“人之生也直，罔之生也幸而免”（《雍也》），中年时认为“近不失亲，远不失举，可谓义矣”（《左传·昭公二十八年》），老年时与叶公谈直义之德，意思已经大变，“父为子隐，子为父隐。——直在其中矣”（《子路》），与早年迥异。从这一点也可看出孔子思想的演变过程。再次，孔子论时势的语气也有着明显的变化，年轻时充满了愤懑诅咒，“自诸侯出，盖十世希不失矣；自大夫出，五世希不失矣；

陪臣执国命，三世希不失矣”（《季氏》），“禄之去公室五世矣，政逮于大夫四世矣，故夫三桓之子孙微矣”（《季氏》），年衰时流露出哀叹与遗憾，“凤鸟不至，河不出图，吾已矣夫”（《子罕》），“甚矣吾衰也！久矣吾不复梦见周公”（《述而》），“谁能出不由户？何莫由斯道也”（《雍也》），“朝闻道，夕死可矣”（《里仁》）。如此读来，仿佛感受到孔子的情绪和呼吸。鲁国不用，不得已振响木铎游走四方布道天下；治世思想不用当世，没想到立规作则为万世所用。圣道何其大哉！“天不生仲尼，万古如长夜。”

《仑读》《语境》不啻姊妹篇，心血所得，格外珍爱，如果读者能从中得到些许收获，将是我莫大的宽慰和快乐。

千年文字会说话，读《论语》不能不读古注。自古以来，研究《论语》的书有三千多种，可谓汗牛充栋，里面记载了孔子何时、何地、何因而说，对我们理解《论语》有重要价值。说贵有据，了解了历史背景就会避免断章取义和无据“阐发”，使经典沿着固有的道统传播。

《论语》是讲“德”的。我坚信，读《论语》会使人向善，读的人越多社会就会变得越好。

再次感谢骆承烈教授！我邮寄书稿时正值九月初学校开学，骆老很忙，没想到第五天就发回了题名和序言，很是让我敬佩；同时我也为耗费了先生宝贵的时间和精力而深感不安，内心的感受仅用感谢两字是难以表达的。序言肯定了我的做法，对我是一个极大的鼓舞。

感谢张家口市社科联及社会各界同人、朋友的热心关注。

曹书文

2022 年 3 月 25 日